官兵文理通识散论四篇

苏恩泽　著

军事科学出版社

图书在版编目（CIP）数据

官兵文理通识散论四篇/苏恩泽著．—北京：军事科学出版社，2014.11

ISBN 978－7－80237－733－2

Ⅰ．①官…　Ⅱ．①苏…　Ⅲ．①部队—文化工作—中国　Ⅳ．①E223

中国版本图书馆 CIP 数据核字（2014）第 247403 号

书　　名：官兵文理通识散论四篇

作　　者：苏恩泽
责任编辑：张大禾
封面设计：纪　奕
出版发行：军事科学出版社（北京市海淀区青龙桥　100091）
标准书号：ISBN 978－7－80237－733－2
经 销 者：全国新华书店
印 刷 者：北京鑫海达印刷有限公司
开　　本：700 毫米×1000 毫米　1/16
印　　张：26.75
字　　数：445 千字
版　　次：2014 年 11 月北京第 1 版
印　　次：2015 年 1 月第 1 次印刷
印　　数：2000 册
定　　价：55.00 元
销售热线：（010）62882626　66768547（兼传）
网　　址：http：//www.jskxcbs.com
电子邮箱：jskxcbs@163.com

自 序

我军一向重视官兵的文化素质建设。早在1944年，毛泽东就指出："没有文化的军队是愚蠢的军队，而愚蠢的军队是不能战胜敌人的。"当然，其中"文化"的含义和重点，也是不断发展变化的：从革命战争时的"识字""扫盲""读报"，到新中国成立时的"正规化建设"；从第一个五年计划时期的"向科学进军"，到改革开放时期的"高科技知识普及"……我军官兵的文化素质，一直在全面提高，与时俱进。而今天，当信息时代的高端——智能化、全球化时代来临的时候，我军官兵则面临着更新、更尖锐的挑战，那就是对"文理通识"的了解与掌握。

笔者自知才疏学浅，对文理的"专识"尚一知半解，"通识"更高不可攀。不过，自幼好奇，对"通读""通讲""通解""通吃"……的"通"字饶有兴味。再加上小学、中学时的老师对各门功课的要求都是"文理并重，全面发展"，高考也未赶上后来的"分班分科，早早选边"。上大学以及尔后的从教，虽然都是理工专业，但对德国哲学家狄慈根关于寻找"一般判断力"的话一直铭记；同时还在《光明日报》2000年10月11日头版发表过题为《高考分科，利少弊多》的文章，足见笔者对"文理通识"是持续青睐的。所以，本书实际上不过是一个耄耋老人对"文理通识"的一份习得笔记而已。

不过，既然成书，应该从何处"论"起呢？当然应该从现实要求最迫切、实际修养最薄弱之处开始。笔者认为，当今我军官兵在"文理通识"上最急需提高的方面有四个：一是不仅要有"国内"，还要有"国外"，即要懂一点"国际关系学"；二是不仅要有"智商"，还要有"情商"，即要懂一点"感情学"，也就是"美学"；三是不仅要有"科技"，还要有"艺术"，即要懂一点科技与艺术的"关系学"；四是不仅要有"通识"，还要有“综摄”，即要懂一点系统掌控和综合运用的“能力学”。

于是，就形成了本书现在的散论四篇。

第一篇的内容是讨论国际关系。像人际关系一样，国际关系自古以来就是为“国”处“世”不可或缺的学问。而在当今的全球化时代尤甚。国际关系学正是研究国际关系行为体之间的相互作用，各种国际体系运行和演变规律的一门科学。

本篇分六章：历史、现状、理论、方法、中国和世界。其中，“历史”论脉络；“现状”论要点；“理论”论概念、主流理论和重要理论；“方法”论西方方法和中国方法；而“中国”与“世界”两章，则既论传统，也论现代。

第二篇的内容是探讨美学（号称“感情学”）。在相当长的时间里，美学被科学（号称“理智学”）压得喘不过气来，“感情”显得有些微不足道。不知是因为“理智”太重要，还是感情太复杂，反正感情建“学”，时间晚又势力单，不仅一直未成什么气候，而且好像自己也越来越糊涂了。感情，果然不重要么？非也；果然太复杂么？然也。重要，又复杂，正是美学的特点，也是其魅力之所在。

本篇将美学的框架设定为八个部分：历史（大时尚）、科学（大学问）、本质（大认识）、特征（大印象）、形态（大概括）、范畴（大风格）、心理（大体验）和教育（大育人）。同时，还用说理与举例结合的方法，以求尽量“论”得好一些。

第三篇的内容是比较科学与艺术。科学，非常重要，有关的书很多了。艺术，也非常重要，有关的书也很多了。而把它俩并列一起比较的“科学与艺术”的书，则相形见绌了。

本篇的“科学与艺术”实际上讨论的是把科学与艺术并列一起的“统一体”（“科学·艺术”），其内容分为科学与艺术的“历史”“共性”“特性”“交融”以及“经典”五个部分。而其中的“经典”部分，还用“经典示范”的方法列出了“科学经典”“艺术经典”和“交融经典”，以使叙述更结合实际一些。

第四篇的内容是介绍通识与综摄。识，指辨识、知识。毋庸讳言，眼下的状况是“专识”显而“通识”隐。但“通识”却更具魅力：谁不希望能一专多能，一通百通？何况这已是时代的大趋势！摄，指摄取、摄动。毋庸讳言，眼下的状况是“专摄”易而“综摄”难。但“综摄”却尤为可贵：谁不希望能牵一发动全身，一揽全局？何况这已是未来的大需要！

本篇首先记“通识”，分为：通识基础、理论、规律和陷阱共四个部分；接着记“综摄”，分为综摄基础、方略、方策和方法共四个部分。

……回望全书，简直连“抛砖引玉”都不敢说；因为能“引”也是需要水平的。但是，相对一生的迷恋和愿望来说，又有“毕竟有一块砖了”的感觉。哪怕与理想的“通识大厦”相比，这块砖是微不足道，百牛一毛，但是笔者仍然愿意把它捧过来，说一句“捧砖献厦”，以了当年的初衷。

目 录

第一篇 国际关系学

第二篇　美　学

第三篇 科学与艺术

第四篇　通识与综摄

第一篇　国际关系学

第一章　历　史

国际关系的历史，是国际关系学研究的基础，因为现实与历史密切相连。二战时的英国首相丘吉尔讲过："你向后看得越远，向前就看得更远。"

一、古国

（一）四大文明古国

"四大文明古国"是一种习惯说法。它是指古巴比伦、古埃及、古印度和古中国。

1. 古巴比伦

早在公元前30世纪，两河（底格里斯河和幼发拉底河）流域就是世界文明的摇篮，苏美尔是最早产生城邦的地方。

古巴比伦于公元前18世纪建国，位于西亚两河流域，其文明代表有：《汉谟拉比法典》（黑色玄武岩石柱，刻282条文）、楔形文字、太阴历、圣经源。

古代两河文明起源于公元前4200年，苏美尔人建立人类最古老的人类文明，伊甸园是照亮人类的"第一缕曙光"，"美索不达米亚"即"两河之间"的意思，西亚的楔形文字是西方文化的源头，世上第一所学校、第一座图书馆、第一部诗史皆源于此。

新巴比伦王建新巴比伦城，"王者之路"180米长，18米宽，连接伊斯（雅典娜女神的前身）塔之门，直到巴别塔（高90米，《创世纪》载：上帝发怒，用变乱语言的方法分散了人类，系人类悲剧的起点），古希腊希罗多德曾到过巴比伦城，惊叹"无城与其堪比辉煌"。

公元前586年新巴比伦国王尼布甲尼撒二世攻破犹太国都城耶路撒冷，

摧毁犹太圣殿，把国王和臣民掳往新巴比伦，于是犹太人流散外国，是为“巴比伦之囚”。公元前538年巴比伦为波斯王居留士灭，提修斯烧巴比伦城。

古巴比伦文明后来消失，其在人类“四大文明”的位置也渐为伊斯兰文明（波斯帝国是世界上第一个横跨亚非的帝国）所取代。

2. 古埃及

古埃及于公元前3500年建国，位于北非尼罗河流域，其文明代表有金字塔、楔形文字、太阳历、雕塑（如：“书记官”，即“聆听书吏”），太阳神是古埃及人心中的“上帝”。有一种说法认为：西方文化源于希腊，而希腊文化则源于古埃及。可见，古埃及的影响可能比现在认为得更大。

公元前525年埃及为波斯灭，王国失去独立。公元前332年又为马其顿所占。公元前323年亚历山大死后，埃及托勒密王朝开始，首都亚历山大里亚成为地中海商业中心，而其122米高的大理石灯塔，为古代世界七大奇迹之一。

3. 古印度

古印度于公元前2500年建国，位于南亚印度河和恒河流域，其文明代表有：因明学（即今逻辑学）、拼音文字、十进位算法（“阿拉伯数字”实际起源于印度）。公元前6世纪产生佛教，传往中、朝、日，故有“东方文明源”之说。所建立的严苛的种姓等级制度成为民族歧视的烙印。印度教的精髓是苦行与冥思。公元前326年亚历山大曾入侵印度，后因其下属官兵厌战而退却。

4. 古中国

古中国于公元前2072年建国夏（禹子启）传至桀（公元前1600年），位于东亚黄河和长江流域，其文明代表有：夏历、甲骨文、青铜器。中国有“四大发明”之说。即：“造纸”，起于东汉（105年蔡伦），从漂絮开始，在水中捶打麻絮和丝絮；“印刷”，则从复制开始，含手工抄写、印章、竹筒和木牍、刻石和拓印，发明泥活字；“火药”，系炼丹的副产品，唐904年的“飞火”即火箭；“指南针”，从讲风水开始，逐渐实用。后三者皆出于宋代。

实际上，这种“四大发明”之说，乃源自外国人的说法——1550年，意大利人卡丹提出：中国有“三大发明”（指南针、印刷术和火药），后来传教士艾约瑟又加上造纸术。而中国人自己则认为还有更为重要的“四大发明”，那就是农历、汉字、中医和儒学。

也有说法认为：古中国的文明可能更早，只因出土的证据尚欠缺。刘学堂文称：史前彩陶之路最早可以上溯至黄河流域新石器时代初期，至少在距今8000年前，黄河流域彩陶文化开始向四周扩张；距今7000年以降，进入到六盘山东西两侧；距今5500～5000年，扩展到青海东部；距今5000年以降，西进至祁连山北麓的酒泉地区；距今4000年前后，现身于新疆哈密地区。这种东来的彩陶文化沿着天山山脉西进，终点到达巴尔喀什湖东岸一线，持续的时间达5000年。故“中国文化西来说”似应终结了。

（二）五大文明摇篮

“五大文明摇篮”之说，出于对“四大文明古国”之说的争议。

原来，有人认为我国20世纪初风行至今的“四大文明古国”说法，是梁启超最早提出来的，是辜鸿铭、梁启超等学者“尊古崇东”、欲以东方精神文明救治西方的拜物教、拜金主义、道德沦丧，排斥希腊罗马等“西方文明”而来，实践证明是行不通的。

“五大文明摇篮”的提法，则是指：尼罗河流域文明（公元前35世纪以来）；两河流域文明（公元前35世纪以来）；印度河文明（公元前25世纪以来）；爱琴海文明（公元前20世纪以来）以及华夏文明（公元前20世纪以来）。其中，只有后三个传承迄今，未被湮没。

二、简史

作为研究国际关系的基础，先简要对比一下世界及中国的历史，很有必要。

以下分十一个时期，提要对比：

(一)世界公元前11世纪~前9世纪:“荷马时期”

——相当于中国的周时代。

公元前8世纪,古希腊著名诗人荷马著《荷马史诗》,分《伊利亚特》和《奥德赛》两部分,皆24卷,内容基于古代传说,靠乐师背诵流传,反映公元前11世纪~前9世纪的社会情况,是为“荷马时期”。

而中国——

周(公元前12世纪~前771年)时代,公元前1066年:牧野之战,武王伐纣,纣自焚,商灭,周建于镐京。

公元前841年:中国历史有确切纪年之始。

此前,中国还经历过两个时代:夏(公元前23世纪~前18世纪)和商(公元前18世纪~前12世纪)。

(二)世界公元前9世纪~前7世纪:“城邦国家时期”

——相当于中国的周、春秋时代。

公元前776年:古代奥运会开始。

公元前753年:罗马城建立,古罗马王政时代开始。

公元前7世纪:斯巴达国家形成。

公元前626年:巴比伦新王国建立。

而中国——

公元前771年:周幽王烽火戏诸侯,西周灭。

公元前770年:周平王东迁洛邑,东周始,东周又分为春秋、战国两个阶段。

春秋(公元前770年~前476年)。“春秋五霸”:齐桓公、宋襄公、晋文公、秦穆公、楚庄王(中国历史上第一次分裂)。

（三）世界古希腊时期。又称早期希腊时期，指公元前624年（泰勒斯诞生）~前336年（亚历山大即位），共约300年

——相当于中国的春秋、战国时代

公元前624年：泰勒斯生。

公元前594年：雅典梭伦（“民主之父”）改革，自由民荣誉方阵。

公元前572年：毕达哥拉斯生。

公元前566年：释迦牟尼生。

公元前525年：波斯灭埃及。

公元前500年~前449年：希波战争。

公元前490年9月21日，马拉松战役，雅典米提阿独斯胜波斯大流士，“欧洲诞生的第一声啼哭”（富勒）。

公元前480年9月23日，大流士之子薛西斯失制海权。

公元前469年：苏格拉底生。

公元前454年：提洛同盟使希腊强大。

公元前443年：伯里克利改革，发表爱国经典演说辞（公元前431年）。

公元前431年~前404年：伯罗奔尼撒战争，斯巴达得波斯助胜雅典。

公元前427年：柏拉图生。

公元前384年：亚里士多德生。

公元前371年：底比斯胜斯巴达（楔形战术，“进攻是底比斯最好的防御”）。

公元前336年：亚历山大即位，对波斯“圣战”，“希腊化”时期始。

而中国——

公元前551年：孔子生。但1999年7月4日《科学时报》载：上海交大江晓发现孔子出生当年有日食记载，即：公元前552年8月20日曲阜有日偏食，故推算孔子出生于公元前552年10月9日。

公元前497年：孔子周游列国。

公元前479年：孔子故。

孔子上下各2500年，恰成5000年中国史。

战国（公元前475年~前221年）。“战国七雄”：秦、楚、齐、燕、韩、赵、魏（梁）。其中，韩、赵、魏“三家分晋”。百家争鸣，战国学术空前繁荣（中国历史第一次思想飞跃）。

公元前445年：魏国魏文侯即位，李悝相变法：“尽地力”，出《法经》（第一部法典）。

（四）世界希腊化时期。又称晚期希腊时期，指公元前336年（亚历山大即位）~前30年（亚历山大帝国最终为罗马灭），共约300年

——相当于中国的战国、秦、西汉时代。

公元前280年~前272年：“皮洛士的胜利”：希腊伊庇鲁斯国王在意大利与罗马交战，惨胜，代价高昂，最终希腊方阵还是敌不过罗马小分队。

公元前264年~前241年、公元前219~前202年、公元前146年：罗马与北非迦太基之间百年三次布匿战争：迦太基汉尼拔重创罗马（坎尼围歼战，公元前216年），后西庇阿胜汉尼拔，罗马成强国，形成地中海中心。

而中国——

公元前356年：秦孝公商鞅两次变法：“重农抑商”。

公元前221年：秦灭齐统一全国（中国历史上第一次统一）。

秦（公元前221年~前206年）。

公元前214年：秦开灵渠，修长城。

公元前213年：秦下达焚书令。

公元前212年：70万人修阿房宫与骊山墓，坑儒。

公元前210年：始皇死，子胡亥即位（秦二世）。

公元前209年：陈胜吴广起义。

公元前206年：刘邦率军坝上，约法三章，安定关中，秦灭，项羽进咸阳。

西汉（公元前206年~25年）。

公元前202年：楚汉相争，项羽垓下自刎，汉高祖刘邦建汉。

公元前179年~前157年（汉文帝）、公元前156年~前140年（汉景帝）：40年盛世“文景之治”。

公元前140年：汉武帝时期，董仲舒、卫青、霍去病、张骞、司马迁等名人出。

（五）世界古罗马时期。指公元前30年（亚历山大帝国最终为罗马灭）~284年（罗马皇帝戴可里先即位，中世纪始），共约300年

——相当于中国的东汉、魏、晋（中国历史上第二次思想飞跃）时代。

公元前60年：罗马“前三头”（庞培、克拉苏、恺撒）同盟，公元前49年恺撒成“无冕之君”。

公元前44年：恺撒遇刺。

公元前31年：“后三头”（安东尼、雷必达、屋大维）同盟。

公元前27年：建罗马帝国，屋大维成元首（奥古斯都），统治43年，罗马帝国黄金时代，形成怀抱三洲（欧、亚、非）一海（地中海）的帝国，“条条大路通罗马”。

1年：耶稣生。

而中国——

公元前90年：司马迁卒，《史记》留世。

西汉末年，佛教传入中国。

9年：王莽代汉（新朝）。

21年：绿林部刘秀大败王莽于昆阳，23年攻入长安，新朝灭。

东汉（25~220）。

25年：刘秀称帝，东汉（后汉）始。

184年：黄巾起义。

190年：董卓逼献帝迁都长安。

196年：汉献帝回洛阳，曹操迎至许昌，挟天子以令诸侯。

三国（220~280）。

208年：赤壁之战奠定三国鼎立格局。

220年：东汉灭，曹丕建魏（中国历史上第二次分裂）。

魏（220~265）。

221年：刘备建蜀汉。

229 年：孙权建吴。

249 年：司马懿政变掌魏。

265 年：司马炎废曹奂建西晋。

280 年：西晋灭吴，"三分归晋"，晋统一全国（中国历史上第二次统一）。

（六）世界中世纪时期。指 284 年（罗马皇帝戴可里先即位，中世纪始）~1453 年（拜占庭帝国灭亡），共约 1000 年

——相当于中国的晋、南北朝、隋、唐宋（中国历史上第三次思想飞跃）、元、明（第四次思想飞跃），明初王阳明心学取代程朱理学的主导地位。

284 年：罗马戴可里先即位，独裁，中世纪始。

325 年：君士坦丁大帝（272~337），是世界上第一位尊崇基督教的罗马皇帝，基督教首次大集结。

378 年 8 月 9 日：阿德里雅堡战役，西哥特人攻陷"永恒之城"罗马，成分水岭——灵活骑兵打败传统方阵。

395 年：400 年的罗马帝国分裂成东西两部分。

410 年：罗马城再被西哥特人破。

476 年：西罗马灭亡。

481 年：匈奴西迁。

486 年：法兰克王国建立。

570 年：穆罕默德生。

7~8 世纪阿拉伯扩张，至 8~10 世纪分裂，1258 年阿拉伯帝国为蒙灭。

756 年：法兰克国王矮子丕平献土给教会。

774 年：丕平子查理大败伦巴弟，成"法兰克人与伦巴弟人之王"，骑兵时代开始，以城为基，养士纳贤。

843 年：法兰克王国自然解体，查理孙一分为三，封建始，进入欧洲的"战国时代"，疆域雏形形成，直贯中世纪。西部为法，东部为德，中部为意（渐变）。"法兰克帝国是近代法国、意大利、德国的基础"（马克思语），另有部分进入英伦，遂形成意、法、德、英、土耳其的"五分天下"。

962 年：日耳曼奥托一世三征意大利，建“神圣罗马帝国”（东法兰克）。

1066 年 10 月 14 日：哈斯丁斯战役诺曼底渡海，法国“征服者威廉”占伦敦，成英国王，密集步兵与骑兵联合。

1077 年 1 月德亨利四世翻阿尔卑斯山去卡诺莎觐见，教会力量达顶峰。

1084 年：亨利四世再废教皇。

1167 年：牛津大学建立。

1095 ~ 1291 年：意、法、德十字军东征，200 年 8 次未果，但刺激了经济发展。

1346 ~ 1445 年：英法百年战争，法胜，贞德精神，建立常备雇佣军。

1453 年：东罗马为土耳其灭（40 万军攻破君士坦丁堡城墙），火药时代至，文艺复兴始。

1455 ~ 1485 年：英内战，红、白玫瑰家族之间争斗。

而中国——

291 ~ 306 年：晋八王之乱。

五胡 16 国（304 ~ 439）。

五胡（匈奴、羯、氐、羌、鲜卑）乱华（中国历史上第三次分裂）。

316 年：西晋亡。

317 年：司马睿建东晋。

439 年：北魏（后魏）统一北方 16 国（中国历史上第三次统一）。

南北朝（420 ~ 589）。

420 年：宋取代东晋，南北分裂，南方东吴、东晋及南朝 4 国（宋、齐、梁、陈）称“六朝”；北方 16 国，合称“南北朝”时期（中国历史上第四次分裂）。

隋（581 ~ 618）。

581 年：隋建国。

589 年：隋灭陈，结束东晋五胡 16 国以来 270 年分裂，统一全国（中国历史上第四次统一）。

605 ~ 610 年：隋朝大运河开通。

604、607、608、614 年日本 4 次遣使入隋。

唐（618 ~ 907）。

618年：李渊起兵太原，占长安。

627年：玄武门之变，李世民掌权，唐太宗纳谏，24年盛世“贞观之治”（627~650年）。

629年：玄奘西行。

683年：唐高宗死，武则天掌权（建周朝，仅存15年）。

712年：唐玄宗李隆基开元（713~741）及天宝（742~758）为唐全盛时期，共43年盛世。

755年：安史之乱。

880年：黄巢破长安。

907年：朱温灭唐。

五代（907~960）。

五代（中原连续5朝代：后梁、后唐、后晋、后汉、后周）、十一国（中原外十一国家，中国历史上第五次分裂）。

其间：契丹（907~960）、辽（960~1125）、北辽（1122~1123）、西辽（1124~1211）、西夏（1032~1226）、金（1115~1234）。

宋（960~1279）。

960年：宋统一五代、十一国（中国历史上第五次统一），宋太祖杯酒释兵权。

1069年：王安石变法。

11~12世纪的中国是世界经济的发动机，人均收入世界领先，“四大发明”占三，马克思说“火药、指南针、印刷术——这是预兆资产阶级社会到来的三大发明”。

1119年：宋江起义。

1127年：靖康金灭北宋。

南宋（1127~1279）。

1175年：朱熹理学、陆九渊心学“鹅湖之会”，影响明清两代。

元（1206~1368）。

蒙古远征（1210~1260），把中国人更重训练而深思熟虑的战术同自己的战术结合起来，征服了全世界，部队从未超过23万人。

1227年8月25日：成吉思汗病故。

1234年：蒙古灭金。

1271年：成吉思汗孙忽必烈改国号为元，定都燕京，称大都。

1275年：马可波罗来元大都，忽必烈接见，任官17年，1295年返威尼斯。

西方中世纪千年之久，圣母、教堂、巴黎圣母院、哥特式等元素，是中世纪的花朵，而中国的大唐则辉煌无比，中国文化的人间性，使“中世纪”没发生。中国是神性与人性融合，西方是神性无限扩张——超越的存在。

明（1368～1644）。

1401～1435年：明“永（乐）宣（宗、德）之治”，共35年盛世。

1405～1433年：明成祖朱棣永乐（1401～1424）派郑和第一次使西洋，此后又6次，历时29年。

1407年：历时5年修成《永乐大典》。

1408～1420年：修建北京宫殿。

1421年：永乐迁都北京。

（七）世界文艺复兴时期。指1453年（拜占庭帝国灭亡）～16世纪末（法国启蒙运动始），共约200年

——相当于中国明时代。

12世纪查理曼大帝以巴黎为中心“养士纳贤”、从创建大学开始，学者们便拥有了一个专门的学术机构得以集中而自由地推进自然研究。由此经过二三百年的积累酝酿，哥白尼的《天体运行论》得以发表（1543年），“近代科学革命”也由此启动，意大利“前（文学）三杰”（但丁、彼特拉克、薄伽丘），“后（美术）三杰”（达·芬奇、米开朗基罗、拉斐尔）。

“发现”新大陆：“4人9次”（迪亚士1、哥伦布4、达·伽马3、麦哲伦1）——

1487年，葡萄牙国王派迪亚士寻找去印度新航线，以绕过意大利、阿拉伯人中介，到非洲好望角遇风暴。

1492年，意人哥伦布，葡拒西挺，自巴雷斯港出发向西航行，发现美洲。

1493年，哥伦布第二次远航美洲，教皇划界，西葡分管新世界，地中海中心转向大西洋；意大利中心转向葡、西、荷、英。

1497年，葡人达·伽马绕非洲达印度卡利库特（郑和半世纪前停泊处），后达·伽马又两次赴印。

1498年，哥伦布第三次航行达南美海岸，发现特立尼达岛。

1502年，哥伦布第四次远航美洲达洪都拉斯海岸。

1519年9月20日，葡人麦哲伦从圣卢卡尔港出发环球。

1520年10月，麦发现麦哲伦海峡。

1521年3月，麦抵菲律宾，遇害。

1522年9月，麦哲伦下属返西班牙。

1580年，西班牙合并葡萄牙成超级国家。

1588年7~8月，英西对抗，打败西“无敌舰队”。

16世纪末，法启蒙运动，过渡时期始。

而中国——

1452年：兵部尚书于谦创设团营制，整肃军纪，保卫北京。

1572年：明神宗即位，张居正任相，清丈田地，合并赋税，一条鞭法，总括赋役，一概征银。

1559年：戚继光、俞大猷平定“倭寇”。

（八）世界17世纪

——相当于中国明、清初时代。

1609年：荷兰独立，15000艘商船，超英、法、德、葡、西总和，有“海上马车夫”之称。

1620~1648年：欧洲30年战争，神圣罗马帝国议会反对派发展成新教（即基督教或耶酥教），与天主教（罗马公教）、东正教（由东罗马演变来的正教鼎足）。

1648年：威斯特伐利亚体系（欧洲30年战争：德内战、欧混战结果），日耳曼各国独立于宗教。

1643年5月19日：洛克瓦战役，西被法打败，法成强国。

1660~1763年：“路易十四的战争”，加上军事家蒂雷纳的机动与工程师沃邦的工程，实行绝对统治，有限战争，武装外交。

而中国——

1583 年：努尔哈赤起兵统一女真。

1601 年：利玛窦来华，万历帝见。

1618 年：努尔哈赤誓师反明。

1626 年：努尔哈赤死，子皇太极即位。

1636 年：皇太极称帝，国号“大清”。

1644 年：闯王进京，明亡，清军入关。

清（1644～1911）。

1661 年：康熙即位。

1661～1662 年：郑成功台湾驱荷，收复台湾。

1673～1681 年：吴三桂等“三藩之乱”。

1684 年：康熙统一台湾，设台湾府，隶属福建省。

1689 年：中俄签《尼布楚条约》。

（九）世界 18 世纪

——相当于中国清中时代。

1709 年：俄大败瑞典，俄、丹麦、波兰、普鲁士瓜分瑞典帝国，“近代外交史上第一次重大行动”（马克思语）。

1756～1763 年：“七年战争”，英靠德支持胜法，建帝国的顶点。1776 年 7 月 4 日：美大陆会议通过，杰弗逊发布《独立宣言》。

1775～1783 年：美国独立战争。

1789 年 4 月：美联邦政府成立，华盛顿就任大总统。

1789～1794 年：法国大革命。

1789 年 8 月 26 日：法宣布《人权宣言》。

而中国——

1709～1774 年：修建圆明园。

1720 年：罗马教皇遣使来华禁中国教徒祭孔，康熙驳斥。

1723 年：雍正即位。

1729 年：始禁鸦片。

1736 年：乾隆即位。

1772～1782 年：修《四库全书》，寓禁于修，古籍删改。

1799 年：乾隆逝世，“康乾盛世”138 年。

（十）世界 19 世纪

——相当于中国晚清时代

1800～1815 年：拿破仑战争，把法国革命输出，国家间（非统治者间）冲突，征兵时代，武装人民，纵队运动，灵活独立，“进攻、快速、突然、集中、安全”。约米尼（1779～1869）、克劳塞维茨（1780～1831）。英、法、奥、俄、普鲁士（欧洲五强），维也纳体系。

1812 年：美向英宣战，“第二次独立战争”，海战胜，平定印第安，觊觎加拿大失手。

1817～1821 年：南美解放战争。

1847 年：墨西哥战争。

1848 年：马克思、恩格斯发表《共产党宣言》，近代始。

1861～1864 年：美国内战南北战争。

1862 年 9 月 24 日，美林肯宣布《解放黑奴宣言》。

1867～1868 年：日明治维新。

1864～1871 年：德意志统一，俾斯麦：“铁与血”，毛奇“三战”（丹麦 1864、奥普七周 1866、普法 1870～1871）。

1864～1876 年：第一国际。

1871 年：巴黎公社。

1889 年：第二国际。

1896 年：美西战争，美胜西，美兴。

而中国——

1839 年 6 月林则徐虎门销烟。

1840 年 6 月～1842 年 8 月：鸦片战争。

1853 年：太平军占南京，太平天国（1851～1864）。

1856 年：第二次鸦片战争。

1860 年：英法火烧圆明园。

1861 年：慈禧垂帘听政，同治中兴（1862～1874）。

1864 年：太平军失败。

1878 年：左宗棠收服新疆。

1894 年：甲午海战。

1895 年：马关条约，公车上书。

1898 年 6 ~ 9 月：百日维新。

1900 年：八国联军。

（十一）世界 20 世纪

——相当于中国清末、民国、新中国时代。

1904 ~ 1905 年：俄日战争，预示火力发展影响。

1911 ~ 1913 年：意土战争，海上意胜土。

1914 ~ 1918 年：第一次世界大战，英、法、俄对奥、德、意，凡尔赛—华盛顿体系。步枪和堑壕起主要作用，纵深防御，海上安全。德国的胡蒂厄战术（战斗组队形，跳跃前进）、英国的坦克、阿伦比的欺骗战术（切断土军供应线）、德国潜艇、英国护航队、编队飞行、战略轰炸，但原准备的装甲战和空降战未及实现。胡蒂厄战术连同富勒、利德尔·哈特和古德里安奠定的战术空军、机械化部队和摩托化部队的理论，尔后构成二战“闪电战”内容。

1939 ~ 1945 年：第二次世界大战，中、苏、英、美、法对日、德、意，雅尔塔体系、旧金山体系、冷战体系。

战争结论：

1. 希特勒的致命错误：把英国赶出欧洲却未消灭它；在背后还有敌人时入侵苏联又未速决；战术上擅长闪击战，无消耗战准备。

2. 同盟国的问题：忽略对德国石油与运输的战略空袭；未夺战后势力中心点——维也纳和柏林，只是战时领袖，非战略家；美国启动慢，1944 年前无战略轰炸机，情报不准，指挥拙劣，目标选择失当，战术轰炸过分，给自己留的困难反而更多。

3. 太平洋海战：最充分利用空间，海上交通线，空中优势，间接战略，临机应变，工业能力。

而中国——

1911 年：武昌起义。

1912 年：中华民国成立。

1919 年：五四运动。

1921 年：中国共产党成立。

1927 年：四一二大屠杀。

1931 年：九一八事变。

1934 年 10 月～1936 年 10 月：红军万里长征。

1936 年 12 月 12 日：西安事变。

1937 年 7 月 7 日：卢沟桥事变，抗日战争开始。

1945 年 8 月 15 日：日本投降。

1948 年 9 月～1949 年 1 月：辽沈、淮海、平津战役。

1949 年：中华人民共和国成立。

三、远征

远征，是长距离的作战行动，对国际关系也有重大影响。回顾历史，著名的有 5 次“西、东往复”（其中有 3 次在公元前，2 次在公元后）。

（一）第 1 次

1. 公元前 525 年：波斯帝国灭埃及，跨亚非欧。其实，这次应算是“占”埃及，公元前 404 年，埃及人起义，波斯王朝被推翻，公元前 343 年，波斯帝国再次灭埃及，直到公元前 332 年，亚历山大占埃及，灭波斯王朝。

2. 公元前 492 年：希波战争，波斯侵希腊，“马拉松战役”希腊胜，波斯败。这次战争对东西方经济与文化的影响远大于战争本身，打破了东西方几乎完全隔绝的局面，希腊文明兴，西方世界历史中心由两河流域向地中海转移。

（二）第 2 次

1. 希腊内部伯罗奔尼撒战争（公元前 431 年）：斯巴达有波斯助胜雅

典。修昔底德第一次科学地、历史学地记录了这次战争，这场战争使雅典走出了全盛时期，结束了希腊的民主时代。

2. 马其顿亚历山大希腊东征（公元前331年）：败希腊，灭波斯，占埃及，公元前326年：攻印度，跨亚非欧，属掠夺性战争，“把战争带给亚洲，把财富带回希腊”，给人民造成苦难，客观上促进了希腊与亚非诸国的经济文化交流。

（三）第3次

1. 三次布匿战争西征：罗马胜，迦太基（北非的布匿）败。

罗马自长期的掠夺战争中，获大批奴隶，促进了工业发展，开辟多条对外商路，故有“条条大路通罗马”之谚。

2. 古罗马共和国与马其顿王国之间的三次战争，最后在公元前171年，罗马战胜迦太基后，“罗马东进”，东向战胜马其顿，将马其顿作为其一个省，统一了地中海。

（四）第4次

1. 我国西汉晚期，匈奴分裂，北匈奴继续与汉朝为敌。1世纪，为东汉击溃的北匈奴西迁：91年西逃至伊犁河谷；151年第二次西逃至乌兹别克、塔吉克；290年第三次至顿河以东、里海以北；374年第四次至顿河以西、多瑙河以东，占南俄罗斯草原；395年侵欧洲，400年侵西罗马，408年骚扰东罗马，496年逼迫西哥特人洗劫罗马。北匈奴西迁是致使罗马帝国最终灭亡的主要原因之一。

2. “十字军东征”是在罗马天主教教皇的准许下，由西欧的封建领主和骑士对地中海东岸国家发动的系列宗教性战争的统称。意、法、德十字军8次东征，200年未果。十字军东征属天主教暴行，但使西欧直接接触到了当时更为先进的拜占庭文明和伊斯兰文明，为欧洲的文艺复兴开辟了道路，商业也随之发达。

（五）第5次

1. 蒙古建国后于1219～1260年间的40余年中，进行了三次大规模的西征，建立起庞大的帝国，对世界历史影响深远。成吉思汗（1162～1227）西征，1258 年攻入巴格达，灭阿拉伯帝国，1271 年忽必烈建元朝，跨欧亚。

2. 奥斯曼帝国是土耳其人建立的国家，1299 年兴起，初居中亚，后领土扩张至小亚细亚，日渐兴盛，1453 年奥斯曼土耳其人，即留在安那托利亚的早期突厥入侵者的后代，历时 53 天，用改进的浇铸炮管和制造炮弹技术，攻破了以前认为坚不可摧的君士坦丁堡城墙，结束了残存的拜占庭帝国的千年统治，东罗马灭亡，也是伊斯兰教对基督教世界新冲击的信号。

四、发现

发现，即发现新大陆，当然是国际关系历史的重大事件，如前已述，主要有“4 人 9 次”。

不过还有一种说法，颇为有趣——1434 年：中国人引发欧洲文艺复兴？英国《每日电讯报》载：加文·孟席斯（孟西士）在他的第一部书中宣称，是中国人发现了美洲大陆。现在，他又在备受争议的续集中提出：也是中国人，才引发了文艺复兴运动。

这位退役的潜艇指挥官认为中国探险者的庞大舰队驾驶多桅杆中国式帆船，早在哥伦布之前（1421 年），中国的郑和第六次率领 107 人就抵达了拉丁美洲、加勒比地区和澳大利亚，比麦哲伦环绕地球航行早一个世纪，并领先欧洲探险者数百年时间绘制了世界地图。哥伦布、麦哲伦和詹姆斯·库克出航前都有了地图，皆以中国绘制的为基础。其书畅销百万册，在 135 个国家翻译成 24 个版本。其新书《1434 年》提出：一支首先驶往开罗、后于 1434 年抵达托斯卡纳区的文化代表团带来的中国科学、艺术和技术方面的进步塑造了文艺复兴运动。但是，中国人抵达之后就回去了，没有把世界变成殖民地，历史未受干扰。

五、旅行

18 世纪“‘大旅行’的旅行者”（Grand Tour Travelers）对欧洲学术影响至巨。

“大旅行”主要指文艺复兴后，以英国为首的欧洲贵族子弟和知识分子“读万卷书不如行万里路”式的旅行方式，以古迹闻名的意大利为旅行目的地。在当时，“大旅行”被视为一种教育活动，是精英教育的最后阶段。“大旅行”是近代史不可分割的一部分。

六、大国

基辛格《大外交》一书开头第一句话就是：“几乎是某种自然规律，每一世纪似乎总会出现一个有实力，有意志，具有知识与道德动力，希图根据其本身的价值观来塑造整个国际体系的国家。”

有专家认为，能成为“世界强国”，须具备五大条件：国家的规模，主要是人口总量和国土面积；经济能力，主要是GDP总量，人均GDP，以及主要工农业产品产量；科技发展水平，主要是工业化水平、创新能力、科技队伍的规模和质量以及在航空、航天、生物工程等前沿领域的发展状态；军事能力，主要是军队的数量和质量、军事装备的发展水平、军事指挥能力和实战能力；国家的战略意志，主要是领导人、人民的意志和决心。

1987年，保罗·肯尼迪推出《大国的兴衰：1500年~2000年的经济变迁与军事冲突》，从1500年前后的明代中国、土耳其奥斯曼帝国、印度莫卧儿王朝、俄国、德川幕府时期的日本和中西欧诸国这些当时的“权势中心”切入，认为欧洲始于城邦的争战“推动人们寻求军事变革，而军事变革又有力地推动了竞争、积极进取的环境中出现的科学技术与商业贸易的发展”。二战中轴心国所以战败，根本原因在于经济的无力支撑。

究竟怎样才算大国？乾隆时期的国力在世界举足轻重，GDP占全球1/3，粮食产量最高达2088亿斤，财政收入最高达白银8000万两，此3项均创下中国历史最高水平。然而乾隆离世仅40年，第一次鸦片战争就使“亡在崇祯，失在万历”的悲剧在大清又一次上演。

故肯尼迪主张：大国不仅是局限于某一地域的崭露头角，而在于主导世界经济和政治。大国之大不在于一国的庞大，而在于在周边国家眼里具有无可比拟的优势。

至于究竟哪些国家堪称“大国”，有四、三、二及“轮转”各说。

（一）“四大国说”

“四大国说”指只有4个国家当过“世界领导者”。

19世纪拿破仑把《法国民法典》传播到欧洲，标志法国崛起。但在陆地和海洋双重自然地理环境中增加军事力量，四面树敌，是许多国家与领导者地位无缘的原因，法国即其中之一。此外还有德国。

葡萄牙在15~16世纪曾是海上强国。前述“发现”4人中有3人是葡人（迪亚士、伽马、麦哲伦），但葡萄牙也终未成世界领导者。

而堪称“世界领导者”的是如下4国：

1. 西班牙：“16世纪的‘日不落’国”

1492年建统一王朝，渐成强国。意人哥伦布在葡萄牙遭拒，为西班牙接纳，发现了美洲，曾疑为印度，实为印第安人。葡人麦哲伦受西国王派遣，携带致中国皇帝书，完成绕地球航行。西班牙留给世界的是一个讲西班牙语的拉丁美洲。但1588年其“无敌舰队”在英吉利海峡大海战中为英败，英兴西衰。1878年又为美败，美兴西更衰。

2. 荷兰：“17世纪的‘海上马车夫’”

1500年其船舶比其他国家总和还多。1565年为西班牙统治，1602年成立东印度公司，在马六甲海峡与爪哇岛两次打败葡萄牙舰队，1609年独立，1621年荷兰西印度公司成立，1648年西承认。17世纪，格劳秀斯成“国际法之父”。1625年创立《战争与和平法》，标志荷兰崛起。

3. 英国：“18~19世纪的‘日不落’国”

“英国统治下的和平”，留给世界的是一个英语几乎通用的世界。“英国世纪”是指：1588年英国击败西班牙“无敌舰队”，崛起为世界强国，拉开“英国世纪”序幕。1815年，随着拿破仑的战败，英国成为世界最强大的国家。1921年，英领土占世界陆地24.75%，遍布24时区，历史上世界最大。一战、二战，逐渐走下坡路。1945年后的30年，几乎丢掉了几个世纪以来征服的全部殖民地。1982年，英派出65艘舰船和7000名海军士兵将阿根廷人赶出马岛，说明仍拥有全球投放能力。现在，英国强力军事时代似乎即将结束，英国“机敏”号“机敏级”、有“英超中的曼联”之称的最先进的核动力潜艇曾在英格兰西部水域搁浅。英媒体称：削减军费已让航母处于没有战机的“裸奔”状态，搁浅则让英国海军彻底“沉底”。所以，英国实际是个“小大国”。

德国《每日镜报》载：“我们英国人占领过多少国家?”为回答儿子的问题，英国历史学家斯图尔特·莱科克花了两年时间做调查，系统化地核对了联合国的193个成员国，发现只有22个国家没被英国军人涉足——其中的欧洲国家是安道尔、列支敦士登、卢森堡、梵蒂冈和瑞典，最终写出了《我们侵略过的所有国家：还有少数我们没有来得及去的国家》一书，是对全球干预主义的总结。“我们是不屈服的好斗的民族”，出版社总结道。

4. 美国：“20世纪的世界霸主”

1898年，美西战争摧毁了享有海上霸权的西班牙王国，占领菲律宾、关岛、波多黎各，拉开“美国世纪”序幕，建立“美国统治下的和平”，20世纪美国推动创立“布雷顿森林体系”，标志美国崛起。

（二）“三大国说”

“三大国说”指：“历史上堪称‘强国’的只有3个”。

1. 罗马。

公元前509年：罗马共和国建立。公元前27年：罗马帝国建立，“后三头”（屋大维、安东尼、雷比达）中的屋大维大权独揽，称“奥古斯都”，1世纪扩张，跨欧亚非，“5贤帝”（屋大维、朱里亚·克劳狄、弗拉维、安敦尼、图拉真）百余年，疆域超500万平方公里，3世纪分裂，476年西罗马灭，11世纪东罗马衰，1453年东罗马灭。

2. 英国。

3. 美国。

值得注意的是：英、美主要还是用文化来支配世界。

（三）"二大国说"

"二大国说"指："严格地说，历史上能称为'超级大国'的，只有2个。"

1. 罗马。

2. 一段时期的中华帝国。

（四）"轮转说"

"轮转说"亦即"汤浅现象"。

日本学者汤浅光朝经过长期研究，得出一个被称为"汤浅现象"的结论，那就是："在某一时期，人类的科学活动总是在某一地区形成中心，但不会永远停留在某个国家，随着科学的外部条件和内在因素的变化，这个中心将不断转移，转移的周期约为60～80年。"

汤浅指出：科技活动中心的衡量标志是科学研究成果的多寡和科技人才的数量和水平。他用确凿的史实证明，近、现代世界共出现过5大科技中心，其转移顺序为：

意大利（1524～1610）—英国（1660～1730）—法国（1770～1810）—德国（1810～1920）—美国（1920～）。而2000年后，将转移到日本或中国。

七、体系

所谓"国际体系"，是按条约建构的。主要的体系至少有8次。

（一）威斯特伐利亚（德）和约：1648年

威斯特伐利亚（德）和约确立了欧洲国家框架，是欧洲30年战争的结果（德内战，欧混战），建立了欧洲新均势，民族国家取代神权为主体。

自这个世界历史中第一个近现代意义上的国际关系体系——威斯特伐利亚体系在欧洲建立以来，300 多年过去了。今天的国际格局中占着主导地位的历史力量，依然受着威斯特伐利亚体系的精神承传。民族国家依然是国际关系的主体。其中，大国的作用，依然是故事的关键。

（二）维也纳（奥）和约：1814～1815 年

欧洲 5 强，即法国加“4 强反法联盟”（英加 1815 神圣同盟奥、俄、普），是法国大革命和拿破仑战争的结果。

1812 年拿破仑远征俄国失败。1813 年，莱比锡战役反法联盟胜，拿破仑被流放地中海厄尔巴岛。1815 年 3 月拿破仑逃脱重登帝位，6 月滑铁卢再败，流放到大西洋圣赫勒拿岛。6 月，联盟国在维也纳和会达成协议。

（三）凡尔赛（法）和约，华盛顿体系：1919 年

美国威尔逊提“14 点计划”，建国际联盟，联英、法、日成新主，是一战结束的结果。

1918 年，一战尾声，1 月 8 日，美国总统威尔逊在国会演说，被称“14 点计划”，提出一战后世界秩序的具体设想，中心是建立国际联盟，这一思想征服了欧洲，但却遭美国国会孤立主义的抵制。

1919 年 1 月 18 日至 6 月 28 日，一战获胜协约国在巴黎凡尔赛宫开会，重新瓜分世界。

（四）雅尔塔（苏）协定：1944 年

美、英、苏三巨头峰会，是二战后期的结果。1944 年，7 月在美新罕布什尔州布雷顿森林召开 44 国金融货币会议，确立美元中心。

（五）冷战体系：1946 年

2 月 9 日，斯大林演说，2 月 22 日，凯南 8000 字电报，“遏制战略”形成，美苏两霸世界。

（六）旧金山体系：1951 年

美麻省理工名誉教授约翰·道尔指出：

在二战结束已近70 年后，东亚的领土问题为何仍未解决，日本的战争责任为何反复成为问题？关键在“旧金山体系”——冷战初期，1951 年签署的《旧金山和约》和《日美安保条约》。在旧金山和会上对东亚的领土问题都有所讨论，但其解决过程却被冷战打断。

这一和约促成了日美之间的良好关系，这是好的。但在战争中受到最大伤害的并不是美国，而是韩国和中国。这两个国家没有出席旧金山和会，是个悲剧。与前西德不同，当时日本与过去的交战国之间没有对话，在历史认识方面存在明显不同。以《旧金山和约》为契机，日本建立了全面依赖美国的“旧金山体系”，并“脱离”了亚洲，而朝鲜战争开始，日本又成了美国的“己方”，中国却成了“敌人”，这时离二战结束还不到6年，美国没有再提出战时问题，也没提中韩所受到的伤害。慰安妇和731部队问题在东京审判中都未做结论，日本并没有真正面对自己的行为。

（七）后冷战时代：1989 年

苏联解体，美“一超”，美领导世界新秩序（全球化），北约东扩，北约新使命（由军事到政治）。

（八）金融危机：2008 年

金融危机，多元趋势，“后全球化”，世界进入“春秋战国”时代、“碎片化”时代。

八、制度

制度，是经济发展的结果。一般来说，全球资本主义制度经历了 4 次变革（英国《泰晤士报》卡列茨基：《资本主义制度 4.0》）。

（一）19 世纪初，主张实行自由贸易的自由资本主义制度

亚当·斯密的市场理论。

（二）20 世纪二三十年代凯恩斯式的福利国家制度

凯恩斯主义理论：扩大有效需求，刺激生产，延缓危机，但引起通货膨胀。

（三）20 世纪 80 年代初由撒切尔和里根开创的以自由市场为核心的货币主义理论

其创始人是美芝加哥大学弗里德曼教授，针对物价涨和失业多的“滞胀”（凯恩斯主义无法解释），强调货币供应量的变动是引起经济活动和物价水平发生变动的根本的和起支配作用的原因，主张制止通货膨胀，反对国家干预。

（四）2008 年因金融危机而形成的新式资本主义制度

它肯定与 2008 年遭到重创的资本主义制度大相径庭。这场变革不只是调整一下规则或换下一些无能之辈。这场变革将改变市场与政府的关系，而这两者的关系正是不断演进的各种资本主义制度的特点所在。打造相比危机期间已崩溃的资本主义模式更加公平、稳定和更具可持续性的资本主义制度。

九、社会

朱寰提出对世界历史社会阶段的看法：

我国现行的世界社会历史阶段是遵照马克思主义唯物史观的“5 种社会形态”学说划分的：

第一阶段，世界古代史：人类起源到西罗马灭亡（476），原始公社制

和奴隶制社会。

第二阶段，世界中古史：民族大迁徙及其建国（2～6世纪）至1500年海陆打通前夕或到1640年英国资产阶级革命，封建制社会。

第三阶段，世界近代史：资本主义社会：1500年或1640年至第一次世界大战结束。

第四阶段，世界现代史：社会主义与资本主义并存：1917年至第二次世界大战结束。

第五阶段，世界当代史：第二次世界大战结束迄今。

但实际上，马克思没有说过“5种社会形态”，只说过“4种社会经济形态或生产方式”，即1859年6月出版的《政治经济学批判·序言》里的“大体说来，亚细亚的、古代的、封建的和现代资产阶级的生产方式可以看作是社会经济形态演进的几个时代”。

是斯大林将这4种生产方式再加上共产主义，就变成《历史唯物主义》的5种生产方式，又将生产方式等同于社会形态。

其实，马克思确实论述过“3大社会形态”的理论：在《1857～1858年经济学手稿》中，马克思说：“人的依赖关系（起初完全是自然发生的），是最初的社会形态，在这种形态下，人的生产能力知识在狭窄的范围内和孤立的地点上发展着。以物的依赖性为基础的人的独立性，是第二大社会形态，在这种形态下，才形成普遍的社会物质交换，全面的关系，多方面的需求以及全面的能力的体系。建立在个人全面发展和它们共同的社会生产能力成为它们的社会财富这一基础上的自由个性，是第三阶段。第二个阶段为第三个阶段创造条件。”

所以，应采用马克思“3大社会形态”理论阶段，符合世界历史的客观实际。

第二章 现 状

国际关系的现状，无疑是国际关系学的研究重点，因为一切对策都随时间、地点、人物转移。

一、字组

德国之声网站称："谁要是想通过精炼的语句传达复杂的内容，最好是想一个能给人们留下深刻印象的短语：朗朗上口的新简称。"

"字组"的特点就是精炼和上口。

当然，这些"字组"也是自组织或被组织的，都按某一特征进行分类。例如：

最早由高盛的首席执行官奥尼尔提出：

BRIC：即 B（巴西）R（俄罗斯）I（印度）C（中国）组成的"金砖 4 国"。

BRICS：即 BRIC 再加上 S（南非）组成"金砖 5 国"或称"金砖国家"。

奥尼尔还想出了"新 11"（Next－11），即"新钻 11 国"：巴基斯坦、埃及、印尼、伊朗、韩、菲、墨、孟加拉、尼日利亚、土、越南。

后来面对金砖国家经济增长明显减速的事实，奥尼尔又介绍了其最新研究对象："薄荷（MINT）4 国"，即：M（墨西哥）I（印尼）N（尼日利亚）T（土耳其）。他说："这些国家值得受到同金砖国家一样的重视"，因为在未来 20 年有着非常不错的人口前景，经济前景也很具吸引力。

汇丰银行 CEO 盖根、《经济学家》杂志提出了"灵（香）猫 6 国"：C（哥伦比亚）I（印尼）V（越南）E（埃及）T（土）S（南非）。

富达国际公司提出"造币厂 4 国"：M（墨西哥）I（印尼）N（尼日

利亚）T（土耳其）。

彭博新闻社是“迷雾4国”的发明者：Misleads（墨、印尼、韩、土），“迷雾4国”是“新11”的子集。

俄罗斯《独立报》2014年2月报道：英国凯投国际宏观经济咨询公司（凯投宏观）打算让金砖国家退休，甚至提名了新的潜在经济增长领导者，即尼日利亚、菲律宾、墨西哥和波兰，可能成为经济增长最快的国家，只是源于它们的起点太低。

此外，还有种种说法：

B（巴西）S（南非）I（印）C（中）：基础4国，砖石4国（气候大会）。

BSICV（越南）：砖石5国。

V（越南）I（印尼）S（南非）T（土）A（阿根廷）：前景5国，日本门仓贵史提出。

P（葡萄牙）I（意大利）I（爱尔兰）G（希腊）S（西班牙）：欧猪5国。

金砖4国（BRIC）加墨、韩、印尼、土：“成长8国”。

BRIC + VISTA =4 +5 模式经济对话。

VITAMIN10国：越南、印尼、土、泰、阿根廷、南非、墨、伊朗、伊拉克、尼日利亚。

成长型市场（growth markets，增长型市场）：金砖4 + 迷雾4。奥尼尔放弃以前“新型市场”（emerging markets，新钻11国），因其虽生长超1%，但过于宽泛，参差不齐。

美国《大西洋月刊》：选出接“金砖国家”棒的五大经济体：土、印尼、哈、刚果民主共和国、墨。另外，尼日利亚也“有可能”。

新7国集团：金砖4+土、韩、印尼，墨西哥国立大学格拉提出。

新7国集团：金砖4+土、墨、印尼，伦敦普华永道会计师事务所提出。

G7：美、英、德、法、意、加、日。

G8：G7+俄。

G8+5=G13：2003年G8东道主法国邀中、印、巴西、南非、墨5国形成“8+X”。

G20：G8+澳、欧、韩+9发展（中、印、巴西、南非、墨、阿根廷、沙特、土、印尼）。

G20另一种说法：发展中“新兴经济体”E（Emerging Economy）11：俄+韩+9发展，再加上9发达：G7+欧+澳。

G2：西《公众日报》：中美Chimerica和中印Chindia（中国建立了巨大的制造业平台，成“世界的工厂”，印度靠一批受过良好教育、讲英语的年轻精英吸引外国的服务性企业，成“世界的办公室”）主导21世纪（郑永年：事实上的G2〔中美〕）。

G0：2011年群龙无首：国际风险咨询机构欧亚集团预测。

3个10+1：东盟分别与中、日、韩。

10+3：东盟与中日韩。

10+6：2005年在新加坡，东盟与中日韩及印度、澳大利亚、新西兰。

10+8：在印尼，又增加美、俄。

JIBs：亲美“三角帆三国”：日本、以色列、英国。由美国欧亚集团总裁伊恩·布雷默首先提出。他认为，在领导国家缺位的“零国集团（G0）”时代，这三国无法在各自的地区发挥建设性的作用，已成国际社会的不安定因素——地区火种。

全球发展中国家：170个或153个。

发展中大国：至少17个，其中9个进G20，余8个：埃及、哈、巴基斯坦、伊朗、埃塞、尼日利亚、委内瑞拉、阿尔及利亚。

注意：韩、越南因不算“大”国，未进 G20。

77 国集团：正式成员达 134 个，非互惠的普惠待遇，即：互惠待遇和最惠国待遇在国际法中已有，1964 年第一届联合国贸易和发展会议上，“77 国集团”率先倡议与互惠待遇和最惠国待遇相区别的非互惠的普惠待遇。

48 个最不发达国家（非洲 33、亚洲 14 和海地，1.45 亿人口，2050 年翻倍）伊斯坦布尔会议，人均收入低于 745 美元，贸易总额只占世界贸易1%。

TPP（《跨太平洋战略经济伙伴关系协定》）：一项雄心勃勃的，被视为有潜力实现从智利经美国扩展至中国的广阔自由贸易区的自由贸易协议，涉及服务业、金融市场等方面，还将在知识产权保护、劳工等美国特别关注的领域进行严格的规定。

最初仅是在文莱、智利、新西兰和新加坡 4 个成员国之间于 2005 年签署的不知名协定。然而在 2008 年美国宣布想要加入这个组织并引得一些经济体跟随之后，该协定获发展动力。

对 TPP 的构想是让最初加入的经济体形成这个组织的核心，并逐渐吸收更多的经济体，在此之前，它们必须与现有成员作出相同的承诺。

但是美国战略与国际问题研究中心亚洲问题专家迈克尔·格林说：“（TPP）谈判是一个非常艰难的协商过程。谈判国中有发达经济体，也有发展中经济体，其目标各不相同。”

“象鼻虫轴心”：

美战略学家、巴德学院外交事务和人文学科教授米德：“中国、俄罗斯和伊朗（‘中央大国’）尽管相互存有敌意和猜忌，但它们一致之处为：都十分憎恶美国主导的现行国际秩序，是‘打算挖空美利坚海洋大国这座雄伟大厦的象鼻虫轴心’。”

“脆弱五国”与“不安八国”：

英国《金融时报》："'脆弱五国'变'不安八国'"：脆弱（Fragile Five）五国是指面临风险的新兴市场集团，如果把受央行收紧货币政策（量宽退出）影响的国家列一个清单，根据可见的偿还短期外债的能力判断，特别容易受到削减量化宽松政策影响的"不安"国家有8个：南非、土耳其、巴西、印度、印尼（上述5国即"脆弱五国"）、匈牙利、智利和波兰。

"发达五国"（真正的"脆弱五国"）：

《华尔街日报》：引发下一场危机的不会是新兴市场（摩根士丹提到的5个新兴市场国家，即"脆弱五国"），反而是几乎没有人为之担心的5个发达经济体：法、德、英、澳和加拿大。这些国家才是真正的"脆弱五国"。

"新四引擎"：

俄罗斯《独立报》：全球经济涌现新一批领导者，凯投宏观分析师认为将是：波兰、墨西哥、菲律宾、尼日利亚。

二、层次

如果说"字组"的特点是精炼和上口，那么"层次"的特点是结构感和立体感。

（一）四层次

西班牙《起义报》梅莱提出：世界体系或模式的"四层次"说。

	2001年的四层次是：	2010年的四层次是：
最高层：	处绝对优势的美国	失绝对优势的美国
自主层：	欧、日	欧、日、中、俄
反抗层：	中、印、俄	印、南非、巴西
依赖层：	其他国家	其他国家

（二）三层次

哥本哈根学派布赞和维夫提出三层次说：
“1（美）+4（欧、独联体、非、拉美）+n（各个地区）”。

三、群落

“群落”的特点是地域感和平面感。

（一）四势群

得势：新兴大国
守势：美国、国际货币基金组织、世界银行
失势：欧、日、俄及独联体
弱势：发展中国家与地区组织

（二）四摇摆国家

借用美国选举时的“摇摆州”的概念，指“摇摆国”的国际作用处于不断变化之中。这些国家关于承担新的国际责任、解决国际挑战等方面的选择会对国际秩序未来发展轨迹产生决定性影响。

四摇摆国家是：巴西、印度、印尼、土耳其。

它们具备的条件是：

1. 民主国家；
2. 新兴经济实力；
3. 地缘优势。

（三）19部落

美国查普曼大学研究员乔尔·科特金提出“世界新秩序”：分19类，突出部族感。阿拉伯历史学家伊本·赫拉敦说过：“只有靠群体感情维系的部族才能在沙漠中活下来。”

“部族”的概念更“普世”，可代替地图，靠亲近关系（种族、宗教、文化），不是靠地理位置，以前的“两极”冷战、第三世界、中印、BRIC等概念，由于历史文化迥异，其意识形态只为精英接受。

1. 新汉莎

13 世纪北欧汉莎同盟（贸易文明），日耳曼渊源，出售高档商品。

丹麦、芬兰、德国、荷兰、挪威、瑞典，繁荣指数前 8 占 6，福利慷慨。

2. 边界区

文化大杂烩，为邻国侵，为独立战。

比利时、捷克、爱沙尼亚、匈牙利、冰岛、爱尔兰、拉脱维亚、罗马尼亚、斯洛伐克、英国。

3. 橄榄共和国

橄榄和葡萄酒之乡，古希腊、古罗马渊源，贫困率是北欧两倍，劳动参与率低 20%。

保加利亚、克罗地亚、希腊、意大利（与日本争“老年人最多”）、科索沃、马其顿、黑山、葡萄牙、斯洛文尼亚、西班牙。
希、西、葡为首。

4. 城邦

伦敦：二流国家的世界级城市，金融媒体中心。
巴黎：占法国国内生产总值 25%，最美丽的城市。
新加坡：现代城市的典范。
特拉维夫：人均生产总值比全国高 50%。

5. 北美联盟

加、美，未衰落。

6. 自由主义国家

拉丁美洲民主旗手。

智利、哥伦比亚、哥斯达黎加、墨西哥、秘鲁。

7. 玻利瓦尔共和国

独裁，厌美，皮隆主义模式，资源丰富。

阿根廷、玻利维亚、古巴、厄瓜多尔、尼加拉瓜、委内瑞拉。

8. 独立体

位于自由主义国家和玻利瓦尔之间。

巴西：二等超级大国（北美、大印度和中央王国之后），犯罪和贫困。
法国：比橄榄共和国强，但不如汉莎。
大印度：增量率第一，1/4 贫困。
日本、韩国：技术强国。
瑞士：是个城邦，繁荣。

9. 俄帝国

斯拉夫凝聚力，家庭收入是意的一半，中等国家，资源丰富。

亚美尼亚、白俄罗斯、摩尔多瓦、俄、乌克兰。

10. 东大荒

争夺的焦点。

阿富汗、阿塞拜疆、哈萨克斯坦、吉尔吉斯斯坦、巴基斯坦、塔吉克斯坦。

11. 伊朗

极端主义意识阻遏，管理不善。

巴林、加沙、伊朗、伊拉克、黎巴嫩、叙利亚。

12. 大阿拉伯世界

宗教和民族的强力文化纽带，但差距100倍收入。

埃及、约旦、科威特、巴勒斯坦、沙特、阿联酋、也门。

13. 新奥斯曼

回归部族潮流的缩影，与欧洲经济联系是支柱，但关注点东移。

土耳其、土库曼、乌兹别克斯坦。

14. 南非帝国

基督教为主。

博茨瓦纳、莱索托、纳米比亚、南非、斯威士兰、津巴布韦。

15. 撒哈拉沙漠以南非洲

英、法语，新解放，基督教，缺少文化凝聚力，贫困率70%～80%。

安哥拉、喀麦隆、中非、刚果（金）、埃塞俄比亚、加纳、肯尼亚、利比里亚、马拉维、马里、莫桑比克、尼日利亚、塞内加尔、塞拉利昂、苏丹、坦桑尼亚、多哥、乌干达、赞比亚。

16. 马格里布地带

相对富饶，微弱进步，总体贫困。

阿尔及利亚、利比亚、毛里塔尼亚、摩洛哥、突尼斯。

17. 中央王国

文化凝聚，人口老化。

中国、中国香港、中国台湾。

18. 橡胶地带

下一个高增长区。

柬埔寨、印尼、老挝、马来西亚、菲律宾、泰国、越南。

19. 幸运国

美英移民，收入与北美同。

澳大利亚、新西兰。

（四）五个“新月”

英国伦敦都市大学罗克珊·法尔曼法马扬在《重画中东地图：伊朗、叙利亚和新冷战》一文认为：

如果我们密切关注事态发展，就已经可以发现一种新的地缘战略地图正在成形：5 个相互交叉的新月正在发生变化和转动，而该地区“震裂带”沿线各国的关系也在迅速重新组合。

1. 什叶派新月带

是最古老的“新月”，伊朗占据优势地位。这个短语是约旦国王阿卜杜拉二世在 2004 年命名的，当时他指的是伊朗、叙利亚和真主党之间的关系。不过，如今这个短语适用于更稳固的领土地带。自相矛盾的是，什叶派新月带的力量不是源于什叶派宗教虔诚，而是由于共享反美、反以的意识形态，将贝鲁特、大马士革、巴格达和德黑兰联系一起。

2. 逊尼派新月带

沙特在这里说了算。这个弧从马里穿过利比亚、埃及、约旦、伊拉克西部，沿着海湾产油区，一直延伸到沙特。最顶点一直到叙利亚的南部边界。沙特和卡塔尔向叙利亚的逊尼反对派提供枪支和经费。这个新月带与美国和西方密切相连，由石油君主国和酋长国组成的海湾合作委员会是“逊尼派新月带”的财神爷，其“半岛之盾”部队扑灭了巴林的起义。它还邀请摩洛哥和约旦加入。

3. 东地中海新月带

起始于以色列，穿过塞浦路斯，进入希腊，这一地带建立在地中海天然气之上。由于伊朗受到欧盟的制裁，希腊失去能源，现在成为在以色列地中海沿岸地区新近发现的天然气的理想接收者。

4. 温和派新月带

中心位于土耳其和埃及，与约旦、黎巴嫩以及较远的突尼斯和摩洛哥松散地联结在一起。在这个新月中，埃及是老大。在过去，领袖会是土耳其，“阿拉伯之春”成功后，据称土耳其拥有最好的伊斯兰民主模式，但自叙利亚动荡开始以来，土耳其失去了自身的优势。

5. 大库尔德斯坦新月带

从叙利亚东部一直到伊拉克北部、土耳其南部和伊朗西部，其中心位于埃尔比勒。由于大马士革转移了注意力，叙利亚库尔德斯坦获得了新的自治，与伊拉克的同胞联系起来。美国支持下的库尔德斯坦地区政府位于埃尔比勒，使土耳其国内的库尔德工人党重新活跃，越过与伊拉克的边境藏身。这产生了四大影响：伊拉克库尔德地区与巴格达之间关系破裂；土耳其与伊拉克之间关系紧张；伊拉克北部越发独立，什叶派与逊尼派之间关系恶化；伊拉克和叙利亚境内的“基地”组织活动上升。

5 轮“新月”的转动使大国对立，“阿拉伯冷战”与“阿拉伯之春”交集，全球冷战浮出水面。

四、趋势

(一) 全球化

1. “全球化”的当代解读

刘德斌分析了全球化冲击下的 5 种“当代世界解读”：

弗里德曼：《世界是平的》更多地倾向于全球化给整个世界政治、经济和社会生活带来的变化——互联网“碾平”了世界，人类社会成一个各种各样的人分工合作的大系统。

明克勒：《帝国——全球化的政治秩序》刻画了一种新的世界秩序：“帝国”不是一种国家形态，而是一个全球秩序。

卡赞斯坦：《地区构成的世界》阐释了“美国帝权”与世界不同地区的结构性关系。

扎卡利亚：《后美国世界：大国崛起的经济新秩序时代》的立足点是面对“他者崛起”为美国和西方在世界历史结构发生变化之际提出应对策略。

达努奇：《世界是不确定的——全球化时代的地缘政治》则否定了全球化在削弱国际冲突方面的积极影响，认为正是全球化的深入发展带来了传统地缘政治的回归，让这个世界更不确定，甚至更加危险。

2.“全球化”将走向反面

日本京都大学教授中西辉政在《全球化将走向反面》中指出：这是因为：全世界瞬间流动100万亿美元，无法控制，正是冷战结束后一味推动全球化的恶果。于是，“主权作用重新突出”，能对超越国境盲目流动的人、财、物有效监控的，只能是国家主权，即“再国家化”。“大国竞争呈新特点”，非一个系统框架下的有限争夺，而是多接触、多样式的广泛竞争。国际社会的意志形成体系，也非“自上而下”，而是“自下而上”了。

3.“全球化”的实质

基辛格：“实际上，全球化只不过是美国统治作用的代名词。”这位老外交家的话，意味深长。不知是对美国的鼓励，还是对其他国家的提醒？

（二）多元化

1.“多元化”是“多极化”

2008年的金融危机打破了西方模式的全球现代化是唯一标准的“神话”，世界基本矛盾变化导致了美国主导的后现代国际秩序难以为继的后冷战时代的结束，新时代将是多元文明的发展模式共存的合作与竞争的时代。施密特：“美、俄、中、伊斯兰国家、黑非洲、印尼和欧盟等是当前世界的重心并影响着国际形势发展的方向。”李光耀：“今后20年仍是一种美国一超下的不对称多极格局。”美《新闻周刊》总编扎卡里亚把当前新兴大国和非国家行为体的崛起称为“后美国时期”之“他者”的崛起，构成了500年以来人类社会的第三次力量转移。

2.“多元化”是“碎片化”

法国《回声报》：与“两极世界”和“单极时刻”相比，当今世界的“治理框架”进入“碎片化”时代。2012年《国际形势黄皮书》指出：自二战结束以来，首次没有任何单个国家或国家集团能够推动国际议程。当今世界格局进入一个无“领导者”的“碎片化”时代。世界格局处于权力的转移和扩散的过渡期，权力从传统强国欧美向新兴大国转移，并扩散至其他地区力量中心，多边外交、大国间协调与合作将成为未来世界格局的主要特征。

3.“多元化”是“全体参加型”

日本长寿岛实郎：《世界朝无极化“全体参加型”方向发展》：在21世纪最初的10年中，世界历史证明了一点，那就是：经历了被称为意识形态对立的冷战时代，原本被认为已成为美国单极独霸的世界秩序并没有向多极化的方向发展，而是朝着无极化的“全体参加型”方向发展。美元作为世界储备货币的“穷途末路”只不过是这一世界历史大潮中的一个现象而已。日本《世界》月刊：“9·11”事件和随后的伊拉克和阿富汗战争终结了“美国世纪”，美国的衰落也是“阿拉伯之春”爆发的根本原因。世界已向“无极化”“全体参加型”转变，世界历史正在发生本质性变化。

4.“多元化”是“零国集团”

美咨询公司欧亚集团主席伊恩·布雷默：“零国集团”世界是一个没有哪个国家或国家联盟愿意和能够持续发挥全球领导作用的世界。美国和欧洲不能，中国等新兴国家或某个新兴国家集团也不能。这些国家都在集中精力应付国内的挑战和风险，因此这些集团的议事日程也不那么一致。

美《外交政策》杂志首席执行官戴维·罗特科普夫：布雷默写了一本新书《各自为政：“零国集团”世界的赢家和输家》。我认同他的中心论点，即我们当前处于全球体制效率低下、各大国只关注国内事务且国际领导力有所削弱的时期。布雷默的结论是：上述情况即意味着，结果就是“零国集团”。而在我看来，他的结论就有点离谱了。我更倾向于认为，当前乱局的结果是，世界将重回我们在历史上大多时期所目睹的那种均势状态。我还认为，美国仍将在主流国际联盟中频繁发挥领导作用。

5. “多元化”是“无中心”

“无中心”要比“一中心”或“二中心”都更安全稳定。

6. “多元化”是“织锦”

20 世纪以来，美国的文化在承认多元文化现实基础上，探索不同的路径整合建构某种统一的美利坚文化。比如，从 20 世纪 50 年代的文化大熔炉（Melting Pot）政策，70 年代承认文化沙拉碗（Salad Bowl）的现实，到 90 年代将美国的文化建构过程和结果视为“织锦”（Tapestry）。

（三）扩大的西方

1. “扩大的西方”是“和解者”“平衡者”

布热津斯基在《“扩大的西方”更能治理全球危机》中提出“扩大的西方”新理念，作为其未来战略憧憬的核心。这个“扩大的西方”由同中国为首的亚洲充满活力的经济体和平相处的民主国家构成，最终将把俄罗斯和土耳其包括进来。在“扩大的西方”内部，美国将扮演“和解者”的角色，同时，美国也要在亚洲扮演“平衡者”的角色。世界已进入一个没有真正超级大国的时期，一个“扩大的西方”将更有能力制定建设性政策以处理全球问题。

2. “扩大的西方”回到“零和时代”

经济危机让世界回到“零和时代”：一个国家的“得”是另一个国家的“失”。

3.“扩大的西方”是“小圈子决策”

“法兰克福集团”的核心成员，包括法国总统、德国总理、欧盟主席、欧洲央行行长等，形成于法兰克福老歌剧院的送别欧洲央行行长的酒会上德国前总理施密特的发言：“个别国家债务威胁整个欧洲未来。”于是，政要们溜出会场开起了小会，用“小圈子”协调代替欧盟 27 国成员或欧元区 17 国的全体会议，效率是提高了，可小国的决策参与权被剥夺了。

4.“扩大的西方”是军队“针对性干预”

美国《华尔街日报》：北约作战行动曾受到怀疑论和后勤不力的困扰，不过现在许多人将其称为未来干预的样板。白宫副国家安全顾问本杰明·罗兹说：“我们现在正趋于大大提高军队使用的针对性。”罗兹认为，8 个月的利比亚战争的花费对于美国纳税人来说相对低廉，总计刚刚超过 10 亿美元，没有美国或其他北约人员战死。相比之下，8 年伊拉克战争的费用到目前为止总计近 1 万亿美元，而且还有“巨大的生命损失”。利比亚作战计划最初曾遭遇很大的怀疑。五角大楼的一些人担心仅仅依靠空中力量无法推翻卡扎菲。在军方官员中，一些人认为国际封锁会随着时间推移而削弱，从而使卡扎菲得以继续掌握权力。鼓吹使用空中力量的人表示，利比亚战争的胜利证明，在与地面的本土军队一起使用时，空战可以发挥制胜的作用。退休空军中将戴维·德普图拉说：“不管人们同意还是不同意干预，有一件事是明确的，那就是现代空中力量是导致卡扎菲政权被推翻的关键因素。对于公正的观察家来说，这并不意外。”

（四）亚太重心

1.“亚太重心”是“世界重心将从大西洋向太平洋转移”

世界的重心一直在欧洲，这是事实。但美国从未离开亚洲，也是事实。那么，美国又高调宣布“重返亚太”，其意义不在“返”，而在“重”，更是事实。

2. “亚太重心”使印度成桥梁

新加坡马凯硕在《印度是东西方的桥梁》中称：在西方的印象中，印度有一个特殊的位置。中华文明和伊斯兰文明看上去既陌生又遥远。相比而言，西方人对印度文化和文明却予以肯定。中国有过闭关锁国的经历。当它骄傲地强势复苏后，就将面临着一次文明的选择，尽管选项之一是像唐朝时那样开放和宽容。另外，印度作为几种文明的交汇点，一直在不断地接受并吸收外国文化思潮。因此，印度恢复其扮演桥梁的角色，只是时间早晚问题。在很多西方人认为西方不能与伊斯兰国家和平共处时，它们应该学习印度，看印度是如何协调印度教、佛教、伊斯兰教和基督教等众多文化的——在印度历史上，大多数时候这些文化是和平共处的。

3. “亚太重心”提出“超西方”的挑战

亚洲国家的国际关系研究，如何超越西方局限，是一个大问题。印度国际研究学会会长阿米塔布·马图称，当今国际关系的大量研究、实践与概念主要源自欧美的历史经验，如国家主权的思想源自“威斯特伐利亚条约”，“权力平衡”一词来自19世纪的欧洲经验，遏制和核威慑力量平衡则是冷战理论的一部分。现有的有关秩序、稳定、安全与武力使用等概念和范式也来源于17~20世纪的西方世界。澳大利亚国立大学国际关系理论专家伊恩·霍尔表示，在20世纪大部分时间内，西方的理论一直主导着国际关系的学术研究。不过，现在我们已经看到了一系列对理论霸权的挑战。如后殖民时代的非西方世界在20世纪50年代和60年代出现的“新经济秩序”、不结盟理论等。东西方思想间的对话正变得越来越重要。

（五）小国牵制大国

1. “小国牵制大国”助长了“拉拢小国”的需求

马克思：“要了解一个限定的历史时期，必须跳出它的局限，把它与其他历史时期相比较。”说世界进入“小国牵制大国”的时代，是因为大国影响越来越取决于它与中小国家寻找共同语言的能力而非其军事实力，取决于它介入地区问题的程度，也就是“拉拢”的程度。

2. “小国牵制大国”显示了“小国经验”的重要性

林毅夫说：“现在，发展中国家能够为发达国家提供经验教训。”这也是他担任世界银行首席经济学家和高级副行长的经验体会，从而发展了他的《新结构经济学》。

3. “小国牵制大国”突出了“并喻”与“反哺”功能

美国人类学家玛格丽特·米德（1901～1978）提出：

前喻文化（pre－configurative culture）、并喻文化（co－configurative culture）和后喻文化（post－configurative culture）三种不同文化模式。

其分类依据是祖辈和子代在文化传递中扮演的不同角色，并认为人类将进入崭新的后喻文化时代——晚辈是长辈学习的榜样，俨然一部“青年宣言”。

因此，青年有组织“反哺”功能。如：信息收集和处理；前沿社会思想；国际化视野；创新能力。

第三章 理 论

国际关系的理论，是处理国际关系的指导。

一、概念

概念，是反映对象的本质属性的思维形式。人们通过实践，从对象的许多属性中撇开非本质属性，抽出本质属性概括而成，是逻辑推理的主要依据。新理论的产生以新概念为先导，科学认识的成果，都是形成各种概念来加以总结和概括的。如：欧几里得《几何原理》有点、线、面、体等20多个基本概念；牛顿《科学原理》有质量、动量、时间、空间等8个基本概念。概念分抽象概念（低水平）、具体概念（高水平）。

（一）基础概念

基础概念是相对于专业概念而言的较为通用的概念。

1. 理论

理论是一般性解释、系统化关系。

理论，是在系列假定基础上得出的关于相关概念和概念关系的陈述，是人们建构出来用以一般性解释自然和社会生活的特定方面的系统化的关联性关系陈述。

2. 科学

科学是知识的体系。

科学的特征在于逻辑与实证。

3. 范畴

范畴是本质的联系。

范畴是对事物的现象的本质联系的概括，其在认识过程中的作用，正如列宁所说："是区分过程中的梯级，即认识世界过程中的梯级，是帮助我们认识和掌握自然现象之网的网上纽结。"（《哲学笔记》）

4. 范式

范式是框架和视角。

范式是研究和分析问题的一般框架和视角，它的字面意思就是"看事情的出发点"，它提供了观察生活的方式和关于真实本质特性的一些根本假设。

范式三硬核：经验事实、逻辑框架、价值取向。

理论和范式的关系是：范式提供视角和分析框架，理论则解释所看到的东西。理论范式是解释的基础。

5. 科学理论

科学理论是理论的一种范式。

科学理论指坚持用逻辑和实证的方法研究国际关系的理论。这种理论要求从一组假定推出假设，假设的基本构成是"概念"加"概念关系"，对假设的基本要求是"可证伪"。

6. 国际关系

广义的国际关系是指国家、国际组织和个人一切跨越国界的关系和互动。

狭义的国际关系主要是指主权国家之间的跨国关系和互动。

国际关系研究范围，按弗雷德里克·邓恩的说法是："一种知识的领域是没有固定的空间范围的，它是资料和研究方法不断变化的焦点，这些资料与方法可用于回答一组同类的具体问题。"

7. 国际政治

国际政治是国际关系中的政治关系，是国家和国际组织，在国际舞台上寻求国际治理、争夺和维护利益与权力的行为。

8. 世界政治

世界政治是指涉及全球事务的政治关系，包括国家或国际组织寻求全球治理，以及对世界整体权力和整体利益的争夺与维护、主导与分配等。

在上述这三个概念中，国际关系的内涵最广，它包括国际政治关系和世界政治关系。其次是国际政治，它包含了世界政治关系。世界政治的内涵最小。凡是世界政治的内容，一定属于国际政治，也一定属于国际关系。

9. 学术史

学术史，是学术的历史；实际是“研究的研究”。

10. 三个世界

1977年2月毛泽东在会见赞比亚总统卡翁达时，正式提出了“三个世界划分”理论。即：“美国、苏联是第一世界。中间派，日本、欧洲、澳大利亚、加拿大，是第二世界。”“亚洲除了日本都是第三世界。整个非洲都是第三世界，拉丁美洲也是第三世界”。

11. 五项原则

1954年周恩来总理访问缅甸、印度时，分别和两国政府发表联合声明，确认“五项原则”是：

（1）互相尊重主权和领土完整；

（2）互不侵犯；

（3）互不干涉内政；

（4）平等互利；

（5）和平共处。

2014 年在纪念和平共处五项原则发表 60 周年大会上，习近平提出：新形势下弘扬五项原则要有“六个坚持”：

（1）坚持主权平等；

（2）坚持共同安全；

（3）坚持共同发展；

（4）坚持合作共赢；

（5）坚持包容互鉴；

（6）坚持公平正义。

（二）专业概念

专业概念是指国际关系学领域专用的概念。

1. 大思想

大思想是指概括广、影响大的思想。《纽约时报》曾赞扬亨廷顿：“找出合适的概念来表现新时代特征”，如“文明的冲突”就是“大思想”。再如：“一个幽灵，共产主义幽灵，在欧洲游荡”；“全世界无产者联合起来!”（马克思、恩格斯）；“铁幕”（丘吉尔）；“历史终结论”（福山）等也都是“大思想”。

2. 战略共识

“战略共识”有两大特征：一是战略共识反映的是一种认知状态，是利益相关者群体对战略议题的共享式理解；二是战略共识是战略决策过程的一个结果变量。

3. 战略综合体

弗雷德伯格借用米尔沃德早先提出的“战略综合体”概念来说明他的

基本认识立场。所谓“战略综合体”是指：“大战略”作为一个综合体系，其对内的方面和对外的方面、军事方面和非军事方面是相互制约和相互平衡的。这意味着，不仅军事战略需要驱动经济政策，同时经济政策也会影响和限制军事战略，也就是说，军事战略必须尽可能不损害经济政策的合理性，必须尽可能地以不破坏国内经济和社会群体的经济利益为条件。

4. 圈序效应

圈序效应指自中心向外的分圈排序的效应。如：当代中华文明以当代中国为中心，向世界扩展。

5. 大国国民心态

大国国民心态，是指作为大国国民应具有的心态。如：自信、进取、宽容、责任，以志愿精神为核心。

6. 自由帝国

杰斐逊是“自由帝国”观的奠基人，历届美国政府追求的目标，与杰的农本思想密切联系。他认为：只要美国人主要从事农业，只要“在美国的任何部分存在着空旷的土地”，美国人就不会“像欧洲人那样腐败堕落”，这赋予共和国以维护“自由”名义扩张疆土的合理性。

7. 堡垒国家

二战前美政治学者拉斯维尔提出的一个预言，堡垒国家在冷战不确定性的国际形势下生存。

8. 公共空间（公共领域）

当代政治哲学家汉娜·阿伯特首创的概念。她解释为一个由人们透过语言及行动展现自我并进行互动与协力活动的领域。倘若把她的理论翻译成俗语，“公共领域”是：一，有不受权力管制的公共场合（如广场）或公共媒体（如报纸）；二，有他人在场（物理空间、数字空间）；三，公民在理性、平等、开放的规则下说自己想说的话；四，公众从“不同”中找到了“共同”而进入实践——对权力进行制衡，或者促进公共事务和新规则的制定等。如：汶川大地震发生后，成都成百上千辆出租车不约而同地奔向震中救人。

9. 创造性介入

即指中国式外交不是美国式的“强势介入”，而要有中国特色，推动中国外交战略转型。

10. 肯尼迪时刻

所谓“肯尼迪时刻”是流行在北美新闻圈的一种约定俗成的说法，意即“突然发生的、令人震惊的重大事件，重大到足以让每个人都立刻得知，并深刻、持久地记住它，在很久之后一听到别人谈及此事件发生的时刻，就能一下子回忆并叙述出自己在那时身在何处、做了什么，以及对此事作何感想和反应”。如：肯尼迪遇刺、阿富汗撤军、击毙本·拉登等。

11. 内差异

美国内部差异：对美国不能用全称判断，在它的政治和精神生活中，知识阶层和一般民众之间长期存在着一条无形的鸿沟。大体说来，在罗斯福新政以来形成的民主党、共和党、自由—保守的二元政治意识形体坐标中，学院知识分子、媒体人和教育水平较高的中产阶级成员大体上居于民主党和自由主义一侧，而教育程度较低、生活方式封闭、传统的民众则倾向于共和党和保守主义。这就是：

智性 intellectuality	反智性 anti - intellectualism
知识	鄙俗 philistinism
鸡蛋头：知识分子，书生气	胖头：愚鲁无知
Egghead	fathead

两种传统：亨廷顿在《军人与国家》书中指出，在任何一个国家，政治领袖与军事领袖之间，总是存在内在的冲突。不过，美国的这种内在冲突，表现得更为深刻。这主要是因为美国政治领袖代表着美国传统的自由主义传统——历史学家路易斯·哈茨曾于1955年将其称为“美国的自由主义传统”，而美国的军事领袖则秉承着保守主义理念——亨廷顿称之为“军事理念”。

12. 画防火线

爱因斯坦：“我们这个世界最缺少的是善意和力量的结合。”这句话的意义在于：防火。郝雨凡：“瞬间偶发的事件，甚至外部因素也同样为错综复杂的世界注入了改变常态的巨大力量。1914年萨拉热窝事件如此，21世纪的‘9·11’事件也如此。”现在关于冷战的研究已充分表明，希腊的内战和苏联的扩张并无关系，但是美国当时不仅将两者牵扯在一起，还直接导致了“杜鲁门主义”的发表，与苏联形成冷战全面对抗的格局。“日不落”帝国海外“疆界”的守望者英国寇松（1859~1925）在苏俄东西侧画防火线：把西藏作为苏俄与英属印度“缓冲区”，在苏俄与波兰间画“寇松线”等做法，则为“画防火线”做了注解。

13. 预防性外交

预防性外交是指：前瞻性地看到隐藏的矛盾和可能引发冲突的导火线，主动对策，而不是被动应付。

14. 雁行安全模式

美国在中国周边构造了“雁行安全模式”，美国是雁首；第二梯队是美日、美韩同盟，特别是美日同盟；第三梯队是美国与澳大利亚、菲律宾和泰国等盟国的关系；第四梯队是美国与印尼、越南和印度的关系，这一梯队的特点是：以地区为平台，呈现网络化发展趋势。

15. 三螺旋模式

大学、企业、政府，形成三螺旋模式。

16. 经济发展的行车模式

免费搭车：如战后的西方与日本，搭美国车。搭便车理论首先由美国经济学家曼柯·奥尔逊于1965年发表的《集体行动的逻辑：公共利益和团体理论》一书中提出。其基本含义是：要不付成本而坐享他人之利。

自驾车：如20世纪初的德国，靠自己国家。

有偿推车：第三条道路。

17. 字母经济论

预测世界经济危机走向：V——乐观论；U——谨慎乐观；W——勿盲目乐观；L——悲观；VL——反弹后入谷；UL——谨慎乐观后入谷；WWW——悲观；WAVE——波浪式。

18. 被动锁定

作为经济学术语，“被动锁定”指因初始条件的原因，使制度变迁因群体思维走上了被外力“套牢”的轨道，最后被定格在低效率状态而难以自拔。

以“对抗”为特征的人类军事实战，从本质上决定了只能“你打你的，我打我的”，而非单纯的“追尾巴，照镜子”。否则，这种被动的“适应”，将蕴含着极大的危险。也正是从这一点出发，有必要对美国引领的这场信息化军事变革进行深刻的反思：其未来指向真的只是物理信息战么？

19. 中等收入国家陷阱

中国的人均国内生产总值（GDP）已达4400美元，跻身中等收入国家行列。“中等收入国家陷阱”是2007年世界银行的经济学家印德米尔特·吉尔和霍米·卡拉斯在报告里首先提出的：“达到中等收入后，能继续保持高增长率的国家很少”（国家经济发展的“生理魔咒”；“国富”向“民富”、“传统发展”向“新型福利国家”模式的失败；“中年危机”）。

中国步入这一行列比日韩等邻国和墨西哥等拉美国家晚了三四十年，在这三四十年里，拉美落入“中等收入国家陷阱”不能自拔；日本用了12年完成对陷阱的跨越；而韩国在逃离陷阱后，又对自己在2万美元的线上来回踏步感到不满。

20. 延异

延异，是德里达解构理论的最重要概念，指的是翻译时存在的时间、空间差异，保留差异就意味着对原文本的保护。

新原则：原作本真性的不可再现性，译作的不可终极性或未完成性，即不可译性。

二、主流理论

正像《国际关系学理论与方法》的作者罗伯特·杰克逊所说：“如果你让四位国际关系学家共处一室，你就会很容易地得到十种不同的划分理论的方法，并看到他们为哪种理论应该首先入围而争论不休。”但是，他也承认：为了不致“陷入大量的个人著述之中”，“还是得把理论分成几个大的种类”。

我们这里所说的“主流理论”，是指参与过第一次世界大战后期以来在国际关系学界发生的著名的“四次论战”中的理论。

（一）第一次论战：理想主义与现实主义

国际关系学第一次论战属于第一次世界大战之后的反应。20世纪初，理想主义与现实主义的论战，最后是现实主义获胜了。这是一场严肃但“吵闹的论战”，有了结果，使现实主义成了主流。

从伍德罗·威尔逊到约翰·默里——理想主义（乌托邦自由主义）学派代表人物；从韦伯·卡尔到摩根索、基辛格——现实主义学派代表人物。

第一次世界大战是催生国际关系学问世的直接动因。持续4年之久并有数十个国家卷入的世界大战促使不少学者和政治家思考战争的起因，并探讨通过何种方式防止战争并维护和平。在此背景下，国际关系学出现了短暂的所谓理想主义时期。威尔逊是理想主义的代表，即从道德伦理角度认为：要建立自由民主新世界的“集体安全体系”，国际联盟就是其代表。

但是，30年代经济大萧条和法西斯在德、意、日的崛起，国际联盟无法制止侵略，引发现实思考，即从国家利益和实力角度认为：国家是奉行自利原则的群体，必须遵循“自助（self-help）”原则，讲究实力，渐成主流。

现实主义理论的一般特征是：现实主义是在批判理想主义基础上产生的。现实主义是关注国际关系现实和解释国际关系现实的理论。它认为，所谓国际关系的现实，就是：国家，尤其是大国，主导了国际事务；国家是自私、理性和单一的；国际社会处于“无政府状态”，充满利益冲突和权力争夺。在无政府状态下，国家首要问题是生存与安全，国家必须自助，必须加强自己的权力。权力是国家在国际社会中界定利益、解决冲突的有效手段。

马克思说：“近代外交史上第一个巨大的行动，是瓜分波兰的逻辑前提……不能否认，开创国际政治近代公元的，乃是对瑞典帝国的瓜分。”

恩格斯说：“日益明显日益自觉地建立民族国家的趋向，是中世纪进步的最重要的杠杆之一。”

（二）第二次论战：科学行为主义与传统主义

国际关系学第二次论战涉及方法论，属于第二次世界大战后来自“科学方法”的冲击。20世纪60年代，科学行为主义与传统主义的论战，最后打个“平手”，是一场激烈但“虚假的论战”，未分输赢，最后只好是“交替使用”。

从卡尔·多伊奇到莫尔·卡普兰、阿尔克——科学行为主义代表人物；从怀特到霍夫曼——传统主义学派代表人物。

20世纪60年代的这场论战，和第一次论战不同，重点不在于对国际关系基本格局或战争与和平等具体问题的不同认识，而是在于如何研究国际关系；即不涉及有关认识论和本体论等问题，而是一场研究方法的争论。其背景是当时社会科学领域所兴起的行为主义浪潮对社会科学传统研究方法的冲击。

国际关系的传统研究方法注重人本主义和历史方法，从解释学的角度研究国际关系，其基本方法是从历史、哲学、法理和逻辑推论入手，强调个案研究和定性分析，带有明显的价值规范特性。而科学行为主义则强调要用新的“科学”方法（尤其是实证方法）研究国际关系中不同变量之间的关系。与此相对应，科学行为主义将信息论、系统论、控制论、博弈论、模拟学等新概念引入国际关系理论研究，并试图建立各种模式来做数理统计定性分析。

（三）第三次论战：新现实主义与新自由制度主义

第三次论战是20世纪70年代主导理论深化的“范式之争”，即“新—新之争”，最后导致“新—新合成”。

20世纪70年代的新现实主义与新自由制度主义的论战，最后打成了“一家人”，是一场深刻但“通约的论战”，“新—新合成”实现了共生。

国际关系学的第一次论战之后，现实主义理论在数十年内一直处于主导地位。但到20世纪70年代后，经典现实主义受到了挑战。

挑战之一是渊源于马克思主义和新马克思主义的世界体系理论（伊曼纽尔·沃勒斯坦、贡德·佛兰克），试图从世界资本主义的结构角度来研究国际关系，于是世界体系理论与新现实主义的争论构成了20世纪80年代国际关系学派间“范式之争”的重要一环。

但从影响力而言，另一更大的挑战是来自新自由制度主义——罗伯特·基欧汉、约瑟夫·奈继承和发展了自由主义思想传统，对现实主义理论假说进行了反驳。

而现实主义学者（肯尼思·沃尔兹）也进行了反击，在继承和扬弃经典现实主义理论的基础上，形成了新现实主义国际关系理论，认为国际体系结构和国家行为是国家关系的基本变量，因此新现实主义也称“结构现实主义”。新现实主义和新自由制度主义的出现开启了国际关系学的第三次论战（“新—新之争”），并构成了国际关系“范式之争”的另一重要环节。

沃尔兹的新现实主义，即结构现实主义理论（新现实主义理论）的基本假定是：国际体系结构的概念。也就是在国际无政府状态下，国际体系内主要大国之间的权力分配，也称新现实主义理论。国际体系结构则由三个方面决定：国家之间的排列规则、国家之间的功能分工、国家之间的权力分配。结构现实主义代表的核心假设是："国际体系结构决定国家行为"。

有趣的是，争论的结果却大大加强了新现实主义和新自由制度主义的通约性（即所谓的"新—新合成"），并视二者同属国际关系理性主义流派中的两个分支（——实际是"新现实"与"新自由"统一在"结构"上）。

（四）第四次论战：实证主义与后实证主义

第四次论战是第三次论战的延续，属冷战后反应。20 世纪 90 年代，实证主义与后实证主义（建构主义）的论战，最后打出了"第三者"——一场重塑但"革命的论战"，使"行为体"（文化语言角度、规则导向）的"共有知识"建构，得以与"新—新"鼎立起来。

冷战结束后，在发生巨变的国际格局背景下，国际关系学也经历了新的发展和流派组合。现实主义学说无法解释冷战结束和苏联的戏剧性消失，缺乏预见证明了理论的苍白，于是，对现实主义框架进行了"修补"，在坚持基本观点的同时，对冷战后的国际关系也做出了新的回应，出现了进攻性现实主义（遏制与威慑——先发制人）、新保守主义（力量与使命结合）、防御性现实主义（理性温和有节制）和新古典现实主义（国内与国际链接）等新流派；自由主义流派（米歇尔·多伊尔、布鲁斯·拉西特）则推出了民主和平理论（重新发现康德《永久性和平》）等新的学说。同样引人注目的是，以建构主义为代表的后实证主义（认为社会科学与自然科学无"统一性"，社会现实本身就是社会建构的产物）国际关系流派的崛起引发了国际关系实证主义与后实证主义之间的论战。

无论是将这场论战界定为第三次的延续和深化，或者是界定为一场单独的论战，这次仍在继续进行中的具有本体论意义的争论都将对国际关系理论的发展产生非常重要的影响。

20 世纪 80 年代的建构主义（亚历山大·温特、尼古拉斯·奥鲁夫、佛利德里希·克拉托奇威尔和彼得·卡赞斯坦）从文化和语言的角度研究"行为体"的身份认同、趋好和利益，以规则为导向，为冷战后提供新思路，已经取代了以世界体系理论为代表的全球主义而成为与现实主义、自由主义并驾齐驱的三大国际关系理论之一——实际上是“结构”与“实证”的结合发展为“经实证的结构”——“科学建构”，因而与“新—新”鼎立。

建构关系与因果关系不同，建构关系描述的是一个现象如何在逻辑上依赖于另一个现象而存在，即一个现象如何由另一个现象建构起来的。建构关系有三种具体形式：内构、互构、外构。

而科学建构主义理论则是：假定国家是具有“施动性”（具有主动行为能力）的、单一的行为体，国际体系的观念结构——“共有知识”是国际体系的本质，是客观的，是可以实证研究的。

关于这鼎立的三大主流理论，林民旺曾评论说：

国际关系理论的任一流派，不论是现实主义、自由主义或建构主义，都存在着三个层次：思想传统维度、理论维度和政策维度。从这三个维度来思考，才能达成一种完整的理论理解。思想传统维度是任一理论流派所秉持的哲学立场，它预设了某种本体论、认识论和方法论的立场。这些立场倾向作为一个整体，使得某一思想传统具有某些特定的特征，并在相当长的历史中保持着一致性。理论维度则是指任一理论流派的某种具体学说，它需要解释某种相关现象，接受经验事实的检验，并且能够做出未来情势的预测。每一个思想传统都可能存在诸多具体理论，但是这些理论都共享着思想传统的哲学立场。政策维度则是任一理论流派的哲学立场中所蕴含的行为指导。虽然思想传统并不能完全决定具体理论，但是在理论建构中，研究问题的提出以及概念的建构，都无疑受到了思想传统的影响。

三、重要理论

重要理论，是指实践证明影响较大的理论。它又可分类为：国家理论、安全理论、治理理论、经济理论和冷战后理论。

（一）国家理论

1. 马克思主义“阶级行为体”论

在马克思主义理论中，需要认清两个基本点：一是马克思主义坚持

“阶级行为体”假定，而不是“国家行为体”假定。二是马克思主义认为阶级斗争是世界体系进化的根本动力，也是世界体系的本质内容，这是马克思主义世界政治理论的最大特色。

马克思、恩格斯的《共产党宣言》是马克思主义的“圣经”。值得重视的是它的结论：“代替那存在着阶级和阶级对立的资产阶级旧社会的，将是这样一个联合体，在那里，每个人的自由发展是一切人的自由发展的条件。”这就是对当时资本主义制度残酷性一面的批判，也折射出经历了文艺复兴和启蒙运动后的欧洲在思想上的高度。它同时告诉我们，马克思、恩格斯远比不少狭隘的追随者所理解的更加人性化和博大精深。

2. 国家利益“权力”论

1513 年意大利政治家马基雅维利是近代国家学说奠基人。

1576 年法国法学家让·博丹提出“主权至高无上，只要有国家便有主权”。

法国政治家黎塞留（1585～1642）对追求现实利益（领土、资源、财富）的概括——民族国家学说，“国家利益高于一切”，是欧洲 30 年战争（1618～1648）的结果，取代了神权观念。

17 世纪英首相帕麦斯顿的名言是：“国家之间只有永恒的利益，没有永恒的朋友。”

黑格尔国际政治思想的核心是“国家至上”的原则：观念＋意志＋行动＝成功。

亨廷顿《变动社会中的政治秩序》认为：“权力虽然不能直接满足人的生理需要，但却和一切满足人生理需要的东西相联系。”

3. 君主论

自古以来，一切政治都是精英政治。正如哈罗德·维尔指出的：“政治研究是对权势和权势人物的研究。”列宁说：“历史必然性的思想也丝毫不损害个人在历史上的作用，因为全部历史正是由那些无疑是活动家的个人的行动构成的。”

西方一直有所谓“克里姆林学”，即由“克里姆林专家”仔细观察苏共政治局委员以什么顺序登上列宁墓观看红场游行，以此推断苏联政治精英的宦海沉浮。英国《金融时报》认为："今天，苏联已不复存在，也没有游行了，但是克里姆林学再度兴起。不过，如今的分析家们更可能是这样做：盯着越发苏式的电视新闻，在晚间播报的有关普京会晤部长们的新闻中，看看有谁不离他左右。"

苏共中央政治局委员普罗科菲耶夫认为：苏联解体并非命中注定，而导致苏联解体的罪魁祸首包括：无力应对时代挑战的苏联大多数政治和国家精英（它们中的一部分人行事愚蠢、轻率，另一部分人则甘愿充当叛徒）、以美国为首的外部势力以及不清楚社会政治体制更替会造成何种后果的苏联人民。

近来，奥巴马智囊出新书剖析普京：美国布鲁金斯学会的两名专家菲奥纳·希尔和克利福德·加迪合著一本新书《普京先生：克里姆林宫的特工》，认为普京实际上是一个集多种复杂性格于一身的人，至少体现出6种个性：强权拥护者、历史人物、为生存而战的斗士、局外人、商人和侦察员。希尔和加迪得出的结论是：奥巴马政府在对俄外交上做不出任何大动作，无法取得重大成果。

在领导者的研究中，还有所谓"政坛组合学"，即"四色组合定理"："一张被任意分割成N个区域的白纸，涂上4种不同的颜色，重新组合成一张纸，但条件是两个邻近的区域必须共边而不仅共点，相邻两区域不能同色。"

在政坛如舞台的当今政治生活中，一个绝妙的新颖的政坛组合，决定了这个政治游戏的生命力。这"四色"的第一色指"年龄组合"，如英国卡梅伦首相、克莱格副相的组合，是打"清纯活力牌"，组成"脑白金团体"。第二色指"高贵血统"，指领导人的出身背景。第三色指"顶级品牌"，如其他人难有的孪生、凝聚等特征。第四色则指"政治光谱"，如组成明星团队，西谚："与其让敌人四处捣乱，不如把他放在身边"或民谚："男女搭配，干活不累"皆属之。

约瑟夫·奈：《总统领导力与美国时代的创造》：

（1）美国总统没有你想象得那么强大。

富兰克林·罗斯福在未能成功劝说美国需要准备和阿道夫·希特勒统治的德国开战之后曾一语双关地说："你正努力发挥领导作用，但当你回头看时却发现没有一个人支持你。这真是糟糕。"1941年的珍珠港事件才最终把美国从白日梦中唤醒。

“领导理论学家”认为，总统仅对事件进程起到10%～15%的作用，而只在非常罕见的情况下才会发挥更多的影响力。例如，纳尔逊·曼德拉在废除种族隔离制度之后的南非就发挥了如此的作用。

(2)“交易型”总统贡献更大。

不是伍德罗·威尔逊、富兰克林·德兰诺·罗斯福和罗纳德·里根等“变革型”领袖，而是德怀特·艾森豪威尔、乔治·布什等更为谦逊的“交易型”领袖。在入主白宫的领袖中，没有其他人的外交知识能与他们二人媲美；他们自竞选时都没有表示要彻底改变这个世界；但却都更为有效地扩张了美国的实力，而且行事方式都比其他总统更加合乎道德标准。

艾森豪威尔8年中一直设法避免使美国卷入大规模战争，而且经常拒绝接受使用原子弹的建议，包括朝鲜半岛、越南奠边府和台海危机。“你们这些人肯定是疯了，”他对自己的顾问说，“我们不能在同一个10年里对亚洲人第二次使用那些可怕的东西。”

老布什也不像其团队中的大多数人那样狂热。当柏林墙倒塌时，他拒绝成为焦点，“我不会拍着自己的胸脯在那座墙上跳舞”。这种低调表现反而让苏联人更加容易地表现出后退的姿态。

(3)“变革型”总统缺乏效力。

言辞上表现最为雄心勃勃的总统做事常常最缺乏效力。威尔逊身上长老会教徒式的固执让他大部分的梦想和他提出的旨在建立和平世界的著名的“14点原则”都灰飞烟灭。他的法国同行乔治·孟梭说：“即使是上帝也只提出了十诫。”约翰·肯尼迪和林登·约翰逊都没有获得成功的机会。他们决定升级越南战争，但他们在应该下跳棋的地方却争相玩起了意识形态的多米诺骨牌游戏。这令他们要为20世纪美国在外交政策领域犯下的最大一个错误负责。尼克松缓和美中关系的举动改变了冷战的形势，但是一种防御性的行动，而没有加强美国的主导地位。里根没有理睬自己的顾问对戈尔巴乔夫的猜疑看法，而是继续与这位苏联领导人做着有利可图的生意。然而他产生的影响力并不是具有变革性的，苏联在里根上台之前就分崩离析，里根的出现只是加速了这一过程而已。

(4)奥巴马应少夸夸其谈。

“奥巴马总统和他的继任者应对那些认为变革性宣言才是成功关键的想法多加小心。”做一名安静的花匠比当一名园林建筑师要更好。

4. “地缘政治”论

奥尼尔“政治定理”指：“所有的政治都是地方的”。即“入境随俗论”，所有跨国公司都要过“本土化”这一关。常言道：“入国问禁，入境随俗。”

16 世纪法国思想家让·博丹主张“地理环境决定着民族性格、国家形式和社会进步”。18 世纪法国哲学家孟德斯鸠在《论法的精神》一书中系统地阐述了关于社会制度、国家法律、民族精神系于“气候的本性”和“土地的本性”的观点。地理环境决定论在 18～19 世纪是流行的自然主义思潮的一部分。

5. 区域强国理论

美国政治学家米尔斯海默说：“一个区域内最强大的国家一定会首先征服本区域，然后试图控制整个国际体系。”

（二）安全理论

1. 博弈论

概率论产生于“掷骰子”——博弈，而又盛行于博弈领域。博弈论的思想正好契合了我国传统的民间智慧。小到各种棋局牌局甚至麻将桌上的变幻莫测，大到孙子兵法等把人之争斗表达得淋漓尽致，皆为博弈。

今天，博弈论更被称为“改变世界格局的博弈”，其基本原理是冯·诺伊曼于 1928 年证明的“极小极大原理”。极小极大定理是：在某一博弈中如果一个局中人根据“极小极大定理”的标准去选择他可以采取的策略，那么就是说，对他的每一种策略，他首先考虑采取该策略后他能收到的最小支付，然后他在所有最小支付中选择能得到最大支付的那个策略。或，二人零和有限纯策略的博弈是有解的。“零和游戏”原理则是指游戏者有输有赢，一方所赢正是另一方所输，游戏的总成绩永远是零。

20 世纪人类在经历了两次世界大战、经济高速增长、科技进步、全球化以及日益严重的环境污染之后，“零和游戏”观念正逐渐被“双赢”或

“多赢”观念所取代。人们开始认识到“利己”不一定要建立在“损人”的基础上，通过有效合作，实现皆大欢喜的结局是可能的。

“纳什均衡”是整个博弈论中最基础最重要的概念之一，在“囚徒困境”“零和博弈”“海盗分金”等例子中都会见到它的身影。

纳什均衡是美国数学家小约翰·福布斯·纳什在他22岁的博士论文《非合作型博弈》中提出，后生病30余年，花甲时的1994年才以他年轻时的成就获诺贝尔经济学奖。

纳什均衡是用来描述博弈双方或多方在博弈结束时所达成的稳定状态的术语。原来，纳什均衡是这样一种状态：（1）每个人都愿意处于这种状态，表明这是自愿而不是强制性的；（2）当其他人都不改变状态的时候，没有人会改变，也就是说改变只会使自己的状况更差。

纳什均衡看来简单，却隐含了经济学、哲学、逻辑学和人性的深刻道理。而我们也应该学会用纳什均衡的眼光来处理问题，如投资、消费和雇佣关系分析，生产、库存和维修关系分析，标价、拍卖和谈判策略制定，自然资源和污染关系分析，委托与代理关系分析等。同时还要记住：好的规则在于因势利导，而不是实施“堵”和“卡”的做法。

2. 均势论

均势论是指国家之间的权力均衡可以防止战争。

1713年英法在荷兰的乌得勒支签订和约，首次将“势力均衡”写进和约，直到拿破仑战败的百年和平（没有大仗），这是19世纪国际关系的一个特点。

均势原则为政治学与外交学普遍应用。维也纳和会后还出现一个新词——“欧洲协调”。

3. 威慑论

威慑论在个体自私、理性和权力“假定”的基础上，推导出被挑战方可以通过实力和决心威慑挑战方，迫使挑战方放弃进攻企图的理论“假设”。威慑理论形成三个主要的对策模型：核威慑模型、延伸威慑模型、常规威慑模型。

4. 遏制论

遏制论是杜鲁门主义核心。1946 年 2 月 9 日，斯大林在莫斯科选民大会演说提到“战争是垄断资本主义的结果”，2 月 22 日，凯南在其“8000 字电报”中就提出“遏制战略”：布尔什维主义天生对外部世界有恐惧心理。3 月 5 日，丘吉尔发表“铁幕”演说。1947 年 3 月 12 日，杜鲁门抛出杜鲁门主义，以反苏反共为国策，成为美苏关系的分水岭。

5. 安全困境论

安全困境论是指一个国家加强防卫力量会被另一个国家视为威胁。于是每个国家都会设法加强自己的能力，很容易陷入“修昔底德陷阱”。

美国参谋长联席会议主席邓普西曾说：“我不知道你们有多少人对历史有研究，不过希腊历史学家修昔底德阐述过一种被称为‘修昔底德陷阱’的理论，大意是，雅典对于日益强大的斯巴达的担忧导致了战争的不可避免。”“我们不想让对中国崛起的恐惧导致战争不可避免。”

6. 战争性质理论

美《外交政策》发文曾主张：哪一种情况最能体现现代战争，利用高科技武库以迅雷不及掩耳之势打败一个第三世界国家？还是非洲手持砍刀进行残酷内战的暴乱分子？简单地说：两者都是。但是，这两种情况都不符合战争是对立大国之间的殊死搏斗这种经典模式。现在是更新教材、重新评价战争性质的时候了。

（三）治理理论

1. 契约论

契约论指“主权在民”，国家必须基于契约，立法就是最高权力，立法权、执行权和对外权应当区分开来，归属不同机构，相互制约。三权分立学说为美国乃至当代西方民主体制奠基了思想基础。

1625年荷兰法学家雨果·格劳秀斯提出“主权国家之间的关系需由法律形式调整”，是为“国际法之父”。卢梭著《社会契约论》，又名《政治权利的原理》，其核心思想是：人生而自由与平等，国家只能是自由的人民自由协议的产物；国家主权在人民，而最好的政体应当是民主共和国。它为18世纪下半叶的资产阶级民主革命奠定了理论基础。美国革命的《独立宣言》、法国革命的《人权宣言》以及两国的宪法，都在很大程度上继承了卢梭的社会契约和天赋人权的思想。

约翰·密尔的《论劝慰与自由的关系》提出“公民自由或社会自由也就是要探讨社会所能合法施用于个人的权力的性质和限度”。其要义可概括为两点：第一，个人的行为只要不涉及他人的利益，个人就有完全的行动自由，不必向社会负责；他人对这种行为不得干涉，至多是忠告、规劝或回避。第二，只有当个人的行为危害到他人利益时，个人才应当接受社会的或法律的惩罚；社会只有在这个时候，才对个人的行为有裁判权，也才能对个人施加强制力量。这是著名的“群己权界”，也就是建立在市场和法制之上的现代社会标尺之一。

伦纳德·霍布豪斯的《自由主义诸要素》阐述了西方古典意义上的自由主义的各个要素，包括公民自由、财政自由、人身自由、社会自由、经济自由、家庭自由、地方自由、种族自由和民族自由，以及国际自由、政治自由和人民主权等概念。

2. 国际体系论

国际体系论，也称国际机制论。例如：“公认外交原则”（国家主权平等原则；和平解决国际争端原则；不干涉内政原则；条约必须遵守原则；联合国宪章原则）与“和平共处五项原则”（互相尊重主权和领土完整；互不侵犯；互不干涉内政；平等互利；和平共处）以及“合作共赢原则”（20世纪70年代美苏进入谈判与争夺共存时期，零和博弈已不能解释，故兴起“复合博弈理论”“非零和博弈理论”）等皆是建立国际体系的原则。

3. 多边主义论

约翰·鲁杰《论多边主义》指出，关键点在于，多边主义的要义和价值主要不表现在数目问题上，而是其特殊的性质：多边主义的制度安排，具有自己的适应能力和再生性，它们是当代国际关系中日益重要的一种现实及规范，也是别的东西无法替代的。

厄恩斯特·哈斯《地区主义的挑战》从欧洲战后新的尝试入手，结合各方面的研究。从功能主义角度，分析了地区主义兴起的原因和趋势，提出了地区化研究的最早框架，以欧盟国家早期经济一体化为案例，提出并解释了“外溢”“安全共同体”“一体化”“起飞”等重要概念，对研究当今世界的区域化过程有重要参考。

4.“全球治理”论

戴维·赫尔德认为“全球化以一种全新的紧迫性提出了世界事务应该如何治理的问题”。联合国改革、国际人权保护机制的变化、国际刑事法院的约束机制、WTO 改革以及《涉外民事关系法律适用法》的实施等问题，都是全球治理研究中的鲜活案例。

“全球治理”是一个超越“国际法制”的概念，它表示随着全球化的深入，许多国际问题已经无法仅靠单一国家或政府间组织获得解决，国际公共事物的治理成为公实体和私主体在内的多主体参与的治理；治理层次也超越政府间的层次，拓展到区域的、非政府间组织的甚至私人的层次；其适用规则也不再限于国家间正式的、有约束力的规则，还包括一些非国家间、非正式的合意。

“世界主义”历史发展 3 种形态：古典世界主义（以斯多葛主义为代表）、康德的“世界公民思想”及当代世界主义——8 项原则：平等价值和尊严；主体能动性；个体责任和义务；同意；公共事务必须通过投票程序集体决策；包容性和隶属性；避免严重伤害；可持续性。

詹姆斯·罗西瑙在《全球新秩序中的治理》中说：20 世纪 90 年代以来，有关“全球治理”的讨论，成为国内外国际关系学界探讨的主题之一。本文界定了“全球治理”的概念，揭示了国内政治与国际政治不可分割的联系，探讨了全球政治下面混乱而复杂的权威形式以及服从过程，富有创造性地提出了 6 种不同的治理模型：

	过程	
	单向	多向
正式	自上而下型（政府…）	网络型（政府、企业联盟…）
非正式	自下而上型（社会群体…）	并行型（政府…）
混合式	市场型（政府、精英、社会群体…）	默比乌斯（mobius－web）（政府、精英、社会群体…）

作者特别看重网络的出现和通信方式的变革对全球政治和治理过程带来的深远后果。

（四）经济理论

门格尔认为：经济学理论是一种理性的、逻辑的科学，不可能用数学方法去“精确”测定，只能用演绎法或归纳法去解释。

公元前 4 世纪～11 世纪，古希腊和古罗马，奴隶制庄园商品和使用价值、农业和手工业、货币。

12～15 世纪，欧洲处于封建社会的中世纪时代，庄园与领地经济，高利贷、交换，价值理论还有退步。

近现代，西方经济学理论经历了六次革命：

第一次：17～19 世纪中叶，资产阶级“古典经济学”主张自由放任的经济自由。英国的亚当·斯密（1723～1790）为政治经济学创始人，其《国富论》一鸣惊人，号称“经济学圣经”，提出市场力量是“看不见的手”。大卫·李嘉图（1772～1823）的名著《政治经济学及赋税原理》则是古典政治经济学的完成者。从斯密到李嘉图，半个世纪的英国成了“世界工厂”，资本主义生产方式统治地位完全确定。

第二次：19 世纪 70 年代～20 世纪 30 年代：“新古典经济学”的现代西方经济学体系的产生和发展，开始于 1871～1874 年的“边际革命”。新古典经济学与古典经济学比，主要变化是将以劳动价值论为主体的客观的价值理论改变为主观边际效用价值论，并引进了运用数学的边际分析方法，由强调供给和生产转变为强调需求和消费，“边际革命”开始走上科学主义的数学化道路，数学模型成了经济学理论最“科学”的理论逻辑演绎。代表人物是英国的马歇尔和庇古，但是在 20 世纪二三十年代的世界性经济大萧条中面对严重的失业和生产过剩的问题却无能为力。

第三次：20 世纪 30 年代中期，发生了“凯恩斯主义革命”，否定了新古典经济学的主要思想倾向，既恢复了国家干预的主流地位，也存在退居次席的自由主义思潮，衍生出许多具体流派。凯恩斯（1883 ~ 1946）的《就业、利息和货币通论》，主张政府干预，国家应采用扩张性政策，创建《宏观经济学》，被誉为与爱因斯坦、弗洛伊德鼎足。1929 年大萧条后出现的凯恩斯主义经济理论主张通过国家干预和增加公共预算，为生产危机、失业和通货紧缩等问题提出了务实的建议。但只是一种短期途径，因为其根本措施是刺激过度消费。二战结束后，布雷顿森林体系出现，凯恩斯主义达到顶峰。但随着对新自由主义的屈从，凯恩斯主义走向毁灭。

第四次：20 世纪 50 年代的“现代货币主义”，是弗里德曼的“第四次革命”对凯恩斯的“反革命”，主张货币是产量、就业和物价的唯一要素，货币供应量的增加是通货膨胀的根源，货币政策比财政政策对产量更有效。20 世纪 90 年代初，总部设在华盛顿的国际货币基金组织和世界银行等国际金融机构，以及西方经济中心以推动发展为借口，抛出了一项政治和经济计划——“华盛顿共识”，目的是保护私人财产，减少高收入阶层税收，取消市场管制，国企和社会服务行业私有化，追求纯利润增长，加剧了社会两极分化。但是，新自由主义的增长模式带有不可持续性，因为内部消费不可能借助已经失去控制的信贷得到无休止地进一步推动。

第五次：20 世纪 60 年代的“斯拉法革命”，把生产看作商品。意大利裔的英国经济学家斯拉法《用商品生产商品》一书，不到 100 页，写了 30 年，把生产看作是同样的商品，既表现为生产资料又表现为最终产品的“循环过程”，因此，被认为是“复兴古典政治经济学”，提出生产价格理论，是“新李嘉图主义者”，进行“第二次凯恩斯革命”。

第六次：20 世纪 70 年代美国罗・卢卡斯等的“理性预期革命”，着重强调宏观经济学是微观基础问题，认为“理性的经济人”，都具有最大化自己利益的行为和理性预期，避免和化解对自己的不利，反对国家干预，主张由市场机制自行调节，以达“自然率水准”。新古典宏观经济学，因使用“理性预期”这一重要经济学概念并以此建立起理论体系而被称为新自由主义的一个“理性预期学派”，主张“政府失灵论”。于是，在 20 世纪最后十几年里，“市场失灵论”（市场垄断）和“政府失灵论”难分胜负，没有赢家，形成了独特的 20 世纪末没有经济学“主流”的理论真空状态。

（五）冷战后理论

1. 国际安全新论

复合安全理论：巴里·布赞《复合安全论》的最大特点在于，提出了地区“复合安全”的思想，即将多领域的安全（军事安全、经济安全、生态安全、社会安全等）置放在区域共同体的架构内加以建构和完善，强调的是各个行为主体之间的相互认知和默化的规范对于安全形势的根本塑造作用。它反映出欧洲人战后逐渐确立的新安全观的特质，体现了欧洲国家一体化的过程中的思想创造。人们既能够从中察觉出卢梭、康德等人的思想的潜移默化，也能看到不同于美国的欧洲国际关系研究的特点。

复合相互依赖理论：自由主义是西方启蒙运动之后兴起的一种意识形态，强调和坚持人性善、个人权利、民主、自由、进步、理性、合作等价值观，曾背负“理想主义”罪名，在现实主义理论式微后重新抬头而为“新自由主义”——先列出现实主义假定，再根据自由主义信仰修改，即“复合相互依赖”模型。“相互依赖”包含两类重要的依赖关系——敏感性相互依赖和脆弱性相互依赖。

集体行动理论：个体参与者为了实现自身利益最大化而倾向于“搭便车”的行为，即著名的个体理性导致集体非理性的论断。新的集体行为解释模型，把理性人细分为规范合作者和理性利己者两大类。两类人的人数比例和不同作用直接决定了集体行动的成败。公共物品假定和人性假定是理解集体行动的两把钥匙。

国家安全治理论：安全与治理两大范畴组合“安全治理”理念，内涵扩展了，理论提升了。研究范式的硬核也就那么3个，即经验事实、逻辑框架、价值取向，或许还要加上它们三者之间的互动。

2. 软权力论

约瑟夫·奈提出“软权力”的概念所以受到欢迎，不只是理论上的原因（新自由主义国际关系思想在冷战结束后的延伸），更有现实中的缘由（超级大国美国的国际形象由于伊拉克战争而严重受损）。作者既是知名学者，又曾任美国政府高官，一直以来对布什政府的伊拉克政策有委婉但却坚决的批评。“软权力”概念的声名鹊起，反映出国际政治领域某种微妙的、逐渐的变化，即极端、不妥协、单纯追求“硬权力”一派的相对被动和式微。

3. 文明冲突论

亨廷顿在冷战结束后提出：今后国际间冲突将主要在各大文明之间展开，这种异质文明的集团之间的社会暴力冲突（“断层线战争”）不但持久而且难以调和。

4. 民主和平论

“民主和平论”主张：民主国家之间不打仗。其中也包含：国家中心假定、国家理性假定、国家单一性假定。康德（1724～1804）曾写《永久和平论》，是康德晚年思想的压卷之作。作者在完成一系列哲学和科学巨制之后，把重点放到历史哲学方面，对人类命运的考察和思索成为关注焦点。他直接受到卢梭思想的启迪，把社会契约的观点应用于人类历史和国际关系，强调各个国家联合体的世界大同，乃是人类由野蛮步入文明的一个自然而又必然的历史过程。他特别把“每个国家的公民体制都应该是共和制”“国际权利应该以自由国家的联盟制度为基础”和“世界公民权利应限于以普遍的友好为其条件”，作为国际永久和平的三项正式前提（条款）。

第四章　方　法

国际关系学的方法，是研究国际关系的手段。

一、西方方法

国际关系学的西方研究方法很多，既有所谓科学派的实证主义分析（包括计量分析），也有所谓人文派的解释学方法。前者遵循客观世界的规律性、社会科学的客观性以及基于可观察事实的验证等原则。而解释学方法则注重社会事实的主观性、主客体不可分性和社会科学的价值有涉性，强调社会科学的研究方法只能是理解的方法，即以社会构成的意义和符号网络去理解社会事实和社会现象。

科学派与人文派之争由来已久，但冷战以后国际关系学界的方法论发展趋势是在中间地带中更多地朝人文方向移动，其表现就是从发现和说明客观规律的科学方法到理解主体间意义的解释学方法转向。

但在一手外交档案尚未公开的情况下，恐怕难以收集到充足的案例资料，尤其是有关决策过程的文献。因此，往往采取解释学方法，引用决策者零散的公开讲话及学界科研成果的结论来论证其本人的观点。

王建伟《国际关系学》主张国际关系学研究方法，应该是：“组合有效的工具箱。”他认为：国际关系是以国家间关系为主要独特研究对象的一门学科，拥有与这一研究对象相对应的独特的研究方法和偏向，这使得国际关系研究方法与其他的一些人文社会科学并不完全相同。比如国际关系理论如政治现实主义（或现实主义）试图解释国家间关系和外交行为之特点，而这种特殊的研究对象并不存在于政治学的其他分支学科如比较政治学中，也没有出现在经济学和社会学之中。

金灿荣在评介基辛格的《大外交》一书时说：

在方法上，这是一本传统学派的著作。随着战后行为主义计量分析学派在西方（特别是在美国）兴起，西方人文和社会科学界在方法上分成了传统学派和科学论者两大派。

传统学派（又称“古典派”）强调社会科学研究对象与自然科学研究对象存在着根本差异，认为社会科学的研究者与研究对象的界限无法截然分开，价值中立是很困难的。传统主义者崇奉的历史—政治描述方法来源于哲学、历史和法律等传统学科，其主要特点是明显依赖研究者个人的判断。他们一般对单个事件感兴趣，力图对设计该事件的所有变量进行考察，深入理解其细节的微妙之处，借此来获得对事物的整体“感觉”。当然，传统主义者也经常把不同的事例放在一处进行对照和比较；他们偶尔也运用定量数据来说明一个观点，以省去推论的麻烦。但是，他们根本反对无视被测量的数字（即事例）在质上的差别的做法。传统主义者嘲笑科学论者迷信计量方法，往往通过煞费苦心的统计分析来论证通情达理的人们看来是显而易见的结论。他们坚信，社会科学的精髓在于发现事物的差别，这种精细和微妙的差别只能用一字一句来表达，而不能靠同一化的数量统计来说明。

行为主义者的特点是在众多的不同事例中找出相同的变量，并通过统计分析来考察各个变量之间的关系。依靠统计学规律的探索，他们确实发现了一些事物间新的因果关系。

《大外交》完全采用了传统方法，它对历史事件和人物进行的是深入细致的历史—政治描述，追求的是对事物本质的直觉把握。

具体地说，西方方法大概有：

（一）定量研究

国际关系学，一如其他社会科学或人文科学一样，定性（质化）和定量（量化）方法分别构成研究方法的最为基本的区别，定量研究是新的方向。

（二）形式模型

形式模型，指以博弈论为主的形式模型法，是以数学或符号逻辑等抽象语言取代自然语言或文字修辞进行表述的一种方法。

（三）定性研究

定性方法，或者说是传统的研究社会科学的思路，源自于社会学及人类学。它“在研究者的目标是探讨人们的主观体验以及人们对这些体验所赋意义的时候”，显得特别有效，因为这种方法可以将人们的体验和相关意义置于特定的社会、时代、历史以及个人经历等背景之中加以说明。

（四）描述方法

描述方法一般依赖少数样本的研究思路，运用“详述”方法对所要研究的个案进行深入的探讨。

（五）诠释方法

诠释方法是对事物的性质和特征进行解释的一种说明方法，多以辩护或推出某种观点并加以论证的形式出现。

（六）实验方法

实验对社会人文科学也像对自然科学一样有重要的作用。美国弗吉尼亚大学心理学教授威尔逊说：“社会科学的实验方法有一个优点常常被人们忽视，那就是它可以证明什么不起作用。社会科学家们通过证实哪些方案已经过时或无用，帮助社会节省了数十亿美元。”最后，威尔逊补充说，虽然社会科学等“软科学”并不完美，但通过严格控制和道德上可以接受的实验方法，实验结论是可以惠及大众的，其中包括那些质疑“软科学”的人。

（七）案例分析

案例分析方法，是依据一定的实际背景资料，利用理论知识进行分析并得出结论和决策的方法。

（八）政策分析

政策分析法是对政策的调研、制定、分析、筛选、实施和评价的全过程进行研究的方法。它在运筹学和系统分析的基础上发展起来，侧重于对问题的性质进行分析，从而发现新的政策方案和解决途径。

（九）层次分析

至少自沃尔兹 1959 年的经典著作《人、国家与战争》出现以来，国际关系研究界形成的一个普遍共识是，要进行国际关系研究就必须将层次分析方法考虑进去。在沃尔兹看来，人、国家和战争代表着三种不同的层次分析方法，人代表着对国际关系中的个人行为体的第一层次分析；国家成为外交政策分析的第二个层次；而战争则意指层次分析中的第三层次，也即国际体系层次（或曰结构层次）。

国际关系中的层次分析方法使得国际关系研究中的方法论问题更为复杂，因为在某一特定层次，如在第一层次分析（即对决策者的研究），通常更适合或更广泛使用某些特定方法，而这些方法在第二层次（国家或外交政策层次）分析或第三层次（国际体系层次）分析并不适合。

（十）两种误区

在国际关系的理论研究中一直存在着两种误区，一种误区是在研究中追求精确化和所谓的“实证精神”，另一种误区是对待方法论采取工具主义立场，认为提出什么问题，相对应地必须采取什么方法。上述两种误区的背后是基础主义和反基础主义的认识论“迷茫”。

二、中国方法

中国在国际关系研究上常用的方法是：

（一）历史研究法

历史研究法，是一种叙事方法，即向现代人叙述历史的本原。基本要求是求真求实。第一步，辨别真伪，考据以文献与文物印证；第二步，校勘，纠正历史文献的缺陷；第三步，训诂，正确理解古代汉语的含义；第四步，转译，用现代语言表述内涵。

（二）比较研究法

比较研究法，指中西对比或内部对比对应点和相似性。一般途径有三：人物为单位、书籍为单位和问题为单位。但也有不可比性，“如西方国家之间的平等观念、神权观念和教会对国家关系的影响、国家间法律意识等与中国大不相同”。（叶自成）

（三）实证研究法

实证研究法，重点在于解释客观现象之间的因果关系和普遍联系。其四个基本步骤一是确定研究对象和问题，二是设立前提假定，三是提出理论假说，四是验证理论假说。

（四）借喻研究法

2013年9月习近平在出席俄罗斯召开的“20国集团峰会”中间会晤德国总理默克尔时，曾借喻了牛顿力学三定律。习近平说，默克尔总理是物理学博士，中德关系应该像牛顿三定律一样，一要保持“惯性”，二要提高“加速度”，三要防止“反作用”。

第五章 中 国

中国人研究国际关系学，当然以中国为中心而向外辐射。

一、传统中国

传统中国，意在与现代中国分开讨论，侧重在继承既往的精华，概括出“主流”，追溯其“内涵”，明确其“核心”。

（一）主流

传统中国的“主流”是什么？

应该是：儒、道、墨、法的“四家经世”。

这“四家”本是我国春秋战国时代的四大“显学”，也是中华文化的四大“支柱”，是取之不尽、用之不竭的“文化”源泉。

这些思想既是对中国国内政治治理思想的总结和体现，也是中国独特的世界政治观念——天下体系观念的重要组成部分。

儒家，主要代表人物是孔子、孟子、荀子。

他们在思想体系大体一致的情况下，也各有自己的特点。如：

孔子主张克己、修身、仁。

孟子主张性善、良知、义。

荀子主张性恶、礼法、王。

总体而言，儒家思想是通过正名维护正统秩序的思想。其思想体系中最有价值的内容是人文主义、人本主义、人道主义和人才主义。其实，儒家提倡的“仁学”，也就是“人学”。

道家，主要代表人物是老子、庄子、列子。

老子主张无为而治、有无相生、道法自然。

庄子主张天人合一、清静无为、逍遥无恃。

列子主张淡泊名利、乘风御虚、顺应大道。

总体而言，道家思想劝人向善，以行动而不以贵贱衡量人。道家于纷繁世界之外，“清虚自守”“澡雪精神”“劝善立德”“与时俱化”。其核心概念是“自然”，运用到人类社会跟自然关系上就是人类要学会尊重自然、顺从自然、了解自然、认识自然，然后才能享受自然。将自然概念运用到人类社会的治理上，就是“无为而治”。

墨家，代表人物是墨子。

墨子主张兼爱、非攻、举贤、节俭。

总体而言，墨家思想是国家集权思想，认为国家的一个重要来源是来自民众，民众为了结束彼此之间的异议和混乱，授权国军赏善惩恶，为此国君必须拥有绝对的权力。“兼爱”“非攻”等主张表现了爱无差等、爱民护民的思想。而在逻辑方面的“墨辩”，即：知类、明故等“类推论证”，更与印度的因明学和古希腊逻辑鼎足成为“世界三大逻辑学”。

法家，代表人物是韩非子、商鞅。

韩非子主张法、术、势学说，唯物，功利，法制。

商鞅主张依法治国，人人平等。

总体而言，法家思想认为，国家治理无需圣贤，只要国君制定明确的法律，派出合适的人去严格执行法律，再施以国家权力的威严进行赏罚和威慑；法律面前人人平等，天下就会“无往而不治”。

当然，这些主流思想的形成与发展，也是流动的。

周耿在《道之动：先秦主流价值观的变迁》一文中指出：

从理想的层面来说，无为政治、以道治国是治国的理想措施，人性的最高境界在于排除任何功利目的，发乎本性去行仁。而面对现实，又不得不主张以法治国，提倡功利性的仁义。

先秦主流价值观的变迁，正如老子所言：“故失道而后德，失德而后仁，失仁而后义，失义而后礼。”从老子主张以道治国、学道以复性开始；孔子主张“为政以德”、提倡以“仁”为中心的为己之学，价值观的变迁体现为“失道而后德，失德而后仁”。孟子在孔子价值观的基础上，进一步把“义”提出来，仁义并举，这便是所谓“失仁而后义”；而荀子则主张“隆礼义”以行王道，提倡礼义养情，这便是“失义而后礼”。至于韩非主张以法治国，这便是“失礼而后法”。在这一由“道”落实到“术”

的过程中，面对“术”所带来的弊端，思想家们也重视由“术”回溯到“道”。反映在政治价值观上，有道家黄老学派所主张的“执道用器”“抱道执度”“因道全法”；反映在个体精神领域，则有庄子以如何获得精神自由为哲学的中心话题。

（二）内涵

传统中国的“内涵”是什么?

应该是儒、释、道的“三教互补”。

儒，指孔子创立的学派演变而来，也称儒教，一直受到统治者的追捧，占据内涵的主要地位。

释，指印度王子悉达多（释迦牟尼佛）创立的佛教，又称释教，传入中国后，又成“禅学”。

道，指东周时期以来依据老子《道德经》、庄子《南华经》并经过长期演变而创立的宗教，是中国本土宗教，信众也最多。

我国这三大“宗教”，也是中华文化的三大“内涵”或“底蕴”，是取之不尽、用之不竭的“思想”源泉。

这里特别要注意的有两点：

一是儒、释、道“三教”与儒、佛、道“三学”，是既有联系，又有区别的。前者侧重“信仰”的虔诚，后者则侧重“学术”的求真。

二是耐人寻味又意味深长的是：儒、释、道“三教”或“三学”，在中国的发展，经过长期的磨合与交流，竟发生了“互补”“共生”的作用，同为中国传统文化与精神的宝贵“内涵”。

这是因为：

儒教的核心是社会。

道教的主题是自然。

佛教的根本是心灵。

这三者所思考的自然、社会和心灵，恰恰是“存在整体”的三个方面。于是，就有了——

“儒、道互补。”

“儒、道、禅合一。”

“儒释道本一，身心灵不二。”

"百家争理，万法一统；三教一体，九流同源。"
"才分天地人，总属一理；教有儒释道，终归一途。"
"中国传统文化就是三家共同作用的结果，区别界限难定。"
等推论。

以下再深入地分类对"三教"作一比较：

	儒（社会）	道（自然）	佛（心灵）
象	身（修身）	心（养性）	灵（修心）
核	伦（伦常）	命（人生）	性（心性、修养）
旨	修身 （治国平天下）	养生 （遁世穷万物）	见性 （救世通万物）
世	入世	出世	既出也入
治	治世	治身	治心
心	正心	炼心	明心
道	尽人道	穷天道	求佛道
教	孔教	道教	佛教
学	儒家	道家	释家
圣	孔子	老子	禅宗（六组惠能）

（三）核心

传统中国的"核心"是什么？

应该是："主流"（四家）、"内涵"（三教）的聚焦——"内圣外王"。

"内圣外王"虽然源出《庄子》，但经过"四家""三教"长期磨合的聚焦，已经有了最核心、最本质的表达——

对内求圣道，修身养德，作一个有德性的人；
对外施王道，以齐家、治国、平天下。

"内圣外王"既是中国哲学的核心本质，也是中国的"成功之路"——"成功学"。正像《易经》所说："天行健，君子以自强不息。地势坤，君子以厚德载物"；鲁大夫叔才豹的主张：三不朽（立德、立功、立言）；以及推举孔子、王阳明为"内圣外王"的楷模一样（曾国藩则只能算半个）。

具体作法，即"术"（路线图）则有：童子启蒙、一门深入、重复强化、内方外圆等等。

二、现代中国

现代中国，侧重在应对未来的发展，概括出"亮点"，分析其"难点"，并提出相应的"对策"。

（一）亮点

所谓亮点，即取得成功、引起世人瞩目之处。

1. 角色——中国在世界中的四种角色

（1）世界经济的"领跑者"，与西方的衰退恰成对照

西班牙《国家报》在《21 世纪全球治理的新模式》一文中曾发出感慨：

21 世纪伊始，西方民主模式出现了令人不安的裂缝。很多西方国家遭

受经济危机的沉重打击，一瘸一拐地寻找着解决办法。这些国家内部充满追求短期利益的观点，被谋求党派利益的短视者绑架，遭到强大的压力集团的诈骗，并面临着越来越突出的社会问题。与此同时，地图另一端的中国继续坚定地沿着飞速发展和增长的道路前进。

（2）世界和平的维护者，引起“普林斯顿争议”

21 世纪国际关系研究中最重要、最热门的话题除了“美国研究”之外，恐怕要数“中国研究”了。2012 年，美国普林斯顿大学同为现实主义国际关系理论学派重要掌门人的两位教授的文章，对中国的观点不同，形成所谓的“普林斯顿争议”：弗里伯格认为，中国的“咄咄逼人”必然对外扩张，中美冲突难免；而柯庆生则认为，要欢迎中国的崛起，中国不那么“咄咄逼人”，也难于在国际事务中承担责任。前者基于其“欧洲经验”和“美国经验”，而后者则是个“中国通”。

（3）南北关系的联结者，中国仍是过渡阶段的经济体

中国既是发展中国家，又是发达世界潜在的最后贷款人，这不是个悖论么？林毅夫解释说：“中国已经成为中等收入国家，但它仍是一个过渡阶段的经济体。”

（4）国际体系演变的推动者，中国式“增量改进”将推动国际制度改革

复旦大学苏长和认为，中国自身的制度建设和中国对国际制度的“增量改进”，对未来世界秩序的形成有重大影响。

这种中国式的“增量改进”通过自身对既有国际制度的参与实践来引导其变革，同时立足外围和新兴国际制度建设，促进更多国家分享发展的成果，以渐进方式形成对现有不合理国际制度的改进和替代，或者推动既有不合理国际制度作主动变革。

2. 特质——中国人独有的三大特质

俄科学院世界经济和国际关系学院研究所主任研究员萨利斯基指出：

“善于计划，勤于预测，厉行节约。中国人的上述三大特质，正是当今世界所稀缺的。中国模式是人类成就创造性的集大成者。”

3. 因素——中国经济奇迹的九大因素

俄外交学院副院长认为，中国经济奇迹的秘诀包含有九大因素：

（1）廉价、熟练、守纪律、悟性很高而又极大讲究报酬的劳动力；

（2）当局不忽视道德、责任、克制和适中的原则，不失“天意”地进行管理；

（3）得到西方支持；

（4）海外华人；

（5）改革政策；

（6）对外国人宽容；

（7）政治稳定；

（8）居住集中，流动成本低；

（9）明智外交，不出风头。

同时，他认为俄罗斯落后于中国的五大原因，也就是要借鉴中国的是：

（1）把所有投资者都当作尊贵的客人；

（2）既模仿也自产；

（3）工作工作再工作；

（4）学习学习再学习；

（5）宁静以致远。

4. 原因——中国共产党获得民众接受的四大原因

美安德鲁·内森在《专制的弹性》中指出：中国共产党获得民众接受

的几大原因有：

（1）大多数民众生活改善；
（2）善于争取和吸引新的经济精英；
（3）中国民众希望稳定；
（4）中国不存在任何被认为能够替代中国共产党的政治组织；同时，近年来中国共产党发展出一系列能使民众表达不满并以某种形式影响政治决策的机制。凭借媒体商业化、出台新的劳动法规、创建电子政务网站、在法治国家道路上取得进步等措施，中国共产党确保可以通过官方机制疏导民众的诉求。

5. 秘诀——中国共产党长期执政的秘诀

韩国西江大学教授李旭彦认为中国共产党长期执政的秘诀是：

如果说中国共产党允许企业家入党是经济政策的转型，那么中国现在继承和维护中国传统文化的认同感就是文化层次的转型。从国外的角度看，中国共产党的长期执政让人感到不可思议。长期执政的秘诀就是中国共产党灵活地捕捉瞬息万变的时代潮流，不断自我转型，向中国人提出新目标，这就是其作为全世界最长寿的执政政党，至今屹立不倒的原因。

6. 优势——中国治理模式的四大“系统优势”和四个“减震器”

外刊还有一个观点：中国治理模式是“中国模式”的“精髓”，它具有四大“系统优势”和四个“减震器”。

四大“系统优势”是：

（1）中国政府有意愿而且有能力计划和干预经济事务；
（2）系统内部的问责制，包括多种多样的反馈机制，上级、同行、下属、竞争对手、知识分子、媒体和许多其他团体的监督；
（3）政府愿意做局部试验并从试验中学习；
（4）适合中国经济发展周期的长期视野，领导变动周期较长，减少了短期行为。

四个“减震器”是：

（1）家庭关系和儒家社会的支持系统；
（2）执政党通过“心里定格”使公众普遍理解和期盼社会稳定；
（3）种种历史和结构上的原因导致国家积累了大量财政资源；
（4）党组织拥有广泛的政治架构。

（二）难点

所谓难点，即存在困难，需要国人努力之处。

1. 国情——“百国之和”

中国国情的复杂，可谓“百国之和”。

有人分析，中国作为“文明型国家”具有八大特征，即：超大型的人口规模、超广阔的疆域国土、超悠久的历史传统、超深厚的文化积淀，以及独特的语言、独特的政治、独特的社会、独特的经济。“这些特征本质上反映了中国漫长历史整合而形成的‘百国之和’大格局”，既是机遇，也是挑战。

2. 门槛——“中等收入国家陷阱”

当前，拦在我国前进道路上的最近一道门槛，便是“中等收入国家陷阱”。

日本丸红经济研究所所长美甘哲秀曾专门做过分析。他认为与成功地超越该陷阱、步入发达国家的日、韩相比，中国的不利因素有：

（1）技术研发创新不足，掌握的重要核心技术并不多；
（2）经济整体对投资以及外需的过度依赖；
（3）资本利用效率低下；
（4）来自能源与环境的制约更为严峻；

（5）工资、房租、能源价格等生产要素价格的高涨。

但是，他同时也指出中国存在跨越这一门槛的“四点动力”：

（1）中国的工业化还处于升级阶段，前景良好；

（2）中国的城市化刚刚达到世界平均水平，继续推进城市化有助于维持经济稳定增长；

（3）进一步追求更高更好生活的实际需求依然是中国经济成长的最有利的动力；

（4）中国可以接受经历过“中等收入国家陷阱”的各个国家的经验教训，少走弯路。

3. 短板——中国的5个长处和短板

长处和短板，经常是联系着的。特别是在看到长处的时候，不忘短板。

美智库分析了中国的5个长处和短板：

（1）模仿与创新：技术产品大多是通过提炼进口技术的渐近式发展得来，这种“进口—吸收—再创新”模式是一个成功策略，但是也没有培养出原始创新氛围。

（2）资金与浪费：不仅看资金的投入，还要看到：由于学术道德的缺失，以及引起的资金浪费。

（3）劳动力与枯竭：廉价劳动力是中国经济蓬勃发展的基石，但其枯竭可能提前到来。

（4）规划与效率：长远规划富于进取心，但领域投资并非都有效。

（5）指令与监督：中央的有力指令取得一系列成果，但对地方的监督不力，往往重复低效。

4. 掣肘——美国的沈大伟认为有四个因素掣肘着中国的改革

这四个因素是：

（1）“道路惯性”；

（2）“苏联的阴影”；

（3）“机构利益”；

（4）“悲情的民族主义”和根深蒂固的“受害思维”。

5. 教育——中国脆弱的最大原因

西班牙《中国政策观察》分析：

“中国的成功也有局限性，那就是缺乏批评性和个性化思维。中国人的思维受铁的纪律和条条框框的束缚，丧失了自由飞翔的能力。”

“中国的教育模式是造成中国在谋求霸主地位的过程中显得较为脆弱的最大原因。在这样的模式下，中国永远不能产生出像盖茨和乔布斯这样学习成绩一般却是创意天才的人物。”

“如果说帮助美国保持其技术霸权的最大盟友是中国的教育模式的话，那么中国领导人推动中国梦想实现的最大盟友就是西方企业的短视。”

6. 安全——中国的三大优势，也是劣势

布鲁金斯学会研究学者黄靖《中国军事发展的优势和劣势》认为：

中国安全的“三大优势”是：

（1）搭上地区和国际安全的“顺风车”；

（2）经济力量强大；

（3）军事高科技属后进追先进，少走弯路。

但优势也是劣势，那就是：须遵守美国主导的游戏规则，“不求胜，只求谈”的战略限制了中国军队全球战略的确立。

爱德华·勒特韦克在《中国实力上升和战略逻辑》中说：

中国“全面提升军事力量”的举动，以及中国异常迅速的经济增速，实际上是自绝于人的做法。如果中国继续沿着这条路走下去，军事开支以两位数增长，行为上越加独断，最终不会成为一个更加强大的中国，而是会越来越受到邻国和远方大国的制衡。

沈大伟《中国走向全球：不完全大国》分析：“中国成为全球性大国

的要素实际上弱得惊人，而且非常不均衡。中国不像人们普遍认为得那样重要，也肯定没有那么大的影响力。”

谭宝信《蹒跚的巨人》分析：“可怕的人口数量加上保守、不愿改革的领导层，使中国不太可能成为世界领导角色或具备超级大国的地位。到2030年，中国65岁以上的人口数量比整个美国人口还多，中国的劳动适龄人口已经开始下降，美、日、韩当初达到类似中国今天的老龄化水平时，人均GDP都在1.5万美元左右，而中国2011年的数据是4300美元。中国取得经济突破的机会窗口大概只有二三十年，十分有限，错过将入‘中等收入陷阱’。”

美国《福布斯》网站2014年6月6日文章《中国不会对美国全球权力构成大威胁的五个原因》：

一、地理条件限制。扩展领土的潜力受到严重制约。

二、人口趋势。廉价劳动力萎缩，老龄化削弱内需，增加开支。

三、经济依赖。出口型经济太过依赖海外资源、市场和投资者。

四、政治文化。官员涉足腐败，对国企和有关系的企业家偏袒导致效率低下。

五、军力不强。中国的隐形飞机、反舰导弹等武器系统是存在的，但对美国的威胁却不清晰。比如北京没有跟踪和定位美军舰的侦察网络，即便有，也将面对全球最强大的防御体系。外界热衷谈论中国增加核武投入，但其战略核武库里的核弹头大多打不到美国本土，到现在仍没有一艘具备战斗力的航空母舰……中国是一个新兴的地区性国家，在军力主要指标上不太可能匹敌美国。

从经济、社会和政治文化的一些长期趋势看，中国今后似乎没那么具有威胁，遑论在全球抗衡美国了。

（三）力点

所谓力点，即采取措施，需要时人决断之处。

1. “一条线”与“一大片”

1973年2月17日，毛泽东会见基辛格时，提出“一条线”构想：“我说要搞一条横线，就是纬度，美国、日本、中国、巴基斯坦、伊朗、土耳其、欧洲。”实际是联合抗苏国际反霸统一战线。1974年1月5日，毛泽东会见日本外务大臣大平正芳时进一步提出“一大片”构想，即指“一条线”周围的国家，包括美国、日本，共同对付苏联扩张势头。1974年2月22日，会见赞比亚总统卡翁达时，毛泽东首次提出划分“三个世界”战略：“我看美国、苏联是第一世界。中间派，日本、欧洲、加拿大，是第二世界。咱们是第三世界。”

从“一条线”到“一大片”再到“三个世界”的战略演进，凸显了毛泽东宽广的国际战略视野与战略调整的与时俱进。

2. “蛮力战略”与“汗水理论”

“蛮力战略”与“汗水理论”既形象地概括了中国是中国奇迹和亚洲奇迹的推动者，也是西方世界轻蔑中国和亚洲的口头禅。

《美国之音》认为：中国以“蛮力战略”推动创新。

美大规模创新研究所创始人、《创新国家》作者约翰·高则分析：

> 蛮力战略，即“朴素模式匹配算法”，是一种大量催生质量的手段，确信如果数量达到一定水平，质量最终就会提高，就会创造世界奇迹。中国的进步取决于能否把数量优势转化为质量优势。

1994年，美国《外交》杂志11月号刊出保罗·克鲁格曼的专文《亚洲奇迹的迷思》，文中总结波士顿大学的扬与斯坦福大学的拉里·劳两位学者的研究，对亚洲近20年来的辉煌经济成就提出解释。

经过两位学者的研究提出了“汗水理论”，强调亚洲的成长奇迹主要是：辛勤工作、努力流汗争取得来，不是智慧发挥的结果。

不论这种分析是否有道理，两年半之后，亚洲确实陷入前所未有的大麻烦，那就是金融风暴。

克鲁格曼在金融危机爆发初期就已经预言：靠着教育、储蓄与扩大劳力的参与，亚洲经济成长仍将恢复。他强调，亚洲无疑终将占世界生产总值的大部分，但纯粹只基于一项因素：亚洲人本来就占世界的大部分。

看来，我们需要着力的是：仍然珍重蛮力和汗水，但更珍重随后出现的聪明与智慧。

3. 防“捧杀”

日本的经历被认为是中国会遭到“捧杀”的又一证据。20 世纪 80 年代后半期，日本经济步入鼎盛时期。以美国媒体为首的西方媒体，对日本经济奇迹进行热炒，美国开始要求日本承担作为经济大国的责任，最重要的具体举措是强迫日元升值。被捧得晕了头的日本甚至在 1985 年“广场协议”时，主动提出日元升值 10%。日元大幅增值后，对日本经济造成毁灭性打击：股价暴跌，地价急剧回落，日本许多家庭的财富化为乌有，许多人因偿还不了债务而自杀，日本经济也随之进入长达 10 年的衰退期，日本人称之为“失去的 10 年”。

这个历史经验和教训，显然充满警戒作用。

4. “不对称”

澳大利亚政府最高顾问巴比奇分析：

“中国拟对美国做的事是：发展‘不对称’作战能力，在万一发生冲突的情况下，利用规模较小的部队给对方造成巨大的损失。”

5. 抓重点

不言而喻，我国国际关系的重点是美国。

短短几年内美国将美中关系的战略定为从“战略竞争对手”，调整为“建设性合作”关系，再发展为“利益攸关方”，直到“战略性保证”，方向是加强合作，而不是加深对抗。奥巴马则认为是“具有强烈竞争关系但又最具潜力的全球战略合作者”。

美国哈佛大学沃尔特教授分析说：

“由于美国领导人犯了许多代价高昂的错误，美国时代的黄昏比预计的提前来到。美国如今面临的最大挑战并不是赫然出现一个大国对手，而是债台高筑、基础设施破损和经济不景气这三重打击。”

美前助理国防部长查斯·弗里曼在《中国和美国：不是两国集团而是两个大国》中说：

“中美关系决定21世纪世界走势。中国领导人清楚什么是重中之重。在全球和地区竞技场上，很少犯错的中国领导人一直都在谨慎、耐心、低风险的比赛。美国人不如中国人那么有风险意识，他们并不太清楚如果搞砸与中国的关系会招致什么后果。美国在不同的舞台上表现不同。美国人在贸易和货币问题上如律师般谨慎，在政治问题上苛求，时而狂妄，在军事问题上越来越爱冒险——甚至好战。”

美戴维·罗特科普夫撰文说：

“布雷默认为，美中两国更有可能成为对手，而不是盟友。我则认为，更有可能的情况是，美中关系将更为复杂，美中两国的相互依存度将有所增加，而今用传统标准很难对两国关系定性了。”

德国《日报》在将中国与美国做了八项对比后得出结论：

“如果美国是现代的古罗马，欧盟就是现代的古希腊，中国则如同强大的匈奴。世界如此之大，足够容下两个超级大国。”

张建刚《中美博弈，玩的是围棋》一文主张：

西方人喜欢下国际象棋，中国人喜欢下围棋，这两项都代表人类高级智慧的游戏恰恰表现了东西方不同战略观、价值观。中国人下的是“双活棋”，不是你死我活的“零和棋”。

国际象棋是以“将”死对手为最终目的。而围棋不然，我活，也可让你活，只以所得利益多少决定最终胜负，共361颗子常常只以1/4子的利益定胜负。

6. 大战略

面对千变万化的国际形势，中国最需着力的是“大战略”，或者说：大思想。

其主要内容，可以包括：

（1）自强自稳，不留缝隙。

“国际形势看国内”，做好我们的内部工作才是根本。“单边主义”也好，“先发制人”也好，都遵循着“乘隙而入”的原则。即往往乘种族、地区、宗教……等内部矛盾的缝隙，加以干预，取得突破。

显然，如果我们的凝聚力极强，无隙可乘，团结一致，铁板一块，一切干预也就无可奈何了。所以，自强才能自稳，这是一个普遍规律。

（2）负责形象，展示实力

欺软怕硬，也是国际上的通病。当你软弱无能，不堪一击，无威慑，无反抗，也无作用，无价值时，就会被随意宰割了。

因此，以实力为后盾，这也是个普遍规律。要千方百计增强我国实力，并以适当方式展示我国严肃认真使用实力的负责形象，十分重要。

（3）综合对策，高手对弈

所有的国际斗争，都是多手段并用的。即：从政治、经济、外交、文化等各方面进行“全面干预”。

这对我们既是挑战，也是机遇。上兵伐谋，以智补力，也是一个普遍规律。所以，对策不应该是单一的，而应该是综合的。

其实，中国和美国在对国际格局的“相对论”上，还有互作重点，互为杠杆的一面，那么在现实中仍会有“妥协点”可寻，有“双赢点”可觅，关键就看棋手的棋艺和棋德了。

第六章 世 界

中国人研究国际关系学，当然以世界为环境而着眼全局。

一、传统世界

传统世界，或者说传统西方，意在与现代世界，或者说现代西方分开讨论，侧重在继承既往的精华，概括出“主流”，追溯其“内涵”，明确其“核心”。

（一）主流

传统世界，或者说传统西方的“主流”是什么？

巧的是：与“传统中国”类似，也应该是“四家经世”，当然“四家”的含义不同了。

国学大师季羡林曾说过：“世界上历史悠久、地域广阔、自成体系、影响深远的文化体系只有四个：中国、印度、希腊、伊斯兰，再没有第五个；而这四个文化体系汇流的地方只有一个，就是中国的敦煌和新疆地区，再没有第二个。”

我们这里所说的“传统世界”，即指“西方文化体系”，也就是季言的世界四大文化之一的“希腊文化体系”。

传统西方文化“主流”的“四家经世”是指：

1. 代表基督教（犹太教，即犹太民族之宗教的一个奇特分支）思想的希伯来主义。

2. 代表异教思想的希腊主义，即古希腊和罗马文化，是希腊的哲学、逻辑与美学艺术，以及城邦民主政治；加上罗马帝国的拉丁文化改造，以及法律体系。

3. 对罗马帝国进行侵略的日耳曼蛮族（德国—北欧一带比较原始的，也可以说比较纯粹的日耳曼文化）的战士文化（“狂战士”文化）。

4. 英国、欧洲的重商主义，后来发展为古典经济学。

对于这“四家经世”的“欧洲文明混合体”，约翰·赫斯特在《极简欧洲史》中曾有论述：

欧洲文明是独特的，因为它一直是唯一能让世界其他地区马首是瞻的文明。它之所以做得到这点，是靠着不断的征服和定居、强大的经济势力和思想观念，以及拥有其他人向往的东西。今天，全球所有国家普遍运用的科学发现和科技都起源于它，而科学本身就是欧洲的发明之一。

在欧洲文明发端之初，它的组成元素有三：希腊人的观点——这是一个简单、符合逻辑、能以数学表达的世界。基督教的观点——这是个邪恶的世界，唯有耶稣能拯救它。日耳曼蛮族的观点则是——打仗是好玩的事。这些看似天差地远的元素组合在一起，造就了欧洲的文明。

（二）内涵

传统世界，或者说传统西方的“内涵”是什么？

可以说是：“两希交错”。

换言之，传统西方的“内涵”，是“两希”（希伯来与希腊）混合交错、此消彼长的过程。希腊哲学，经罗马、拉丁式改造（加入热情和法律），到中世纪因基督教的勃兴而奄奄一息，而到16世纪文艺复兴之后，又得以复兴再现，直到现代，明显占优。

蔡元培曾论述过文化这一人类的意志活动的“两种力”：

文化是意志活动的现象，意志的活动持有两种力：一是推理力，以概念为出发点，演成种种科学；一是想象力，以直观为出发点，演成种种文艺。文艺虽有种种而得以文学为总代表。

文化幼稚时代，想象强于推理，凡现今科学家所推求的对象，那时都由宗教家用想象去说明它，这是宗教时期。

嗣后推理力渐渐发展，一切自然界可以观察可以实验的对象，都有科学家作积极的证明，想象力乃移于对不可知的知和不可思议的思议，于是由多神论、一神论而转为无神论，由反科学的宗教转为趋宗教的玄学，这是玄学时期。

嗣后推理力发展到极点，自然现象以外一切社会关系精神状态都经过科学的分析与证明，而想象力乃随推理力所到的地方，都有一种对待的工作。同一自然景物，在科学上为形体解剖、生理实验、用途改造等等，而文学家乃注意于色声香味的观赏，描写与印证，完全为超实用的。同一社会关系，在科学上为数量统计、原因推求、事后预计等等，而文学家乃结合于事实的写照、心理的反应与理想的自由。没有一物一事不是科学家与文学家并行不悖的。这是科学时代。

人类到了科学时代，一切现实，都经过科学的审查，凡古代宗教用迷信的材料给人慰藉的，此刻完全用不着了。就是玄学时代的哲学，因需要系统的证明，亦不能不因科学的严格审查而失却作用。唯有文学自幼稚时代以至于复杂时代永永自由永永与科学并行不悖，永永与科学互相调剂。每人每日有八时以上做科学的工作，就有若干时受文学的陶冶，所以饱食暖衣的不致因无聊而沉沦于腐败，就是节衣缩食的，也还有悠然自得的余裕。所以文学在一般文化上的地位，可说是宗教的替身而与科学平行的。

夏丏尊则论述过“两希思潮”：

在古代的历史上，有两种民族，它们的思想显然是处于相反的。这相反的两种思想，完全基于相反的两种人类的本性。这两种思潮，一盛一衰，一胜一败，循环往复地斗争着，形成了世界文明光华的历史。安诺德说得好：“在这两种相反的伟大思潮的势力间，我们的世界在进行着。”

其一是希伯来民族，他们信仰唯一的上帝，绝对服从神明，尊重灵魂，厉行禁欲，未来的天国重于现实的世界，因此轻视现在的享乐而相信未来的幸福，他们的生活以神为中心。——总之是崇尚灵的。

其二是希腊民族，他们和前一民族正相反，他们热爱知识，执着于地上的现实，谋肉的解放，先求自我的满足与个人生活的充实。——总之是尊重肉的，所谓异教思想者就是。

世界上一切的文学，从往古到现在，完全受着代表基督教思想的希伯来主义和代表异教思想的希腊主义所支配。希腊主义由希腊民族所创始而传给罗马民族，因基督教的勃兴而消灭，到16世纪文艺复兴而重新出现。从十七八世纪以至19世纪，其间希腊思想和希伯来思想是混合错综着，可以称之为二思潮交流的复杂时代，及至19世纪末叶至20世纪初头所谓“现代”这时期中，希腊思潮实占绝对优势的地位。

日本的厨川白村更用对照表的形式将两希思潮作了比较：

基督教思潮（希伯来思想）	异教思潮（希腊思想）
灵的，禁欲的	肉的，本能的
要知道神	知道自己
绝对的服从	个人的自觉
教权主义	自由主义
天国神本位	现世人间本位
利他主义	自我的满足
超自然主义	自然主义
宗教的，道德的	知识的，艺术的
信仰的，独断的	科学的，实验的
主观的倾向	客观的倾向

（三）核心

传统世界，或者说传统西方的“核心”是什么？
应该是“主流”（四家）、“内涵”（两希）的聚焦——“内力外利”。

“内力外利”是经过“四家”“两希”长期磨合的聚焦，已经有了最核心、最本质的表达——

对内求水平，现实理性，做一个有竞争力的人；
对外施强权，软硬兼施，谋求其“国家利益”最大化。

二、现代世界

现代世界，光怪陆离，我们只能侧重从中国的角度和需要出发，概括出最值得注意和借鉴的几个方面，以促进我们自己的进步。

（一）亮点

1.“逻辑学”

德国哲学博士杜里斯来华讲学，劈头就说：“要贡献给中国的，应当是从前中国所无，而又对于中国的思想界有益的。”

他提出：“一、欧洲人的逻辑学与范畴论，每一观念，应用时应确知其为一清楚正当的概念；二、近世的科学。上面所说的第一件，导源于亚里士多德；第二件，则导源于伽利略。中国对于这两层，须要特殊的注意，然后教育乃能达于完全之境。”

逻辑学是关于思维的规律，思维的真理。哲学是真理之学，是科学之母。逻辑学是哲学的核心之学，是从公认的真理出发而对相关的命题进行有限次演算、检验和证明的学问。逻辑学中共有 5 种最基本的演算方式，即：非、并、或、蕴涵和等值。所有这一切演算，都可按照列出真值表的方法获得最后的验证。所以，逻辑学即是对事物（命题、谓词等）进行真值演算的学问。

在西方，哲学实际上是当今几乎一切科“学”的源头，而逻辑和逻辑学，则更可以说是这一切科“学”，包括科学之首的数学以及最最基础的语言学之“根”。由此显然可以断言，如果没有了逻辑学，根本就不会有存在其他科“学”的可能。

而在中国，2000 年来，仅仅除了中医中药学尚有一点点“学”的影子外，其他都没有资格称“学”，因为全都缺乏最内在的逻辑和逻辑学的“根”。唯独中医中药学要另作别论，因为其中的阴阳五行，作为一种逻辑，还有一定根据。

最基本的自然逻辑就是形式逻辑，而形式逻辑首先必须服从如下的三条最基本的（自然）逻辑规律：

①（演绎）概念命名的“同一律”；

②经验（归纳）判断的“相对律”，过去又称“矛盾律”；
③综合推理的“排中律”。

2. 科学实验

爱因斯坦说过，西方科学的发展得益于两大传统：逻辑与实验。实验重在发现事实，逻辑重在探索规律。从科学史看，新事实的发现只是事件，往往难于预测，如X射线的发现就是完全出乎人们预料，卢瑟福也是在实验探索中才猜测到原子的有核结构，红外灾难、紫外灾难、中子、激光和超导现象的发现都是如此。但新规律的探索属于过程，是可以期待的。从开普勒第三定律到牛顿万有引力的建立、燃烧现象的科学解释、生物进化论的建立、元素周期律的探索、量子力学的发展等，都是众多科学家前赴后继的结果。为什么这些科学家会在同样的发展道路上殊途同归？就是因为他们都隐隐感觉到新规律已经呼之欲出了。如果说，历史上也曾有些科学事实如海王星的发现、关于光线弯曲的观察等，是可以期待的话，那么，这些事实也恰恰是基于规律的推导，因而完全可以做出精确预言。

韩启德在第十四届中国科协年会上指出，追求科学精神需警惕功利科学观：

坚持追求真理为核心的科学精神，需要克服功利主义的科学观。这是我们在强调科技是第一生产力的同时，需要注意的另一方面。

科学精神的核心是对真理的执着追求。但中国文化“重关系而轻确定性”的传统给中国科学发展带来特殊的挑战。

现代科学要求对一定范畴内事物运动的规律得到固定不变的答案，并使用数学模型做出定量表述。对这种确定性的追求是现代科学的基本思维方式和基本特性，也是现代科学的威力和魅力所在。从牛顿用三大定律描述力与运动的现象，到爱因斯坦用确定性的公式否定经典力学，再到当今科学家靠确切数据寻找“上帝粒子”，现代科学就是在追求确定性的道路上不断开拓前进的。

相比之下，中国传统文化并不追求确定性。中国哲学认为一切事物都存在于关系之中，没有关系就不存在事物，所以中国传统学术重在观察和研究整体以及事物之间的关系，这无疑有其优越性，并为中国文明带来近

2000年无与伦比的繁荣和发达。但由于复杂系统中关心的边界难以确定，古人认为“道可道，非常道”，“名可名，非常名”，只有从“常无”中才能“观其妙”，而从“常有”中只能“观其徼”。因而中国人讲究“意会”，讲究在模糊中达到平衡，对确定性缺乏追求，对数据存在的天然淡漠，这些又是与现代科学有冲突的。所以，中国学术界在坚持传统整体观和辩证观的同时，要虚心学习现代科学的长处，努力追求范畴内的确定性，融合中西之长。

3. “杀手应用程序”

尼尔·弗格森在《文明：西方与其他国家》一文中说：

15世纪初，西方的优势根本没有那么明显。当时的欧洲刚从“黑死病”中恢复过来，并且被分割成一个个弹丸小国。相比之下，中华帝国则如日中天，其远征船队最远达到东非，而奥斯曼土耳其人则正在无情地取道巴尔干半岛向欧洲中部推进。300年后，情况发生了逆转。中国已经落入满清之手，之后便陷入停滞，而土耳其人也已经被维也纳城墙所阻拒，即将沦落为“欧洲病夫”。在其后的300年间，西方与世界其他地区之间的差距进一步拉大。

弗格森解释这是由于“杀手应用程序”所发挥的至关重要的作用：

①竞争，政治和经济的去集权化使民族国家和资本主义成为可能，正是西方列强之间的激烈对抗，使得它们比拥有广阔和一成不变的版图的非欧洲国家更胜一筹。

②科学发展，让西方获得了理解和征服自然的手段，尤其是军事技术的突飞猛进。

③法定的财产权，这导致了稳定的代议制政府。

④西方医学的成功，不仅提高了生产力和寿命，而且使欧洲人能够应付殖民地的气候。

⑤消费社会的发展，造就了推动经济发展的需求。

⑥职业道德，它把前面5项“程序”所造就的具有潜在分裂倾向的社会紧密团结在一起。

（二）难点

1. 三大事件

英国《金融时报》首席经济评论员马丁·沃尔夫提出：2014年，是第一次世界大战爆发100周年，二战中盟军发起进攻的日子70周年，苏东剧变25周年。文章最后说：

如果过去100年带给我们一个教训的话，那就是我们注定要合作。然而，我们仍然处于一种部落状态。合作和冲突之间的这种紧张关系是永久性的。过去一个世纪，人类经历了两个极端。下一个世纪的历史将由我们怎么处理这些非常类似的选择而决定。

2. 大国竞争

英国《金融时报》2014年6月5日文章《世界进入大国竞争新时代》猜想了普京和习近平的对话，并得出结论："西方的发达民主国家今后的日子不好过。""世界正从全球治理的后现代梦中苏醒，迎来一个大国竞争的时代。"

两位领导人正在质疑现行世界秩序。美国和欧洲尽管偶尔大发雷霆，但始终不愿反击。

普京自称能让时光倒流25年，恢复俄罗斯的大国地位。

习近平的"中国梦"貌似合理得多，其意图是洗刷150年来西方霸权带来的耻辱。

奥巴马大肆吹嘘的"支点转向亚洲"战略使中国面对的局势稍微复杂了一些。华盛顿还拥有显著的军事优势。但中国明白，实力取决于动用实力的意愿。

不久前，英国外交大臣黑格在皇家国际问题研究所主办的首届伦敦会议上也表示，世界不仅仅是在经历困境，而且是进入了一个"系统性失调"时期。

3. “锐实力”

美国《华盛顿季刊》2014年春季号发表美国防学院副院长马扎尔文章《锐实力战略：促进持久领导地位的全球姿态》：

未来10年，美国大战略面临的最大挑战是，在各种制约因素不断强化的阴影下持久行使全球领导权。这些因素包括：导致可使用资源受限的财政赤字，国际社会对美国意愿的服从程度减弱，重大安全挑战与应对这些挑战的权力工具之间的不匹配，以及在新的薄弱环节出现时缺少关键的军事优势，国际社会的稳定和美国国土的安全遭到威胁。如今，美国战略制定者的主要任务是找到一种较适合于目前可用的各种手段、能够保护美国重大利益和避免让较有限的美国实力陷入次要问题的可持续全球角色。

国际政治似乎正滑向一个拐点，在这一拐点上，向来对维持和平与鼓励共同利益而言至关重要的准则、价值观和制度正遭到袭击，新的竞争关系不断出现，各种新的不稳定因素正日益普遍。美国的战略制定者因此面临进退两难的境地：在资源减少、影响力减弱的情况下面临持久发挥全球领导作用的需要。

美国需要找到一个能够满足很多彼此冲突的要求的国家安全新方法：在发挥领导作用的同时进行自我限制，在全球发挥影响力的同时减少在某些地区的存在，在坚决果断的同时善于选择。美国需要的是一种实施那项早已存在、并广为接受的宏大战略的新方式，一个为实现现有目标而制定更具创新性、更经济的方法的概念。此种概念可称之为“锐实力”。

（三）力点

1. “再平衡”还是G2?

新加坡国立大学东亚所所长郑永年《美国在获得亚洲还是失去亚洲?》：

对“再平衡”政策，美国并没有完全思考清楚。从国际关系的历史看，从前所有的平衡都是在两大敌对集团之间。但现在的中美两国关系，根本不是两个对立集团的关系。两国各方面的互相依赖程度，已经高到使一些学者称两国关系为“中美国”（Chi－merica）。在这种情况下，美国对中国的平衡似乎越来越难。

随着中国的继续崛起，和美国冷战式联盟对美国所带来的代价的快速递增，美国的对华政策也有可能有重大调整，从“再平衡”转化到前些年的G2方式，即中美两国以合作的方式而非对抗的方式，来解决亚太国际秩序问题。

无论从哪个角度看，G2的方式对美国所能产生的利益，远大于“再平衡”的方式。美国的“再平衡”不仅已经在很短时间里导致了亚太地区和平稳定的失衡，也使得美国在失去亚洲。

2. 中国给力世界和平

《人民日报》（海外版）记者陈振凯曾对习近平主席就“给力世界和平”问题的论述，做过综合报道：

习近平代表中国，在国际国内，多次就安全观、文明观、义利观、和文化等发表重要讲话，阐述中国观点，给力世界和平。

（1）安全观：既重视自身安全，又重视共同安全

中国的安全观，重视共同安全和世界和谐。

2014年5月21日，习近平在上海的亚信峰会上提出：

“我们认为，应该积极倡导共同、综合、合作、可持续的亚洲安全观，创新安全理念，搭建地区安全和合作新架构，努力走出一条共建、共享、共赢的亚洲安全之路。”

（2）文明观：各美其美，美美与共

中国的新文明观，着眼于消解“文明的冲突”。

2014年3月27日，习近平在联合国教科文总部演讲：

“文明交流互鉴，是推动人类文明进步和世界和平发展的重要动力。

文明是多彩的，文明是平等的，我们是包容的。”

（3）义利观：义重于利，义先于利

中国的义利观，把地区与世界和平放在首位。

习近平在访问非洲期间，即提出“正确义利观”（义重于利，义先于利），已成为当今中国外交的一面旗帜，对周边国家“亲、诚、惠、容”，对非洲国家“真、实、亲、诚”。

（4）和文化：己所不欲，勿施于人

和，是中国文化的最大特点，也是中国外交反复强调的词汇。

2013 年 6 月，习近平在同美国总统奥巴马会晤时，概括了中美新型大国关系的三大特点：一是不冲突、不对抗，二是相互尊重，三是合作共赢。

在中国国际友好大会上，习近平更用“四观”概念阐述中国的“和”文化——天人合一的宇宙观、协和万邦的国际观、和而不同的社会观、人心和善的道德观。

3. 中国应当注意的四种思潮

在《中国国家安全研究报告（2014）》里已明确指出：

“在复杂的国际国内环境下，中国意识形态安全面临着严峻的挑战。其中包括：西方国家民主输出对中国政治思想构成威胁；西方国家文化霸权对社会主义价值观构成威胁；宗教渗透对中国社会主义信仰认同构成威胁。”

特别是当前四种社会思潮更值得注意：

①历史虚无主义，割断历史，忘记过去，抹黑党史和领袖，破坏党群关系。

②“普世价值”论，宣扬西方民主，强调“普世价值”，否定中国特色的社会主义制度和道路。

③庸俗化的实用主义，否定道德与奉献，鼓励个性自由，宣扬个人奋斗，削弱凝聚力，强化离心力。

④新自由主义，宣传私有化，否定国企等机构的作用与地位，虚化社会主义经济力量。

第二篇　美　学

第一章 美的历史——大时尚

美，对人来说，首先是一种时尚。因此，美的历史，首先是时尚的历史。

一、西方美

西班牙《趣味》月刊载文《美的历史》，以人的“爱美”为线索，指出：

“有史以来，男人和女人都在根据时代的审美观和道德观，以各种方式呵护着自己的身体形象，但目的始终只有一个——让自己在他人的眼中变得更美。”

美的最初表现是古代妇女雕像，那时的妇女有着浑圆的身体和夸张的线条（2 万年前新石器时代石刻）。

古埃及人生前死后都不忘记形体美，奈费尔提蒂和古娄巴特拉两皇后是著名的美女，但神职人员掌握着化妆品配方。“身体崇拜”促使男女洗芳香浴，用灰土美容，女人要苗条身材、厚唇和挺胸，而男人渴望宽背、大眼、细腰。埃及人还喜欢假发。

到公元前 6 ~ 前 4 世纪的古希腊时期，古埃及的富丽堂皇审美观被含蓄美所代替，女性美也让位于男性美，光明之神“阿波罗”雕像就是男性美的化身，不靠化妆和抹香精油，而是靠自然和锻炼。

罗马人模仿希腊人的审美观，战士们的强壮完美身材成为典范，男性美的标准后来多年未变。

中世纪的教会则将美拒之门外，认为化妆是淫荡的象征，中世纪的妇女到 25 岁就被认为是老太太了。

对美的关注在 11 ~ 13 世纪随十字军东征而复苏，人们尽情地洗浴以使自己更美。

文艺复兴时期的意大利堪称美的发源地，男性美成主角，米开朗琪罗的雕像“大卫”是仿效的对象。丢勒和达·芬奇已规划出理想的人体比例：下巴至鼻腔应是脸长的1/3，鼻腔到眉毛应等于眉毛上部到发根。女人则应符合“三白（皮肤、牙齿、手）”“三红（嘴唇、面颊、指甲）”和“三黑（眼睛、眉毛、睫毛）”。

16世纪法国王后卡特琳·德·美第奇是真正的美学家，让巴黎成了欧洲时装和美的中心。而法国巴里伯爵夫人每天都要洗澡美容。

十七八世纪西方男子流行浓密头发和假发，女人则以圆胖为美。

1863年英贵族班廷发表的公开信，成为“饮食健康”的鼻祖，在美国连发12版，销售一空。欧美还流行过“憔悴美”，以致女人吃柠檬酸和醋，或不睡觉以熬出黑眼圈。

1905年，巴黎著名女装设计师普瓦雷废除女式紧身胸衣和超短裙，与崇尚古铜色皮肤一道成为20世纪审美的重大改革。

现代女性解放开始于20世纪60年代，女性崇尚瘦之又瘦，将英国名模维姬作标准。以后又兴“身体崇拜”，美辛迪·杰克逊是新时代“疯狂追美”的典范，实施了38次手术，以致面目全非。

乌克兰21岁的女孩瓦莱里亚·卢基亚诺在网络世界走红，她借助整形手术，让自己拥有一头漂亮金发、精致的五官、完美的身材，并被冠以“真人版芭比”之名。不过，照片里的她妆容夸张，嘴角不带笑容，双眼似乎无法对焦，如同没有生命的布娃娃，因此有人说她“整形整坏了，脸像是用硅胶做的”。

二、中国美

中国早有“四大美女”之说，那是指西施、王昭君、貂蝉和杨玉环。

西施有“沉鱼”之容：春秋末期，西施在越国浦洋江边浣纱，水中鱼儿见其容貌都惊艳得沉入江底。

王昭君有“落雁”之容：公元前33年汉元帝时，宫女王昭君在大漠中弹《出塞曲》，天边大雁闻之纷纷掉落地上。

貂蝉有“闭月”之貌：东汉貂蝉在花园中拜月时，有云彩遮住月光，被王允看见，对人说貂蝉比月亮还漂亮。

杨玉环有“羞花”之貌：杨玉环（719～756年）在宫苑赏花碰含羞草，叶子卷起，传称“羞花美人”，唐明皇李隆基闻之，封为贵妃。

翁秀美在《美人如花隔云端》一文中说：

对古代美人最初的印象是工笔仕女图中的女子，衣饰华美，举止优雅，或抚琴弄花，或吹箫对月，娇俏温婉，呼之欲出。后来看戏里的美人，粉墨重彩，珠翠满头，水袖翻舞，碎步轻移，“咿——呀！”团扇半遮时，便拂过前世今生，看客心醉，怕是草木也销魂。美人行走在诗词里，娇娆于戏曲中，雕塑展其身姿，壁画观其韵味，观不尽，赏不足。《诗经·卫风》“硕人”中表现后宫丽人，有“手如柔荑，肤如凝脂。领如蝤蛴，齿如瓠犀。螓首蛾眉，巧笑倩兮，美目盼兮”之句，曾被清人姚际恒叹为“千古颂美人者无出其右，是为绝唱”。

到了清代，孙联奎在《诗品臆说》中写道：直把个绝世美人活活地请出来在书本上滉漾，千载而下，犹如亲其笑貌。宋玉《登徒子好色赋》咏东邻女子，“增之一分则太长，减之一分则太短”，“嫣然一笑，惑阳城，迷下蔡”，极其赞美绰约之姿、流盼之美。李延年的佳人歌则道尽北方佳人之美：一顾倾人城，再顾倾人国，宁不知倾城与倾国，佳人难再得！让汉武帝闻之而动心，发出“世岂有此人乎！”的感叹，并生出立见伊人的向往之情。

《陌上桑》里走来挽着采桑篮的少女罗敷，梳着倚向一侧的倭堕髻，耳上挂着明月珠。上穿紫红绫子短袄，下着杏黄色罗裙。她的容貌如何呢？作者巧妙地用不同年龄的旁观者下意识的动作表达了他们的心驰神往：行者见罗敷，下担捋髭须。少年见罗敷，脱帽著帩头。耕者忘其犁，锄者忘其锄。来归相怨怒，但坐观罗敷。从众人的失魂落魄来看，罗敷的美当真难描难画，天下无双。

“三月三日天气新，长安水边多丽人。态浓意远淑且真，肌理细腻骨肉匀。”杜甫的《丽人行》工笔细腻，大唐的长安，曲江水畔，众多踏青赏春的贵族美女，体态优美，衣着华丽，共享春光，婉约明媚，风致嫣然。

中唐画家周昉的传世名作《簪花仕女图》中的美人高贵典雅，特别养眼：轻薄的罗纱，短而阔的桂叶眉，头上簪了大朵的牡丹，手臂如藕，丰满圆润。各种壁画，图轴，木、陶俑，石刻摹本等，也定格了无数美人生活中真实的一瞬间，她们捧茶、敬香、观书、对弈、蹴鞠、骑马，无不栩栩如生。再看那耳上腕上眉上颊上唇上发上衣上，额黄翠钿，簪钗步摇，云鬓花颜，百媚千娇，装扮得丰富多彩，后无来者，令今人徒生绝望的欣羡。

沉鱼落雁，闭月羞花，江山多娇，美人多娇，皇帝爱江山更爱美人，却往往两者难得兼顾。幽王烽火戏诸侯，美人笑，君王欢，万里江山也幽幽然如烟散。唐明皇六军之前保住了江山，却保不了名花倾国两相欢的爱妃。男人的世界争夺里少不了女人，亦因女人或大动干戈或平息战事。风云变幻之际，美人的命运似乎从来都不平坦，为家国计，很多时候，美人的美更美在内心的那种牺牲的气节，西施入吴，成全了勾践的卧薪尝胆、东山再起；昭君和亲，换来了大汉与匈奴几十年和睦相处的安宁生活。说不清是历史造就了美人，还是美人重新书写了历史。美人如花隔云端，美人心事掩尘沙，然美的品德与价值永存青史，令后人心仪心动、感念景仰。

华裳绣带，美人如花的时代已远去，简洁明快的现代美女，终难回归那般久远了的裙裾飘飘、婉转莹润的古典韵味。寻寻觅觅中，又是初春，翻读千年之前的辛弃疾“春已归来，看美人头上，袅袅春幡”，一幅生动鲜活的画面，一脉清新悠远的古韵情怀，渐渐地近了，近到没有距离，眼前仿佛翩翩的蝴蝶飞过短墙，瓣瓣桃花迤逦荡漾在春水上。

季羡林也写过《我的美人观》阐述他对美人的看法：

我想从一个我认为是新的观点中解决问题。我认为，美人之所以被称为美人，必然有其异于非美人者。美人身上有多处美的亮点，我现在不可能一一研究。我只选其中一个最引人注意的来谈一谈，这就是，细腰的问题。这是一个极老的问题；但是，无论多么古老，也古老不到蒙昧的远古。

在引证了《诗经》和宋词之后，他继续说：

我现在的首要任务是解释一下，为什么细腰这个现象会同美联系起来。简截了当地说，一句话，我是想使用德国心理学家立普斯的“感情移入”的学说来解决这个问题。比如说，你看一个细腰的美女走在你的眼前，步调轻盈、柔软，好像是曹子建眼中的洛神，你一时失神，产生了感情移入的效应，仿佛与细腰美女化为一体，得大喜悦，飘飘欲仙了。真诚的喜悦，同美感是互相沟通的。

周五纯的《龟兹古国看美女》则认为：

神往已久的龟兹美女，高鼻碧眼，红红的嘴唇，傲人的身材，长长的辫子，戴着小花帽，围着五颜六色的纱巾，穿着漂亮的长裙，优雅端庄，像是从远古款款而来。风中飘动的鲜艳裙摆，如同绵延的山势此起彼伏；迷人的微笑，与漫山遍野的小白杏交相辉映。历史的流风遗韵与眼前的现实交织成迷幻的梦境。

而徐祯霞的《女子亦安详》则提出另一种主张：

安详的人，往往是从容的、淡定的，这多与人的心境有关，心境淡泊了、豁达了，人自然安详，这是人的一种外在状态与内心世界的综合反映。而这种气质，不是谁说有就可以有的，要成为一个安详的人，须得内外兼修。安详的女子不一定漂亮，但是一定会很怡人、很优雅。这种美就在那一举手、一投足或仅仅一颦一笑之间，令人心旷神怡。如果有人要问我："什么样的女人最美？"我的回答一定是："安详的女人最美。"因为这种美是经得起研磨与推敲的，经得起岁月和风霜的洗礼，它总能在生活中静静地绽放，如一朵荷花、一抹淡菊。安详的女子如一壶好茶，愈喝愈有味；安详的女子如一杯红酒，怎么品也品不醉；安详的女子如一首绵长的乐曲，令人回味无穷；安详的女子静如一首诗，动则是一幅画，总能给人浮想联翩的感觉。

中国也早有"美男"之说。

美男，指容姿俊美，气质出众的男子，身长八尺有余，形貌昳丽者。《诗经》有"瞻彼淇奥，绿竹猗猗。有匪君子，如切如磋，如琢如磨。瑟兮僩兮，赫兮咺兮，有匪君子，终不可谖兮"。其中，"如切如磋，如琢如磨"指美貌；"瑟兮僩兮，赫兮咺兮"则指美德。而其中最重要的是让人赏心愉悦，外貌与气质皆不可或缺。

中国古代美男很多，以魏晋南北朝至隋的美男尤其出众。魏晋以阴柔为美，隋唐则以阳刚为美。

中国的"四大美男"之说，版本有些许差别。

版本一：潘安、宋玉、卫玠和韩子高。

潘安有"不朽美男""美姿仪"之称，为河阳县令，浇花息讼，故亦有"河阳一县花"说，如庾信《枯树赋》："若非金谷满园树，即是河阳一县花。”李白《赠崔秋浦三首》之三：“河阳花作县，秋浦玉为人。地逐名贤好，风随惠化春。”

宋玉有“才子美男”“大才子”之称，貌美之说，流传千古。

卫玠为西晋人，被形容为“花一般娇，粉一般嫩”，“美如珠玉”，白如“璧人”。

韩子高，梁朝会稽山阴人，“容貌艳丽，纤研洁白，如美妇人。螓首膏发，自然娥眉，见者靡不啧啧”。身材修长，善骑射，形体俊美，肌肤诱人，阵前敌人“纵挥间嘌不忍下”。有“男皇后”之称，传与南朝陈文帝陈茜共寝。

版本二：潘安、卫玠、韩子高和兰陵王。

兰陵王，即高长恭，为北宋名将，“貌柔心壮”，勇猛，爱兵如子。

版本三：潘安、卫玠、曹植和沈约。

曹植为三国魏武帝曹操之子，神清骨秀，气宇轩昂，才貌双全。

沈约为南北朝梁代人，细腰，李煜词有“沈腰潘鬓消磨”句，明夏完淳：“酒杯千古思陶令，腰带三围恨沈郎。”

版本四：潘安、沈约、卫玠、韩子高。

至于中国的“十大美男”之说，则是指：

1. 潘安：“姿容既好，神情亦佳。”

2. 宋玉：“为人体貌娴丽玉。”

3. 子都：春秋郑国人，孟子曾说“天下不名子都之姣者，无目者也”。

4. 宋文公：即公子鲍，“美而艳”。

5. 嵇康：魏末人，“龙章风姿，天质自然”，“风姿特秀”。

6. 卫玠：西晋人，“明珠”，“玉润”。

7. 韩子高：梁朝人，“容貌艳丽，纤研洁白，如美妇人”，“螓首膏发，自然娥眉，见者靡不啧啧”。

8. 兰陵王：“貌柔心壮，音容兼美。”

9. 慕容冲：五胡十六国时“倾城倾国第一人”。

10. 独孤信：鲜卑部落酋长之子，“精于骑射，一表人才”。

三、中西对比

俄罗斯《新消息报》记者写的《喜欢大眼睛》一文研究了中国人审美的特点：

近期大量中国人到俄罗斯求婚，在登记表上多数人都标明对外貌的要求。实际上，在中国，女性漂亮的标准与欧美或俄罗斯是有区别的。我们的女同胞嫁给中国人会在当地引起震惊，因为对中国人来说，拥有大鼻子和金发的她们已成为美的一种标志。按照欧洲国家的标准，黑皮肤是健康的标志，白皮肤让人感到苍白。而在中国，白皮肤则是美丽和贵妇人的标志，黑皮肤不仅意味着贫穷，而且是智力不高的标志。因此，在夏天欧洲女性前往中国旅游时，总喜欢晒太阳；而中国女性则要擦防晒霜、打遮阳伞，采取一切措施防止被晒黑。

目前中国开始出现崇尚欧洲人的美貌标准，欧洲人或长相酷似欧洲面孔的人经常现身中国和世界知名品牌的广告。在中国的电影和动画片中，中国美女经常看起来不像中国普通女性，而是拥有白皮肤和一双欧洲式的大眼睛。

孟辉则提出了“亚洲式的美丽”问题：

15 年前《名利场》杂志关于基努·里维斯的采访中，如此品咂这位混血帅哥拥有的“精致的亚洲式美丽”：“炯炯的黑眸，凸颧，金色的皮肤。”最近偶然看到韩国人拍摄、日本演员出演的《再见，总有一天》，不期然又想起那篇采访对于东亚人的肤色的称赞。一对日本漂亮人儿被东南亚阳光晒得微深——然而又绝不是黝黑——的肌肤莹柔如绸，所泛现的色泽微妙到找不到合适的形容词，夕照更让男子的背部有金芒浮动如湖波漾涟，让我第一次悟到“亚洲人的金色皮肤”的意味。我相信导演与摄影是有意识地在进行探索，如何塑造亚洲人——具体说来是东亚人——的想象之美。

日韩的影像实践提醒我们，如何在当代艺术中重新开掘、塑造、定义中国人的美貌，是一项迟早得进行的历史使命。

中国人在现代世界中仍然面目不清。自晚清以来受到的所有摧毁性冲击中，关于自身外表认知的混乱也是一项。一直都是以洁白细腻的“雪肤”为美，结果发现相比“白种人”我们是“黄种”；女性的标准身形本是削肩、细长的柳腰，可是那个先进的世界鼓吹大胸、肥臀、长腿的性感。

其实，天然泛着柔和黄泽的肌肤，丹凤、杏仁等各种眼形，小巧的鼻子，软腰，柳枝一样的细溜身条……这些都是足以倾倒神魔的特质。我印象深刻的是，1992 年，法国电视台直播巴塞罗那奥运会上的女子体操比赛，莫慧兰们在当地解说员眼里竟是搅动天堂与地狱的美丽，一位嘉宾神魂颠倒，几乎在每句解说中都插进“这些中国女孩多美!”的惊叹。

“亚洲式的美丽”不是铁板一块。最近，一位刚去过巴黎的女友热切地向我倾诉在吉美东方艺术馆所经历的感动：从亚洲各个国家的佛像之前一一走过，它们虽然遵循着固定的程式，但每个地区的作品都展示出当地人种都有的容貌与形体之美。

我当年也曾拉一位德国女孩去吉美。踱至一尊宋代的菩萨像前，对于亚洲艺术一无所知的女孩忽然被打动了，连连轻叹“她”真美。宋代，正是最成功地把中国女性的温婉面容与形体熔铸到佛像上的时代，任时光荏苒，这个时代塑造的“雪肤花貌”始终直捣人心。

第二章 美的科学——大学问

美是什么?

自柏拉图在其《文艺对话录》中从理论上提出这一问题，2000 多年来一直困扰着中西美学家们，以致有人说，谁也不能用简单的话说清楚美学是什么，就已经说清楚了美学是什么。

可见，美的科学——美学，是“最难的科学”，因此是一门“大学问”。

当然，千百年来，美学引起无数人的关心，也取得了不少的成果，现今常见的说法是：美学，是研究美的学问，是艺术哲学，研究人对现实的审美关系。

一、西方美学

（一）四大阶段说

1. 西方古代是西方美学“提出”期。

古希腊美学广泛，形体、心灵、行为、制度、知识都可为美。作为美学标志的是柏拉图的《大希庇阿斯篇》，它以追求本质的方式提出了“美的本质”这个美学的根本问题，以本体论为重心。

2. 西方近代是西方美学“体系化”期。

鲍姆嘉通使美学正式成为一门学科，定义美是“感性认识的完善”，以认识论为重心。而后，美学从“美的本质”分别转入两个方向：一是美与心理的关系，康德用《判断力批判》把这一方向体系化了；二是各门艺术的统一，黑格尔用《美学》把这一方向体系化了。

3. 西方现代是西方美学的“分离化”期。

美学最根本的前提——美的本质——被分析美学认为是一个无意义的“假问题”加以拒斥，并获得普遍赞同。

这样一来，没有了“美的本质”的控制，美学的两个倾向立即以自身为中心形成了独立的声势。前者的高潮是1900～1915年，以移情论、直觉论、孤立论、距离论等为代表的审美心理诸流派，后者的高潮即1915～1950年的以英国形式主义、俄国形式主义、英美新批评为代表的艺术潮流。

4. 西方后现代是西方美学的“多元化”期。

总的来说，现代西方美学，都是从一个基本点，如审美态度、形式、现象直观等去建立体系，而“后现代”西方，对这种要从某一固定点去建立一个美学体系的“体系”本身进行了质疑，主张美学体系应是多元的。

值得注意的是：在古代西方，美学是无所不包的，而在近、现代，美学的范围似乎却越来越小了。

（二）五大阶段说

1. 本质论美学

古希腊追问美的本质，即柏拉图的“美本身”。所以，西方美学的历史应该是从柏拉图开始的，而不是从鲍姆嘉通开始的。

公元前6世纪，古希腊毕达哥拉斯（公元前572～前497年）学派在探求宇宙本源时就提出：“美是和谐与比例”，“一切立体图形中最美的是球体，一切平面图形中最美的是圆”，并发现了一种美的比例——“黄金分割”。

苏格拉底（公元前469～前399年）也早就发出了“苏格拉底之问”：什么是美？为什么是美的？他论述了美和善的关系：“每一件东西对于它的目的服务得很好，就是善的和美的，服务得不好，则是恶的和丑的。”同时指出“美是难的”。

柏拉图和亚里士多德则是西方美学的奠基人。

柏拉图（公元前427~前347年）的《文艺对话录》明确区分了“美的事物”和“美本体”，认为“美本体”是“理式”，因而最美。即提出美的本质问题，开创了西方对美和艺术进行哲学思辨的传统，一直持续几千年。

亚里士多德（公元前384~前322年）的《诗学》否定“理式”的孤立存在，而在现实事物中寻找美的根源，首先从文艺实践的角度提出了一整套美学理论，认为美是“秩序、匀称与明确”。

但是，他们对于美的真知灼见往往混杂在哲学、宗教、伦理的论辩里，即使在中世纪后的文艺复兴时期，系统的美学专著也没有出现过。

2. 神学美学

中世纪的美学与基督教嫁接，认为“美的来源是上帝”。古罗马奥古斯丁（354~430）说：美是“各部分之间的比例得当，加上色彩的赏心悦目”。

3. 认识论美学

欧洲17世纪对美学进行了理性探讨，笛卡尔（1596~1650）：“我思故我在”，使美学系统化，是美学研究的黄金时代。

直到18世纪的“认识论转向”后，德国的鲍姆嘉通（1714~1762）依据莱布尼茨（1646~1716）的学说——把人的精神世界分为知、情、意三部分——提出：逻辑学研究“知”，引导人们达到“真”；伦理学研究“意（志）”，引导到“善”；但还没有一门科学研究“情”，以引导到“美”。于是，他在1750年和1758年出版《美学》第一、二卷，提出与“逻辑学”对立的“感觉学”（Asthetik），即“美学”，后康德、黑格尔、叔本华皆沿用之，因而获称“美学之父”。

Asthetik词根的意思是“感觉”“感兴趣”“感性的”。鲍姆嘉通明确地说：“美学的对象是研究美，研究感性认识的完善”，“美学作为自由艺术的理论、低级认识论、美的思维的艺术和理性类似的思维的艺术是感性认识的科学”。

美学史家评论说：“承认美学是一门独立的学科，这是人类思想史上一个最为重要的事件。”鲍姆嘉通的这部著作“在人类思想史上的主要功绩在于，他论证了过去认为很平常的美学应该享有崇高的地位”。

有关美学的名家评论还有：

黑格尔（1770～1831）：“美是理念的感性显现”。

狄德罗（1713～1784）：“美是关系”。“我把凡是本身含有某种因素，能够在我的悟性中唤起‘关系’这概念的叫作外在于我的美；凡是唤起这个概念的一切，我称之为关系到我的美。”

车尔尼雪夫斯基（1828～1889）：“美是生活”，“任何事物，凡是我们在那里面看得见，依照我们的理解应当如此的生活，那就是美的；凡是显示出生活或使我们想起生活的，那就是美的。”

4. 语言论美学

西方19世纪末索绪尔（1857～1913）主张：“语言高于意义”，包括非语言符号（绘画、建筑、雕塑）。这就是“语言论美学”。

5. 文化论美学

西方20世纪80年代的“文化论美学”，认为“艺术是文化形态”，其成功取决于“多种文化力量的交互作用”。

（三）美学两义说

1. 美论美学

“美论美学”偏爱美与艺术，是高雅文化，属精英旨趣。

莱辛说：“美是造型艺术的最高法律”，“凡是为造型艺术所能追求的其他东西，如果和美不相容，就需让路给美；如果和美相容，也至少须服从于美”。

2. 感觉论美学

“感觉论美学”突出感觉在美学中的核心地位，强调“整个感觉”或“感性”，突出普遍性感觉与日常生活，贴近大众文化消费。

德国当代美学家韦尔施主张：“美学必须超越艺术问题，涵盖日常生活、感知态度、传媒文化，以及审美和反审美的矛盾。”

（四）美学三解说

1. 美学是研究艺术的，是艺术哲学

黑格尔：“我们的这门科学的正当名称却是‘艺术哲学’，或者更确切一点，‘美的艺术的哲学’。”

2. 美学是研究美的科学

1885年出版的《新亚美利加百科全书》的“美学”条目定义“美是研究自然和艺术中的美的科学”。

3. 美学是研究审美心理的科学

发端于英国经验派美学，以休谟、博克为代表，注重对审美的生理和心理特征的考察和分析。

二、中国美学

（一）四大阶段说

1. 先秦两汉是中国美学“萌芽”期

“美”在汉语里是一个古老而常见的词，人们对“美”字的起源、原初意义似乎解说得不够明确，一般都根据后汉许慎的《说文解字》去定义它。在《说文解字》中写道："美，甘也。从羊从大。羊在六畜主给膳也。"可见，中国人的审美感觉开始主要来自于与生活生存密切相关的食物。羊大之所以美，大概在于大羊的味道甘美可口，带有明显的感受性、亲历性。

所以，美与善同义。美即善。中国美学的历史至少从老子、孔子的时代就开始了。不能说中国古代没有美学。

中国古代"美"字的含义是"大美为美"。

《国语》记载：楚臣吴举论美："夫美也者，上下，内外，大小，远近皆无害焉，故曰美。"孔子："知者乐水，仁者乐山"并提出"尽善尽美"的标准。孟子："充实之为美。"老子、庄子对于美丑和审美，都作过系统论述。老子："天下皆知美之为美，斯恶已。"即他很早就发现了"美"竟是"非美"。还说"五色令人目盲，五音令人耳聋"，即"非美"是从"美"出走，"痴"则是从"理性"出走。庄子："天地有大美而不言。"先秦的《乐记》是我国美学的专著，提出："美在和谐"，"凡音之起，由人心生也。人心之动，物使其然也"。《左传》："故美为'和'。"荀子是中国第一个探讨美的人，他说："不全不粹不足以为美。"

总地说，这一"萌芽期"主要有两件大事：一是中国文化宇宙结构的建立，中国美学正是在这个宇宙结构中生长起来的。二是以先秦的《乐记》、汉代的《毛诗序》为标志，建立了以社会伦理为中心的儒家美学理论，是从中国宇宙结构中放射出来的第一道美学之光。

《周易》以"和"为美的哲学观念，要求把对立因素统一起来，以达到一种没有"不及"或"过及"的"尚中"状态。当对立的元素协调相济形成最佳构成，就会出现一种最美的和谐。在这种理念的支配下，楚人制器中广泛采用对称手法，如漆木制器双头镇墓兽、凤鸟双联杯等。这些器形立身中正、不偏不倚，形成审美视觉上的均衡、稳定与和谐。出于同一设计理念的还有对比手法的运用。龙凤纹漆盾通过线条和块面的虚与实、分与合、往与复的对比参差，使纹样显现出极富生命气息的律动，充分体现了运动之美。楚人制器仿效大自然的阴阳之性、刚柔之态，运用结构的简与繁、线条的曲与直、色彩的浓与淡、工艺的巧与拙，形成器形与纹饰的交错变化以生无穷之象。

2. 魏晋六朝是中国美学“建立”期

魏晋南北朝以后，出现大批诗论、画论和书论的文艺理论著作，如“美不自美，因人而彰”；“心不自心，因色各有”；“外师造化，中得心源”。这就是说，美是光源、照亮、创造、生成……

六朝美学强调“物以貌求，心以理应”，“以一管之笔，拟太虚之体”，不仅有“观象”，更要有“味道”。

这一时期虽然并没有建立独立规范的“美学”学科，但已形成较系统的儒、道、禅合一的美学思想传统，从人物品藻开始，波及诗、文、书、画、山水、庭院，且重在个人情趣，非教化功能。

品人讲风度气韵，绘画要传出神韵，论诗讲究滋味，艺术和审美的特质从这时起真正受到重视。美学的主色开始以灿烂之光彩显现出来。曹丕要“诗赋欲丽”，嵇康主“声无哀乐”，沈约析“四声八病”，萧刚倡“文宜放荡”。

3. 唐宋元明是中国美学“丰富”期

入仕、归隐、内地、边塞、庙堂、田园、社会、自然等方方面面都引发为艺术，也凝结为各种理论，张彦远的画论，孙过庭的书论，韩愈的文论，白居易、司空图的诗论等儒、道、释相映生辉。

唐代美学总体风格是雍容大度。

宋代美学明显地表现为道释思想越来越浓。宋画追求远与逸，宋诗讲求平淡，词也崇尚“清空”。“发纤秾于简古，寄至味于淡泊”（苏轼《书黄子思诗集后》）可作为宋代美学总体风格的注疏。这股风气一直保持到元人的画论中，如倪瓒的“逸气”说。

宋代美学的远、逸、平淡，一个新的背景就是市民阶层和市民文艺兴起，市民的审美趣味从宋发展到晚明，形成具有独立形态的美学思想，即李贽、徐渭、汤显祖、袁宏道所代表的“童心”“至情”“性灵”“俗”“真”为主要概念的美学思想，一直延续到清代的朱耷、曹雪芹、郑板桥、袁枚、李渔等。

4. 清代是中国美学“总结”期

清代美学是对中国古典美学的总结，王夫之、叶燮、刘熙载、王国维是其代表。

(二) 四个传统说

1. 儒家美学

美感是中庸，情感有度，乐而不淫，哀而不伤。

2. 道家美学

美在于道，道法自然，所以，美在自然。美是对于道、对于无的经验，至乐无乐，至味无味。

作为中国地道的本土文化审美，其基本结构是二元的，是“儒道互补”式的，即是说儒道互补是中国审美文化二元结构的基本形态。在之后的文化审美发展中，儒与道、进与退、出与入始终是不可动摇的两极。儒道互补的二元审美文化是科学的。孔孟之仁礼、刚健、笃实、辉光等儒家的积极入世思想，与老庄玄远、空灵、虚无、自然、无为的出世思想，共同构成中国美学的完整体系。

3. 禅宗美学

禅宗是中国式佛教，是以道家思想对佛教进行改造的产物。

禅有别于佛教，是中国智慧的独特产物。与印度佛教的基本教义比，禅宗去掉了其神秘性和思辨性，成为一种生活的智慧。禅的核心思想是心灵的觉悟。从美学角度看，禅宗认为美在意境。意指心灵，境指视界。如对自然的看法，儒家是道德的象征，如“岁寒三友”。道家是自然本身，要“法天贵真”。禅宗的自然则是心灵的构造，体现了心灵的觉悟。所以，禅宗美感为妙悟。妙悟是非理性、非逻辑和非概念的，它不同于一般思想行为的判断推理。正是如此，它正切中了审美心理活动的独特本性。妙悟表现为顿悟和直觉。也就是说，它能从瞬间看到永恒，从现象看到本体。妙悟所看到的就是美本身，是活生生的生命本身。

儒、道、禅三家构成了中国思想和美学的主体。儒家的核心是社会，道家的主题是自然，禅宗的根本是心灵。这三者所思考的自然、社会和心灵刚好是存在者整体的三个方面。因而才有所谓的儒、道互补，儒、道、禅合一。

在绘画方面，东晋顾恺之提出“以形写神”的理论，以后南齐谢赫又提出以“气韵生动”为中心的“六法”，这是我国古代绘画艺术经验的系统总结。

4. 楚骚激情

楚骚激情——在汉民族文化大家庭中，楚文化是有别于中原文化的另一特殊文化现象，地域风情造就了楚地名士不同的审美心理和文化性格，在先秦时期，屈原是其中最典型的一个，是唯一不走儒之中庸、道之逍遥路线的独特的人。

（三）六个时段说

中国现代美学六个时段：

1. 明末清初美学（1874～1915）

Asthetik，我国曾译为：“佳美之理”“审美之理”（传教士罗存德提出），“审美学”（日本小幡甚三郎提出），“论美形”或“如何入妙之法”（传教士花之安提出），“佳趣论”“美妙学”（日本西周提出），“艳丽之学”（中国颜永京提出），“美学”（日本中江兆民提出），等等。

王韬（1828～1897）：1874年任香港《循环日报》主笔，比较中西美学，肯定西方绘画美学的合理性。

梁启超（1873～1929）：“趣味即美”，“人生艺术化”，“小说与群治的关系”，“小说乃文学之最上乘”，取代诗歌成中心的传统。

王国维（1877～1929）：中国现代美学创始人，定“美学”译名，倡“境界说”，超越功利，心灵净化，确立无功利美学原则，以中国资源为基，“凡一代有一代之文学，楚之骚，汉之赋，六代之骈语，唐之诗，宋之词，元之曲，皆所谓一代之文学，而后世莫能继焉者也”。郭沫若称之为“伟大的未成品”，“一直领导着百万的后学”。夏忠义认为王“既是20世纪中西美学关系史的开山之祖，又是中国现代美学的奠基者”，是“中国唯一一位活到了20世纪的近代美学家”。

2. 五四美学（1916~1926）

蔡元培（1868~1940）将美术、美育、艺术教育纳入教育体系，提倡“美育代宗教”。

3. 20世纪30~40年代美学（1930~1948）

在中国现代美学史上，影响最大的美学家是朱光潜和宗白华。

朱光潜（1897~1986）：为美学学理化建设作出开创性贡献，西方型美学原理，“美感世界纯粹是意象世界”，“不通一艺莫谈艺”。

宗白华（1897~1986）：比较中西，提出“艺术意境”“节奏”等概念，融合中西，以中国资源为基，“主观的生命情调与客观的自然景象交融互渗，成就一个鸢飞鱼跃、活跃玲珑、渊然而深的灵境，这是美”。其最重要的学术贡献是对中国艺术意境论的现代阐释。他对中国艺术意境的规定，可归纳为二：其一，意境是艺术家主观情思与客观自然景象交融互渗的结果，是“化景物为情思”；其二，意境的结构特点是虚实相生、生动活泼的灵境，是中国“一阴一阳之谓道”的宇宙观的象征。

4. 50~70年代美学（1950~1976）

“苏化”“文革”时期，相对沉寂。

5. 80年代美学（1977~1989）

再度开放，新的“美学热”，一些观点引人注目。如：

叶秀山：哲学是研究“根”和“底”（“问题性概念”）的，是“原（元）物理学”——“形而上学”。美学也是研究“根”和“底”（“问题性概念”）的，是研究“艺术”和“审美”的“根”和“底”的，可称“原（元）艺术学”或“原（元）审美学”，是一门真正的“自然”和“社会”科学——“审美（艺术）心理学”和“审美（艺术）社会学”。

陈荷夫：“有一个问题我想了很久，那就是列宁有句名言：‘政治也是一种艺术。’”“艺术的本质是美，而美的本质是和谐，构造和谐社会不得不涉及艺术问题。”

6. 90 年代至今美学（1990～ ）：在学科建设和具体实用方面，成绩斐然。

（四）三派争论说

1. 蔡依：美在典型说

在客观事物中找美，典型是从个别中体现一般，普遍性是主要的，个别性是次要的。如宋玉《登徒子好色赋》：“天下之佳人莫若楚国，楚国之丽者莫若臣里，臣里之美者莫若臣东家之子。东家之子，增之一分则太长，减之一分则太短；著粉则太白，施朱则太赤。”这一东家之子的姿色容貌，概括了臣里、楚国、天下美女所具有的最一般、最普遍的东西，最充分地体现了女人的常态，所以是最美的。

2. 李泽厚：客观性和社会性统一说（客观社会说）

与蔡依分歧在社会性上。著名科学家钱学森在和一位研究艺术美的同志探讨“美学”时说，他非常赞成李泽厚的观点，即“美是主观实践与客观实际交互作用后的主客观的统一”。他引用科技发展的实例说：“汽车设计，在汽车制造的早年，主观只知道马车的车型，所以早年的汽车像马车，像马车的汽车就很美了。到后来，人们社会实践发展进步了，知道高速运动的物体应该‘流线型化’，这时像马车的汽车就不美了，出现了今天这种车型。”所以，什么叫“美”，什么叫“丑”，都不是一成不变的，而是辩证发展的。钱学森十分欣赏古今文人的美食诗文。他认为美食是中华民族文化事业的一部分。但他对当前社会上的吃喝风、豪华风，什么宫廷宴等十分反感，说“那会将美食变为丑食”。

3. 朱光潜：主客观统一说（主客观说）

苏轼《琴诗》：“若言琴上有琴声，琴在匣中何不鸣？若言声在指头上，何不于君指上听?”后者为主观唯心主义，前者为机械唯物主义，应统一起来。

（五）“乐”学说

吴高泉《中国没有“美学”只有“乐（le）学”》：

大体说，西方哲学主要是以科学认识论为主轴的哲学，所以西方美学主要是认识论的美学。而中国哲学的主流属于诗性智慧的“心性哲学”，其特质是“礼—乐”精神，“礼”构成中国心性的道德形而上学，“乐”构成中国心性的艺术哲学，即中国式的美学。“礼”“乐”合璧，即为中国的“人生艺术化”（道德之艺术化/艺术之道德化）。

所以，只有对应于中国心性哲学的天人一体、礼乐交融的“乐”学（儒家主入世心性之“人乐”，道家主出世心性之“天乐”，佛家主“极乐”）。在一定程度上可以说，“乐”是中国文化精神中最普遍也是最高的精神境界。与西方“美/丑”对立不同，中国美学是“忧/乐”对举，具有“安身立命”的终极性。

三、中西对比

（一）空间

中国是二维空间，西方是三维空间。

中国画无论描绘什么物体都是平面的、直观的，即黑、白、灰，点、线、面，这是中国绘画最简洁明快的艺术语言。中国画不讲黑白，只讲明暗；不讲透视，只讲远近。而倪瓒（1301～1374）则连远近也放弃了，“只傍清水”。

西方绘画则是三度空间，即远、中、近，形、光、色，所描绘的物体是鲜活的、立体的，使人们感到身临其境。当然还有素描、解剖、透视等科学手段更有助于作品的完美。欧洲的文艺复兴运动使造型艺术达到巅峰，代表了人类文明的鼎盛与辉煌。普桑（1594～1665），法国绘画之父，使法国代替了意大利的先驱地位，“笔笔有据”。而荷兰的伦勃朗（1606～1669）则是“色彩反复涂抹写实”。

（二）主导

中国是主观因素占主导，西方是客观因素占主导。

中国画有很强的主观因素，如写意、夸张、变形都是画家的主观意识。山水画的散点透视更是主观因素占主导。相传唐代画家吴道子奉命绘制《长江万里图》时，只乘舟游览数日就把眼中看到的景象熟记于心，绘制时并无粉本，任笔纵横一挥而就。绘制者只写内心记忆和感受，不受时空的制约。赵孟頫（1254～1322）则是人文画宗师，复古抗鼎。而徐渭（1521～1593）讲气韵，个人情感，直面不幸。徐悲鸿（1895～1953）重起复兴，忧国忧民。

西方绘画则是忠实地描写物像、形体、光线、色彩，力求达到真实的效果。虽然在绘画中也有取舍、整理、概括，但离不开具体的形象和时空关系，另外在绘制的过程中要对实物写生，因此西方绘画客观因素占主导。法国的德拉克洛瓦（1798～1863）：动感十足，直面死亡。法国的柯罗（1796～1875）的风景油画，不热衷社会，只画风景，作为卢浮宫的“收场作”，使写实“走到尽头”。

（三）内涵

中国的内涵是意象，西方是具象。

西方美学强调实体、形式色彩、焦点透视、逻辑推论。

中国美学则是重视意象、整体功能、散点观察、直觉体悟。

中国的绘画非抽象，而是意象。鲁迅诗云：“愿企画家新意匠，只研朱墨作春山。”说出了中国绘画的真谛。画家不受具体物象的制约，大面积留白使画面有空灵之感。所描绘的物象也随心所欲，不受具体物象限制。妙在“似与不似之间”为最高法则。朱耷，号八大山人（1626～1705）则是冷逸超绝，意境速构，刹那感悟。

西方的绘画否认线条的存在，认为线只是面的压缩而产生的错觉，通过体积、光线、色彩表现物体的真实性，从而达到再现的目的。应当说在科技不发达的时代，700 年前的大师们有如此科学的态度，有如此高超的技艺令人叹服。布歇（1703～1770）曾画过《中国系列》，而意大利传教士郎世宁（1688～1766）则是中西结合的工笔画家。

（四）内核

中国的内核是哲学，西方的理念是科学。

中国哲人的最高思想境界是“天人合一”，即人与人、人与社会、人与自然的和谐。少时苦读寒窗，中年报效国家，老年回归自然，是中国大多数文人的审美需求。画家也不例外，他们也是士大夫群体的一部分，所描绘的物象是内心的宣泄，对自然回归的超然、对人生的感悟都在作品中得到体现。

西方艺术家有严谨的科学态度。达·芬奇（1452～1519）则是讲微笑力学、透视学、人体解剖学，亲自解剖尸体，研究每块肌肉和骨骼的形状和构造，这种求实的精神令人敬佩。印象派的出现是对写实观念的挑战，随着科学的进步，写实主义已经失去了昔日的辉煌，但作为历史进程的一部分，它永远标明了人类智慧的高峰。到了后现代的很多绘画，绘画的语言已经很少了，更多地渗透着哲学的内涵，如毕加索的《格尔尼卡》。

把西方的科学理念和绘画方法引进中国，是近百年才有的事，从而填补了中国绘画缺乏的科学因素。西方绘画也从中国画的线条中获取营养，增加其内涵。世界上没有低劣的画种，只有低劣的画作，无论东方和西方，人类对美的追求是共同的，对美的资源是共享的。

（五）体系

中西美学分别产生于春秋战国与古希腊时期。先秦美学强调人与人之间的协调性、艺术对情感的表现性及善与美的教化性；古希腊美学强调人与自然的和谐性、艺术对现实的再现性及真与美的功利性。

中国的艺术哲学产生于魏晋时期，《文心雕龙》完成了中国古代美学体系的建构。西方直到文艺复兴时代随着人性的复苏、艺术哲学的发展，才诞生了康德与黑格尔的美学体系。

中西美学体系形成之展开方式虽有不同，但基本规律一致。

（六）基础

西方美学源于“三个基础”：对事物的本体追求，主体的知、情、意划分，艺术的统一性质。这三个基础中国古代都不存在。

中国古人从不去追问美的本质是什么，虽然他们随时都谈到美。道家的“道”在《老子》中随时被述说、被描绘，但没有一个定义；儒家的“仁”在《论语》中谈了109次，也没有一个定义。

中国古人对主体心理的划分，不像西方人的几何式划分，知、情、意清清楚楚，而是把心理看成一个整体进行整体功能把握。

中国的各门艺术从来未被统一论述过，因为各门艺术的地位是不平等的。诗文最高。

（七）层次

中国古代的美是实用的美善和伦理道德的美善两个层次，最终定型为儒家的政治伦理模式和道家的自然宇宙模式。

古希腊的美是人体之美的观看对象，并将其提升到对上帝或彼岸的爱的追求。

（八）主流

在艺术方面，中国古代“艺”的地位一直不高，“乐通伦理”和“文以载道”成为中国艺术精神的主流。中国强调“言志论”“意境论”，散点透视，情理性透视，再造事物。

西方艺术的主流则是认识论意义上的模仿论。西方强调“模仿论”，焦点透视，数理性透视，再现事物。

（九）美感

在美感方面，中国儒学归之于合乎礼教的“众乐”，道家则归于与大自然相通的“至乐”和后来的妙悟、兴趣。

西方则一方面有非理性的“诗的迷狂”，另一方面有理性的认识快感。

潘立勇《中华传统美学元典人文精神三要素》:

中国传统绘画受中国古典哲学的陶融。它不重写实的“心象观”、强调人格品操的中正观和以书法入画的笔墨观都与西方造型艺术的追求不尽相同。它虽然不长于以宏大叙事的方式直接参与社会变革，但仍表达着真切的生活感受和深刻的人生价值。它“内修心而外益世”“抒胸臆而振斯文”，通过养心修身和知世悟道完成“成教化、助人伦”的社会功能，归于至善，“度己”也“度人”，“润物细无声”地改造社会。

中国传统美学具有深刻的人文基础，蕴含着深厚的中华文化基因，由此呈现出与西方美学不同的价值取向和功能追求。这种人文基因就是“人文化成”，它包含着中华传统文化精神即人文精神由体而用的三层内涵、由境界而工夫的三重要素，这就是以“人”为本的人文倾向、以“止”为度的中和境界和以“化”为功的化育精神。“人”—“止”—“化”构成了中华传统美学特有的人文精神与风貌。

从美学的角度来考量，美的要义就在于“各得其分”，即恰如其分(朱熹《周易本义》:“止，谓各得其分”)。不同于西方用数的比例（如黄金分割）或抽象的本体（如“理念”或“理式”）来规范美的本质，中国传统美学着眼于从人与对象世界的感受、体悟关系来把握美的度或分寸。而审美的功能，也不仅仅在于耳目的形式观赏，更在于通过对这种关系的恰如其分的把握，在主客交融、身心一体、知行合一的过程中，恰如其分地化成天下，包括人自身。

第三章 美的本质——大认识

一、难题

深入美的本质的认识，显然是一种“大认识”。

美是什么?

希庇阿斯给出第一个美的定义：“美不是别的，就是黄金。”

接着，柏拉图推出又一个判断：“美的本质，也不在形式，而是在一种非形式的直接的无限空间，即美在具有光辉的黄金上面。”

据此，公元前3世纪的普罗提诺和中世纪的奥古斯丁，提出了“美在光辉”的著名美学定义。

在古希腊，柏拉图提出“美本身”的问题，即美的本质的问题，被称为“千古之谜”“永恒之谜”。

柏拉图在其名著《大希庇阿斯篇》中记述过他的老师苏格拉底和诡辩派学者希庇阿斯关于“美是什么”的讨论。在讨论中提出了关于美的各种定义，又一一否定，因为它们都没有准确地概括出美的本质，说明所有的美的事物。最后，柏拉图不得不感慨地用一句谚语结束他们的讨论：

“美是难的。”

列夫·托尔斯泰：“美是什么?这一个问题至今还没有完全解决……美这个词的意义在150年间经过成千学者的讨论，竟仍然是个谜。”

德国现象学美学家盖格尔：“审美的东西，并不纯粹是形式，而且也是由那存在于它的最深刻的本质之中的至关重要的生命内容和精神内容构成的。”

19世纪英国美学家阿利森：“想把各种形式美的巨大多样性简化为任何简单的原则，这一眼看上去就能断定是完全不可能的。”

歌德：“我对那些美学家不免要笑，笑他们自讨苦吃，想通过一些抽象名词，把我们叫做美的那种不可言说的东西化成一种概念。”

研究“美的本质”的途径多种多样，概括起来大致分为两种：

一种是作具体的实证研究，即费希纳的“自下而上”法，先分析后归纳、综合，或者只分析、实验，不分析综合；

另一种是综合的哲学分析，即“自上而下”的传统哲学研究方法。

第一种实证的研究方法又可分为三个方面：一是侧重于审美对象，比如美的客观说；二是侧重审美主体，如美的主观说，以研究人的审美心理、活动为主；三是将二者结合起来，如美的主客观说、客观社会说等。

第二种关于综合的哲学分析，它力图以哲学的概括，为美作一个形式上的定义。古典美学多数用此方法，如柏拉图、康德、黑格尔等。

西方几千年来一直延续着对美的本质的探讨和争论，直到20世纪开始转变：美的本质研究逐渐转为对审美活动的研究，主客观二分模式逐渐转为天人合一（人—世界合一对）模式，最主要的代表人物是海德格尔。

二、通论

（一）五种说法

1. 美是理念

柏拉图：“美是理念（理式）（美本身）”，“美是理念的形式”。

普洛丁：“神是美的本源。”

黑格尔：“美是理念的感性显现”，是“美的艺术的哲学”。

2. 美是主观观念

休谟：“美并不是事物本身里的一种性质，它只存在于观赏者的心里，每一个人心，见出一种不同的美。”

康德：“至于审美的规定根据，我们认为它只能是主观的，不可能是别的。”“美带有一种促生命的感觉。”——“无目的的合目的性”价值。

叔本华：“美是意志的客体化。”

克罗齐：“美是心灵的表象，是直觉成功的表现”，“美是成功的表现，丑是一种不成功的表现”。“美学是一看就直觉知识的科学。”

桑塔耶拿："美是客观化了的快感。"

杜夫海纳："美是灿烂的感性，一个完整的、充满意蕴、充满情趣的感性世界。"

3. 美是事物属性

毕达哥拉斯：美是和谐。

亚里士多德：美就在事物之中，在"秩序、匀称与明确"，"美就在于体积大小与秩序"。

达·芬奇：美感"完全建立在各部分之间神圣的比例关系上"。

博克："我们所谓美，是指物体中能引起爱或类似情感的某一性质或某些性质。"

克莱夫·贝尔："美是有意味的形式。"

培根："美是自然的客观属性。"

席勒："美是现象上的自由。"

4. 美是关系

狄德罗："就哲学观点来说，一切能在我们心里引起对关系的知觉的，就是美的。"

蔡元培："美学就是一种救赎，一种信仰。"

费孝通："各美其美，美人之美，美美与共，天下大同。"

5. 美是生活

美是对生命底层的碰撞，生命与美学相关。

车尔尼雪夫斯基："美是生活"，美学研究的是艺术，特别是诗的原则的体系。"任何事物，凡是我们在那里面看得见依照我们的理解应当如此的生活，那就是美的；任何东西，凡是显示出生活或使我们想起生活的，那就是美的。"

高尔基："照天性说，人都是艺术家，他无论在什么地方，总是希望把'美'带到他的生活中去。"

罗丹："美是到处都有的。""艺术是人类发现大自然秘密的一种愉悦。”

（二）马克思主义美学

马克思、恩格斯：美是“感性劳动和创造”。

关于美的本质，马克思主义创始人虽然并未作出直接的、明确的阐释，但是他们所创立的科学的世界观和方法论，为我们打开“美的本质”的奥秘之门提供了钥匙。

马克思：“人的本质不是单个人所固有的抽象物，在其现实性上，它是一切社会关系的总和。”“五官感觉的形成是以往全部世界史的产物。”马克思认为，美的本质即人的本质力量的对象化，是一个自由自觉的无止境的不断提高的追求过程。

所以，美是一种社会现象，美根源于社会实践；美是人类通过社会实践在对象上显现出对人的本质力量的肯定和确证。美是以宜人的感性形式显现出对人的本质力量的肯定和确证。美是自由创造的形象表现。

三、分论

（一）美的本质的三个学派

1. 客观论

客观派依据的是美的客观性、具体性和明确性，认为美是由线条、形状、色彩、声音、动作等客观的物理属性组成的一个合乎规律的整体。

亚里士多德：“美就是秩序、明确、匀称。”

笛卡尔：“美就是彼此之间有一种恰到好处的协调和适中。”

乔德《美的客观性》：“即使地球上的人死得一个也不剩，拉斐尔的名画《西斯廷圣母》的美也不会改变；即使没有一个人欣赏观看《西斯廷圣母》，它的存在总比一个臭水坑要好。”

2. 主观论

在西方，这一派占优势。

奥古斯丁："美在上帝。"

休谟："美存在于人的心灵。"

康德："和谐只存在于听者的心灵里面。"

黑格尔："美是理念。"

休谟："美并不是事物本身里的一种性质。它只存在于观赏者的心里，每一个人心，见出一种不同的美。这个人觉得丑，另一个人可能觉得美。每个人应该默认他自己的感觉，也应该不要求支配旁人的感觉。要想寻求实在的美或实在的丑，就像要确定实在的甜与实在的苦一样，是一种徒劳无益的探讨。"

俗语说："情人眼里出西施"；"子不嫌母丑，狗不嫌家贫"。所以，美，是隶属于人类情感领域的现象。

3. 主观客观统一论

主观客观统一论，是将主客观综合来说明美的本质。

（二）艺术本质的三个学派

朱光潜："艺术是情趣的活动，艺术的生活也就是情趣丰富的生活。"既然"美是研究艺术的"，是"艺术"哲学，所以还要了解艺术的本质。这方面也有三个学派：

1. 模仿论

艺术是一种模仿外部事物、人的行为和生活的活动或技艺——第二自然。

模仿论起源于亚里士多德："诗人既然和画家与造型艺术家一样，是一个模仿者，那么他必须模仿下列三种对象之一：过去有的或是现在有的事、传说中的或是人们相信的事、应当有的事。"

车尔尼雪夫斯基："亚里士多德是第一个以独立体系阐明美学概念的人，他的概念竟雄霸了两千多年。"

2. 表现论

模仿论在西方长期占统治地位，但在古代中国，人们则常常着重从艺术家的主观情感以至感觉的表现，即表现论来解释艺术的本质：诗言志。

《毛诗序》："诗者，志之所之也。在心为志，发言为诗。情动于中，而形于言；言之不足，故嗟叹之；嗟叹之不足，故咏歌之；咏歌之不足，不知手之舞之，足之蹈之也。"

无论是李贽"童心说"，还是袁牧"性灵说"，也都是这种"表现论"。

托尔斯泰"感染说"："艺术是这样一项人类活动：一个人用某种外在的标志有意识地把自己体验过的感情传达给别人，而别人为这些感情所感染，也体验到这些感情。"

克罗齐："艺术即直觉。"

弗洛伊德："艺术是人的本能欲望在现实中被压抑，在'白日梦'中宣泄和升华的结果。"

叶朗："以艺术意象创造为核心的审美活动，使人在对自我的超越中回到本原的生活世界，回到人类的精神家园。这是人性最内在的需要，形而上的需要。这种需要的具体表现形式和内涵当然会随着历史发展在不同的社会和文化中产生变化。同时，我们强调，审美意象的基本意蕴是照亮一个真实的世界，使我们在超越'自我'的有限性，得到一种自由和解放，回到人的精神家园，从而提升我们的人生境界。不能说什么都是艺术，只有创造了审美意象的活动，才是艺术。"

3. 形式论

形式论者关心"形式""纯粹实在""内在真实""想象的世界"……

塞尚以后的很多画家的看法是：艺术活动的根本任务不是模仿或表现，而是形式的创造，艺术作品不是现实或心理的替代物，而是独立于现实或心理之外的、自律的整体。一幅画，是一次"独特的事件"、一个"小宇宙"、一种"新的形式"、一个"色彩的建筑物"。

四、特论

有关美的本质，还有一些独特看法：

（一）“误用”说

维特根斯坦对美学的批判，认为“美”这个词是一种“误用”：最初它是感叹词，是对表示喜爱的动作、表情的替代，这是语言的自然功能，但是在使用中被当作了形容词，进而被当作了名词。假定了美是一种存在物，由此产生了美的本性等形而上学问题，这些都是“语词误用”的假问题，是一种虚假的超级概念，清理这些超级概念可以导向行动美学的道路——美作为艺术的行动。

（二）“痴”说

美，并不是知识，是“痴”。中国古代早有领悟：美是一种“痴”，“痴心之美”。

痴——“知”字生病了，常常被用来形容艺术或情感上的一种非理性、非知识、非逻辑状态。如：

阮籍走到荒山大哭。

陶渊明的琴，一根弦也没有（素琴），“但识琴中趣，何劳弦上音”。

嵇康《广陵散》，“手解五弦，目送归鸿”，其死罪名为：“上不臣天下，下不事五侯，轻时傲世，无益于今，有败于俗。”

到了晚明，“痴”可以成“癖”：“人不可以无癖，无癖则无情！”傅柯知道“知识”与“理性”的病癖，便大胆走向疯痴的研究中去。

痴，是对某事物的极度专注和迷恋。古往今来，痴者无可计数：石痴、花痴、书痴、情痴。上古炎帝之女女娲失足溺于东海，精魂化为精卫鸟，发誓“衔西山之木石，以堙东海”。《醒世恒言》中“花痴”秋公嗜花如命，因爱花至诚，感动上天，成仙得道。北宋“梅痴”林和靖种梅养鹤，以梅为妻，以鹤为子，写下千古名句，成就爱梅第一人：“疏影横斜水清浅，暗香浮动月黄昏。”

（三）“全感”说

蒋勋：“理性范围是比较窄的，无法完全代替感性。”

严春友认为：哲学可以涵盖美学，但美学不能涵盖哲学。美学的独特视角在什么地方呢？在于“感”，即审美的自由与其他意义上的自由的区别，在于超越有限趋于无限时的那种愉悦“感”，也就是说它依然是感性和情感这个层面上的东西，由此才可以把审美的自由与政治上的自由、认识上的自由区分开。

蔡元培：艺术的种类不外乎视觉的听觉的两大类；建筑、雕刻、图画，是属于视觉的；舞蹈稍涉触觉，而动的形式美也是视觉的范围。音乐是属于听觉的。只有文学是综合视听两觉的，它的积字成句，积句成篇，是视觉的范围。它的语调、节奏、协韵，是听觉的范围。文学可以离其他艺术而独立，而其他艺术常有赖于文学的助力。文学有统治其他艺术的能力。

季羡林：西方美学只限于眼、耳，只是心理因素的美，中国美学还要鼻、舌、身——生理美学，应心理、生理融一体。这就是说，西方是2感（视、听），《感觉学》主要是视、听，但其他的快感也可渗入和转化。而中国美学则细分为：5感（眼、耳、鼻、舌、身），5觉（色、声、香、味、触），还有5味（甜、酸、咸、辣、苦）等。

（四）“全景”说

所谓美的本质的“全景说”，就是指：美，无处不在，许许多多的事物都可以是美的，正如罗丹所说：“不是缺少美，而是缺少发现。”如：

1.“纷乱”之美

郑元绪《纷乱之美》：

许多大美的艺术，也并无严格的规划和构思；灵感的火花，往往于思绪的纷乱中突然迸溅。世界是纷杂的，人们靠法律、伦理、情感和契约彼此依存，但谁也代替不了谁的存在，谁也不能让大伙一块儿哭，一块儿笑，一起举手，一齐喊NO。人们惊叹奥运会开幕式上威武雄壮的团体操，更喜爱世博会那喧闹的《清明上河图》。脚夫、茶客、摊贩、官人各得其乐，叫卖声、吆喝声、吹打声、嬉笑声一齐入耳。你看，还有两头驴儿在调情！众声喧哗，犬吠马嘶，那才是盛世的模样。

西雅图一出版社发行人说："读精美纸质书的人更出众。这跟在如今这个电子邮件时代寄出一封真挚的书信是一个道理。"

2. "游戏"之美

文斯·拉巴迪是著名的橄榄球教练，他有一个著名的"文斯·拉巴迪策略"，曾经引导许多年轻人走上冠军领奖台。

在他看来，不错的球员和伟大的球员之间的区别就在于：后者做第二次努力。

当第一次错过球时，他们会立即做第二次争取；当人人都觉得输了的时候，他们还在努力。换句话说，后者比前者更善于管理"失败"，能够更积极地从失败的氛围中摆脱出来。

记得奥修有一种很有意思的说法：一个人必须把人生看成几乎就像是一个游戏的地方，一个人必须学习游戏风度，必须知道有人会是成功者，有人会是失败者。

在他看来，一种合理的人生态度是把生活当成游戏，享受它的每一面：失败、胜利、走入歧途或是找到正确的途径、夜晚的黑暗或很美的黎明。

3. "真善"之美

在哲学和美学范畴内谈真善美迄今仍存在极大的争议，集中分为三派：

一派认为真善美分属于三个不同的领域，不能混谈，如康德、托尔斯泰、克罗齐，影响甚大。

一派认为真善美是统一的，三者密切相关，真善统一于美，支持者也很多，如法国人布瓦洛、英国人莎士比亚、中国的孔子和孟子。

还有折中的一派，即认为美与真善既有区别，又有联系，当代中国美学基本上都是这种观点，法国人狄德罗亦然。

4.“最高境界”之美

张世英《中西文化与自我》：

按照人的自我发展过程、实现人生价值和精神自由的高低程度，我把人的生活境界分为4个层次。即：

(1) 欲求境界：最低的境界，只知道满足个人生存所必需的最低欲望，舍此以外，别无他求。

(2) 求知境界：或“求实的境界”，与“功用的境界”紧密相连。

(3) 道德的境界：黑格尔：“道德的观点是关系的观点、应然的观点或要求的观点。”“关系”“应然”“要求”，都是说理想与现实之间、主体与客体之间尚存在着一定的距离，尚未融合为一，并未能实现充分自由，不能算是人生的最高精神境界。

(4) 审美境界：人生的“最高精神境界”，完全超越了主客二分的思维方式，进入主客融为一体的领域。

5.“超越知性”之美

钱捷《在超越知性中实现美的本质》：

塞尚的绘画原则与印象派的差异体现了西方绘画发展历史的逻辑复杂性，包含了隐藏在其中的审美鉴赏的本质与真理。塞尚超越了透视法的局限，提出了不同于几何学上的第三维的“深度”概念。通过这个概念，塞尚否定了“镜子”之喻的审美实体，而代之以被梅洛—庞蒂称之为“感体”的审美实体。感体是梅洛—庞蒂哲学中的一个关键而独特的术语，通常译为“肉体”，可看作“身体”在世界整体（或本体论）意义上的一种泛化和提升。对于塞尚的绘画中所表现出的审美原则，梅洛—庞蒂有着这样的体会：“体验到的东西不是依据感官质料被认出或构造起来的，而是像这些质料由已放射出来的中心那样一下子呈现出来的。我们看见了物体的深度，它们的光鲜、平滑、柔软、刚硬——塞尚甚至说——和它们的气味……将实存着的表现出来，这是一项无限的任务。”这样一种“无限的任务”不可能通过构成“镜子”中物像的透视法来达到，这也就是我们为什么会在塞尚的作品中看到那样多“画坏了”的局部的原因。这种局部保证了“深度”不被还原为与平面上的两个维度同质的第三维。“深度”体现了对于知性结构的超越，它所要达到的，乃是知性原则所不可达到的无限的丰富性，即梅洛—庞蒂的作为真正的实在的“世界的感体”。

塞尚通过对古典写实主义的审美原则的颠覆，昭示了审美鉴赏力的真正本质，即在想象力的自由活动中超越知性以达到某种完美、绝对与无限。与塞尚相比，印象派——更不用说浪漫主义和现实主义——对于古典写实主义的反叛就算不上是一种革命了。如果说古典写实主义体现了基于知性的完形主义立场，印象派对于知觉中感觉材料的原始意义的强调所表现的不过是一种与完形主义相对的感觉主义立场。在哲学上，这两种立场其实是同一范式中矛盾的两个方面。这就决定了印象派不可能在背离古典写实主义的道路上走得更远。更确切地说，印象派的分色主义只体现出对于知性束缚的一种消极态度，而并非积极的对抗，印象派的色彩最终仍然被束缚在知性的结构，或者说被组合于受知性支配的知觉图像之中。在这个意义上，印象派的努力充其量是为以塞尚为开端的绘画艺术的审美革命做了准备。

就西方绘画发展的历史来说，体现了审美或鉴赏力判断的本质的塞尚作品可说是对古典写实主义之前的绘画的回归，这不仅是因为它们都在一定意义上否定了透视法，更因为它们的这种否定都意味着对于知性的违背。所不同者在于，古典写实主义之前的绘画缺乏知性，而塞尚的绘画却超越知性。这种情况正符合辩证法的“正、反、合”三段式逻辑。原始的绘画是“正题”，古典写实主义绘画是“反题”，而塞尚的绘画则意味着“合题”的开始。因此，以辩证法的眼光看，整个西方绘画从开端到塞尚乃是其自身真理性的展开和自我实现的过程。当然，这绝不是说塞尚已经达到并穷尽了绘画的真理。恰当地说，塞尚只是揭示了平面造型艺术的审美本质，开启了这种艺术创作的新的、符合鉴赏力判断原则的范式。这种范式和审美的本质，或者说绘画的真理，必定要在无限的具体形式中得到体现与实现，而对于后者的探索将是永无止境的。

塞尚的革命不仅当时便在高更、梵高那里获得了共鸣和补充，更立即发展为野兽派和立体派，并最终成为整个西方当代绘画的先驱。19 世纪末以来西方绘画的表现形式愈来愈多样化，但它们的本质只有一个，那就是力图让想象力的自由活动超越知性的束缚。

6. “小的”之美

署名三代的文章《美有时是小的》：

随手翻看摄影家西埃夫的摄影画册，在许多漂亮至极的人体与肖像之间，忽然就看到了这幅天鹅。不是最好的作品，也不惊人，却让我的眼睛有些湿润。

在这个无比庞大、无比含混、无比分裂、无比嘈杂又无比寂静的世界上，美有时是小的、落寞的，就像巨大岩石中心的一点冰晶。在它的四周，尽是平凡粗糙的石头，尽是冷漠的湖水，尽是喧嚣的声响，尽是晦暗潮湿的欲望。但美仍然会闪耀，用它最轻盈的样子，用它朴素的觅食姿态，用它不无艰难的飞翔。

和我们的想象不同，和我们曾经缅怀过的古典年代不同，美已经变得越来越小，甚至越来越卑微，只有用更为巨大的长焦镜头才能窥见它。美更难捕捉，更难确认，更无法驯养。当我们的内心刮起最险恶的风暴时，美依然那么安详沉静，让人既感激又悲伤。

罄尽一生，我所能够做的，也许就是找到自我灵魂中的细小的美，那是古老人类的永恒种子。没有它，再繁荣的世界、再绚丽的生涯，也不过是灰烬。

7. “实用”之美

对称表现了一种美，但很多时候，我们注重的只是形式上的对称，而缺少实用的美。如：

汽车车门把手，工艺制作时两边把手的电镀是一样的，但实际使用中，总是司机那边磨损快些。

205 国道有一个大坡，交警忙得很，因为两车道，上坡容易挤和慢，改成两上一下就好了。

8. 身体之美

从尼采的“身体一元论”高度看，美并非黑格尔所说的是“理念的感性显现”，或常人认为的客观现象，而是身体的体验、领悟、感受、展示、表演和创造；是身体愉悦和快感的流泻。身体乃万美之源。不只是许多至真至美的艺术品出自身体和丰富多彩的人生经历，而且最优秀的公众身体也是审美的标尺。因此，人之身体既是审美主体也是审美对象。正是基于身体的审视美、判断美和制造美的实践和功能，人类才创造出光辉灿烂的艺术史，从中升华出生活美、身体美、欲望美和心灵美；并不断地在审美观上创生新感性，引发新革命，形成新潮流，从不毛之地中唤出鲜花盛开的春天，以满足常驻不衰的审美要求和冲动。

第四章　美的特征——大印象

具体认识事物，要把握特征，美的特征是个大印象。

一、形象性

美的形象性，是指它的表现是形象的，而非理性的。

形式，对于美有特殊重要性。美是一种在情感上具有感染力的形象。美的形式具有许多共同的特征，它们是：单纯齐一、对称均衡、调和对比、多样统一。例如：

石器时代就有了对称、圆等是美的感觉。书法中欧阳洵的三十六法，诗词中的格律，都是美的。

“峨眉天下秀，青城天下幽，夔门天下雄，华山天下险，黄山天下奇”；“桂林山水甲天下，阳朔山水甲桂林”；以及范仲淹《岳阳楼记》：洞庭湖淫雨时节“阴风怒号，浊浪排空”，春和景明时“一碧万顷，沙鸥翔集，锦鳞游泳”，入夜“长烟一空，皓月千里，浮光跃金，静影沉璧”。

所以，形象性，即“自然”性，“外在”性，超理性（包含理性）、超逻辑（包含逻辑）性。

二、直接性

美的直接性，是指它对人的作用是直接的，而非间接的。

普列汉诺夫说：“最能直接打动心灵的还是美。”“一件艺术品，不论使用的手段是形象和声音，总是对我们的直觉能力发生作用，而不是对我们的逻辑能力发生作用。”

美感是接触到美的事物时所引起的一种感动，是一种赏心悦目、怡情悦性的心理状态，是对美的认识、评价和欣赏。

美感不是认识，而是体验；不是“主客二分”的关系（“主体—客体”结构），而是“天人合一”的关系（“人—世界”结构）。

马斯洛将美感归入“高峰体验”。

我国明代的王夫之借用佛教因明学的概念用“现量”来说明美感的性质：“现在”“现成”“显现真实”，通过眼、耳、鼻、舌、身等感觉器官直接接触客观事物，把握事物的“自相”。

王夫之在《相宗络索·三量》中说：“‘现量’，现者，有现在义，有现成义，有显现真实义。现在，不缘过去作影。现成，一触即觉，不假思量计较。显现真实，乃彼之体性本自如此，显现无疑，不参虚妄。”

用现量来解释诗歌的感兴生成，王夫之现量的现在、现成和显现真实三层意义，体现了审美感兴三个方面的特性：

一是强调审美感兴的时间流的当下性——现在：直观领悟，初无定景，“即景会心”。如：

王维《使至塞上》“单车欲问边，属国过居延。征蓬出汉塞，归雁入胡天。大漠孤烟直，长河落日圆。萧关逢候骑，都护在燕然”中的“长河落日圆”句。

王维《终南山》“太乙近天都，连山接海隅。白云回望合，青霭入看无。分野中峰变，阴晴众壑殊。欲投人处宿，隔水问樵夫”的诗眼在最后两句，“隔水问樵夫”不是在过去记忆的时间流中形成的，而是“初非想得”的当下偶然兴感而至。

二是强调审美感兴的空间上的主体在场性——现成：一触即觉。

王夫之说：“‘池塘生春草’，‘胡蝶飞南园’，‘明月照积雪’，皆心中目中与相融洽，一出语时，即得珠圆玉润。”

三是强调审美感兴的形象的真实性与情感性——显现真实：表现“自相”，目之所及，心之所感，心目相取。

所以，直接性，即“现量”性，“现在”性，“现成”性，“显现真实”性。

三、愉悦性

美的愉悦性，是指它使人的心情愉快，不烦躁。

休谟说：“美是趣味”。车尔尼雪夫斯基：“美感的主要特征是一种赏心悦目的快感。”“美的事物在我们心中所唤起的感觉，类似我们当着亲爱的人面前时，洋溢于我们心中的那种愉悦。我们无私地爱美，我们欣赏它，喜欢它，如同喜爱我们所爱的人一样。”

1913 年列宁在瑞士时，多次请钢琴家凯德洛夫为他演奏《热情奏鸣曲》，每当演奏时，列宁或在窗台上眺望阿尔卑斯山，或两手抱膝在沙发上，一次对高尔基说：“我不知道还有比《热情奏鸣曲》更好的东西，我想每天都听一听，这是绝妙的人间所没有的音乐。我总带着也许是幼稚的夸耀想：人们能够创造怎样的奇迹啊！”而奥地利的“铁血首相”俾斯麦则是：“只要常常聆听这首曲子，我的勇气将永远不竭。”

所以，愉悦性，即“趣味”性、“情趣”性、超功利性，不能等同于生理快感，但可以夹杂和转化。

四、潜功利性

美的潜功利性，是指它的功利性是“无”（非“有”）或“淡”（非“显”）的。

这是一种人与世界的自由关系，亦即超越性，超越主客二分。如：齐白石的虾，徐悲鸿的马，黄胄的驴。“至高的美在无所为而为的玩索”，像糖溶于水。正如夏夫茨伯里所说：“审美无功利”。

但美虽无实用功利，也非与功利无关。普列汉诺夫：“以有意识的功利观点来看待事物，往往是先于以审美的观点来看待事物的。”“不过功利究竟是存在的，它究竟是美的欣赏基础。如果没它，对象就不会显得美了。”鲁迅：“享受着美的时候，虽然几乎并不想到功用”，“然而美的愉乐的根底里，倘不伏着功用，那事物也就不见得美了”。

所以，潜功利性，即“无为”性，“无所为而为”性，超越对象的实在，超越利害，超越自我。

五、创造性

美的创造性，是指它极富想象，超凡脱俗，最忌因袭。

美感的核心是生成一个意象世界，这是不可重复的、一次性的。

维科提出美是与理性不同的“神话思维”。朱光潜：“美感世界纯粹是意象世界。”宗白华：“主观的生命情调与客观的自然景象交融互渗，成就一个鸢飞鱼跃、活跃玲珑、渊然而深的灵境。”如：

毛泽东自述写《送瘟神》一诗时的心境是：“浮想联翩，夜不能寐，微风拂煦，旭日临窗，欣然命笔。”

我国宋代张元将大雪想象为：“战退玉龙三百万，败鳞残甲满空飞。”

白居易：“春来江水绿如蓝”。

辛弃疾：“人言头上发，总向愁中白，拍手笑沙鸥，一身都是愁。”

宗白华引苏轼评王维的《蓝田烟雨图》：“味摩诘之诗，诗中有画；观摩诘之画，画中有诗。诗曰：‘蓝溪白石出，玉山红叶稀，山路元无雨，空翠湿人衣’，此摩诘之诗也。”并指出：前两句可画，后两句则靠暗示和想象，才是“诗中之诗”。

所以，创造性，即“顿悟”性，想象创造性，美的创造性表现在对对象的精神再造。

六、超越性

美的超越性，是指它的自由性，超越有限，时空无限。

美的超越性在于它是走向自由理想的精神通道。如果说超功利性是审美主体对客体的超越，那么，美感引导人的精神，则是主体对自身的超越。

审美作为一种愉悦身心、陶冶情志和不涉及实际利害的精神活动，往往带给人最大的和谐感和自由感。美感在物我同一的体验中超越主客二分，从而超越“自我”的有限性。这种超越，使人获得一种精神上的自由感和解放感。这种超越，使人回到万物一体的人生家园。

古人欣赏山水，由实入虚，即实即虚，超入玄境，道出“山水质有而趣灵”的佳句。诗人陶渊明“采菊东篱下，悠然见南山”，“此中有真意，欲辩已忘言”；谢灵运的“溟涨无端倪，虚舟有超势”，以及袁彦伯的“江山辽落，居然有万里之势”等，都建立了中国山水最高的晶莹的美的境界。

所以，超越性就是“自由”性，是美的最高境界。

七、普遍性

美的普遍性，是指它的相通性，比比皆是，处处相通。即：不同阶级可能有共同利益；生活现象并不都是阶级斗争，有共同感受；不同阶层有同情；爱国主义超越阶级；自然美无阶级性；不同阶级有共同美感。如我国的“四大名著”得到普遍赞扬。

所以，普遍性就是共通性、相似性。

八、差异性

美的差异性，是指它的不同性，精微极致，无一雷同。即：有时代差异、民族差异、阶级差异等区别。如“拿破仑加冕礼”的画，共有 191 个人物，大卫给每个人都画了两幅草图。巴尔扎克的系列小说《人间喜剧》，是采用分类编排和人物再现手法所构建的一部文学大厦，百科全书式巨著，计划 140 部，完成 96 部，2000 多人物。恩格斯说：“他在‘人间喜剧’里给我们提供了一部法国‘社会’，特别是‘上流社会’的卓越的现实主义历史。”

所以，差异性就是不同性、丰富性。

第五章　美的形态——大概括

多种多样的美，可以概括出几种主要形态：

一、自然美

自然美，是自然事物之美。

自然美的特点是：侧重形式美，以形式见长，具有多面性。自然美是美学的难点：是人的“暗示”，自然美中，风光美是最重要的。

风光美，不是指一草一木，而是包括一个区域多种成分构成的一种综合美、整体美：包括形状美、色彩美、声音美、流动美、人文景观美五种。

自然美是一定社会实践的产物。车尔尼雪夫斯基：“构成自然界的美的是使我们想起人来（或者预示人格）的东西，自然界的美的事物，只有作为一种人的暗示才有美的意义。”

中国秦汉时期以人物画为主，山水成为美的对象是较晚的事情。到魏晋南北朝，山水画才逐渐发展。南朝时，宗炳著《画山水序》：“余眷恋庐、衡，契阔荆、巫，不知老之将至。”王微著《叙画》，专门总结山水画的经验：“望秋云神飞扬，临春风思浩荡”，“绿林扬风，白水激涧”。

自然美有多种属性，丰富多彩，要细微观察才能发现，黄公望画《富春山居图》时是“凡遇景物，辍即模记”。当然，这种模记要扑捉特点。如：

泰山日出、黄山云海、钱塘怒潮、吉林雾凇。

泰山的雄伟；华山的险峻；黄山的奇特；峨眉的秀丽；青城的幽深；滇池的开阔。

水的颜色是春绿夏碧，秋青冬黑；天的颜色是春晃夏苍，秋净冬黯；树木的颜色是春英夏荫，秋毛冬骨。

鲁迅：“枫叶如丹照嫩寒”；杜牧：“停车坐爱枫林晚，霜叶红于二月花”；陈毅：“西山红叶好，霜重色愈浓，革命亦如此，斗争见英雄。”

二、社会美

社会美，是社会生活之美。又可分为生活美（生产劳动美、社会变革美和日常生活美）和环境美（物质环境〔公共环境、个人环境〕美和人际关系美）。

社会美的特点是：社会美在美的形态中意义最重。社会美重在内容，经常表现为各种积极肯定的生活形象——表现在人本身的美和劳动产品的美。

柏拉图：“美就是有益的快感”，“应该学会把心灵的美看得比形体的美更为可贵”。海涅：“在一切创造物中间没有比人的心灵更美、更好的东西了。”契诃夫：“面貌的美丽只是爱情的一个因素，但心灵与思想的美丽才是崇高爱情的基础。”康德：“美带有一种促生命的感觉。”贝多芬：“音乐应当使人类的精神爆出火花。”柳宗元：“夫美不自美，因人而彰。兰亭也，不遭右军，则清湍修竹，芜没于空山矣。”

《巴黎圣母院》中的敲钟人卡西莫多由外表畸形衬托人物内心的善良。《伊索》剧中伊索用寓言反驳：羽毛无彩的仙鹤对羽毛鲜艳的孔雀说：“我飞翔，为了给星星唱歌，我能到天上去，而你想到房顶上去都不行。”

美是历史的范畴，没有永恒的美，对审美活动产生决定性影响的是社会文化环境。

台湾美学家蒋勋谈美：要看到美，首先要看到生命存活的艰难：

美不仅仅是华服名模，甚至不仅仅是清风明月、巴赫、贝多芬。要看到美，首先要看到生命存活的艰难。唐的文化、宋的文化为什么有厚度？因为它看到大的，也关心小的。杜甫挤在难民里面逃难，写出“朱门酒肉臭，路有冻死骨”。如果这10个字变成千古绝唱，我觉得不是诗的技巧，而是诗人心灵上动人的东西：他看到了人。同样那捧白骨，很多人走过去都没看到。

三、人的美

人的美，包括人的外在美和内在美。

外在美指的是人体（健康、体型、容貌、肤色）美、服饰（面料、色彩、款式）美、仪态（仪容仪表、言行举止、体态姿势、气质风度）美。

内在美主要指的是人的精神品质、心灵和情操等反映人的本质的美。

人的美的特点是：人的美是社会美的核心，人的外在美是一种带着深刻社会内容的自然美和形式美，人的内在美是人的灵魂和本质的美。

莎士比亚《哈姆雷特》：“人类是一件多么了不起的杰作！多么高贵的理性！多么伟大的力量！多么优美的仪表！多么文雅的举动！在行为上多么像一个天使！在智慧上多么像一个天神！宇宙的精华，万物的灵长。”

托尔斯泰：“人不是因为美丽才可爱，而是因为可爱才美丽。”

自20世纪中叶起，西方美学研究中出现了“身体热”。进入21世纪以后，“身体热”传入中国。

彭富春《身体与身体美学》一文中说：“身体的审美化是多方面的。首先是作为被感觉的身体，如形体、容貌、气质、风度等。此外衣服特别是时装对于身体的美化具有重要的意义。就某一身体部位而言，衣服既是遮蔽，也是显露。其次是作为感觉的身体，如视觉、听觉和触觉等。除了对于身体之外的感觉，人还有对于身体之内的感觉，如心跳的快慢，呼吸的疾缓，体温的冷热以及一些不可言说的感觉。最后是作为感性活动的身体，它包括了由食欲和性欲所推动的人的身体的活动。”

四、艺术美

艺术美，是艺术作品之美。

艺术美，是美的集中体现，是人类以追求美为主要目的的创造，是内容与形式的高度统一。

艺术美的特点是：典型性、理想性和永恒性。

黑格尔：“艺术即美，美学即艺术哲学。”“艺术美往往高于自然美，因为它是由心灵创造的。”著名导演塔可夫斯基：“艺术影响一个人的情感，而不是其理智，艺术的功能自古以来就是启动和松弛人类的灵魂，使其更能接纳美好。”车尔尼雪夫斯基：“艺术美是现实美的代用品。”黑格尔：“艺术美高于自然美。”

艺术美是自然美、社会美的升华与转型；是心理情感的结晶与迹化。艺术美是生活和自然中审美特征的能动反映，是艺术家在对象世界中肯定自己的一种形式。艺术美是美学的高级形态、集中表现、能动的审美反映。艺术美是客观与主观、再现与表现的有机统一。

艺术与非艺术的区分在于：能否呈现一个意象世界，即王夫之的“兴”（产生美感）。在中国传统美学中把“意”看作是艺术美的精髓。艺术家也都用自己的灵魂创造意境。如：石涛“搜尽奇峰打草稿”。苏轼“龙眠（李公麟）胸中有千驷”。张怀瓘“夫翰墨及文章至妙者，皆有深意以见其志”。郑板桥“墨点无多泪点多”。

宋张择端的《清明上河图》是北宋晚期古代现实主义典范，对汴京及其近郊的生活景象做了生动而细致的描写。内容包括人物、舟车、屋舍、河流、树木等。特别是在人物的描写上能通过某些情节、场面，反映出人物之间的关系，以及人物在整体动态上的神情，在画面上有浓厚的生活气息。例如在全画中的一个高潮，即“虹桥”部分所表现的一个生动情节：一乘达官贵人坐的轿子正急速地穿过桥上，轿前有两人在挥手开道，与迎面的一匹马相遇，牵马人迅即勒住马头，想从侧面闪开道路，惊动了道边的行人和两头毛驴，毛驴向前乱窜，赶驴人慌忙地吆喝着，道边的小摊贩也赶快用竹棍驱赶毛驴。

冼星海谈自己对《风》的创作：“我写自以为比较成功的作品《风》的时候，正是生活逼得走投无路的时候。我住在一间七层楼上的破小房子里，这间房子门窗都破了。巴黎的天气本来比中国南方冷，那年冬天的那夜又刮大风，我没有棉被，睡也睡不成，只得点灯写作。哪知风猛烈吹进，煤油灯（我安不起电灯）吹灭了又吹灭，我伤心极了，我打着战听寒风打着墙壁，穿过门窗，猛烈嘶吼，我的心也跟着猛烈撼动，一切人生的、祖国的苦、辣、辛、酸、不幸，都汹涌起来。我不能自已，借风述怀，写成了这个作品。”

傅抱石谈《镜泊湖》的创作：“几次深入生活都给人以新的体会和启发，这就推动了我思想上尖锐斗争，对自己多年拿手的‘看家本钱’（指笔墨技法）产生了动摇……由于时代变了，生活、感情也跟着变了，通过新的生活感受，不能不要求在原有笔墨技法的基础上，大胆赋予新的生命，大胆寻找补充新的形式技法，使我们的笔墨能够有力地表达对新的时代，新的生活的歌颂与热爱。”

关于艺术分类，有多种说法，如：

（一）四大门类说

1. 表现性的、动态艺术——表演艺术（音乐、舞蹈）。

2. 再现性的、静态艺术——造型艺术（绘画、雕塑、建筑、工艺美术、书法）。

3. 兼有表现和再现的特性、在想象中具备时空存在形式的艺术——语言艺术（文学）。

4. 再现性的、动态艺术——综合艺术（戏剧、电影、电视）。

（二）三大门类说

1. 按存在方式分：时间艺术（文学）；空间艺术（绘画、雕塑）；时空艺术（戏剧、舞蹈）。

2. 按感知方式分：视觉艺术（绘画、雕塑、建筑）；听觉艺术（音乐）。

3. 按创造方式分：造型艺术；表演艺术；语言艺术；综合艺术。

（三）九大门类说

1. 建筑美

建筑美是散文。

建筑首先以实用为目的，其次才是它的审美特征，它更多地体现着人类在科技上的发展水平。把建筑当成一门艺术来看，我们已更注重它的审美性而忽视功能性了。

建筑艺术是通过组织空间来创造审美意象，生产出供人活动的环境的艺术。歌德认为建筑艺术是“凝固的音乐”，黑格尔认为“建筑是散文”，是象征艺术的代表。苏联鲍列夫认为是用石头写成的历史，是人类历史文化的纪念碑。雨果在《巴黎圣母院》中说过：“人类没有任何一种重要的思想不被建筑艺术写在石头上。”雨果称建筑是“石头的史书”。俄国果戈理：“建筑是历史的年鉴。”当代艺术家简森在《世界美术史》中说：“当我们想起任何一种重要的文明的时候，我们有一种习惯，就是用伟大的建筑来代表它。”

如果说罗马式（罗马大教堂）以圆拱状坚实、敦厚、不可动摇的“地上宫殿”形体来显示教会的权威，形式上带有复古继承传统的意味，那么哥特（野蛮人）式（米兰大教堂）则以蛮族的粗犷、奔放、灵巧、上升的力量体现教会的神圣精神。它的直升的线条，奇突的空间转移，透过彩色玻璃窗的色彩斑斓的光线和各式各样轻巧玲珑的雕刻的装饰，综合地造成一个“非人间”的“天上神宫”境界，给人以神秘感。

园林，是一种比较特殊的建筑，它是利用自然景物与人文因素，旨在改善和美化生活环境所创造的人文景观，具有实用价值和审美价值。典型的园林建筑有中国的私家园林、欧洲的皇家园林（凡尔赛宫最著名）和阿拉伯园林。

梁思成在《音乐、绘画、建筑之间的通感》里提出“重复—变化”规律，指出：建筑功能与美感的协调，靠堆砌设计元素将不伦不类，具有重复与变化的辩证，才能和谐有序。“只有重复而无变化，作品就必然单调枯燥；只有变化而无重复，就容易陷入散漫凌乱。”“持续性：时间、空间的综合持续。”如舒伯特的《鳟鱼五重奏》：水流涓涓的伴奏不断重复，突出“鳟鱼”主题，又有层出不穷的变奏。舞蹈也是重复变化。张择端（宋）的《清明上河图》以手卷的形式赋予时间与空间的持续性。李公麟（宋）的《放牧图》：无数匹马的重复，疏疏落落的树和原野作伴奏及背景。人民大会堂的柱子几十根重复，表现统一性和雄伟气概。故宫的“千篇一律”却带来了大手卷般空间的流动，是重复与变化的最高成就。颐和园长廊可谓“千篇一律”之尤，带来特殊感受，并有花窗“大同小异”的前奏：欲扬先抑。而有些现代设计却是互不和谐，损人不利己，令人眼花缭乱。

2. 雕塑美

雕塑美是诗。

雕塑是靠“瞬间的静态”来表现“永恒的凝固”。

雕塑主要起源于巫术、宗教、祭祀，是一种很古老的艺术。它以占用一定空间的物质实体，创造可视可触的审美意象，属于纯观赏性艺术。其主要的审美意象是人体或人体的变形。雕塑作品不可能像绘画那样进行复杂的精细描绘和环境空间的表现，因而形象单纯，所以通常赋予形体和体积以象征性和寓意性来表达主题。

埃及、希腊的建筑、雕塑是一种团块造型。如米开朗琪罗所说：“一个好的雕塑作品，就是从山上滚下来也滚不坏的，因为他们的雕塑是团块。”而中国古代艺术家要打破这团块，使它有虚有实，使它疏通，化为无数线条，再重新组织。

黑格尔：“雕塑是诗。”“在雕塑里感性因素本身所有的表现都同时是心灵因素的表现。”美学家温克尔曼：希腊雕塑具有“高贵的单纯与静穆的伟大”。罗丹：“只有性格的力量，才能造就艺术的美。”力与美，从雕像内部向外释放，罗丹说，这是艺术的秘密。

在雕塑中，人体雕塑是最为普遍的，也是最受艺术家和欣赏者喜爱的。人体雕塑比较适合表现人类的心灵与精神。如《维纳斯》象征爱与美，中国“龙”象征威严与权威，潘鹤的《艰苦岁月》象征了对往昔革命生活的缅怀，罗丹的《思想者》象征了人类文明的开拓之光。

3. 绘画美

绘画美是自然的一刹那的现实。

绘画是用线条、形体、色彩、明暗、笔触等造型语言在二度平面上塑造艺术形象，以表达人的思想感情的艺术。按黑格尔的学说，绘画的情感因素介于雕塑与音乐之间，略逊于音乐而多于雕塑。旅法画家朱德麟：“绘画就是自然的一刹那的现实。”

中国宋宫廷绘画繁盛，元明文人绘画流布，清代四王四僧各异，承前启后，推陈出新。

“四王吴恽”：即“清六家”，是继明代董其昌之后最负盛名的画坛领袖：王时敏、王鉴、王翚、王原祁、吴历、恽寿平，是清代画史的“正统派”，康乾时期就被极力推崇。

4. 书法美

书法美是无声之乐、有韵之诗。

书法，又称“中国书法”，分为软笔和硬笔书法，是中国特有的一种传统艺术，是一种凭借线条和形体结构来表现人的某种气质、品格、情操的艺术，所以，人们常说“字如其人”。

在所有的艺术门类中，以文字作为艺术语言的，只有书法与文学。书法所以能成为一门艺术，是由于汉字的特点及书写工具和宣纸载体等因素决定的。汉字的书写载体历经甲骨金石、简牍缣帛等多种变迁，韧性强、质柔软的宣纸最终成为无可替代的载体，笔墨挥洒其上，交融渗化、黑白浓淡之间情趣并出。可以说，书法艺术丰富的表现力与这一书写材料的应用有至为密切的关系。

“书为心画”。就个体而言，从《兰亭序》可见王羲之的飘逸，《祭侄稿》可见颜真卿的悲愤，《寒食帖》可感受到苏轼悲凉之气；就整体而言，流传至今的书法作品，各自都是对民族精神的不同彰显、理解和诠释。

宗白华：“书法所以能成为艺术品，有两个主要因素。一是中国字象形，笔画、结构、章法里都潜藏、暗示着意境。二是用笔，显示形象的骨、肉、筋、血，流出万象。”

王羲之：“夫书者，玄妙之伎也，若非通人志士，学无及之。大抵书须存思。”

苏轼：“书必有神、气、骨、肉、血，五者阙一，不为成书。”

清人包世臣分书法为“神、妙、能、逸、佳”五级。

刘熙载：“书，如也。如其学，如其才，如其志，总之曰如其人而已。”

颜真卿因其人“忠孝”确立了其名家的地位。

黄庭坚评价苏轼的书法则因其学问文章，“余谓苏东坡书学问文章之气，郁郁芊芊，发于笔墨之间，此所以他人终莫能及尔”。

中国书法的气、势、神、韵、趣、味、境等都是具有高度统摄作用的美学概念。

5. 文学美

文学美是人的心灵自觉。文学是以语言为物质外壳反映现实、表达情感的艺术。

文学的特征有：形象性与情感性；文学中的典型形象、文学意境；文学中的创作主体、客体以及接受者；文学的无目的性与合目的性。

说文学是美学，是说美学虽然已经成为一个独立学科，但是它的源头在文学。文学与美一直密不可分，文学的本质就是在追求美。

我们知道，文学是人类的精神创造，而这种创造最终落实于美的生成；文学是人类的心灵自觉，而这种自觉最终凝聚于美的理想。美是人类追求自由的一个重要侧翼。真、善、美互通互补，共同指向着自由的终极目标。求真，于是发展了科学；求善，于是发展了社会伦理；求美，于是发展了艺术、文学。

美，是文学魅力的真正所在，也是文学价值的真正所在。文学一旦离开了美，就失去了存在的根基。赫拉克利特："美在于和谐。"马克思："艺术对象创造出懂得艺术和能够欣赏美的大众。""动物只是按照它所属的那个种的尺度和需求来建造，而人却懂得按照任何一个种的尺度来进行生产，并且懂得怎样处处都把内在的尺度运用到对象上去。因此，人也按照美的规律来建造。"孔子："兴于诗，立于礼，成于乐。"席勒："想使感性（盲动、被动）的人成为理性（见解、信念）的人，除了首先使他成为审美的人以外，再没有其他途径。"塞万提斯："艺术并不超越大自然，不过会使大自然更美化。"郁达夫："艺术家是美的事物的创造者。"纪伯伦："我们活着为的是去发现美，其他一切都是等待的种种形式。""如果你歌颂美，即使你是在沙漠的中心，你也会有听众。"高尔基："一个作家深切地感到自己和人民的血肉联系的时候，会给他以美和力量。"大仲马："作家的事业，是为了使读者生活得愉快，不使人们愉快的作品有什么价值呢？"拜伦："描写自然的诗，如果仅只是如实地写自然，是不能表达诗人的意图的。他所画的天空并非自然天空的形象。只是由很多不同的天空所组成的（这些天空是画家在不同的时候观察到的），而不是任何一天的天空的全盘模仿。为何如此呢？因为自然对自己的美不是很慷慨的。它散见于很广泛的时间内，偶尔显露，必须细心选择，注意收集。"席勒："从美的事物中找到美。这就是审美教育的任务。""若要把感性的人变为理性的人，唯一的路径是先使他成为审美的人。""如果我们欣赏一幅绘画，因此忘了艺术家，艺术家一定会认为这是对他的最高奖赏。"基茨："想象力感觉美的东西必然是真的，不论它原来是否存在。""美即真，真即美，——这便是一切，世上你所知，以及你须知。"

6. 音乐美

音乐美是听觉的艺术。

丰子恺说音乐起源于"律动"。律动的母胎中，同时产生一对双生儿，即"音乐"与"舞蹈"。后来产生"文学"与"戏剧"。

音乐也是情感因素最充盈的艺术，物质的东西少到极限。

音乐以乐曲为实体，由节奏、旋律、曲式、和声等构成，其中旋律乃音乐的灵魂，节奏是音乐的生命。

古罗马的朗吉弩斯在《论崇高》一书中说，音乐“惊人的力量能表达强烈的情感”。中国古代：“声中无字，字中有声。”

音乐——作曲家精心谱写的作品，经过表演家精心演奏、咏唱而呈现在听众面前，并被感受到的音乐，实际上是一个特定的音响过程。

音乐是听过有组织的声音来创造审美意象的艺术。音乐的艺术材料有三种：音色、音调、音强。艺术语言有节奏、调式、和声、旋律等。音乐是一种流动的声音的艺术。它不像文学、美术、雕塑那样，欣赏者可以直接欣赏到创作者的作品，而音乐艺术需要音乐表演这个中间环节来作为联结词曲家和听众的纽带。所以说，音乐表演是音乐存在的活化机制。

托尔斯泰听到了他所喜爱的音乐，就非常感激而兴奋，有时咽喉哽咽，不能言语，有时涕泗滂沱，感慨悲恸。

7. 舞蹈美

舞蹈是世界现有艺术样式中最为古老的一种，被称为“艺术之母”，比任何一种艺术样式更加贴近人的情感。阮籍：“舞以宣情”。“舞者所以饰情”。

舞蹈艺术是以经过加工提炼的人体动作来作为主要表现手段，运用舞蹈语言、节奏、表情和构图等多种基本要素，塑造出具有直观性和动态性的舞蹈形象，表达人们的思想感情的一种艺术形式。

用著名艺术理论家苏珊·朗格的话来说，“舞蹈是一种虚幻的力，它以有韵律的人体动作来表现美与力、情感与情趣”。“艺术是人类情感的符号，舞蹈表现的是情感概念，是标示情感和其他主观经验的产生和消失过程的概念，是再现人类内心生活的统一性、个别性和复杂性的概念。”

美的艺术是主体情思和客体物象的有效统一，即“意”与“象”的统一。舞蹈的美，是通过以舞蹈之“象”抒胸中之“意”，“以象尽意”是舞蹈审美的特点。

舞蹈的特点有：动作性、规范性与技巧性；形式美与风格化；抒情性。

8. 戏剧（戏曲舞台剧）美

戏剧（戏曲舞台剧）是一种综合艺术。是演员扮演角色、在舞台上当众表演故事情节的一种艺术形式。戏剧冲突是戏剧艺术最基本的特征，直观性和当场交流是戏剧艺术特有的审美特征，戏剧包容诗（文学）、音乐、绘画、雕塑、建筑以及舞蹈等多种艺术成分。

9. 影视美

影视的语言是活动画面，它利用声话结合的方式展开。

影视艺术是当代最具群众性的艺术之一，是通过银幕或荧屏上的艺术形象进行思想熏陶、情绪感染的一种精神活动。影视把科技与艺术巧妙结合，利用可变的距离、可变的摄影摄像角度、场景的分割以及从整体中抽出细节、特写镜头，有意识地变换多种手段，构成了自己独特的审美特征。

影视艺术是综合艺术，是直观视像性与听觉产生的视听形象的统一，其生命在于逼真性，“蒙太奇”（镜头与画面的剪辑与组接）是主要手法，苏联电影大师爱森斯坦：“把无论两个什么样的镜头对列在一起，它们必然联结成新的观念，也就是由对列中产生出一种新的性质来。”

五、形式美

形式美，是“形式因素”之美。

“形式因素”指自然、生活、艺术中的四种，亦即美的四种“基本形态”（形体、色彩、线条、节奏）抽象的产物和有规律的组合，因而更逼近科学。

形式美的特点是：形式美具有相对独立的审美意义。形式美与美的形式既有联系又有区别，美的形式不能脱离美的内容，而形式美对美的具体内容带有相对独立性；形式美概括了美的形式的某些共同特征，具有一定的抽象性，形式美所体现的内容是间接的、朦胧的；形式美和自然的物质属性、规律有着紧密联系。

形式美属朱光潜讲的“近代实验美学”（自德国心理学家斐西洛

〔1801~1887〕起）范围，或称颜色美、形体美、声音美等的综合。

（一）形体美

形体美，是形式美的最基本因素。

恩格斯："数和形的概念不是从其他任何地方，而是从现实世界中得来的。"他还指出人们在实践中具有"一种考察对象时撇开对象的其他一切特性而仅仅顾到数目的能力，而这种能力是长期的以经验为依据的历史发展的结果。和数的概念一样，形的概念也完全是从外部世界得来的"。

1. 基本原则

朱光潜认为黄金分割"是最美的形体，因为它能表现'寓变化于整齐'这个基本原则。太整齐的形体往往流于呆板单调，变化太多的形体又往往流于散漫杂乱。整齐所以见纪律，变化所以激起新奇的兴趣"。

所谓"黄金分割法"是指：

将一线段分为两部分，使其中一部分对全部之比，等于另一部分对该部分之比。

长度为1的线段的黄金分割点恰好在0.618处，接近2/3的地方，被认为是视觉上"最美的"点。

公元前6世纪，古希腊的毕达哥拉斯学派研究过正5边形和正10边形的作图，可能已经掌握了"黄金分割法"，发现了"黄金"长方形，即长方形的长和宽之比为1.618最佳（看起来令人赏心悦目）。

公元前4世纪，古希腊数学家欧多克索斯正式提出"黄金分割法"。之后，欧几里得撰写《几何原本》时吸收了他的成果，进一步论述了黄金分割，成为最早的有关黄金分割的论著。

有趣的是：黄金分割点正在1/2和1/3之间，大致是"四六开"的样子，与人们的思维方式十分近似。

人类对"黄金分割法"的应用，可上溯到4600年前埃及建成的最大的胡夫金字塔。该塔高146米，底部正方形边长为232米（经多年风蚀后，现在高137米，边长227米），两者之比为：0.629~5：8。在2400年前，古希腊在雅典城南部卫城山冈上修建的供奉庇护神雅典娜的巴特农神殿，其正立面的长与宽之比也为黄金比。1976 年竣工的加拿大多伦多电视塔，塔高 553.3 米，而其 7 层的工作厅建于 340 米的半空，其比为：340 ∶ 553 ~ 0.615 ~ 8 ∶ 13。看！这 3 座具有历史意义的不同时期的建筑，却不约而同地都用到了黄金比。

意大利数学家菲披斯还注意到人体的黄金分割规律：一般人体在肚脐上下的长度之比为 0.618 ∶ 1；以及另外 3 个"黄金分割点"——上肢的分割点在肘关节；肚脐以下部分的分割点在膝盖；肚脐以上部分的分割点在咽喉。

2. 平衡原则

除"基本原则"外，朱光潜还提到"平衡原则"："平衡的形体易引起美感"，但是，"在第一流的图画、雕刻之中，真正左右平衡、不偏不倚的居极少数"。他又指出：并不是平衡原则不可靠，而是"依美国文艺心理学家帕弗尔的研究，凡是貌似不平衡的第一流作品其实都藏有平衡原则在里面。她把这种隐含的平衡叫做'代替的平衡'"。

原来，帕弗尔研究过 1000 幅名画，发现每幅画后面都含有代替平衡的原则。各种图画之中大概都有五个要素。一为体积，指画中人物集中的地方，即着墨最多的一部分。二为情趣，即观者注意力所最易集中的地方，例如人物的动作。三为注意的方向，指画中注意所指的方向，大半表现于视线。四为线的方向，画中线纹大半是倾斜的，它向某一方倾斜，线的方向就集中在那一方。五为远景，指距离较远的背景。如果在画的中间定一条想象的垂直平分线，则这五种要素常平均分布左右两方，使所引起的注意力左右平衡。例如人事画中体积偏左者则注意力的方向往往偏右，风景画中体积偏左者则远景往往偏右，以求左右两方无畸轻畸重的毛病，这就是用了"代替的平衡"。

3. 形体美四法则：

（1）单纯齐一

即整齐一律，是最简单的形式美。

(2) 对称均衡

这里出现了差异，但在差异中仍然保持一致。古希腊美学家：“身体美确实在于各部分之间的比例对称。”

(3) 调和对比

调和与对比反映了矛盾的两种状态。调和是差异中倾向同（杜甫：“桃花一簇开无主，可爱深红爱浅红。”）；对比是倾向异（杨万里：“接天莲叶无穷碧，映日荷花别样红”；杜甫：“白催朽骨龙虎死，黑入太阴雷雨垂”；苏轼：“黑云翻墨未遮山，白雨跳珠乱入船”）。

(4) 比例正确

“匀称”就包含了一定的比例关系。宋玉所谓“增之一分则太长，减之一分则太短”就是指比例关系。

徐悲鸿：“比例正确……毋令头大身小，臂长足短”，“马颈不可太长如长颈鹿”。

(二) 色彩美

色彩美，是形式美的最普及形式。

一般人认为红色是一种热烈兴奋的色彩，黄色是一种明朗的色彩，绿色是一种安静的色彩，白色是一种纯洁的色彩。

在《红楼梦中》贾宝玉喜爱红色，是中心；林黛玉的“黛”有墨绿的含意，潇湘馆一片翠竹是她性格的象征；薛宝钗含有金钗之意，她有一个金玉良缘的幻想，她特别看重金锁，金色是薛宝钗的色彩。

(三) 线条美

线条美，是形式美的总体因素。

线条美遵循“线条论”——在线条方面直线表示刚劲，如商代司母戊鼎。曲线表现柔和，如永乐宫壁画中仙女的衣纹。波状表现轻快流畅，辐状放射线表现奔放，交错线表现激荡，平行线表现安稳。

一根横线使人感到开阔、平静。东山魁夷的《湖》中，一根平行线横贯画面，加上湖面的倒影，特别显得安静、开阔、明净。《万水千山只等闲》在崇山峻岭间加上几条平行的横线，特别显出铁路的平稳和安定感。

一根竖线使人感到挺拔。艾青评管桦画的挺直的劲竹说："我喜欢管桦的诗，也喜欢管桦的画，不论他的诗和画都给人以豪爽的感觉——这是他的性格。"

一条扭曲的线可表现一种挣扎的动势，如米开朗琪罗的雕塑《挣扎的奴隶》，也可表现内心极度的痛苦，如柯勒惠支《面包》中的母亲、古希腊雕塑《拉奥孔》。

一条波状线使人感到流动，一条柔和的曲线使人感到优美，如维纳斯的体态成S形，大足石雕《水月观音》又叫《媚态观音》。

一束放射线使人感到奔放，如董希文《千年土地翻了身》。

一组交叉线可以增强激荡感，如王式廓《血衣》在总的构图上，群众的排列是采用交叉线。

一个等腰三角形如侧重底线可表现稳定（金字塔），侧重顶端可表现升腾，如席里柯《梅杜萨之筏》。

一个横放的三角形可以表现前进（如柯勒惠支版画《农民暴动》），一个倒置的三角形则表现不稳定。

（四）节奏美

节奏美，是形式美的强化因素。

节奏韵律，指运动过程中有秩序的连续：时间长短、力度强弱。

听优美、柔和、愉快、流畅而富有变化的乐曲（如《春江花月夜》《梅花三弄》等）可以治疗心情不安、思绪紊乱。听乐观向上、热情自信、流畅舒展的乐曲（如《光明行》《喜相逢》）可治疗精神忧郁。朱光潜曾以戏曲节奏为例说明艺术的形式美与人的生理活动的关系。

郭沫若《立在地球边上放号》歌颂海涛有力的节奏，使诗的节奏同海涛的节奏同样有力，给人以鼓舞：

无限的太平洋提起它全身的力量来要把地球推倒。

啊啊！我眼前来了的滚滚的洪涛哟！

啊啊！不断的毁坏，不断的创造，不断的努力哟！

啊啊！力哟！力哟！

力的绘画，力的舞蹈，力的音乐，力的诗歌，力的 Rhythm（节奏）哟！

（五）多样化统一美

多样化统一美，是形式美的高级形式。

多样化统一所产生的整体效果也就是和谐。布鲁诺：“这个物质世界如果是由完全相像的部分构成的就不可能是美的了，因为美表现于各种不同部分的结合中，美就在于整体的多样性。”“自然像合唱队的领队那样，指导着相反的、极度的和中等的声音唱出统一的、最好的，你想多美就多美的和音来。”

2000 多年前《乐论》就提出以和谐为美的思想。《国语》中提到：“声一无听，物一无文。”古代书法理论：“和而不同，违而不犯。”王羲之《题卫夫人〈笔阵图〉》：“若平直相似，状如算子，上下方整，前后齐平，便不是书。”泰山岱庙内石碑：米芾书“第一山”，“第”纵势，“一”横势，“山”对称、平正，“稳如泰山”。石涛：“‘至人无法’，非无法也，无法而法，乃为至法。”

六、科学美

（一）科学美的特征

科学美，是科学之美、理性之美。

朱光潜：“真理在离开实用而成为情趣中心时，就已经是美感的对象……所以科学的活动也还是一种艺术的活动。”彭加勒：“我们在这里所说的美，不是给我们感官以印象的美，也不是质地美和表现美。并非我小看上述那种美，完全不是，而是这种美与科学无关。我的意思是说那种比较深奥的美，这种美在于各部分的和谐秩序，并且纯粹的理智能够把握它。”所以，科学美是通过理智揭示出来的，而不是通过表象呈现出来的，是一种理性的美，不是一种感性的美。

费恩曼：“我教这门课的主要目的不在于为你们考试做准备——甚至也不是为你们服务于工业或者军方做准备。我最想让你们获得的是对于这个奇妙世界以及物理学家看待它的方式。”

爱因斯坦、海森堡、狄拉克、杨振宁也都肯定“科学美”的存在。科学美表现为理论和定律的简洁、对称、和谐、统一。科学美主要是一种数学美、形式美、理智美。追求科学美是科学研究的动力。

科学美的特征是：

1. 简洁性

简洁，是科学美的主要特征，尤其表现在许多科学常数上。赵鑫珊：“自然界几乎一切基本常数——如光速、基本电荷、万有引力常数、普朗克常数、法拉第常数和电子康普顿波长等，都具有朦胧诗的境界。”

2. 和谐性

和谐性，表现在科学理论外部形式的和谐美与内部论证的和谐美。外部指科学理论结构形式的对称性和均衡性。内部指科学理论内容的圆满性与自洽性。

3. 新奇性

科学的新奇性来自独创性，新奇美就是个性美。

玻尔兹曼看麦克斯韦论文后说：“音乐家在听了最初几小节后便能辨别出这是莫扎特、贝多芬还是舒伯特，同样，数学家在读了开始的几页后便能辨别出这是柯西、高斯、雅可比、亥姆霍茨还是基尔霍夫。法国作者极为注意形式上的优美，而英国人，尤其是麦克斯韦表现出具有戏剧感。”

4. 冷峻性

罗素《我的哲学发展》把数学美称为“冷而严肃的美”。他说：“数学，如果正确地看它，不但拥有真理，而且也具有至高的美，正像雕塑一样，是一种冷而严肃的美，这种美不是投合我们天性的微弱的方面，这种美没有绘画或音乐的那些华丽的装饰，它可以纯洁到崇高的地步，能够达到严格的只有最伟大的艺术才能显示的那种完满的境地。”爱因斯坦：人们在科学美中体会到的是“灵魂沉醉喜悦中的强烈战栗”。人们称欧几里得的《几何原本》所建立的美妙庄严的几何体系为“雄伟的建筑”“庄严的结构”“巍峨的阶梯”。

（二）科学美的准则

1. 简明

爱因斯坦：“物理上真理的东西，一定是逻辑上简单的东西。”其助手罗森称他：“在构造一种理论时，他采用艺术家常用的方法，以求得简单性和美。”爱因斯坦认为一切科学的伟大目标是“寻求一个能把观察到的事实联结在一起的思想体系，它将具有最大可能的简单性”。他自称是“一个到数学的简单性中去寻求真理的唯一可靠源泉的人”。美国诗人爱默生：“再没有比简单更伟大的东西了，事实上，简单即伟大。”

开普勒行星运动第三定律（“调和定律”）的公式，竟是“奇妙的2和3”：任何两行星公转周期（T）的平方同轨道半径（D）的立方成正比。即：

$$T（公转周期）^2 = D（与太阳距离）^3$$

开普勒在1619年出版的《宇宙和谐论》中正式公布了这一用数学形式描述的成果，并兴奋地指出：“对外部世界进行研究的主要目的在于发现上帝赋予它的合理次序与和谐，而这些正是上帝用数字语言透露给我们的。”

2. 和谐

海森堡：“美是各部分相互之间以及整体之间真正的协调一致。”如哥白尼的“日心说”及其模型。哥白尼自己也说：“这种想法令人愉快！”

3. 对称

对称给人一种圆满、匀称的美感。狄拉克预言的正电子与电子对称。凯库勒的苯环结构式是“惊人的对称”。“双螺旋”，是1953年由詹姆斯·沃森和弗朗西斯·克里克提出的一种结构——两条含有无数联结的带子互相盘绕形成的美丽的螺旋形梯子。“双螺旋”已经成了DNA的标准模型。由于生命是蛋白质的存在形式，蛋白质的基本单位就是DNA，也就是“脱氧核糖核酸”。所以，“双螺旋”结构有划时代的启蒙意义。杨振宁称对称性原理“已经渗透到基本粒子的一切研究中了”。“进入80年代的今天搞理论的人都承认，对称性是理论的重要想法了。”

4. 统一

牛顿的“万有引力”定律，焦耳、迈尔的热与功的统一，法拉第、麦克斯韦的电与磁的统一，门捷列夫的元素周期表……都是“统一”的科学美的典范。

爱因斯坦后40年研究用 $E=mc^2$ 表示质能统一的统一场论，寻找“从那些看来同直接可见的真理十分不同的总场的场方程，从各种复杂现象中认识到它们的统一性，那该是最美的了”，“那是一种壮丽的感觉”。

5. 奇异

培根曾说：“没有一个极美的东西不是在调和中有着某些差异！”也就是“意料之外，情理之中”。如：狭义相对论中的“长度缩短”，广义相对论中的“光线弯曲”，乃至数以亿计的生命信息，却只是由64个密码（20种氨基酸）构成，由4个字母通过三联体组成的……都是科学美的“奇异”。

七、实验美

实验美，是实验之美、验证之美。

实验美的特点是：制造了事实，证明了预期。

富兰克林1749年就对比了电流和闪电在12个方面的特性都是一致的。1752年6月的一天，在暴风雨之前，他与儿子举起风筝奔跑，亲身体验电击并高喊："威廉，我被电击了!"可谓实验的"壮丽"美。

美国《纽约时报》曾评出10个"最美丽的"物理实验，认为这种"美丽"是"一种经典概念，最简单的仪器和设备，最根本的、最单纯的科学结论，就像是一座座历史的丰碑一样，人们长久的困惑和含糊，顷刻间一扫而空，对自然界的认识更加清晰"。

在"10大美丽实验"中，伽利略的"自由落体"排第二，牛顿的棱镜分解太阳光排第四。它们是：①托马斯·杨的双缝演示应用于电子干涉实验；②伽利略的自由落体实验；③罗伯特·米里肯的油滴实验；④牛顿的棱镜分解太阳光实验；⑤托马斯·杨的光干涉实验；⑥卡文迪许的扭矩实验；⑦埃拉托色尼的测量地球圆周长实验；⑧伽利略的加速度实验；⑨卢瑟福发现核子实验；⑩米歇尔·弗科钟摆实验。

我国著名国学大师季羡林先生在其《留德十年》一书中，曾回忆他所看到的德国科学家的"实验"，给出的注释，确实令人回味：

"第二次世界大战时，德国小城哥廷根曾被炸过两次，都是极小规模的。有一次，英国飞机光临了。第二天早起进城，听到大街小巷都是清扫碎玻璃的哗啦哗啦声。原来，英国飞机投下的是气爆弹，目的不在伤人，而在震碎全城的玻璃。我在哗啦声中沿街前进，走到兵营操场附近，从远处看到一个老头，弯腰屈背，仔细看什么。走到跟前，我才认清，原来是德国飞机制造之父、蜚声世界的流体力学权威普朗特教授。我赶忙喊了一声：'早安!'他告诉我，他正在看操场周围的一段短墙，看炸弹爆炸引起的气流是怎样摧毁这一段短墙的。他嘴里自言自语地说：'这真是难得的机会！我的流体力学实验室是无论如何也装配不起来的。'无独有偶。我听说，在南德慕尼黑城，在一天夜里，盟军大批飞机飞临城市上空，来'铺地毯'。正在轰炸高峰时，全城到处起火。人们都纷纷从楼上往楼下地下室或防空洞里逃窜，急急如漏网之鱼。然而，独有一个老头却反其道而行之，他是从楼下往楼顶上跑，他也是健步如飞，急不可待。他是一位地球物理学教授。他认为，这是极其难得的做实验的机会，在实验室里，无论如何也不会有这样的现场：全城震声冲天，地动山摇。头上飞机仍在盘旋，然而他全然不顾。对于这样的学者，我又有什么话好说呢?"

八、技术美

技术美，是技术之美、应用之美。

技术是人类实践活动中协调人与自然关系、创造物质财富和精神财富的知识技能和操作技巧，它是对科学理论的应用和转化，是一种“特殊的行为系统”。技术美是人类“在物质生产和产品设计过程中，运用艺术与技术相结合的手段对生产环境、工具、产品进行加工所形成的美”。

技术美的特点是：标准化与多样化的统一，稳定性与流动性的结合，实用性与审美性的交融，核心则是功能美，“复合快感”。20 世纪 20 年代德国社团“包豪斯”（建筑之家）学校的方针是“要使产品尽可能美观”。

在拙著《武备探秘》中，笔者曾写道：“武器装备是科学家和工程师的杰作，是科学技术的巅峰与结晶，武器装备的每一个零件，每一个细节，都渗透着无数的科学技术机理，必须从科学技术角度去解决一系列问题，这是不言而喻的。——这些，也不是秘密……但是，如果认为武器装备是纯科学的、纯技术的集合，都是一个个机械的、电气的、无生命的‘死’东西；那就错了。原来它们同时还是军事家和理论家的杰作，而且是他们的‘得意之作’‘传神之作’，还有那‘活生生’的一面——武备如人，武备如诗，武器有理论，装备寓思想……这才是人们容易忽略和本书要探之秘密所在。这是因为：科学技术本身已经发展成复杂的现代社会事业与‘人—机’群体活动，正像科学本身已有了‘科学学’，技术本身已有了‘技术论’一样，作为科学技术最高成果的武器装备，也必然放射着理论和思想的光辉，凸现着理论和思想建设问题。武器装备的理论和思想建设，实质是在武器装备之‘外’，之‘上’，去解决武器装备的总体机理探寻和机制优化问题。”

在该书的结尾还有：“我国著名琵琶演奏家刘德海有一句精辟的话——‘琵琶虽为木质，但音乐家以血肉养育之，以最美的声音调理之，木头便有了生命，有了灵性’。我们也可步韵仿效之——‘武器装备虽为铁质，但军事家以理论养育之，以思想调理之，铁器便有了生命，有了灵性’。俄国的约尔金曾在《核潜艇闻警出动》一书中，对水兵眼中的军舰有一段精彩的话——‘没有勇气是不能产生军舰的，难道懦夫会向往远航么？’对于这些遥远的地方，神父们除了‘火焰的地狱’，‘世界的边缘’和死亡以外，是不会说出别的话的。没有鼓舞人的理想是不能产生军舰的，这同没有伊卡洛斯就没有飞机，没有普罗米修斯就没有火一样，一旦有了理想，顽强的人们就会找到实现理想的道路。没有灵感是不能产生军舰的，因循守旧，墨守成规的人是不会想到跨进大洋的。这些舰只是灵感，是歌，是诗歌，正是它们在激励着人们的心灵，在精诚感人地歌唱，在唤起人们深藏在心里的希求，它们是使人避免忧虑的护身符，是期待变迁和飞行的象征，是激动而喜悦地期待着幸福的象征。同理，我们也可步韵仿效之——没有勇气是不能产生武器装备的，难道懦夫会向往远航么？对于这些遥远的地方，神父们除了‘火焰的地狱’‘世界的边缘’和死亡以外，是不会说出别的话的。没有鼓舞人的理想是不能产生武器装备的，这同没有伊卡洛斯就没有飞机，没有普罗米修斯就没有火一样，一旦有了理想，顽强的人们就会找到实现理想的道路。没有灵感是不能产生武器装备的，因循守旧，墨守成规的人是不会想到跨进大洋的。这些武器装备是灵感，是歌，是诗歌，正是它们在激励着人们的心灵，在精诚感人地歌唱，在唤起人们深藏在心里的希求，它们是使人避免忧虑的护身符，是期待变迁和飞行的象征，是激动而喜悦地期待着幸福的象征！”

九、渗透美

渗透美，是渗透之美、综合之美。

渗透美的特点是各种美的形态的相互渗透，取得综合和交响的“共生”效果。如：“江作青罗带，山如碧玉簪”是在自然美中渗透进人的美。《洛神赋》中“若轻云之蔽月，若流风之回雪”是在人的美中渗透进自然美。形容怀素草书“飘风骤雨惊飒飒，落花飞雪何茫茫”是在艺术美中渗透进自然美。而诗句“日出江花红似火，春来江水绿如蓝”是在各种自然美中相互渗透。

各种文艺门类相互借鉴、相互发明，早就构成了中国古代文艺史上的奇妙景观。古代批评家经常“援画论词”即是一例。词论家从绘画理论中汲取了不少营养，借鉴了许多画学范畴以论词，如神品、南北宗、勾勒、设色等，获得入微通幽、生动传神的阐释效果。

长 65 米、高 2. 8 米的中国画长卷“魂系山河”，是画家李延生 1997 年的画作，分 6 个部分：“屈辱的条约”“将士殉国记”“销烟气如虹”“慷慨赋同仇”“三元里怒潮”“圆明园沉思”，共上百个人物。

近来，该巨制国画的“交响音画”更“奏响”了国家大剧院。其中，以画入乐，以乐谈画。一边是经过十年酝酿、两年精工的中国画鸿篇巨制；一边是历时一年半，超过 200 人排演的交响音乐会，这一“新组合”，将成为“新艺术形式”探索的又一“里程碑”，显然是“渗透美”的新例证。

第六章 美的范畴——大风格

一、风格

美，讲风格。

风，即艺风；格，即艺格。风格，包括艺术作品的艺术特色和创作个性两方面。风格是艺术家的创作个性在作品中的自然流露，是艺术作品内容与形式的高度统一，是在艺术作品的有机整体中，通过艺术结构所显示出来的、能引起读者持久的审美享受的艺术独创性。风格，是读者辨认出的一种格调。艺术风格的产生是艺术家成熟的标志。

以文学为例，文学风格的构成因素有：情思、识度、格调、趣味、气势、韵致。

巴尔扎克："风格就是人品。"普希金："至于谈到风格，越简练越好。主要是：真实，诚挚。事物本身如此引人入胜，无需任何粉饰。粉饰甚至有损于它。"歌德："作家的风格应该是他内心生活的准确标志。一个人若想写出明白的风格，他首先就要心里明白；若想写出雄伟的风格，他首先就要有雄伟的人格。""只有伟大的人格，才有伟大的风格。"海明威风格独树一帜，在写作技巧和语言运用上有独特的风格：表面单调平淡，有些意思要仔细推敲，而且不论场面怎样壮烈、悲惨、紧张或痛苦，他总是把情感压抑到不容察觉的地步，常用独白或对话，三言两语，清新、明确、简明，不避重复，通过重复达到预期效果，被誉为"美国散文新阶段"。他的《老人与海》以精湛的"叙事艺术"和"在当代风格中所发挥的影响"而获普利策奖。这种艺术风格的表现形式是：孤独的主人公及其内心独白；形象富于动作感，深藏着感情；情景交融，尤其擅长缘情写景；极为简洁的对话；自然、清新、精练的叙述文字和经过锤炼的日常用语以及充满诗意的散文等。萧伯纳："一个人的风格有多大力量，就看他对自己的主张有多么强烈，他的信念有多么坚定。"钱钟书："唐禅宗判别南北，可以说是两类才智或两种理性倾向在佛学思想里的一个表现。北人学问渊综广博，南人学问清通简要；北人肆纵，南人退敛；北人好勇斗狠，‘死而不厌’，南人‘息事宁人’，‘不报无道’。”“德诗人席勒有论诗派一文，谓诗不外两宗，古诗真朴出自然，今诗刻露见心思：一称其德，一称其巧。故复自注曰：‘所谓古今之别，非谓时代，乃言体制’；古有古人而为今之诗者，有今人而为古之诗者，且有一人之身搀合古今者。”“诗区唐宋，与席勒之诗分古今，此物此志。”秦牧：“‘风格’这个词儿，看起来很抽象，所以抽象，是因为它概括了大量事物的缘故。一个作家的生活道路、思想、感情、个性、选择的题材、运用文学语言的习惯和特色、生活知识积累的广度和深度……这一切总汇起来构成他的风格。艺术家把他的思想、感情、气质、素养都溶进作品里了。因此，越成熟的艺术家越是应该有自己的风格。”“‘韩潮苏海’‘诗仙诗鬼’‘郊寒岛瘦’‘清新庾开府，俊逸鲍参军’，是对于艺术风格的总评。”

与“风格”相近的还有“风骨”的说法：风，即文意；骨，即文辞。风骨，包括文章的思想、形式两方面。《文心雕龙·风骨》：“怊怅述情，必始乎风；沉吟铺辞，莫先于骨。故辞之待骨，如体之树骸；情之含风，犹形之包气。结言端直，则文骨成焉；意气骏爽，则文风清焉。”

二、基本范畴

范畴，即理论上反映现实各种事物各种现象的本质关系的基本概念。范畴与规律是相互包含相互补充的。范畴以概念形式表现，规律以判断形式表现，所以，范畴的联系和运动体现了规律。

美学的“范畴”，是“大风格”。它并不是客观物理存在，而是情景融合的意象世界。

范畴，是美学的一个难点。因为它不仅是“最重要或最基本的概念”的纯观念习语，而且是主客观的统一，既是主观的概念，又是客观的类型（皮尔斯和胡塞尔的思想就是把二者都结合在一起）。

中西方美学有一些共同的、基本的美学范畴。那就是：优美、壮美、典雅、怪丑、崇高、滑稽、悲剧、喜剧和荒诞。它们既是对象、存在，又是感受、感悟。即优美感、壮美感、典雅感、怪丑感、崇高感、滑稽感、悲剧感、喜剧感和荒诞感。

（一）优美

优美，是最一般意义的美。

美，从大的方面把握，可以分为优美、壮美、典雅三种。

优美与壮美常常一道被提及，也就是中国理论的阳刚之美与阴柔之美。优美和壮美的区别大致可以界定：空间大小、时间快慢、力量强弱、性质刚柔。优美是古希腊文化培育出的文化形态，神庙和人体雕像以及文艺复兴时期大画家拉斐尔的作品是优美的典型代表。拉斐尔的画、莫扎特的音乐可以说是优美的典型。

优美是和谐的代名词，人们平时所说的美一般指优美。优美的特点是：美处于相对统一和平衡状态。它在形式上的特征表现为平衡、统一、柔美、和谐、安静与秀雅。从美感上看，能给人以轻松、愉快和心旷神怡的审美感受。优美意味着主体与客体、内容与形式处于矛盾对立的相对统一、和谐、平衡状态。优美给人一种心旷神怡的审美愉悦。博克称优美为“小的、可爱的、光滑的、女性的、娇弱的、羞怯的、柔和的、渐变的、曲线的、不露棱角的，还伴有爱的情感”，的确道出了优美的突出特征。优美在形式上往往表现为柔媚、和谐、安静与优雅；在美感上能给人以轻松、愉快和舒心惬意的审美感受。风和日丽，鸟语花香，山清水秀，心平气和等都是优美的具体表现。达·芬奇的《蒙娜丽莎》是优美，安格尔的《泉》也是优美。

优美在西方美学理论中，与狭义的美是相同的，都是指能给人以轻松愉快、和谐喜悦之感的审美对象。狭义地说，美就是指优美。优美包括优雅和秀美，指动作、姿态的轻盈、妙曼，外形的小巧、清秀，色泽的绚丽、柔媚，气氛的淡雅、幽静，体势的典雅、精巧等。

优美的特点，包括：

①秀雅协调的形式。如杜甫：“细雨鱼儿出，微风燕子斜”，“两个黄鹂鸣翠柳，一行白鹭上青天”，就是一种优美的境界。

②浑然一体的内容。科恩说，优美是“那种完全消失了矛盾的”状态。如晏殊的《寓意》：“梨花院落溶溶月，柳絮池塘淡淡风。”

③轻松愉快的美感。博克说，优美的一个主要特性是“它们的各部分的线条不断地变换它的方向，但它是通过一种非常缓慢的偏离而变换方向的，它从来不迅速地改变方向使人觉得意外，或者以它的锐角引起视觉神

经的痉挛或震动……松弛舒畅是优美所特有的效果”。车尔尼雪夫斯基认为美感的“一个主要特征，是一种温柔的喜悦”。立普斯说，优美是一种柔和的力给人以喜悦。如韩愈的“江作青罗带，山如碧玉簪”，达·芬奇的《蒙娜丽莎》、拉斐尔的《椅中圣母》，被认为是优美的代表，文克尔曼称赞：“高贵的单纯和静穆的伟大。”《洛神赋图》，顾恺之按曹子建在洛水边遇女神宓妃的情节，描绘了洛神在水面上飘忽不定，似去还来，体态婀娜，“翩若惊鸿，宛若游龙”，“若轻云之蔽日，若流风之回雪”，可望而不可即。李玉刚演出《四美图》的创意和构思，正是来源于他本人多年来对中国古典美学思想的思考，而选择“闭月、羞花、沉鱼、落雁”四大终极美人作为载体，则体现了对“大美”目标的终极追求。

（二）壮美

壮美，是比“优美”大、快、强、刚的美。

壮美，亦称雄伟、雄浑、刚性美、阳刚美，主要指“事物雄壮、粗犷、刚健、豪放的美”。

壮美的特征是：

①雄伟壮阔的外观。如泰山、长城、黄河、高原。

②刚毅坚强的性格。如雄鹰、海燕、青松、翠柏。

③恢宏豪迈的美感。如苏轼的《赤壁怀古》、岳飞的《满江红》、王昌龄“缭乱边愁听不尽，高高秋月照长城”、王维“大漠孤烟直，长河落日圆”、谢臻“朝辉开众山，遥见居庸关”。

王国维《人间词话》：“明月照积雪”，“大江流日夜”，“中天悬明月”，“黄河落日圆”，“此种境界，可谓千古壮观”。宗白华：“中国最伟大的美术，最壮丽的美，莫过于长城，我们现在谈美，应从壮美谈起，应从千万人集体所创造的美谈起……要拿长城的壮美作为我们美的标准。”

（三）典雅

典雅，是另一视角（世俗）下的脱俗美。

典雅，是从与优美和壮美不同的角度对美下的定义。典雅，不是从大小、快慢、强弱、刚柔，而是从与世俗的差异中显出来的，典雅与优美和壮美有交汇（如李逵、张翼德可谓世俗中的壮美），更有不同（脱俗）。

（四）怪丑

怪丑，是负偏、畸形，流向滑稽的美。

怪，是对正常的物的尺度的一种变形，怪的主要流向是丑和滑稽。

丑，是对正常的负方向偏离，畸形。奥古斯丁：丑是“美的特征的缺乏”。雨果：“丑就在美的旁边，畸形靠着优美，丑怪藏在崇高的背后，美与恶并存，光明与黑暗相共。”

美的对立面便是一切遏止或消解审美意象的生成（情景交融、物我交融）的东西，王国维称之为“眩惑”，李斯托威尔称“审美上的冷淡”，即“那种太单调、太平常、太陈腐或者太令人厌恶的东西”。

怪丑主要是近代精神的产物，来自生活的病态、阴暗，个性特征明显：奇特，怪异，缺陷，任性，畸形，怪癖。

荷迦兹认为丑是自然的一种属性，适宜可以产生美，不适宜则会变成丑。他还认为变化可以产生美，而“没有组织的变化，没有设计的变化，就是混乱，就是丑陋”。鲍姆嘉通认为：“完善的外形……就是美，相应不完善就是丑。因此，美本身就使观者喜爱，丑本身就使观者嫌厌。”谷鲁斯认为：“丑这个范畴是在审美的外观上肯定会使高级感官感到不快的东西。”克罗齐：“美是成功的表现，丑是一种不成功的表现。”

英国《每日电讯报》在《为什么美貌没什么价值》一文里，对“美貌”提出了另一种看法。例如认为：

1. 美貌与魅力难成正比

美貌令人乏味。这样的证据比比皆是。《心理学》杂志一篇文章而今证实了常参加社交聚会的人都会认识到的一点：美貌与魅力的直接关联度并不比高智商与会吹口哨的直接关联度高。

科学家们发现，“美貌者通常更侧重因循守旧和自我推销，在独立性和宽容度方面有欠缺”。美貌者齐聚一堂或许会散发出浓烈的香水味，但却才情寥寥，甚至毫无才情可言。丑女“感恩心”更强，女孩儿长得越丑就越好交际。

美是一场千篇一律的阴谋。制造这场阴谋的是时尚、化妆品和电影产业。这种完美无瑕令人感到枯燥无味。就连好莱坞也承认这种观念的弱点：让玛丽莲·梦露更具风韵的是她那颗“美人痣”，缺点反倒成了优点。

2. 美貌往往转瞬即逝

作家艾伯特·卡默斯说过：美“会令我们大失所望，它只能让我们瞬间瞥见一种我们希望一直能延续下去的永恒”。甘斯堡也有同感：“丑胜过美，因为丑能更持久。”美到极致所散发出的那种盛气凌人会令人不堪忍受：需要适度的丑以让我们的感官保持敏感。如果一切事物都是美的，那美也就不存在了。

3. 美丑标准因时而移

美国经济学家马库斯·默比乌斯和塔尼娅·罗森布拉特提出“美貌津贴”的普遍观念，即认为漂亮孩子交流技能发展快，因为对方回应更积极。达尔文提出的进化力量青睐优质物种的观点在就业市场及范围更广泛的世界得到印证。但是你想抓住这种美貌观念时，它就会消失得无影无踪。我们对丑与美的固有观点是错误的。美是没有特点的千篇一律，而丑却有吸引力，因为丑有着千差万别，并充满了一种刺激性的挑战。对美貌的定义也在变化。肥胖在17世纪曾是美的标准。而在我们时代，“骨感”名模凯特·莫斯是美的标准。

（五）崇高

崇高，是震撼美，是流向崇高的美。

优美，概括了古希腊文化中以神庙和人体雕像为代表的审美意象的大风格，而崇高则概括了继承希伯来文化的西方基督教文化中以哥特式教堂为代表的审美意象的大风格。悲剧是走向崇高的死，崇高却是在崇高中走向生。歌德的《浮士德》是崇高的典型。

崇高是希伯来文化和西方基督教文化培育出来的审美形态。神是崇高的最纯粹、最原始的形式。哥特式教堂是崇高的典型代表。到了欧洲18、19世纪之交，诗和音乐（歌德的《浮士德》，贝多芬的三、五、九交响曲）成了崇高的新的感性显现。如果说“杏花春雨江南”是优美的典型代表，而“骏马秋风蓟北”则是崇高的集中体现。

崇高这一美学范畴，主要指审美对象“形体上巨大有力或精神上伟大雄浑，令人震惊或崇敬、神往的特性”。美学家朗吉弩斯《论崇高》：文学上的崇高应具有五个条件：庄严伟大的思想、强烈激动的感情、运用藻饰的技术、高雅的措辞和结构的堂皇卓越。

崇高的特点是：美处于主客体的矛盾激化中，在形式上表现为一种粗犷、激荡、刚健、雄伟的特征，给人以惊心动魄的审美感受。

宋周密《武林旧事》：“浙江之潮，天下之伟观也。自既望以至十八日为最盛，方其远出海门，仅如银线，既而渐近，则玉城雪岭，际天而来，其声如雷霆，震撼激射，吞天沃日，势力雄豪。”

李大钊《美与高》：“所谓美者，即系美丽之谓；高者，即有非常之强力。假如描写新月之光，题诗以形容其景致，如日月如何之明，云如何之清，风又如何之静。夫如是始能传出真精神而有无穷乐趣，并不知此外之尚有可忧可惧之事。此即美之作用。又如驶船于大海之风浪中，或如火山之崩裂，最为危险之事。然若形容于电影之中，或绘之于油画，亦有极为可观之处。而船中人之惊怖，火山崩裂焚烧房屋之情形，亦足露于图中，令人望之生怖，此即所谓高。”又说：“美非一类，有秀丽之美，有壮伟之美。前者即所谓美，后者即所谓高也。”

艾伊凡佐夫斯基《九级浪》：把巨大的海浪铺天盖地的气势真实地表现出来。在阳光照射下，天空、海浪连成一片混沌，画面上帆船已经翻了，幸存的几个人，聚集在已经倾倒了的桅杆上，与大浪搏斗着、呼喊着。画面中心是一个九级的巨浪，给人以粗犷、激荡、有力和惊心动魄的壮美感。

柯勒惠支的连续画《农民战争》，其中的《枕戈待旦》（《磨镰刀》）：“我要把人类无穷无尽、目前像一座大山压顶似的苦难倾诉出来。”又如中国的雕塑《农民愤》。

崇高的特征有：

①险峻奇崛的气势。清人程弘志论黄山：“山行之险，莫如黄山。而黄山险处，乃黄山奇处。险不极，奇亦不极；险至不可思议，奇亦不可思议。”

②浑厚凝重的意蕴。老子：“孔德之容，唯德是从。”孔子：“以‘道’为美。”《尚书》：“作德日休”。左丘明的历史著作：“无害焉，故曰

美。”屈原、董仲舒的美学倾向：“比德为美。”司马迁：美德与乐音。王充：“善美”与“真美”。《管子》：“德义者，行之美者。”毛泽东：《沁园春·雪》。

③悲壮敬惧的美感。车尔尼雪夫斯基：“可怕的事物常常是崇高的。”苏轼《后赤壁赋》：面对赤壁，“草木震动，山鸣谷应，风起水涌……予亦悄然而悲，肃然而恐”。姚鼐：《阳刚之美与阴柔之美》：面对“长风出谷”“崇山峻崖”，感受是“愀乎如其悲”。李大钊《美与高》“大海之风浪”“火山之崩裂”“令人望之生怖”。

崇高与壮美的比较：西方美学史很少论及“壮美”，即使有个别美学家偶有论及，也往往与“崇高”混为一谈，朗吉努斯《论崇高》中关于文体风格崇高的论述，实际是指文体风格的豪放、壮美。中国古代美学也偶尔提及崇高，但更多地论述壮美。

壮美与崇高有某些相似之处，如体积的巨大。但是二者又有质的不同。崇高以大而奇险给主体一种威压，使主体产生一种恐惧感；壮美以大而雄伟给主体一种激励，使主体产生一种豪迈感。

就形式而言，崇高呈现为高深，壮美表现为壮阔；就内容而言，崇高多含庄严意味，壮美多具雄伟品格。

在崇高中，内容、形式、美感三者之间常常呈现出一种不和谐性、矛盾性，是理想内容压倒感性形式；在壮美中，三者之间一般是协调的，统一的，内容并不破坏形式的和谐。

壮美和崇高，都是通过人类的实践活动而进入审美范畴的。壮美是人的本质力量的肯定性实现，人类能从壮美中直观自身的本质力量。如人们从雄伟壮丽的南京长江大桥、葛洲坝水电站、人民大会堂，看到的是人自身的伟大，惊叹的是人自身的力量。崇高往往是人的本质力量的异化性实现，人往往从产品中感到压力。如人们从高大威严的埃及金字塔、巴黎圣母院，看到的是人自身的渺小，感叹的是人自身的无力。

总之，崇高给出威压力，壮美表现抗压力。车尔尼雪夫斯基：“一种事物较之与它相比的一切事物要巨大得多，那便是崇高。”

（六）滑稽

滑稽，是“负崇高”。怪丑主要流向是滑稽。

亚里士多德和车尔尼雪夫斯基都认为，丑就是滑稽。“滑稽是某种错误或丑陋，不致引起痛苦或伤害。”（无害，排除了丑转为恶）车尔尼雪夫斯基：“丑乃是滑稽的根源和本质。只有当丑自炫为美的时候，丑才变为滑稽。”（自炫，排除了丑转为美）

滑稽的特征是：悖于常态和谬于常理。漫画家方成把“异常”视为滑稽的首要特征。

滑稽是与崇高相对立的一个美学范畴，一般是指“在特定矛盾冲突中，以幽默、调笑的言语、动作表现事物的自相矛盾和丑的、不合理的实质，从而引人发笑”。康德：“笑是一种从紧张的期待突然转化为虚无的感情。”（即肯定性滑稽）

滑稽，从感性形式讲，是事物、事件、言行不伦不类的组合；从内容上讲，是被历史否定了的东西，它偏离或低于正常的历史尺度。

怪和丑的主要流向是滑稽，但还有其他流向，从而不全都是喜的对象，怪和丑成为喜也主要在其显出滑稽。滑稽则全都是喜，是纯粹的喜。所以，丑和怪是滑稽的对象（亚里士多德）和基础、本质（车尔尼雪夫斯基）。亚里士多德：滑稽的对象是丑和怪，滑稽的感受是快感（不使人感到痛苦）（即否定性滑稽）。车尔尼雪夫斯基：“丑，这是滑稽的基础、本质。”

丑在崇高中“是以恐怖的面孔出现”，在滑稽中“强把自己装成美”。

（七）悲剧

悲剧，是“崇高”的集中。

悲态，是由人生失意的沉痛升华为宇宙人生本体询问的感伤情怀。

悲剧，表现的是对人不能把握的东西的一种顺应、一种理解，在顺应和理解中超越对象。

生活悲剧产生于人与自然、与社会、与历史的矛盾。最根本的是人类个体必然消失的矛盾。

公元前5～前4世纪是希腊悲剧戏剧的黄金时代，有三大著名悲剧家

——埃斯库罗斯《普罗米修斯》、索福克勒斯《俄狄浦斯王》、欧里皮德斯《美狄亚》。

悲剧是崇高的集中形态，是一种崇高的美、崇高的诗。

亚里士多德："悲剧是对于一个严肃、完整、有一定长度的行动的模仿。""悲剧是对于比一般人好的人模仿。"

狄德罗："极度悲痛是写不出悼念妻子的文章的。"

美国"悲剧之父"奥尼尔："戏剧不仅要给人以哲理启示，更要给人以诗意美感"，因为"戏剧最崇高和唯一有意义的功能便是对生活做诗的解释和富有象征性的赞美"。

鲁迅："悲剧是将人生有价值的东西撕毁给人看。""感情太强烈，会杀掉诗美。"

朱光潜："浪漫主义诗人们往往从痛苦中摘取玫瑰，对他们说来，忧郁本身已成为快乐的一个源泉。"

雪莱："悲愁中的快乐比快乐中的快乐更甜蜜些，最甜蜜的诗歌就是那些诉说最忧伤的思想的，最美妙的曲调总不免带有一些忧郁。"

（八）喜剧

喜剧，是肯定性滑稽：笑。

喜剧从起源上晚于悲剧（约一个世纪），从悲到喜是历史的必然，是人类整体超越个体的体现。生命对个体是悲，对整个人类则是笑。喜剧一词，意为男根，赞美生殖力量。

喜剧是美学的重要范畴之一，它根源于现实生活中的矛盾冲突，是在倒错、乖讹、自相矛盾的形式中显示生活的本质。

可笑性是喜剧的重要特征，喜剧使人在笑声中得到美的享受，寓庄于谐。

亚里士多德："喜剧总是模仿比我们今天的人坏的人。"

马克思："黑格尔在某个地方说过，一切伟大的世界历史事变和人物，可以说都出现两次。他忘记补充一点：第一次是作为悲剧出现，第二次是作为喜剧出现。"

车尔尼雪夫斯基："滑稽的真正领域是在人、在人类社会、在人类生活。"

鲁迅："喜剧是将人生无价值的东西撕毁给人看。"

在著名喜剧《钦差大臣》里，果戈理写了一个小城市长错把一纨绔子弟当做钦差大臣的故事，而真的钦差大臣却来了。以下是剧本的最后部分。

最后一场。宪兵："奉圣旨从彼得堡来的官员，命令你们立刻前去。他现在住在旅馆里。"这几句话好像雷鸣似的使大家吃了一惊。太太们的嘴里齐声发出惊异的叫喊；全体演员突然变更了所有的状态，好像化石似的站着。

哑场。市长像一根柱子似的站在中间，张开两手，头朝后仰。他的妻子和女儿在他右边，全身前倾，好像要冲到他跟前一样；在他们后面，邮政局长变成一个疑问号，对着观众；在他后面，鲁加·鲁基奇显出茫然若失的天真的神情；在他后面，舞台的极边上，三个女客互相靠着，以最讽刺的表情，径直对着市长的家属。市长的左边是塞姆略尼卡，头有几分倾斜，好像在倾听着什么似的；法官站在他后面，两手张开，差不多蹲在地板上，嘴唇动着，好像要吹口哨，或是说出："奶奶，您可糟了！"柯洛布金在他后面，面对观众，眯缝着眼睛，对市长做着讽刺的表情；在他对面舞台的极边，陶布钦斯基和波布钦斯基彼此伸出手来，张着嘴，彼此瞪着眼睛注视着。其余的客人们就跟柱子似的站在那儿。化石似的全体演员保持这个姿势差不多有一分半钟。

幕落。

喜剧与滑稽的比较：

喜剧与滑稽虽然不能完全等同，但却有着紧密的联系，喜剧是滑稽在艺术中的集中表现。如果说，引人发笑是喜剧性的外部特征，那么，滑稽便是其内部机理。滑稽的基础与本质是丑或缺陷的自我暴露和自相矛盾的言行。

柏拉图：滑稽可笑表现为"一个人不美而自以为美"。

黑格尔认为喜剧中的滑稽是自相矛盾，并使"自相矛盾的现象归于毁灭"。

（九）荒诞

荒诞，是大悲剧——反叛。

荒诞是出现在今天所谓超工业社会的反映人们精神危机的美学形态。荒诞是一种现代人类的审美感受，最突出的品格是反叛，形态上是平面化、平板化，价值削平；感觉上是不安全、不信任。把荒诞放在“悲”的大范畴下，是因为荒诞的核心仍是与人敌对的东西；西方文化明显呈现出从悲剧到崇高到荒诞的逻辑演进结构。荒诞与西方的信仰有关。荒诞源于人们宗教信仰的破灭，是西方现代性的表现。加缪：“真正严肃的哲学问题只有一个：自杀。”鲁迅：“人最苦的是梦醒了无路可走。”海德格尔：“无家可归是现代人的命运。”

崇高与优美的终结者是尼采，他的极端的、个人的强力意志说成为现代主义的发端。“上帝死了”意味着崇高感的破灭，也使得“文本”的构成变为拼贴，使作者的主观意志无限膨胀，崇高、美已不成为规范，无崇高、丑、反艺术反而成了时髦，人类自然走进另一种审美范畴——荒诞与反讽。

人们开始重视自我主体性。理性与信仰的双重失落，人的存在失去意义，平面化，平板化，价值削平，焦虑，恐惧，失望，苦闷，脱离美感。

体现世界的异质性成为反讽的动力。刘小东绘画作品《合作》中的不合作眼神就是一例；南美荒诞小说《百年孤独》获诺奖。世界变得离奇而不可捉摸，整个艺术进入后现代，艺术与审美逐步脱离传统思维，以求新、奇、异、怪、虚无、不和谐为时尚，抛弃悲剧感、崇高感、优美意识，走向彻底的荒诞与反讽。

基本范畴综述：

对比地说，美分三种：优美、壮美、典雅。

优美与壮美常放在一起比较大小、快慢、强弱、刚柔。

而典雅则指与世俗对立：脱俗。

崇高与壮美有相似，崇高的对立面是滑稽（有两种：否定性滑稽：恐怖；肯定性滑稽：笑）。

怪丑与美对立，流向滑稽，而美则流向崇高。

悲剧，是崇高的集中。

喜剧，是笑。

荒诞，是大悲流向反叛。

三、中国范畴

中国也有一些特有的美学范畴，即特有的大风格。那就是：沉郁、飘逸、空灵、中和、意境、气韵、虚实。

（一）沉郁

“沉郁”概括了以儒家文化为内涵、以杜甫为代表的审美意象大风格。沉郁的文化内涵是儒家的“仁”，也就是对人世沧桑深刻的体验和对人生疾苦的深厚的同情。

沉郁的审美特征，一是带有哀怨郁愤的情感体验，极端的深沉厚重，二是弥漫着一种人生、历史的悲凉感和苍茫感。典型代表是杜甫和鲁迅。

（二）飘逸

“飘逸”概括了以道家文化为内涵、以李白为代表的审美意象大风格。飘逸的文化内涵是道家的“游”，也就是精神的自由超脱，以及人与大自然的生命融为一体。

飘逸的美感有三个特点：一是雄浑阔大、惊心动魄的美感，二是意气风发的美感，三是清新自然的美感。李白诗即雄浑阔大，意气风发，清新自然。

（三）空灵

“空灵”概括了以禅宗文化为内涵、以王维为代表的审美意象大风格。空灵的文化内涵是禅宗的“悟”。禅宗的“悟”是一种瞬间永恒的形而上的体验，就是要从当下的富有生命的感性世界，去领悟那永恒的空寂的本体。

“空灵”作为审美范畴的最大特色是静，是一种“静趣”，静观花开花落、大化流行，得到一种自由感和解脱感，得到一种平静、恬淡的愉悦。王维的诗，色彩明丽，幽深清远。扬雄则主张“心声”“心画”。

（四）中和

“中和”这一中国古老的哲学范畴，源自儒家的中庸之道，相当总风格。中和，是讲事物的对立统一，不取一，而取二，使他们辩证、和谐地相处。从中和的观点看万物生长、发展与变化，皆离不开这个规律，绘画也不例外。

中庸或中和的思想，已经散见于儒家的各种典籍之中。“中”指合宜、适度、合理、正确、恰如其分、不偏不倚、无过无不及；“庸”多训为“常”“用”、不易、不变，可理解为一种具有稳定性的不偏不倚的处世态度和思想方法，作为一种基本原则，有着广泛的适用范围。它可以是一种道德原则，也可以解释人的性情、性格和日常行为。

绘画创作涉及的各种问题莫不需要用中和的理论去解决：大至主体与客体、传统与生活、写生与创作、语言的稳定性与探索性、法则与变革……小至绘画实践中遇到的课题，虚与实、轻与重、繁与简、疏与密、方与圆、浓与淡、墨与色等。

《周易》以“和”为美的哲学观念，要求把对立因素统一起来，以达到一种没有“不及”或“过及”的“尚中”状态。当对立的因素协调相济形成最佳构成，就会出现一种最美的和谐。

“乐而不淫，哀而不伤”——中和。“中和”是中国传统美学的独特审美形态，是中国传统文化精神的根本，也是传统美学所追求的审美理想。

和谐，概括了中华文化的内涵。《周易》：“美在其中。”萧衍：“适眼合心，便可甲科。”海森堡：“美是各部分相互之间以及整体之间真正的协调一致。”吴全德：“什么是美？我认为美体现在和谐，有规律，有节奏，简单又稍有变化，对称又略有不同，重复而不单调，使有序与无序和谐地搭配起来。”

“和而不同”不仅是一种辩证的思想方法，也是认识事物、处理问题的方法。儒学的核心是任本而礼用，“礼之用，和为贵”。文明盛世是礼乐之治，礼以道和，乐以和悦。遵循“和而不同”，各得其所，各尽其能，各安其位，各施其事，各尽其职，才能自强不息、和谐共进。无论是人生之追求，还是国家之发展，都需要有“和而不同”的大智慧。

（五）意境

“一花一世界，一沙一天堂”，意境是人心灵的最高处。意境已经是中国传统美学的重要范畴。宗白华：“意境是中国文化史上最中心也最具世界贡献的一方面。”如果说“中和”“虚实”“气韵”中已见言说之难，那么，意境就更难以言说。宗白华：“以宇宙人生的具体为对象，赏玩它的色相、秩序、和谐，借以窥见自我的最深心灵的反映，化实景而为虚景，创形象以为象征，使人类最高的心灵具体化、肉身化，这就是‘艺术境界’。艺术境界主于美。”

意境，概括了中国美学的核心。

意象，指以宏达哲理观念为目的，以象征性、荒诞性为基本特征的达到人审美理想境界的表意之象。

“境生于象外”，是中国画坛关于意境论的一个重要论点。境离不开象，但又不等于象，而是超越于画中物象之外的深层意蕴。

意境，是中国传统美学和艺术创作的一个核心问题，它是诗画艺术的灵魂，历来被艺术家视为最高的美学追求。中国绘画不仅要求形似，且求神似，更进一步是要在形神兼备、情景交融的基础上追求“象外之象”的意境美。

意境，是文学形象的高级形态之一，指抒情型作品中呈现的情景交融、虚实相生的形象系统及其审美想象空间。意境，是作者对外观事物感受所达成的一种情怀，感受的深浅取决于各人的经历、修养、品德、学问、资历的总和。

诗贵意境，有初境（意触）、拓境（意展）、凌境（飞跃）之分。

文学创作主张的是：状难写之景如在目前，含不尽之意见于言外。见景生情，情景交融，移情于景，借景生情。通俗不流于率直，脱俗不流于晦涩。用含蓄来补通俗，避率直；用明朗补脱俗，避晦涩。

曹植：“存乎鉴戒者，图画也。”顾恺之：“以形写神。”王羲之：“点画之间皆有意。”

在《人间词话》中，王国维大谈境界。其实，境界也就是意境。他以意境评论诗词，可以说揭示了诗词的灵府，又把握了中国传统审美的精髓。

意境是意和境的融合。意通于意象，境则是彰显境界。然而意和境融合后，就不同于一般了，由感性升华为悟性，进入了审美殿堂。“诗情缘境发，法性寄筌空”（皎然《秋日遥和卢使君游何山寺》）。意取象外，才能神游象外，通过象外神游才能反映丰富的情态意蕴，表现其超然的空灵之美。

（六）气韵

“只可意会，不可言传”，气韵突出着生命感。气韵是中国美学所特有的重要审美形态之一。气韵是由“气”与“韵”组合构成，它具有超乎象外、高于形质的生命性内蕴，是由内在生命力表现出的一种气势、生机、节奏和意蕴。

（七）虚实

虚实拨动着想象力。虽然早有艺术来源于现实之说，但许多时候艺术魅力却来源于虚实相间之中，有如镜中花、水中月所呈现出来的现实所无法比拟的美。“虚实”是中国古代重要的美学范畴之一，它在文学、绘画、书法、戏剧、建筑诸多艺术门类中被广泛地运用着，为艺术增添了无穷神韵。

四、细化范畴

细化范畴，是指在基本范畴和中国范畴的基础上，还有一些进一步细化的范畴，反映了美学感觉的精微。

（一）柔美、凄美、华美

柔美、凄美、华美，都是“优美”的细化。

1. 柔美

李玉刚《四美图》的第一章《起·游之惑》，即表现西施的“柔美”。以吟诵《关雎》开始，在“潺潺流水”中展示“西施浣纱泛舟”的情节，以《浣纱》和《归去来兮》两首曲目，将西施从越溪浣纱女到为国家兴亡，甘心忍辱入吴宫为妃的游子之愁渲染到极致，表达“清纯婉约之柔美”。

2. 凄美

而第三章《转·戏之戏》，则表现貂蝉的“凄美”。在“一轮明月”的烘托下，《拜月》和《戏之戏》表现出“貂蝉拜月”，祈求团圆美好，天下太平，但在岌岌可危中承受“悲痛寂寥之凄美”。其他像司马迁的“忧愤”，以及19世纪欧美流行的“憔悴美”“柠檬妹”，让女孩子都故意不睡觉，以熬出黑眼圈，都有“凄美”的味道。

3. 华美

至于第四章《合·醉之情》，表现的是杨玉环的“华美”。在“盛世牡丹”的极致绚丽中，《牡丹赋》的吟诵映衬着《贵妃醉酒》和《霓裳羽衣舞》的“贵妃花间醉酒，寂寞霓裳”，传达“富丽雍容之华美”，而《贵妃之死》则以强大的戏剧冲突，造成观众心理反差。

（二）媚世、堪鄙、恐怖

媚世、堪鄙、恐怖，都是“怪丑”的细化。

1. 媚世

媚世，是“怪丑”在“负崇高”中的第一张面孔：“媚”。它指的是：廉价且大为流行，溺情而难称真情，无品而自我品味。

2. 堪鄙

堪鄙，是“怪丑”在“负崇高”中的第二张面孔：“鄙”。它指的是：把“装饰的、夸张的、不自然的、戏剧性的”四个词叠在一起的文化现象。

3. 恐怖

恐怖，是“怪丑”在“负崇高”中的第三张面孔：“怖”。属否定性滑稽：“厌”。

（三）充实、灵活、恬淡

充实、灵活、恬淡，各是沉郁、飘逸、空灵——儒、道、佛——的细化。

1. 充实

充实，是“沉郁”的细化。孟子：“充实之谓美。”墨家：“适用为美”，“食必常饱，然后求美”。荀子：“不全不粹之不足以为美。”弘一法师：“有才而性缓，定属大才；有智而气稳，则为大智。”王弼：“美者，人心之所进乐也。”宗白华：“艺术境界中的空并不是真正的空，乃是由此获得‘充实’。”晋人王荟：“酒正引人著胜地”；按宗白华说：这“胜地”正是人生的广大、深邃和充实。

周济论词空灵后主张：“求实，实则精力弥满。精力弥满则能赋情独深，冥发妄中，虽铺叙平淡，摹绘浅近，而万感横集，五中无主，读其篇者，临渊窥鱼，意为鲂鲤，中宵惊电，罔识东西，赤子随母啼笑，乡人缘剧喜怒。”——“一个内容充实的创作给我们的感动”。

王国维“意境说”中有一个重要的范畴，即“隔与不隔”，甚有思致，指明了诗歌艺术的形象性与概念化之间的区别，对于阐发文学的形象思维特征具有重要意义。“语语都在目前，便是‘不隔’。”但是，鲜明通透是一种美，含蓄蕴藉也是一种美。完全的“隔”乃至“隔断”不美，而“犹抱琵琶半遮面”的“隔”却是更丰富、更耐人寻味的美。所以，“隔”亦有“隔之美”，即由“隔”而生的“朦胧美”。它取决于两点：一是不能彻底隔绝，雾里看花，须有花可见，有花能见。二是“隔”须有指向性，启发读者想象，而不是漫无边际，令读者归趣难寻。

2. 灵活

灵活，是“飘逸”的细化。王微：“本乎形者融灵，而动变者心也。”谢赫：“气韵生动”。钟繇：“用笔流美者，天地也。”

动的艺术的本体特征就在于动。但这种动不是随机运动，更不是无序运动，而是由因果链制导下的一系列事件前后相接地发生、发展和结局所呈现出的动态秩序，即一个完整情感故事的运动轨迹。

3. 恬淡

恬淡，是“空灵”的细化。

李白：“古来圣贤皆寂寞，惟有饮者留其名。”

陶渊明爱“素心人”，“采菊东篱下，悠然见南山”。

柳宗元：“回看天际下中流，岩上无心云相逐。”

庄子：“自适其适”“至乐无乐”。

何晏：“圣人无喜怒哀乐。”

阮籍：“恬淡无欲，则泰至神清。”

嵇康：“志无所尚，心无所欲，乃为绝美。”

宗白华：“散步是自由自在、无拘无束的行动。它的弱点是：没有计划，没有系统，看重逻辑性的人会轻视它，讨厌它。但是，西方建立逻辑学的大师亚里士多德的学派却唤作‘散步学派’。”“艺术心灵的诞生，在人生忘我的一刹那，即美学上所谓‘静照’……所谓万物静观皆自得。”

周济：“初学词求空，空则灵气往来。”

晋人王蕴：“酒正使人人自远。”

钱钟书：学问本属“荒江野老屋中二三素心之人相与培养讲求之事”。

“闲静”“闲适”，是一种精神的休养生息。静的艺术的本体特征是象征。静的艺术看起来是以唯一的面目呈现自身，但实际上它的艺术本质是以唯一表征全部，以具体代表普遍，以具象表示抽象，以静表动，以能指代表所指，以瞬间表示永恒，以物象传达神韵。

郭象：“任性”而“自得”。

钟嵘：“滋味”说为核心的诗学传统。

庾信：“小而自足，闲居为乐。”

中国的“隐逸”文化历史深远，“商山四皓”“竹林七贤”“渊明爱菊”等早已说明，在社会动荡的情况下，如两晋、唐宋、五代时期，不少文人士大夫隐逸山林、自娱山水，不能不说是他们借以自保并于笔墨中求乐趣的途径。《淮南子》：“以无为美”。王廙：“画乃吾自画”。楞伽经译籍：如来藏识之美。小乘阿含经译籍：“涅槃安乐”。

隐逸成为一种时尚，也就有了审美的价值，是为一种隐逸美，在磁枕上的文字中，亦多有表现。

五、辨析范畴

（一）纷繁难定

对美学范畴，即大风格划分在美学史上一直有不同的看法，纷繁难定。比如：

张法的“美学类型理论”认为“基本类型”是三大块：①美（优美、壮美、典雅）。②悲（悲态、悲剧、崇高、荒诞、恐怖）。③喜（怪、丑、滑稽、媚世、堪鄙）。

司空图（837 ~ 908）的《二十四诗品》列出“雄浑”“冲淡”“纤秾”“疏野”“清奇”等二十四种风格。但多数还不能算“大风格”。

他隐居 28 年，寄情山水，独守气节，完成《二十四诗品》，每品 12 句四言诗：

雄浑、冲淡、纤秾、沉着、
高古、典雅、洗炼、劲健、
绮丽、自然、含蓄、豪放、
精神、缜密、疏野、清奇、
委曲、实境、悲慨、形容、
超诣、飘逸、旷达、流动。

其中，雄浑、冲淡、典雅、洗炼、含蓄、豪放、飘逸等范畴，一直到今天也没有过时，仍在继续使用。

司空图身处晚唐，在此之前，南朝梁代的钟嵘也写过《诗品》，评议了汉代以来的 122 位诗人，分上品 11 人、中品 39 人、下品 72 人，其划分原则借鉴了汉代的九品论人。

唐僧齐己的《风骚旨格》，曾将诗歌分为高古、清奇等10体。

僧皎然的《诗式》则将诗歌风格归纳为高、逸、静、远等19个字，都是对诗歌不同风格的概括。

而黄钺《画品》、杨曾景《书品》、郭麐《词品》、杨夔生《续词品》、许奉恩《文品》则对美学的范畴更有多种议论。

中国六朝时把美分为：出水芙蓉和错彩镂金两种。宗白华说，这两种美“代表了中国美学史上两种不同的审美活动或美的理想……楚国的图案、楚辞、汉赋、六朝骈文、颜延之诗、明清瓷器，一直存在到今天的刺绣和京剧的舞台服装，这是一种美，错彩镂金，雕馈满眼的美。汉代的铜器、陶器，王羲之的书法，顾恺之的画，陶潜的诗，宋代的白瓷，这又是一种美，初发芙蓉，自然可爱的美”。

清代的姚鼐又将美分为“阳刚之美”和“阴柔之美”。

也有将美分为三类的，如：

把唐代诗歌类型分为李白、杜甫和王维三类。

李白、张旭和吴道子划为一类。

杜甫、韩愈、颜真卿划为一类。

王维和一大批山水画家划为一类。

这实际是美的三类。

曹丕《典论论文》则指出：奏议宜雅，书论宜理，铭诔尚实，诗赋欲丽。雅、理、实、丽实际上就是四种审美风格。

宋朝则有人将绘画美分为能品、妙品、神品、逸品四类品级。据说苏辙说过：“画格有四，曰能、妙、神、逸。盖能不及妙，妙不及神，神不及逸。故唐人论画则云：逸格不拘常法。”宋代黄休复《益州名画论》：“画之逸格，最难为法，拙规矩于方圆，鄙精研于彩绘。笔简形具，得之自然，莫可楷模，出于意表。”

西方也是类似。如：

哈奇生把美分为“绝对的美”和“相对的美”两种类型。

狄德罗分为“实在的美”和“相对的美”。

康德：“纯粹美”和“依存美”。

鲍桑葵：“浅易的美”和“艰奥的美”。

总之，由于美学是感情学，感情是丰富的，那美学范畴也是多彩的。

（二）模糊可定

虽然，美学范畴，它有从直观现象上升为理论形态过程中不可避免的模糊，但是，其基本内涵和美学指向还是稳定的。也就是说，它既有不同时代所赋予的内涵的特殊性，还有美学意义上的质的规定性。如：“李白没有暮年，杜甫没有童年”的说法，以及汉代的“敦实厚重”，三国的“慷慨悲歌”，唐代的“盛大开放”，宋代的“清丽内向”，魏晋“绝版时代”的率性、洒脱、玄远、放旷等。

（三）落影框定

对于纷繁难定，又模糊可定的美学范畴的进一步研究，就是“落影框定”。

所谓“落影框定”，就是借助“随机落影”的概念和“读写延异”的理念，使美学范畴得以大概确定。

“随机落影”概念，是指：对于一个本来模糊不确定的复杂问题，可以先把各种说法的集合都展开来，分别投影到某一个轴上。这些投影当然不会完全重合；但是，可以肯定的是：必有重叠的部分。而其重叠的多少，将导致总体各部分的浓淡有所差别。那么，其“最浓”和“次浓”的部分，就该是“最具有”和“次具有”确定性的了，从而可以使读者得出“统计结论”。

而“读写延异”理念，则是著名现代哲学家、解构主义创始人、法国的德里达（1930~2004），在《多重立场》一书中提出来的。他认为：读和写都是一种“延异”活动。即：在读和写的过程中，主题不会绝对不变，而会在读者的阅读和作者的书写过程中，发生转移、延展和变体；也就是发生“异质化”。那么，读和写的结果也将会形成一种“多重结构”，从而使读和写都能有更大的包容和更确定的理解。无独有偶，另一位著名现代哲学家、存在主义代表人、德国的伽达默尔（1900~2002），也主张：对于文本，包括对历史、文献、思想、创作等的理解过程，其实是两种“视阈”，即作者与读者的“视阈”融合的过程，“理解既不是客观的，也不是主观的，而是两者的融合，这种融合本质上是视阈的融合。视阈就是我们能够看到的范围”。其实，马克思早就说过类似的话：“一百个读者就有一百个哈姆雷特。”

综上所述，借助“随机落影”概念和“读写延异”理念的渗透，就可以使我们能够期许贯彻“资料丰、裁断精”的原则，尽量使读者在本书所展示的众多思想、看法和名人、名言中，分出“浓淡”，顺应“延异”，从而得出自己对“美学范畴”的“统计结论”和“多重结构”。

第七章　美的心理——大体验

"心理学的美学"也称审美心理学，是美学的三个分支（哲学的美学和社会学的美学）之一。德国的费希纳从心理实验入手，自下而上地由审美经验出发来研究审美活动重大心理规律，被誉为近代科学美学的创始人。

美国加利福尼亚大学伯克利分校心理学教授亚瑟·希曼穆拉的新书《参观者脑海中的艺术体验》对艺术作品、思想及大脑三者之间的关系进行探讨，从而阐述人们是如何体验艺术的。

希曼穆拉认为，当人们欣赏艺术作品时，会产生诸如美好、反感、惊奇、生气、悲伤、恐惧及许多其他情绪。然而，某些艺术作品可能会较快地引发类似感受，而部分作品则需依靠人们的思想和知识来产生共鸣。

该书从心理学和大脑科学的角度去阐述人们对艺术作品的审美反应，探讨大脑是如何通过人们的知觉、想法和感情来理解艺术作品的。希曼穆拉强调，人们对艺术作品的理解很大程度上会受到水平、文化背景和个人经历等因素的影响。

一、因素

美感就是以下心理要素综合交错的矛盾统一体。

（一）感知

1. 感觉，是人脑对直接作用于感觉器官的客观事物的个别属性的反应，也是生物有机体与环境建立心理联系的初级形式。

2. 知觉，则是在感觉的基础上，对客观事物的外在属性的完整的和综合的反应。

3. 感知，感觉和知觉几乎同时进行，人们习惯将它们通称为感知。

4. 表象，是事物的表面印象。

（二）联想

1. 联想，是由当前感知的事物回忆起有关的一件事物，或由想起的一件事物又想起另一件事物。含有相似联想、接近联想、对比联想。

2. 想象，是在头脑中改造记忆中的表象而创造新形象的过程，也是对过去经验中已经形成的那些暂时联系进行新的组合的过程。它与感知、联想都发生联系，但它是在知觉表象和联想基础上的新的形象的创造。高尔基："艺术是靠想象存在的。"含有再造想象、创造想象。

《科学美国人》称：想象力将观察和经验重新结合成新的东西。促进富有想象力的思考的重要方法之一就是通过"保持距离"。福尔摩斯最了不起的特点就是，他有能力使自己的脑子暂停活动，并在他认为自己的工作一时难以收效时，把一切心思都转移到轻松的事情上去，也就是"强迫大脑后退一步"。

（三）情感

情绪和心境是情感的基本表现形态。"物以情观"，在审美活动中，情绪和心境会使审美主体对审美对象的形象外貌和性质进行某种改造。"鸟语花香"也可变为"感时花溅泪，恨别鸟惊心"（杜甫《春望》）。

（四）理解

理解，是主体在感觉、知觉、表象等感性认识基础上，通过大脑的分析与综合，把握和解释出客体对象的本质联系。

审美理解是指在美感活动中，审美主体用某种感性的形式，对客体的意蕴和审美活动的意蕴的整体把握和领会。

美感是一个复杂的心理过程，除上述四个主要心理要素外，还包括：

1. 期待：对未来的期望。
2. 意象：对总体的印象。
3. 记忆：对过去的回忆。

4. 通感：对他物的联想。

二、流派

自19世纪费希纳提出“自下而上”（从心理感觉出发），而不是“自上而下”（只重哲学思辨的古典美学），成美学主流。

（一）移情说

“移情说”，即中国的“寄情于物”。

德国立普斯（1851～1914）被喻为“第二达尔文”，其主张有如“进化论”：“把自己‘感’到审美对象中去”，“外射‘自我’”。

美感的对象不是物，而是意象。认为人的美感是一种心理错觉，一种在客观事物中看到自我的错觉。产生美感的根本原因在于“移情”，就是把人的主观感情移（外射）到外物中去，使外物生命化，具有人的感情（物我同一），这是审美心理学早期研究成果，产生、发展于德国（立普斯为代表）。

（二）心理距离说

瑞士布洛受现代社会科学影响，接受实证主义哲学和心理学的观点，根本否定美的纯粹客观性，放弃对美的本质、美的客观因素的研究，只从心理学角度研究美，从美感效应研究美。布洛认为，保持适当的心理距离，是一个有普遍意义的审美原则和艺术创作原则。

（三）直觉说

“直觉说”，亦即“表现说”。

直觉，没有经过分析推理的观点。意大利克罗齐（1865～1952）的观点是：直觉是离理智而独立的，直觉就是表现，就是艺术，就是美。美就是直觉，就是形式，就是直觉的表现。在美感中没有任何逻辑思维和理性认识，只有对事物形式的直觉感受，美的全部意义就是对事物形式的形象直觉。

（四）格式塔心理学派

“格式塔”，是德文“整体”的谐音，也称“完形心理学”。

美籍德裔阿恩海姆提出完形、组织水平、大脑力场的概念。

考夫卡认为，我们自然而然地观察到的经验，都具有格式塔的特点，它们均属于心物场和同型论。以心物场和同型论为格式塔的总纲，由此派生出若干亚原则，称作组织律。在考夫卡看来，每一个人，包括儿童和未开化的人，都是按照组织律经验到有意义的知觉场的。外在世界的力与人的内在世界的力具有同型同构性，同型同构引起的共鸣产生人的美感。

（五）心理分析派

心理分析派是用弗洛伊德学说深入细致地进行心理分析。

奥地利弗洛伊德（1865～1939）有与哥白尼、达尔文鼎立之誉，他主张艺术是情欲的升华，是潜意识的象征表现，艺术家享受将受压抑的情欲转移的满足。弗洛伊德认为，艺术想象是一种特殊的转移方式——“升华”，艺术家介于梦幻者和精神病者之间，三者的心理过程本质一样。越高级的艺术人越接近精神病，越低级的越接近梦幻。“凡艺术家，都是被过分的性欲需要驱使的人。”美感不是直接的满足，而是“替代性满足”。

在本章的最后，作为一个示例介绍一篇游记文章，即：赵丽宏的《在佛罗伦萨寻找大卫》，作者生动地写出了连续见到 4 个大卫的体验：各有特色，逐次深入，一贯主题，连环美感；真可谓实际的审美心理大体验了。

到佛罗伦萨，最想看一看的就是米开朗琪罗的大卫雕像。

早晨，我们的车开进佛罗伦萨，意大利的司机大声说：“先去米开朗琪罗广场吧，那里有大卫像。”

广场是在一个山坡上，米开朗琪罗的大卫雕像高高耸立在广场中央，逆风仰望过去，是一个黑色的剪影，仿佛那个远古英雄顶天立地直耸云霄。那是一尊青铜雕像，米开朗琪罗的原作应该是白色大理石，这是个复制品。不过，这青铜的大卫形态和原作一模一样，健美的身躯、线条鲜明的肌肉，还有那目光炯炯的神情。

传说中的那个打败了巨人歌利亚的英雄大卫还是一个孩子，米开朗琪罗创造的大卫却已长大成人，在向歌利亚投掷石弹的那一刹那，大卫目光中凝聚着坚毅、智慧和勇敢。也许，米开朗琪罗认为让一个孩子战胜巨人太夸张，所以他的大卫长大了几岁。现在，米开朗琪罗这尊雕塑，已经成为举世公认的大卫形象。

其实，历史上有很多艺术家以这个故事为题材进行过创造，他们想象中的大卫和米开朗琪罗的大卫大相径庭。在俄罗斯冬宫博物馆，雅各布·奥斯特的油画《手持歌利亚头的大卫》中的大卫，有孩子的脸庞，神态也是一个少年，含笑的回眸中还带着胜利的喜悦。手中的那把剑当然是歌利亚的，大卫用这把剑砍下了歌利亚的头，然后扛着缴获的剑，提着敌人的首级凯旋。

在米开朗琪罗广场能俯瞰佛罗伦萨城，阿诺河从山脚下流过，古老的城市就在河对岸，圣母百花大教堂和维其奥宫的彩色屋顶在阳光下闪烁。佛罗伦萨，欧洲文艺复兴的发祥之地，曾经哺育过一批开创历史的艺术大师：但丁、卜伽丘、达·芬奇、拉斐尔……米开朗琪罗是其中一个响亮的名字。

离开米开朗琪罗广场，走过阿诺河上的老桥，不多远就是市政厅广场。这是一个让所有第一次来到这里的人目瞪口呆的地方。广场中，到处是名声显赫的雕塑：切利尼的《帕尔修斯》、巴托洛米奥·阿曼纳蒂的《海神喷泉》、章博洛尼亚的《海克力斯与半人马》……

最引人注目的是米开朗琪罗的大卫像，那是一尊五米多高的白色大理石雕像。当年，米开朗琪罗的大卫就是在这个广场揭开神秘的画纱，让整个佛罗伦萨为之震惊。无数次在图片中看这尊雕像，此刻，面对着他那些刚劲柔和的线条和块面构成的形体和表情，还是有一些惊奇和震撼。在晨光中，大卫凝视远方的目光显得咄咄逼人。然而这也是一尊赝品，为了避免被日光和风雨侵蚀，大卫的原作被移到室内的博物馆。但是市政厅广场上不能没有大卫，佛罗伦萨人不同意，于是才有了眼前的这尊仿制品。

市政厅广场一侧，有藏品浩瀚的乌菲齐美术馆，无数文艺复兴时期的油画名作在那里陈列，但我心中牵记着米开朗琪罗的大卫。美术学院博物馆在一条小巷深处，门面不大，走进去顿觉天地豁然开朗。这是一个雕塑的宝库，放眼望去，但见无数白色大理石雕塑正千姿百态地站立在展厅中，虽然沉默无声，却让观者全身心都感受到一种震惊，这些雕塑都是人类艺术的瑰宝，这么集中地陈列在一起，让人看得喘不过气来。

真正的大卫，静静地伫立在博物馆深处，居高临下，俯瞰着每一个走近他的人。这形象，太熟悉了，我无法计算过自己曾看到过多少次这形象，大的、小的，石头的、木头的、石膏的、塑料的，素描、油画、照片……此刻，面对米开朗琪罗的大卫真迹，我想在大卫身上寻找米开朗琪罗创造的痕迹，想象他当年挥舞斧凿的形象，眼前却只有一片耀眼的白色，如日光闪烁、白云升腾……我感到心跳加快、视线晕眩、热血直冲脑门，这样的感觉，文字难以描述。这也许就是被称为“司汤达症候群”的感觉吧。当年，司汤达来到佛罗伦萨，在参观了无数艺术瑰宝之后，曾这样描述自己的感受：“我痴迷地凝视绝美的艺术，感受洋溢的热情……情绪攀升到九天云霄……生命似乎从身体里被掏空。”

从博物馆出来，我在一条石头铺成的小街上慢慢走着，让参观大卫引起的激动慢慢平复。街边小摊上，有一个年轻人在兜售艺术品，一张彩色的图片晃到我的面前，竟然是大卫像！我赶紧往前走去，唯恐心中美妙的记忆会被改变。前方，被晚霞笼罩的佛罗伦萨神秘如画……

第八章　美的教育——大育人

美育是审美教育的简称，它是人类文明发展的结果。

美育又称美感教育、情感教育。它是借助于自然美、社会美、艺术美的手段，以培养人的正确审美观和高尚的道德情操，提高人的审美能力，使人成为得到全面发展的自由的人。

美育属于人文教育，它的根本目的是发展完满的人性，使人超越“自我”的有限存在和有限意义，获得一种精神的解放和自由，回到人的精神家园。席勒：“只有当人充分是人的时候，他才游戏；只有当人游戏的时候他才真的是人。”仿此，叶朗认为：“只有当人充分是人的时候，他才审美；只有当人审美的时候他才真的是人。”

蔡元培曾给美育下过一个定义：

“美育者，应用美学之理论于教育，以陶养感情为目的者也。”

他又在《美育与人生》一文中说：

“人人都有感情，而并非都有伟大而高尚的行为，这由于感情推动力的薄弱。要转弱而为强，转薄而为厚，有待于陶养。陶养的工具，为美的对象；陶养的作用，叫作美育。”

“所以，吾人固不可不有一种普通职业，以应利用厚生的需要，而于工作的余暇，又不可不读文学，听音乐，参观美术馆，以谋知识与感情的调和。这样才算是认识了人生的价值了。”

一、美育的功能

丰子恺：

"教育是教人以真善美的理想，使窥见崇高广大的人世的。科学是真的、知的；道德是善的、意的；艺术是美的、情的。这是教育的三大要目。所以，艺术的教育，这是人生的很重大而又很广泛的一种教育，不是局部的小知识小技能的教授。而如何重大，如何广泛，可从人生的根本上考察知之。"

（一）塑造心灵

这是美育的基本功能。人作为一种感性存在，追求感性快乐是其本性；人作为有理性的社会化动物，同时又要追求精神的自由。如果只追求感官的享乐只会使人动物化，而仅仅满足于纯粹的理性追求也会使人的感性萎缩。

丰子恺："练画不是练手腕的，是练心灵的。看画不是用眼看的，是用心灵看的。"

（二）陶冶情性

美育可以使人具有一种宽阔、平和的胸襟，这对于一个人成就大事业、大学问有非常重要的作用。

1. 培育审美心胸和审美眼光。
2. 培养审美感兴能力。
3. 培养健康的、高雅的、纯正的审美趣味。

中国文人常言："入吾室者，但有清风；对我饮者，唯当明月。"

（三）激励创造

美育可以激发和强化人的创造冲动，培养和发展人的审美直觉和想象力。

蔡元培："有了美术的兴趣，不但觉得人生很有意义，很有价值；就是治科学的时候，也是一定添了勇敢、活泼的精神，请君试验一试验。”

丘成桐：“我研究数学的目标不是拿奖，也不是成名成家。对真与美无条件的追求，是我一生做学问的座右铭。”

丘成桐以自己的经验谈，做学问最重要的，是要有求真的热忱。数学家追求一个好的命题，如同年轻人对爱情的追慕，朝思暮想。做学问的路很长，会碰到很多不同的困难，假如没有热忱，就没有办法继续。很多有终身教职的研究人员聚在一起工作，经常通宵达旦，夜以继日，是求真的精神刺激着我们不肯放松。有真才有美。数学家用简洁严谨解释自然界的纷繁复杂，比如，人的面部表情或者衣服的飘动，都可以用数学来描述，从中发现蕴含的规律。“以简驭繁”，从朴素的外在表现得到美的感受，好比一幅张大千的国画，寥寥几笔，栩栩如生的自然美景便跃然纸上。

在麻省理工留学的李楠认为数学“很好玩，就是突然发现谜底的感觉。很享受研究数学的乐趣，也感受到了数学之美”。

二、美育的实践

美育，在实践中也可以说是一个提高“美商”的过程。

美商，全称为美丽商数（Beauty Quotient，BQ）。

它并不是指一个人的漂亮程度，而是一个人对自身形象的关注程度，对美学和美感的理解力，甚至包括一个人在社交中对声音、仪态、言行、礼节等一切涉及个人外在形象的因素的控制能力。

最先提出“美商”概念的英国美学家娜奥米·尔夫认为，与以前相比，妇女已有着更多的职业选择、更多的受教育机会，因而追求那种先前看来几乎完全不可能的身体完美也成为一种可能。

与天生的智商、情商不同，美商作为一种程度、一种标准，被认为可以从后天获得，可以被模仿。近几年，在西方逐步升温的美商热潮，反映了21世纪妇女追求美的这种新时尚。

众所周知的智商和情商随处可见，它们一个是对人的智力的表述和衡量，一个是对人运用理智控制情感和操纵行为的能力的表述和衡量。即：

智商（Intelligence Quotient，IQ）是用以表示智力水平的工具，也是测量智力水平的常用方法，智商的高低反映智力水平的高低。

情商（Emotional Quotient，EQ）是表示认识、控制和调节自身情感的能力。情商的高低反映情感品质的差异。

而美商（Beauty Quotient，BQ）是感悟、欣赏和创造美的能力。美商的高低反映美感品质的差异。

情商对于人的成功起着比智商更加重要的作用。而美商则将人的智商和情商有机地连接起来，起着沟通的作用。

所以，智商、情商和美商，都是人的重要心理品质，都是事业成功的重要基础。

当然，正如前述，过去对美商及其测试，皆在一个人的仪表仪容方面多为强调，而缺少关于人的审美能力的简洁的考量。于是，借鉴智商和情商的说法，如今扩充了美商的概念，以强调一个人审美和创造美的能力。

因此，美商是测定和描述人的感悟和欣赏美的一种量化指标，指一个人运用理智和情感审美以及创造美的能力，反映了美的智慧。

以下让我们通过一个例子来进一步说明一下美商的实践。

张悦悦的《赏画》一文与众不同的是：在欣赏有“文化宇宙”美称的巨作《雅典学院》时，竟特别注意到在黄金分割点上的“小人物”，因而更阐发了巨作的“探寻万事之由”的主题。

这次在梵蒂冈博物馆，当我走进那间并不很大的第三号“拉斐尔房间”，仰头看到那幅《雅典学院》时，忽然第一次注意到亚里士多德周边人群后面的一个小人物——他一头金发，穿着红袍子，右腿搭在左腿上构成一个临时的“桌子”，勾腰单腿站立靠在墙边，低头飞速地在小本子上书写。

他周围一定是喧嚣的，因为左边的柏拉图和亚里士多德正一边争论一边向他靠近，他的正前方就是以欧几里得为中心的数学讨论。但他那深勾的后背仿佛隔划出一个自我沉浸的世界，让你不由得被那个小本子所吸引——他是在记录这些圣贤的智慧，还是思如泉涌地书写着自己的创意？是什么使他来不及找个更为舒服的位置，仓促地以腿当桌就地疾书？

画面中这个红袍人的旁边有个和我一样好奇的人，依靠在柱台上窥测小本上的文字，但我们的主人公如此专注，似乎丝毫没有觉察。拉斐尔的画面并没有风，使得这个小人物那海波般横逸的金发显得尤其突兀，仿佛是向你传递着他手中那支羽毛笔的抖动，让你在背景的喧闹中仍能听到他笔尖与纸张摩擦的声音。

仰头逐一看过这幅壁画上的每个角色，最触动我的还是这个奋笔疾书的小人物。他没有特殊的指代，可以是古典时期任何求学的甲乙丙丁，但他热情、专注、率性，思维奔放又自成一体。我忽然想到，在这幅主题为“探寻万事之由”的壁画中，拉斐尔描绘了几乎所有开启古代民智的哲人，而在画面右侧的黄金分割点上却安置了这个小人物，这或许并非偶然吧。

第三篇　科学与艺术

第一章 科学与艺术的历史

一、科学与艺术

“科学”，知识的体系。

“社会科学”，包括在“科学”之内，与“自然科学”相对，特指“社会知识”的体系。

“艺术”，感情的表现和记录。

“人文”，包括“艺术”，是“人”的感情与生活的记录。

其实，这几个概念不是同时产生的。

“艺术”起源最早，至少在三万五千年前，甚至可能在一百万年前。

“人文”则是在语言和文字发明之后才诞生的，只有约两千六百年历史。其正式的出现是在11世纪，作为与“神文”（神文化）对立的“世俗文化”意义而使用。

而“科学”则是15世纪才出现的。科学最初是统摄在“大人文”的概念之中，只是它“后来居上”“喧宾夺主”，甚至一度使人文学科在科学主义盛行时被压得抬不起头。于是，在“科学”的“威逼”下，社会和人文，也尽量“科学化”起来，因而产生了“社会科学”和“人文科学”。

“社会科学”，是在19世纪中叶，从学科称谓到学科构成都走进了人类文化视界，于是社会科学在先前已经形成的“科学”与“人文”两种文化之间的归属，也就成了问题。社会科学家也“身不由己”地在“两极”中彷徨。但在“社会科学”里，经济学、社会学、政治学偏“硬”，文、史、哲偏软。而物理学家最常做的一件事就是批评社会科学不是科学，以自然科学的性质（规则性、经验性、预测性）来要求社会科学。多数意见认为：社会科学既是科学，也是人文，兼具两类文化的特性，是科学与人文之间的过渡地带、结合部，是两者交融的产物。至于“人文”里的“艺术”，则似乎离“科学”最远，地位最稳。所以，经常被作为与“科学”

比较的对象，这也是本篇论述“科学与艺术”相融合就更具时代感的原因。

当然，无论是社会科学，还是人文科学，都有其自身的特点。正如贡布里希所说：“在人文科学里，这种亚里士多德的传统，即对本质的信仰，应该消除。”在现代艺术哲学中，关于这种追问的研究会使我们超越艺术是一种文化活动，这种狭窄的“思”的领域，而追思存在之物是如何展现自身的。在价值判断意义上艺术与非艺术的定义却仍然模糊不清，而且这种追问最容易堕入本质主义陷阱。

二、西方的科学与艺术

西方的科学与艺术的总脉络是：先有生活中的两种“实在观”始于民间，后有学术上的两种“世界观”及“方法论”的分裂。此后，近代“开始”、现代“显著”、未来“更紧”地又走向融合了。

（一）两种“实在观”

科学与人文：始于原始社会中两种“实在”观念的分裂。英国文化人类学家马林诺夫斯基（1884～1942）实地考察了新几内亚尚处石器时代地区，用第一手资料证明：原始文化可划分为“世俗”和“神圣”两个方面的“实在”。“世俗”指农、渔、航海、战事；“神圣”指宗教和巫术。前者是已知的自然和作物，后者则是未知的幸运和灾难。知识（灵）与巫术（魂）同时存在着。

（二）两种“世界观”

希腊人世界观的双重遗产，相互补充，部分对立。

柏拉图主要学说即主张存在原型的“相”（Ideas）或“型”（form）。相或型的范例就是数学。我们无法感到相或型。绝对的相或型是：完全的圆、真正的直，这要靠智力在感觉之外去领悟。

另一与之互补，又部分对立的，则是亚里士多德的“经验”和“实验”，主张实际是可以感知的。

（三）基督教世界观

基督教世界观，是希腊哲学传统与基督教信仰的结合：善来自上帝，来自精神；恶来自人的罪恶心理，源于肉体。

（四）现代世界观

现代世界观，包括：自然法则、物质中心、宇宙无限、人的解放等。

（五）现代世界观的危机

尽管经典科学取得了辉煌的成果，但是随着相对论、测不准、非线性……这些新概念的诞生，导致每个领域成熟观念的动摇、衰落和灭亡，变异、解构和崩溃。这也就是神学、哲学、科学、文学、艺术、文化本身的“终结”，从而发生了现代世界观的“危机”。

（六）后现代主义

后现代主义的特点是：颠覆“现代”，解构自身。

后现代主义思想的主要先知是尼采，自称是“被钉在十字架上处死的人”，以其杰出的批判的感觉力，以及他对西方文化中刚出现的虚无主义强有力的、深刻的、内心充满矛盾的预言闻名于世。后现代主义范式的本质就是对一切旧有范式的颠覆，解构一切，包括自己，最后自己也难于证明自己正确。

现代自然科学的世界观认为，世界是物质的，物质是运动的，运动是有规律的，规律是可以认识的，这种认识是有价值的。

当代信息科学的世界观认为，我们的世界同时又是信息的，信息具有演变和增长的趋势，信息演变是有规律的，信息规律可以被认识，关于信息规律的思考更有价值。

一种新的世界观出现的真正可能性有赖于更加重大的文化动力，它就是信息科学的范式——图灵和冯·诺依曼关于计算机的“原型”。

陈方正《在科学与艺术之间——从达·芬奇到毕加索》：

毕加索的《亚威农少女》：对秩序、逻辑、空间的颠覆，摄影术作为形象意念工具，构图试验的方法，掀起的立体派艺术与19世纪印象派艺术相对立，也与文艺复兴艺术之风不融。

基本变化源于艺术和现实之间的关系的基本变化。

15世纪科学未发达，艺术走在前面带领，取材宗教、神话、历史、人生元素，艺术是创造者（透视法、解剖学）非反应者，两者水乳交融。

20世纪科学成熟独特，反激艺术，短暂、暧昧、单向，是因为艺术已失去创造功能，启蒙运动解构了宗教、神话、历史，工业革命构造大众消费文化，科学擅长表现，艺术则难于表现，从印象派到立体派，乃至具象派，是在寻找空间，抽象艺术则是“挥慧剑”。而视觉艺术的发展是在迎合大众，层出不穷的画面，是在创造伊甸园——梦幻工场，富裕、新奇、刺激，没有责任或物质限制，只有欢愉和享受。艺术可以抛弃科学、忘记科学，却绝对无法离开社会及其需求、期待，它的根本问题和巨大潜力都在于此。

三、中国的科学与艺术

（一）先秦时期

1. 先秦时期

夏、商、西周时期，以青铜器为代表的手工业，由官府垄断。
商周青铜铸造繁荣，出现青铜农具。
有世界上最早的日食、哈雷彗星等记录。
商朝出现甲骨文，汉字已形成完整的体系。

2. 春秋战国时期

春秋末年，中国出现了第一部诗歌总集《诗经》。
春秋战国时期铁农具出现，牛耕推广。
发明了世界上最早的指南仪器“司南”。

石申编出了世界上最早的星表。

楚国诗人屈原以南方民歌为基础，创作了一种新的诗歌体裁——楚辞。

（二）秦汉魏晋南北朝时期

1. 秦汉时期

战国问世、西汉编定的《黄帝内经》是中医学奠基之作。

秦统一文字，以秦小篆为准，焚书坑儒，统一思想。

汉初吸取道家“无为而治”，汉武帝“罢黜百家，独尊儒术”，儒家经典成国家规定的教科书。公元前124年，汉武帝兴办太学。

西汉前期，中国已有纸。公元105年，东汉宦官蔡伦改进造纸术。

西汉赵过推广耦犁和代田法。

西汉开通陆海丝绸之路。

西汉氾胜之著农书《氾胜之书》，是中国古代成就卓著的四大农书之一。

东汉《九章算术》采用了当时世界上最先进的十进位值制记数法，标志着中国古代以计算为中心的数学形成了完整的体系。

汉朝以后铁犁牛耕成主要耕作方式。

东汉烧出成熟的青瓷。

东汉张衡发明了水运浑象仪，他关于地球为圆形的见解比西欧人早一千多年，张衡还发明了地动仪，测定地震方位。

东汉张仲景写出中医专著《伤寒杂病论》，创造性地提出了辨证施治的方法，系统论述了“望、闻、问、切”四诊疗法，奠定了后世中医临床学的理论基础。

2. 魏晋南北朝时期

儒、释、道三教广为传播，相互渗透。

曹魏时期经改制的翻车用于灌溉。

北魏贾思勰《齐民要术》是我国现存最早、最完整、最系统的古代农业科学著作。

北朝烧出成熟的白瓷。

南北朝灌钢法发展起来。

南朝祖冲之将圆周率精确到小数点后第七位，领先世界一千年。

魏晋书法进入自觉阶段，东晋王羲之《兰亭序》为“天下第一行书”。

东晋顾恺之创作《女史箴图》等作品，提出“以形写神”的艺术思想。

（三）隋唐两宋时期

1. 隋唐时期

唐朝中国瓷器远销欧非。

隋朝“三教合一归儒”。

唐朝“三教并行”，尊道、礼佛、崇儒。

隋唐时期中国出现了雕版印刷术。

隋唐时期绘画的代表是展子虔、阎立本、吴道子，代表作分别是《游春图》《步辇图》《送子天王图》。

唐朝天文学家僧一行和梁令瓒共同创制了黄道游仪，在世界上首次发现了恒星位置的变动，僧一行还主持实测了子午线的长度，继承张衡等前辈理论制成了水运浑象仪。

唐朝诗歌进入黄金时期，代表人物有李白、杜甫、白居易等。

唐朝欧阳询、颜真卿、柳公权的楷书各具特点，张旭、怀素等是草书大家。

唐末火药开始用于军事。

2. 两宋时期

北宋儒家学者融合佛道思想来解释义理，形成了以理为核心的新儒学体系，成为南宋以后长期居于统治地位的哲学。其中北宋时期的程颢、程颐兄弟和南宋时期的朱熹，成就最为突出。南宋时期的陆九渊提出“心”就是“理”的“心学”。

北宋 11 世纪中叶，平民毕昇发明了胶泥活字印刷术。

北宋指南针应用于航海。

北宋张择端画《清明上河图》。

宋朝出现利用水力的高转筒车。

宋朝出现五大名窑，景德镇成为瓷都，与汉口、佛山、朱仙镇并称四大商业名镇。

宋朝词成为文学的主流形式和标志。说话人的话本是新兴的世俗文学形式。

宋朝为抵御辽、西夏、金的进攻，广泛使用火药。

（四）元明清时期

1. 元朝

元朝黄道婆推广先进的棉纺织技术。

元朝泉州是世界第一大港。

元朝郭守敬革新浑仪，造出简仪、高表等近20件天文观测仪器。所编定的《授时历》集前代名家历法优点之大成。

元朝王祯的《农书》是四大农书之一。

元朝散曲繁荣，与元杂剧一起，合称元曲，中国戏曲艺术成熟。

2. 明清朝

明清时期士大夫文人画成就突出。

明清时期出现风力水车，瓷器种类丰富。

1405～1433年郑和下西洋。

明朝王阳明继陆九渊之后，成为心学集大成者。

明朝李时珍《本草纲目》为“东方药物巨典”。

明朝徐光启《农政全书》为四大农书之一。

明清时期以个性解放为核心的早期启蒙思想滋长，批判宋明理学，倡导求实精神，李贽《焚书》《藏书》反对以孔子的是非为标准，强调正常私欲，资本主义萌芽思想；黄宗羲《明夷待访录》限制君权，保证民权；顾炎武《天下郡国利病书》经世致用；王夫之《读通鉴论》继承发展唯物思想。

明清时期小说蓬勃发展，出现四大名著。

乾隆末年徽剧戏班进京。

道光年间湖北汉剧进京，“徽汉合流”。

光绪年间京剧成熟。

(五) 旧民主主义革命时期

鸦片战争前后林则徐在广州设译馆编译《四洲志》《各国律列》，成中国开眼看世界第一人。

1842 年魏源《海国图志》“师夷长技以制夷”。

张之洞《劝学篇》“中体西用”。

19 世纪 60 ~ 90 年代“自强”“求富”的洋务运动，引西方技术，创军事工业。

19 世纪 70 年代早期维新思想：王韬、郑观应等。

19 世纪 70 年代中期起，洋务派筹划海防，建北洋、南洋、福建三支海军。

1861 年曾国藩创办中国第一家官办军用企业：安庆内军械所，次年自行设计制造的第一台实用蒸汽机问世，中国近代工业起步。

1865 年李鸿章在上海创办的江南制造总局是国内最大官办军用企业。

民办企业有李鸿章办的轮船招商局和开平煤矿、张之洞的汉阳铁厂和湖北织布局。

1872 年《申报》创刊。

19 世纪 80 年代初清政府修唐山到胥各庄的铁路，是中国自建的第一条铁路。

19 世纪 90 年代初维新思想进一步发展，代表人物有康有为、梁启超、严复等。

1898 年光绪戊戌变法。

1905 年清政府修京张铁路，詹天佑负责，1909 年提前全线通车。

1905 年中国人自己摄制电影《定军山》首映成功。甲午战争失败。

1909 年旅美华侨冯如制成中国第一架飞机。

1915 年陈独秀在上海创办《新青年》创刊号，倡民主科学，新文化运动序幕。

1917 年蔡元培任北大校长提倡“思想自由，兼容并包”，陈独秀、李大钊、胡适、鲁迅到北大任教。

1917 年胡适在《新青年》上发表《文学改良刍议》，提出用白话文代文言文。陈独秀《文学革命论》推倒旧文学，建设新文学。鲁迅《狂人日记》《孔乙己》等发表。

1918 年李大钊《法俄革命之比较观》《庶民的胜利》《布尔什维主义的胜利》宣传马列主义。

综观中国的科学与艺术，在生活的“实在观”上，似乎不像西方那样分野，因为“宗教”和“巫术”不那么发达。因此在学术上就表现为“先合”（一切都属“知识”“智慧”），“后分”（渐分“天、地、人”，但逐渐文学独霸，余皆位偏），近代则有“外引‘科学’，内升‘艺术’”的形势，而到了现代，才有“渐趋融合，大势初露”的局面。

中国的科学与艺术有自己的特点。如：

1. 完善

荀子是中国第一个探讨美的人，他说：“不全不粹不足以为美。”

2. 聪明

魏晋南北朝时刘劭：“圣贤之所美，莫美乎聪明。”古代中国科学家里面能精通一门、兼通其他、本业为主、旁及其他的人相当多。因为当时知识积累有限，社会敬重博学多才的人，在制度上也有保证，如孔子教六艺（礼、乐、射、御、书、数），不光是经济学，还有政治学、社会学、文学，甚至具体的技术科学也教，提倡各种知识都需要学。大学问家在当时的社会地位也比较高，没有衣食之忧，可以潜心钻研。十六七世纪前，教育都是文理并重，甚至文科更重一些。

3. 智慧

以文人画为例，发展到元代渐成智慧之业，绘画被视为表达人生命智慧的艺术。绘画通过“感”——真实的生命冲动，发而为人的生命之“思”，从而将中国文人画推向“以图像来思考”的新阶段。

明末画家陈洪绶是这一阶段的代表人物。他的绘画中包含着特别意味，其重要作品《隐居十六观》中的“醒石”“味象”“漂香”“寒沽”四观，体现了“高古”画境的内在精神。“醒石”论“古”，侧重于时间性的超越；“味象”论“高”，从怪诞的形式结构中谈其空间性的超越；“漂香”说“今”，在生命超越境界中肯定当下直接的生命体验；“寒沽”说

“活”，是大乘佛学“无生法忍”的转语。通过对绘画意象“无生命感”的处理，悬置了人们对外在物质世界的执着，让世界自在显现。陈洪绶的画境是在禅宗影响下出现的独特创造，展现了元代以来文人画重视生命智慧的新趋势。

4. 文学独霸

卢嘉锡：“就物理学而言，如果19世纪还有通才的话，那么，20世纪就只有专家了。难怪有人说费米是‘最后一个全能的物理学家’。在所有的由专业分工带来的隔阂中，人文与科技的隔阂是最深的。搞理工的不知道莎士比亚，搞文的不知道牛顿，在当今之世，并非无稽之谈。”

蒋梦麟：“自古以来，中国的知识领域一直是由文学独霸的。现在，北京大学却使科学与文学分庭抗礼了。”

5. 融合

著名词汇学者许嘉璐说：“无论是中国文化为体，外国文化为用，或者颠倒过来，我都不赞成。我赞成文化的融合论，不是借用论，也不是冲突论。”他认为：

我们看中华民族的文化，很多并不是华夏民族当年活动领域里的文化，但是人们已经不察觉了。现在的桌子、椅子，直到南北朝时我们还没有，椅子是学习当时胡人的。今天我们所说的民乐，在台湾叫“国乐”，在舞台上那么多的乐器，但是真正是华夏原地土生土长的乐器有几种？胡琴的“胡”字指的是古代的胡人，琵琶是由中亚那一带传过来的。包括我们现在的威风锣鼓也不是土生土长的，中国古代的鼓是立鼓。现在谁都不觉得了，你说它是体还是用，它就是中华民族的。

大家都知道现在民乐演出的扬琴，写的是“扬州”的“扬”，其实这个词在我小时候写的是西洋的“洋”字，是从欧洲传来的。我前几年到法国去访问，在一个音乐博物馆里就看到了一个扬琴的原生态的样子，很简陋，弦也没那么多。到了中国，经过百年的发展改造，已经变成我们自己的，而且能够奏出那么宽的音域、那么多的乐曲，而奏出的中国音乐又那样地动听。

第二章　科学与艺术的共性

斯坦因伯格："艺术与科学是不同的，艺术与科学也相同，但它们到底还是不相同的，这取决于你涉及的是哪些方面。"

科学与艺术的相同，也就是"共性"，包含有：

一、一宗

"一宗"的意思是：科学与艺术都是（大）科学（"人科"）的一部分，源于人，源于实践，源于人脑。

爱因斯坦："一切宗教、艺术和科学都是同一株树的各个分枝。所有这些志向都是为着使人类的生活趋于高尚，把它从单纯的生理上的生存境界提高，并且把个人导向自由。"

拉斐尔的画《雅典学院》创作于1510～1511年，与达·芬奇的《最后的晚餐》和米开朗琪罗的《最后的审判》一起被称为文艺复兴三大杰作。《雅典学院》可以说是智慧与情感的平衡，既是科学的，又是文化的，是文艺女神的美与智慧女神的真的融合。

在画中，柏拉图（以达·芬奇为模）右手指上，代表普遍、超现实的观念。亚里士多德则右手指下，代表自然现象、现实的东西。不同学科的名人，在同一个画面聚集；不同时代的名人，在同一个空间出现。艺术史家沃尔夫林称之为"复调音乐""大合唱"。柯耐尔说："《雅典学院》代表了精神生活的最高峰。"实际上堪称一个"文化宇宙"。克拉克称拉斐尔是"超级的和谐大师"。

对于著名的1995年春在布鲁塞尔召开的题为"爱因斯坦遭遇玛格利特（超现实画家）"跨系列国际学术讨论会，普利高津从认识论的观点看，认为他俩将"没有共同语言"；而科西奈尔从本体论观点看，认为他俩能"讨论不同的'教化'途径（艺术与科学为人类增添什么东西?）"。

二、同感

“同感”的意思是：科学与艺术都是“文化”，都是“智慧”，都有“在家感”。

“在家感”是基于海德格尔的“存在哲学”：“一切伟大的诗都是在家诗，一切伟大的诗人都引领人归家。”海德格尔认为，诗实属人道的基础。然而，诗的使命不是劝导人安身立命于人道本身，而是启迪人归于“神秘”。“我们绝不可通过分析此神秘而知它，我们仅能小心地将此神秘作为神秘看护起来，仅能以此方式了知神秘。”这个“神秘”绝不是人道之物或人道之家，而是天道家园。正如道家以“婴儿”“朴”“无”和“混沌”等喻示天道家园，海德格尔在此利用“神秘”一词证明人的家园不是人道本身而是在人道之外。因为人道是“世界性存在”，是被“预备上手状态”加以阐明的；“存在”却是一种“大地性存在”，是借用“手前状态”加以喻指的天道存在。

科学与艺术，都是智慧。情感图像，是情感的依托，是“诗意地栖居”；而理性图像，是物质世界依托，是“适意地栖居”。二者共同产生不同于日常生活世界的“在家感”。这就是艺术和科学所具有的深刻价值，也是艺术和科学伟大而深刻的智慧所在。

科学与艺术，都是可以研究的。如元勘、元究、多层次、多视角。波德莱尔：“有多少种追求幸福的习惯方式，就有多少种美。”温伯格：“我们在物理学中看到的美的样式是很有限的。如果用语言来表达，我只能说那就是简单性的美和必然性的美——完善的结构，一切都恰到好处地组织在一起，没有需要改变的东西，存在一种逻辑的刚性，那是简约和古典的美，是我们在古希腊戏剧里看到的美。但是，我们在艺术里发现的美却不止这一种。莎士比亚的戏剧就不具备这样的美。”维特根斯坦：“美是一种语境化的形容词，其意义只有通过该词的使用所处的语境来分析，美和艺术只具有语言游戏中的家族类似性。描述一种趣味，就是描述一种文化。”

三、并用

“并用”的意思是：科学家、艺术家实际都在“并用”着科学与艺术。爱因斯坦本人就是优秀的提琴手，他认为“世界可以由音乐的音符组成，也可以由数学的公式组成”。“相对论场方程、量子力学的波动方程，都有丰富的美感。”灵感与美感对创造都是关键。

美在科学发现中的意义，在于它给人以启迪，给人以尺度。正如在船体设计中引进美学标准，使造船业开创出一条新路一样，在科学发现中科学家对美的追求，可能成为做出发现的重要契机。

王朝闻就工具的规整光滑、对称圆浑说过：“可以肯定地认为：工具标志着艺术的诞生，也相应标志着人生最初审美意识的形成。”沈从文则主张：要把抒情气质和科学条理完善地结合起来。

四、互容

“互容”的意思是：艺术与科学像鸟的两只翅膀或手推车的两个轮子，科学在艺术化，艺术在科学化。

科学在艺术化，如：陶器的优美造型、奇特纹饰、绚丽色彩；青铜器的气魄沉雄、器形凝重、夸张刚性；铁塔、铁桥、铁画上的艺术元素。

艺术在科学化，如：西汉画像石上的日食图像；长信宫灯的构造奇巧、合理；达·芬奇的《蒙娜丽莎》《最后的晚餐》等画运用的透视、解剖、光学等丰富的科学知识；修拉的《星期日下午的大宛岛》，用的“色彩空混”技术和几何分割原理。

五、似质

“似质”的意思是：科学与艺术的性质存在着“多点相似”。

（一）创造性

贡布里奇《艺术发展史》：“人们在谈到最具有创造性的人和最具有创造性的艺术作品时，所有的人都会把达·芬奇和他的作品作为典型的例子，《蒙娜丽莎》是对艺术史难题——像雕刻而不像真人的一种创造性解决。”

爱因斯坦的科学方法本质上是“美学的，直觉的”，因此他实际是“科学的艺术家”。因之凯斯特勒才说：“爱因斯坦的空间并不比梵·高的天空更真实。”

（二）震撼性

数学家华生对印度数学家拉玛努扬（一生留下了数百数学公式与恒等式）的狂喜般赞美：“研究拉玛努扬的工作和由此提出的问题，不禁使我想起拉梅在读埃尔米特关于模函数的文章时的评述：‘令人惊心动魄。’而我无法用一句话说明我的感受，像下面的公式使我心灵震撼，恰如我走进美蒂奇教堂的圣器室，见到米开朗琪罗的放在G. 美蒂奇和L. 美蒂奇墓上的名作‘昼’‘夜’‘晨’‘暮’所引起的震撼一样，这两种感觉是无法区分的。”

（三）必然性

温伯格：科学理论与艺术作品的美，都具有一种必然性的美，给人以“不可避免的感觉”。拉斐尔的《圣家族》每个人物的位置都恰到好处，都是不能做任何更改的。在某种程度上，爱因斯坦的广义相对论也是如此。

（四）简单性

贝尔认为，艺术作品的共性就是“有意味的形式”，塞尚的一些作品，尤其是肖像画《暖室里的塞尚夫人》，这个作品的造型压倒了一切。没有任何浪漫主义的装饰性的暗示，所有的一切都简化为“最纯粹的结构设计语言”。

（五）自律性

法国的德罗拉什在1836～1841年，花了6年画《大艺术家们的集会》，体现了艺术从其他学科分离出来，并获得了“自律性”的变化情境。

（六）解释性

贡布里布：“一切绘画都必然是解释。”乔尔乔内是文艺复兴时期威尼斯的伟大艺术家，他的作品《暴风雨》则一直解释不清，颇费思索，但人们还在继续解释。

第三章 科学与艺术的特性

贝尔纳有句名言："艺术是我，科学是我们。"寥寥数语，揭示出科学与艺术的联系和区别。艺术之伟大，不在于找到共同点，而在于形成独特性；科学的崇高，不在于寻找个性，而在于反映普遍性。

阿伽西《科学与艺术中的进步》：

科学中的进步容易说清，科学的进步指向理想的真理，在朝向这个目标的每一个步伐中都发生着进步。

比照科学的"求真"，以往理解艺术的"求美"，事实上是有争议的，一些冠以"杰作"的艺术品其实毫无美感可言。艺术与科学不同，它是自主的，可以自由选择自己的目标，因而艺术中没有科学的那种指向性进步。艺术中还存在着其他方面的，相对于艺术追求的其他方面而言的进步，既作为技巧，也作为对人类内心生活探索的形式。

科学与艺术的特性表现有：

一、自由度

科学美不随人的意志转移。

艺术美则是人的自由创造，高于现实。

林语堂："在艺术作品中，最富有意义的部分即是技巧之外的个性。"

二、价值度

科学美的形式与内容有更大的统一性，价值功利指标突出，内容高于形式。

而一般的自然美恰恰相反，价值主要在于观赏，以形式取胜，内容次要。

三、时效性

科学美稳定，科学解唯一，不随时代、民族、阶级变化，如欧几里得几何。

而艺术美随时代演进，与时俱进。

罗杰·牛顿："物理科学的中心目的是认识和解释自然现象，其主要工具是能够得出服从观察和试验检验的预言成功的理论和定律。事实形成理论的根本基础。不过在许多场合，事实和理论是相互纠缠在一起的。理论发端于人类想象，并且受各种审美的、心理的、社会的、文化的影响，从历史的观点看，这些影响是重要的。不过这些影响对其被接受、对其持久性或对其被拒绝，从根本上是不相干的。可证伪性和被公开地可接受性证据所成功证实，决定了何种理论存，何种理论亡。"

塞尚："同一个题材，可以从不同的角度去表现，只要孜孜不倦地去研究，就能产生耐人寻味的主题，因为这里的变化太丰富了。"

贡布里希："人们面对艺术的认识过程永无止境，总有新的东西有待发现。当人们站在前面去观看它们的时候，那些作品似乎一次一个面貌。它们似乎跟活生生的人一样莫测高深，难以预言。那是他自己的一个动人心弦的世界，有它自己的独特法则和它自己的奇遇异闻。任何人都不应该认为自己已经了解它的一切，因为谁也没有做到这一点。"

四、感受性

科学家和艺术家对美的感受不同。"科学激情"只有科学家有，科学对象没有。而"艺术感情"的对象——人，则有。

蒙德里安："在一切艺术中，艺术家的任务就是使形式和色彩富有生命力，能唤起情感。如果他把艺术变成一种'数学方程式'，那无疑是对艺术的反动，这只能证明他不是一个艺术家。"

马格利特："绘画的功能是创造诗意化的直觉，而不是把世界缩减为许多物质性外观。"

普里高津："爱因斯坦的创造性是演绎的。爱因斯坦总是说，当他努力从开始的平常的观察中获得他的广义相对论的公式时，那是他生命中最富有创造力的年份。我们也看到了其他一些东西。对马格利特而言，没有什么东西外在于人类的思想。换言之，人的活动注定是封闭环境中的活动。”

维斯科普夫：“艺术与科学提供了不同的人类经验层面。二者都以它们自己的方式为我们对自己有更深的意识作出贡献，这两个方面经常是不同的，有时甚至是矛盾的。想一想贝多芬的奏鸣曲产生的艺术体验与音乐引起的神经脉冲的声波研究之间的区别。这两种方法是相互补充的。用其中一个是理性的而另一个是情感的来区分二者的方法是错误的。人们对某种科学思想可能充满了感情，人们也可以理性地思考艺术和它的表现方式，但是，在科学和艺术中运用的理性是两种非常不同的理性。”

五、目的性

科学的目的是认识世界和改造世界。

艺术的目的是体验世界和美化世界。

艺术的目的是针对刺激受者的神经元；科学的目的是认识自然，理解自然如何运作，它不需要受者。科学（和有关的技术）的进展推动了艺术的发展。艺术与科学是一切文明的两根主要支柱。

以《泉》闻名的法国画家安格尔：“我们的目的不是发明，而是如我们许多必做的事那样，以艺术大师们为榜样，继续运用客观自然不断向我们提供的无数形象，诚心诚意地去再现它，赋予它以纯洁而恰当的风格，使形象臻于完美。”

德拉克洛瓦的《自由引导人民》：“只有完美趣味（虽然它像美本身那样罕见），只有它才能识别美，使具有想象力才能的艺术家，把美创造出来。”

六、侧重性

科学侧重事实。

艺术侧重感情。

莫奈的《印象·日出》与哥白尼的太阳不同。

赫拉克利特的话：“太阳每天都是新的”这句格言，如果对科学家的太阳不适用的话，那么对于艺术家则是真的。

高更：“我们所受的痛苦，只能在非尘世间找到，可是一旦面对我们过去和未来的神秘景象时，种种痛苦的遭遇就变得模糊不清和难于理解了……当我醒悟到新的作品已经完成时，我就自问：‘我们从哪里来？我们是谁？我们到哪里去？’”

霍金：“今天我们仍然渴望知道，我们为何在此？我们从何而来？人类求知的最深刻的意愿足以为我们所从事的不断的探索提供正当的理由。而我们的目标恰恰正是对于我们生存于其中的宇宙做完整的描述。”

阿恩海姆：“虽然科学和艺术都领会同一客观对象的本质，但是，它们所领会的却不是同一种本质。”

七、真理性

科学是真理，是真实的揭示。科学讲究“正误”。

艺术不是真理，是真实的谎言。艺术讲究“深浅”。

柏拉图：“我们已经可以把诗人捉住，把他和画家放在一起。这是很公正的。因为像画家一样，诗人的创作是真实性很低的；因为像画家一样，他的创作是和心灵的低贱部分打交道的。因此，我们完全有理由拒绝让诗人进入治理良好的城邦。”

爱因斯坦：“我虽然不能证明科学真理必须被看作是一种其正确性不以人的意志为转移的真理，但我毫不动摇地确信这一点……无论如何，只要有离开人而独立存在的实在，那也就有同这个实在有关系的真理；而对前者的否定，同样就要引起对后者的否定。”

毕加索：“我们都知道艺术不是真理。艺术是一种让我们明白真理的谎言，至少是能让我们了解真理的谎言。艺术家必须知道让别人相信他谎言中的真实性的手法。如果他在作品中只显示出他找到的并一再寻找的掩饰谎言的方法，他就永远成不了任何事情。”

捍卫科学特别简洁的是两个当代哲人科学家哥特弗里德和威尔逊提出的 7 条证据，在《自然》杂志发表，比较为科学家同时也为哲学家所接受。

那 7 条证据是：①稳定提高的预测力；②日益准确和广泛的数据（但不是说绝对精确）；③不断具体和综合的理论（理论不是纯粹抽象的，它牵涉到很多具体的问题和领域，而且都能够成立）；④种种组合数据（成立与否，不是看单一数据）；⑤描述和解释自然的不断进步；⑥可重复的实验（你把你发现的条件告诉大家，别人去做也能做出来）；⑦基于科学而起作用的技术。

八、创造性

科学的创造性是循序渐进的。

艺术的创造性是无序飞跃的。

康德："我们可以很容易地学会牛顿在其不朽著作《自然哲学的数学原理》中阐述的一切，尽管发现这些东西也需要如此伟大的头脑。但是，我们却不能学会写灵气充盈的诗，虽然表达可以富有艺术的技巧，虽然有优秀的典范可以模仿……在科学中，最伟大的发现与最勤奋的模仿者学徒之间也只有程度的不同，但是，那些对美的艺术具有天赋的人与他们却有着本质的差异。这里把那些人类都对他们如此感激的伟大人物与那些在美的艺术天才方面具有自然禀赋的人做比较，没有任何贬低之意。"

凯德特勒："爱因斯坦的空间并不比梵·高的天空更真实，科学所取得的光荣，并不在于其真实性比巴赫或托尔斯泰的真实性更为绝对化，而是在于科学创造了他本身的行为。科学家的发现是对无序的混沌状态实施他自己的秩序，就像作曲家和画家在白纸上安排他们的秩序那样；一种秩序永远只涉及显示的一个有限的范围，并且同观察者与参考系有关联，他会随着时代的不同而不同，正如伦勃朗的裸体画不同于马奈的裸体画一样。"

诺贝尔物理学奖得主理查德·费曼曾对听众说："人们不相信科学中也有想象力，这令人吃惊。""科学中的想象力是一种非常有趣的想象力，不像艺术家的那种想象力。要设法想象出你从未见过，却又在所有细节上与已经见过的东西相符、又与已经想到的东西不同的事物是很难的；此外，它还必须是一个明确的命题。"

九、科学与艺术的对比

以下并列出若干比较"科学"与"艺术"的说法，以飨读者。

科学	艺术
科学是系统地解释现象的学问。	艺术是人类以情感和想象为特性把握世界的一种特殊形式。
科学是理智的分析。	艺术是感情的表达。
科学是运用范畴、定理、定律等思维形式反映现实世界各种现象的本质和规律的知识体系。	艺术是艺术家知觉、情感、理想、意志等综合心理活动的有机产物。
科学是理性和逻辑的。	艺术是感性和唯美的。
科学是客观规律，体现共性。	艺术是审美体验，体现个性。
科学是把事情做对。	艺术是把事情做好。
科学是经济基础。	艺术是上层建筑。
科学可以模仿。	艺术不能模仿。
科学可以重复制造。	艺术不能重复制造。
科学遵循规则。	艺术需要创造。
科学用理性方式把握世界。	艺术用审美方式把握世界。
科学研究怎样做事，天道。	艺术研究怎样做人，人道。
科学是灵性。	艺术是人性。
科学如匠人。	艺术如主人。

科学要合作。	艺术常独行。
科学是知识。	艺术是素养。
科学是次序1维度1/次序2维度2	艺术是次序2维度2/次序1维度1
科学是逐步、短命、长期进化的结果。	艺术是一步、永恒、短期转化的结果。
科学毁灭自己的过去。	艺术长期不过时。
科学是分析的，理性的。	艺术是综合的，直观的。
科学是理性能力获得的反映。	艺术是通过想象得出的反映。
科学目的是解决技术难题，美学是工具。	艺术目的是创造美学对象，技术是工具。
科学属专业欣赏，少数人。	艺术属大众欣赏，多数人。
科学事业取决于功能。	艺术事业取决于反应。
科学是亚里士多德的“追问”。	艺术是超越“思”域的“追思”。
科学是本质主义，本质信仰。	艺术是存在之物，展现自身。
科学影响艺术：短暂，暧昧，单向。	艺术影响科学：水乳交融，可甩掉科学，但不能甩掉大众。
科学模式：观察实验，理论模型，数学分析。	艺术模式：主观色彩，心理效应，赏心悦目。

科学求真务实。	艺术求新逐美。
科学是对外在于我的事物的认识。	艺术是对感情和审美反应的认识。
科学人人可做，内容普遍性。	艺术独树一帜，不可翻译，是对人境况的展现。
科学把复杂还原为简单。	艺术以复杂显示独特。
科学的进步易说清，指向性明显。	艺术不易说清，指向性不明显，还有“其他”（探索内心生活）。
科学精确，实用，可供重复验证。	现实中根本没有艺术这种东西，只有艺术家而已。（贡布里希）
科学方法讲实证，讲“理”。	艺术方法讲体验，讲“情”。
科学关乎生理健康。	艺术关乎心理健康。
科学承认客观。	艺术关怀主观。
科学是原始世俗中的农渔、航海、战事。	艺术是原始神圣中的宗教、巫术。
科学是“灵”，作物生长。	艺术是“魂”，命运灾难。

第四章　科学与艺术的交融

20 世纪 50 年代英国剑桥大学教授斯诺明确提出“两种文化”：人文文化与科学文化的分裂与对立问题，反对分离，期望建立“第三种文化”。国学大师季羡林说过：“这些自然产生的图画，鬼斧神工，与中国文人笔下的画毫无二致。人们很难不相信科学与艺术的交融。”

这种“交融”可以包括很多方面，如：精神交融，有利于形成正确的人生追求，既求真，又求善；知识交融，有利于完备的知识基础，既科学，又人文；思维交融，有利于优秀的思维品质：一正确，二原创；方法交融，有利于有效的工作方法，一严谨，二灵活；文化交融，有利于和谐的相互关系，承认客观，关怀主观；精神交融，健康的身心状态，生理健康，心理健康；等等。但是作为整体的科学与艺术的交融，则表现在以下四个方面。

一、科学融艺术

科学融艺术——艺术是科学的灵魂。

（一）艺术美化了科学成果

现代汽车就是科学与艺术结合的产物，是将艺术要素物化于汽车产品。现代建筑设计，也要考虑社会效果、室内外环境兼顾以至公共空间、区域设计、城市设计等的美化。连手机也不能忘了艺术设计。如：中兴公司特意邀请意大利著名设计师斯蒂凡·诺乔凡诺尼为其高端智能手机 nubiaZ5 设计外观，旨在打破科技产品“同质化设计”严重的现实。斯蒂凡·诺乔凡诺尼也表示，手机不仅是一件通信产品，也是一件艺术品，因为它“能够表达一种生活态度”。

安博迪：“人文和科技领域的合作，叫做人类和机械的互动。试想，如果汽车、飞机等机械只是按照工程师脑子中的构想所创造，也许根本无法被人类所利用。工程师必须有人文关怀，才能制造出具有人性化的机械。”

叶朗：“艺术与高科技的嫁接，是创意的灵魂。它在我们这个创意时代具有普遍性的意义，不仅应该成为我们的教育事业、人才培养和使用的指导原则，而且也应该成为我们的一切文化事业、文化产业和高科技产业的指导原则。”

钱学森、季羡林提出的科学与艺术、科学与人文结合，便是对培养创造性人才的历史经验的概括。

乔布斯经验也向我们证实了艺术与科技融合的重要意义。“我们更要强调艺术与科技的结合，探讨和引导审美活动对当代人生意义的重建和提升，学会把技术的物质奇迹和人性的精神需要平衡起来。”

（二）艺术形象化了科学原理

科学原理往往是抽象难懂的，这时就需要艺术形象化的帮助。如：画家都懂“透视法”，而画家的画就是“透视法”原理的写照。历史还告诉我们，美术家是过去世界的唯一记录者，使我们的记忆得以形象地保留。对未来的科学想象，由于超越现实，更要靠艺术图像去显现和丰富。至于“太空美术”则是把与地球上看到的景象完全不同的图像和色彩，近在咫尺地表达出来了。法国艺术家罗丹是第一个画月球图像的人，阿波罗登月的实际照片证明，与罗丹的月面风景画竟极为相似。

哥德尔对于数学体系存在着极限的不朽论证，已被渗入到哲学家和科学家的世界中。而其深不可测“逻辑怪圈”的原理，却是靠荷兰的埃舍尔独树一帜的、被称为“魔镜”的绘画推广的。原来，埃舍尔的画十分奇特而富于哲理，体现了绝妙的怪圈、悖论、错觉与双重含义，深为科学家崇拜，著名物理学家杨振宁的《基本粒子发现简史》一书就引用了埃舍尔的《骑士图》以表示对称性原理。

据说，埃舍尔的画有意识地利用了当时的黎曼几何，为此，他还亲自向数学家学习过。

（三）艺术增加了科学想象力

据说，爱因斯坦的《相对论》是在拉小提琴时产生的灵感。爱因斯坦说过："科学上的发明，有时和艺术家创作一样，也需要灵感，只有触动了它，才会有所发明。"怎样触动呢？他的回答是："人们总想以最适当的方式来画出一幅简化的易领悟的世界图像。"这与笛卡尔"没有图形就没有思考"相似。因此，哪里能赋予发明者以丰富的想象和意外的图形，哪里就可能是科学发明的"引信"。

有趣的例子不胜枚举：

美国科幻小说家阿瑟·克拉克发表了"太阳帆船"之后，美国宇航局立即就着手研究太阳风的利用问题。

无线电发明人马可尼说："（科普作家）凡尔纳使人有预见，他希望人们能创造新事物，而且鼓舞人们去实现伟大的幻想。"

可见，科学离不开想象，灵感需要点燃，如果总是因袭过去，模仿成品，那飞机的平直机翼无论如何也变不成后掠翼、三角翼的"新样式"；更谈不上斜机翼、鸭式翼的"怪样式"了。所以，引发灵感，也是科普创作大有作为之处。

而今天，数学家和心理学家已经证明：美感是数学真理的源泉。

阿根廷《21世纪趋势》周刊刊登雅伊萨·马丁内斯《人类大脑将美感与真理联系在一起》：

挪威卑尔根大学首次证明，美感是发现真理的源泉。

经验和直觉显示，数学家和科学家在解决数学问题时，往往将美感作为"指标"或者是找到真理的道路。例如1954年法国数学家雅克·阿达马就曾经在他的著作《数学领域中的发明心理》中指出，美感似乎是数学发现中唯一有用的工具。但是至今这种直觉不过是一种趣谈，真理与美之间的联系对人们来说仍然是个谜。

2004年挪威和美国的科学家提出，无论是对美感还是对真理的判断，都取决于大脑思维处理的流畅性。事实上，更易于处理的脑部刺激能够在接收者身上产生更积极的效果。例如一个能够被清楚读懂并理解的判断更容易被视为真理。推广至数学领域，因为熟悉问题而拥有的思维处理流畅性也会使直觉和正确判断的几率增加。

卑尔根大学数学家罗尔夫·雷伯用数学实验来证明这一推断。在实验中，专家发现人们使用对称性来作为验证算术结果是否正确的指标。

研究人员将算术加法的结果在电脑屏幕上作短暂显示，参加实验的人员都不是数学专家，他们必须在很短的时间内做出算术结果是否正确的判断，科学家发现实验人员更倾向选择对称的数字结果作为正确答案，例如 12+21=33 正确，12+21=27 错误，也就是说人们使用对称性来作为正确性的指标。

由此研究人员证明，对称性，一种简化思维处理并被视为美的代表的现象，被人们用来作为判断算术问题“正确性”的指标。结合此前在数学认知和直觉判断领域的研究，科学家指出，人的直觉判断可能受某种与美感有关的机制指挥，至少在解决简单数学问题时是这样的。不过，无论是简单算术题还是复杂的数学难题，要找到它们的答案，保证思维的整体流畅是至关重要的。

米尔斯著成《社会学的想象力》一书，纵观今天的西方社会学，真正有想象力的理论和经验研究已经越来越少。究其根源，是这个学科的各个领域都太过于制度化，而以定量研究和统计分析为代表的对于社会关系的因果性认识很大程度上禁锢了学者们的想象力。

施雷恩：“艺术家可以以自己的睿见打头阵，先于物理学家发现理解表达世界的新方式。艺术家常常有一种特殊的先见之明，其预见性要超过物理学家的公式。反过来，如果艺术家的图像产生于物理学家发展成果之后，情况则是艺术家不知不觉地通过新的表述途径，达到了与物理学家新思考方式的一致。因此，结论是显然的：科学同艺术之间有着无保留的一致。”

（四）艺术增进了科学人性化

科学向来被认为是严肃的，缺乏“人性化”。如计算机绘图比手绘的优点是复杂丰富；但缺点是不如人工创作质朴自然，有文化、心理影响。而艺术则对人性化会有独到的贡献，因为这是它的强项，也是传统。

当代著名物理学家杨振宁曾对他的老师费米有这样的评价：“他的解释极端简明，令人产生不费力气的印象，可这种印象是虚假的，简明是细心准备的结果，是比较、衡量各种描述方案之后的结果”。

马克思善于用文学手法说明高深理论，他的《资本论》巨著，就插入大量诗句、典故、传说和故事，结果自然是把他深邃的理论思维阐发得淋漓尽致。

赫尔岑说：“大概每一个稍微惯于思索的青年人脑中都会有这样的疑

问：为什么大自然中的一切都这样欢乐、聪明、活泼而有生气，但是在书本上同样是这些东西，却如此枯燥难读，如此晦涩而死气沉沉呢？难道这是人类语言的本质？我以为不然，依我之见，这应归罪于不清楚地理解和笨拙地叙述。”

查尔斯·狄更斯曾向经济学家发出了挑战，希望经济学家们能让自己的学科“多点人性”。1854 年，他在《家常话》的创刊号上写道：“政治经济学只不过是一个骷髅，除非它拥有一点人的外表和内在，有一点人的光泽，有一点人的温度。”

二、艺术融科学

艺术融科学——科学是艺术的骨骼。

（一）科学改进了艺术形式

达·芬奇的画得益于他的“微笑力学”、透视学、人体解剖学等科学知识。现代的电影、电视等新手段，以及化工新颜料、光学知识等更给艺术增加了绚丽的色彩。数码视频艺术则使世博会的展览大放异彩。

《普林斯顿诗歌与诗学百科全书》最新版本的主编、斯坦福大学英语系英语和比较文学教授罗兰德·格林耗时 6 年，在与近 500 名从事诗歌研究的多国学者沟通后，通过调查全球诗歌的现状，指出全球化进程以及技术革新正在改变大众对于诗歌的理解。

格林发现，数字化时代同样改变了诗歌的定义，“诗歌的媒介载体早已不是印刷物或舞台表演，而是建构在数字化王国的媒介手段”。在最新的《百科全书》中，类似于“网络文学文本”“编码作品”等词条的出现，正体现了应用演算法、数据库、编程语言等各种数字形式在诗歌作品创作中的应用。这类诗歌的创作过程蕴含了更多诗人与读者之间的动态互动。在互联网上，诗人可以很方便地与读者交流意见，并据此修改自己的作品。

（二）科学丰富了艺术内容

科学的发展使文学增加了科普创作的新形式，其开发科技更新途径的作用不能低估，像科技史话、科学家传记、技术评论、技术预测，都会促进科技的再创造、再开发，更不要说那些交叉科学、边缘科学、综合科学、软科学等本来就与科普创作有千丝万缕的联系的科学诗、科学小说、科幻诗、科幻剧、科幻画了。

谁都知道现代战争中飞机的重要性，但苏联著名飞机设计家雅克夫列夫却说：奠定他一生事业的是少年时读过的一本有趣的科普书。

谁都知道现代战争中火箭的重要性，但火箭理论创始人乔可夫斯基却说：激发他科学创造的是科学幻想之父——儒勒·凡尔纳。

谁都知道现代战争中潜艇的重要性，但潜艇的发明者西蒙莱克却说："凡尔纳是我生活的总导演。"

这些例子足以说明：科学离不开抱负，热爱是最好的老师。作为并非传统意义的武器创造者，凡尔纳却创造了许许多多的武器，这不是科普创作焕发了科技创造的激情么？

所以，科普创作不仅仅是深入浅出地普及知识或宣传科技成果，它还有焕发、引发、阐发、开发等多种功能。它不是照搬，而是创造；不属低层，而属高层；它已经成了有极重大意义的、无形的战略武器，具有特殊战斗力。

（三）科学强化了艺术逻辑

科学从内在的逻辑上武装了艺术，揭开音乐之谜就是一例。

音乐艺术给人以美感，这是经验事实。但是追究其原因，则迷雾重重。后来发现，原来科学也可以指导音乐，美国的尼尔·格申菲尔德在其著作《数学、艺术与名琴》中指出：数学"有助于让人参与，表达自我，激动人心"。而且，音乐也受"分形原理"支配。

由不同频率成分随机混合而成的声音叫噪声，这些噪声随时间变化的轨迹都是分形曲线。谱密度 S（f）是噪声在频率 f 处的均方根涨落（波动），是表征噪声时间相关性的一个量度。相当单位频率间隔内各频率成分的平均功率随频率 f 的一种分布，可写成：$S(f) \sim f^{-B}$，B 为标度指数。B = 0 为白噪声，最随机，最不规则，点与点间完全不相关，对听者有迷惑效应。B = 2 为布朗噪声，描绘的是布朗运动或随机行走，相关性最大，最规则。

而 B = 1 时，称 1/f 噪声，不规则程度介于上述两者之间，在自然界最普遍：大多数令人愉快的音乐，无论是古今东西，都是1/f噪声，几乎所有音乐旋律也都在模仿1/f噪声，成为音乐界多年未解之谜。有趣的是：流水、清风所以怡人也是由于“1/f起伏”。近来还发现，这种外界的1/f起伏会诱发人脑中α波的频谱图也相应做1/f起伏，心里感觉最舒服。

达·芬奇名画《蒙娜丽莎》的微笑，也是一个著名的艺术之谜。在对“微笑”的探索中，真正令世人瞠目结舌的是20世纪的“三大发现”。其一，医学家断言，脸部肌肉不能被牵动是面部神经瘫痪的症状，蒙娜丽莎的微笑是病态的。其二，贝尔实验室的莉莲·施瓦茨在电脑上把蒙娜丽莎的画像与达·芬奇自画像重叠，发现两者的发角线、双颊、鼻子竟能够一致，因而得出结论：《蒙娜丽莎》是达·芬奇的自画像。难怪现代派画家竟为蒙娜丽莎填上了八字胡。而在早些时候，弗洛伊德则用“俄狄浦斯情结”即恋母情结解释“微笑”之谜，认为这幅杰作是画家对母亲情感的升华。其三，便是1993年10月加拿大魁北克女艺术家苏珊·吉鲁公布了一项令人吃惊的研究成果。她说蒙娜丽莎那倾倒无数观赏者永恒的神秘微笑的口唇，是一个男人裸露的脊背！这一论断既新鲜又荒诞，然而论证是有力的。集画家、雕塑家、建筑师、工程师及科学家等多种才艺于一身的达·芬奇，可谓“怪杰”。他还是个左撇子，习惯从右到左倒着书写，别人要借助镜子才能读出他写的东西。因此，借助镜子亦不失为欣赏者读画的一种方法。旋转90度从镜中看蒙娜丽莎抿着的笑唇，恰似一个中线分明的结实男性脊背以及右臂和肘部的一角。

这三大发现是三个不同学术领域对神秘微笑的探索，显示了这些学科各自研究的视角都有基本立足点。因此，谜底虽然近乎荒诞，但研究本身却为我们进一步解释这千古之谜开拓了新的思路。与此同时，这些令人震惊的新发现又为蒙娜丽莎的微笑平添了几分神秘和永恒。

而最近据法新社报道：通过红外线三维扫描图像还进一步揭秘了“蒙娜丽莎”。科学家们说：蒙娜丽莎最初穿一件很薄的孕妇装，头发梳成一个小圆髻，紧紧地抓住椅把，并没有靠在椅背上坐得笔直。这些细节隐藏在油彩下面，现在只有通过红外线三维扫描图像才可以看到。

类似地，对一些文学作品也进行了科学的研究。如：中国著名古典小说《红楼梦》的研究已经发展出一门学科——《红学》。刘锴在《落霞其实是‘飞蛾’》一文中，也对王勃《滕王阁序》的名句“落霞与孤鹜齐飞”做了考证。原来，宋人吴曾在其《能改斋漫录·辨霞鹜》中说过：“落霞非云霞之霞，盖南昌秋间有一种飞蛾，若今所在麦蛾是也。”原来，当时的南昌地区，八九月间，田野里活动着一种飞蛾，数量极多，在江上飞舞时，纷纷坠落水中，引得江鱼群游争食。当地人把这种飞蛾称作“霞蛾”，简称为“霞”。霞蛾纷坠如雨，也引得野鸭（鹜）游来争食，于是便出现了“落霞与孤鹜齐飞”的奇异场景和壮观画面。

（四）科学深化了艺术主题：

曹星原《同舟共济：〈清明上河图〉与北宋社会的冲突妥协》一文就分析了“《清明上河图》之谜”：

“对一个问题的研究倘若长久地没有进展，通常是因为研究者忽视了不应忽视的因素，寻找到这些被忽视的因素是困难的。困难不在于它们隐藏得有多深，而在于前人已有的研究思路根深蒂固，无形之中会制约后来者思路的展开。”

《清明上河图》就是一个长久难以进展却为很多人关注的热点。

它属于“今体画”风格，即体现平民精神的写实描绘，画作应创作于宋神宗在位时的“全盛”期（1074～1085年），而非通常认为的徽宗宣和时的“淡出”期。宋神宗曾因见到小吏冒死递送的《流民图》而震动，向皇后父也因之冤亡，故《清明上河图》并非单纯的歌功颂德之作，而是“对某种特殊的社会情况，以低调的今体表现手法来说服特定人群的特定表述”——向皇后托人定制的。

自艺术升格为“学科门类”后，如何自觉建构艺术学理论体系成为亟待解决的一项课题：不能没有自己明确的研究对象与相应的研究方法，总体而言，艺术学理论的研究对象可以是艺术一般，也可以是艺术特殊，但指向必须是对一般规律的揭示，这就需要“科学”帮忙了。

三、互融共同体

科学与艺术互融的趋势是组成“阿泰克”——“科学·艺术”“互融共同体”。

“阿泰克”，即 ArTech 的意思，意为把当前的艺术（Art）与科学（Tech）“合成一体”。

说科学与艺术是一个“互融共同体”，是指科学与艺术具有互求、互感、互联、互补的本性。

（一）互求

科学与艺术都相互需求。

萨顿在《科学与艺术的关系》中说：“理解科学需要艺术，而理解艺术也需要科学。”即：真（科学）、善（宗教）、美（艺术）是锥塔的三个面。“当人们站在塔的不同侧面的底部时，他们之间相距很远，但当他们爬到塔的高处时，他们之间的距离就近多了。”

罗森在回顾自己与爱因斯坦一起工作的感受时说：“在构造一种理论时，他采取的方法与艺术家所用的方法具有某种共同性，他的目的在于求得简单性和美（而对他来说，美在本质上终究是简单性）。”

在分析了毕加索的画《亚威农少女》之后，米勒得出结论：“毕加索的伟大突破是为了实现科学、数学、技术和艺术之间的一种联系。他摒弃了已有的常规，转向一个崭新的思想框架，以科学作模型，以数学作指导——就像20多年后物理学家们也将做的那样。就这样，他找到了勇气在《亚威农少女》里创作他自己的视觉表达法，并向即将出现立体主义的几何语言方向前进。”他还说：“如果我们求助于科学、数学和技术等方面的工具，就可以避免用所谓‘天才’‘直觉’或者什么精神分析法等等这种一些老套的东西，来理解毕加索等人的现代艺术作品。”

洪堡：“史学应以科学史为中心，还应重视艺术史和文学史，但最引人注目的还是他认识到了科学和艺术的分化倾向……自然在人类头脑中的反映，包括通过想象得出的反映（即艺术）及通过理性能力获得的反映（即科学）。”

（二）互感

科学与艺术互为灵感源泉。

斯坦福大学教授内茨：“除了诗歌之外，其他的人类行为恐怕都难以像数学论证一样，需要创作者将巧思如此专注于文本本身。”“数学论证和诗歌一样，是一门语言的艺术，很值得从文体学角度进行分析。”

不少经典的数学论证都有文学创作的“影子”，例如数学文本中隐喻无处不在。数学文本中的隐喻相当规范，且由来源远，而数学论证的目的和意义则在于文本的“弦外之音”，这些比喻的话语塑造了人类对世界的认知。例如，数学家画出一对相似三角形，目的不在于三角形本身，而在于三角形背后蕴含的成比例对等的概念。又如，阿基米德的《数沙术》不仅带来了简化的计数方式，而且激发了以沙象征数量庞大的修辞。

内茨表示，自然科学的本质虽然是客观的，但论证可以表露个人风格。剑桥大学劳埃德《古代的哲学和科学》中指出，科学，如同历史、戏剧一般，渗透着强烈的个人色彩。例如欧几里得的论证严谨、完整，阿基米德的论证风格则是“各个元素狂欢式的合唱”。在内茨眼中，阿基米德的数学论证充分印证了数学文本对于悬念、双关等文学元素的应用和把握。内茨认为，回过头来再看看古希腊数学家的论证，不难发现，这些文本如马赛克碎片一般，错综复杂的元素激发读者挖掘文本本身，而数学文本散发出的人文气息最终又透射到诗歌上。

人文科学和自然科学互为灵感源泉，正如美国数学教授格拉兹《受数学激发的诗歌》所言，数学和诗歌形影相随，诗歌带来的美学刺激正激发着人类理解数学中抽象的概念，二者的关联由来已久。

（三）互联

科学与艺术靠知识联系。

安博迪：“自然科学、工程学和人文社会科学领域一定有交集和火花。”

赫胥黎《科学与艺术》：“科学和艺术就是自然这块奖章的正面和反面。它的一面以感情来表达事物永恒的秩序，另一方面，则以思想表达事物的永恒秩序。”

梁启超《美术与科学》：“真正的艺术作品，最要紧的是描写出事物的特性”，“科学根本精神，全在养成观察力”，“能观察自然之美，不唯美术出来，连科学也出来了”。

汤普森是《自然界的螺线》的作者，被称为20世纪最博学的人，担任过三个风马牛不相及的教席：古典文学、数学和动物学，而其巨著《生长和形态》的“伟大正是因为它是这三个方面的完美结合”。研究生物形态时碰到的螺旋形实例，多如恒河沙粒。

宋庄建电商平台让艺术“接地气”，让艺术实实在在融合科技：位于北京通州的小镇宋庄，因为当代艺术的聚集而声名鹊起。截至2012年底，已经有5000名艺术家在宋庄生活创作，其间分布着22座大型美术馆、113家画廊、4500多个艺术工作室，是目前世界上规模较大的艺术家群落集聚地。管理者为企业找般配的艺术搭档，建立创新产业联盟。于是艺术家的集体加盟，将对高科技行业产生巨大的正面影响。当代艺术对科技产品设计的启发是多方面的，设计不再是技术的叠加，要想设计出更具美感的科技产品，需要设计师具有极高的审美和艺术家般的敏锐，所以，每个设计师都应熟知当代艺术的发展。

（四）互补

科学与艺术在差异的基础上互补。

梵·高："我一直希望在以下几个方面有所发现：通过互补色的结合，通过两种互补色之间的混合和反衬，通过相近色调的不可思议的深浅变化来表现一对情侣之间的爱情；通过在幽暗的背景烘托下浅淡的色调光彩来表现思索的表情；通过星星来表达希望；通过夕阳的霞光来表达心灵中的渴望。"

玻尔："在科学中，我们所遇到的是论证经验并发展概念来概括这些经验的系统协作，其做法就如同把石头搬来并垒成一个建筑一样；而在艺术中，我们所遇到的却是更加直觉地唤起情感的个人努力，这种情感是我们想到自己的处境的整体……正像'真理'一词一样，知识的统一性问题显然包含着歧义性。事实上，在精神价值和文化价值的问题上，我们也会想起一种恰当的平衡有关的那些认识论的问题，这种平衡存在于我们企图得到一种无所不包的看法来看待千变万化的生活的那种欲望和我们以一种逻辑上合理的方式来表现我们自己的那种能力之间。"

四、聚变发生器

科学与艺术互融的"共济进化"关系将形成"大人文"——（"天·地·人"）的"聚变发生器"。

"大人文"，即比"人文"的概念更广的意思，意为把当前的"天、地、人"的科学与艺术"归为一类"。

说科学与艺术是一个"聚变发生器"，是指它们的融合将发生聚变反应那样激发现有各门科学与艺术的发展。

其实，从本书开始的“科学与艺术的历史”中已知：最初，科学与艺术本来都是统摄在“大人文”的概念中的。而经过中间长时期的分裂之后，今天又到了重新聚合并跃升的时候了。这是唯物辩证法“螺旋式上升”的又一光辉例证。

正如林磊所说：“两者都是科学的一部分——人科，艺术是科学的一部分，科学也是科学的一部分。”“科学的目的是认识自然。包括（人的和非人的）有生命和没有生命的系统。因此，所有与人有关的事物都是科学的一部分，这就是一门新的学科——人科（science matters）——的前提。人科覆盖了人文和社会科学的全部课题，包括艺术（在此，艺术指的是视觉艺术、文学、电影、表现艺术、音乐、建筑、新媒体艺术等）。”

威尔逊《论契合——知识的统合》：

“不仅人类一些简单的社会行为，甚至人类一些所谓‘高等’的社会行为，都有其生物特性的基础。”

“科学与艺术这两个领域虽然在对创造性精神的重视方面是类似的，但是在目标和方法上却有很大区别。这两个领域之间交流的关键，不是杂交，而是通过阐释科学知识及其前景，使双方重新充满活力，阐释是科学与艺术之间契合解释的必然途径。”

（一）大数学

——趋于“深层的美”。

所谓“大数学”，即趋于“深层的美”。也就是数学成为理论成熟的标志。

狄拉克一生追求科学规律的美感。他认为，“如果物理定律在数学形式上不美，那就是一种理论还不够成熟的标志，说明理论有缺陷，需要改进”。

狄拉克60多年的科研工作，解决了许多理论物理的问题。然而他却认为：“我没有试图直接解决某一物理问题，而只是试图寻求优美的数学。”

数学与艺术的一个连接点是对称性，从“对称”到“结构”，是更深刻的认识。20 世纪所有领域结构即不可或缺的要素，结构观念进一步发展是形式，而艺术体现为组合形式，在形式中体现和谐性、对称性、结构性和复杂性。

1791 年，英国浪漫诗人柯勒律治致哥哥的信：

“数学凝聚了真理的精髓，然而竟有如此少的崇拜者……理性在天际生机勃勃，想象却在干枯的沙漠中疲惫行走。通过想象的刺激来支撑理性，这是我以诗歌的形式重演欧几里得论证的缘由。”

数学论证的美学效应不仅影响了柯勒律治一人，不少诗人都借助数学语言的特点在诗歌中体验美学的乐趣。美数学教授格罗尼几年前离开学校考试创作诗歌。在《诗歌中的数学》一文中，她说，当一个人熟悉了数学语言时，可以借助数学语言赋予诗歌生命。除了在格律、音韵、节奏上为诗歌创作带来灵感，还为诗歌带来了音律之外的形式体验，即图、意两者结合引发视觉上的双关，这种诗歌被称为“图像诗”，例如在美国诗人肯明斯的诗歌中，形式和内容相得益彰，诗歌意境跃然纸上。

桂起权《用数的眼光看世界》：

毕达哥拉斯从音乐的和声与振动弦长度简单整数比的关联性中得到决定性启示，提出宇宙“数学和谐”思想，即认为物理世界的奥秘包含于数学核心之中，在科学哲学著作中被称为“毕达哥拉斯主义倾向”。“数是万物的本原”，关于物理世界基本结构知识的本质核心在于数学和谐性，尤其是基本对称性。科学家在探索物理定律的过程中，“数学和谐性”始终是强有力的启发性原则。海森堡认为，现代物理学中的“粒子”其实是基本对称性的数学抽象。爱因斯坦主张，宇宙设计的基本原则是寻求内在的对称性与和谐之美。而今，在“超弦理论”这种最前卫、最大胆新颖的物理学理论中，全宇宙各种“基本粒子”实质上都可归结为振动着的超弦的不同形式，即超级微小尺度上振动着的一根闭合的弦或环。

伽利略（1564～1642）提出科学解释的可接受与不可接受之分，认为必须把感觉经验与推理、数学结合起来，因为“自然这本书是用数学符号写出的，没有数学知识，人们就不可能理解这本书”。

波里克利特把数学视为艺术的舵轮、尺度和载体。

柏拉图在大门上写："不懂数学者止步！"

普罗修斯："哪里有数，哪里就有美。"

达·芬奇："不是数学家请勿读我的著作。"

费曼："对于那些不懂数学的人来说，的确难以使他们理解大自然的美，那深层的美是一种真正的感觉。"

现代抽象派艺术的奠基者康定斯基："一切艺术的最后的抽象表现是数学。"

钱德拉塞克《美与科学对美的探求》：

科学家对复杂而有序的数学公式所产生的心灵震颤，就像见到米开朗琪罗的名作震颤一样，玻尔兹曼看到麦克斯韦论述气体动力学文章的反响，如同欣赏美妙的音乐。

科学美的最佳例子：爱因斯坦相对论符合两条审美标准：一是培根："一切绝妙的美都显示出奇异的均衡关系"；二是海森堡的补充："美是各部分之间以及各部分与整体之间的固有的和谐。"

孟凯韬《哲理数学概论》：

由于受形式逻辑的束缚，传统数学远远不能适应人文社会科学及复杂性科学研究的需要，因而"哲理数学"应运而生。

哲理数学的理论框架是以元系统、主导属性明晰度、关联偏差和中心变量明晰度四个最基本的概念为理论基石构建起来的。它的基本理论包括基本属性论、关联偏差论、中心变量论、辩证关系论、元系统论和阴阳五行新论。其中，前四论为基础，元系统论是核心，其主要内容在于探索自然系统、社会系统和符号系统诸种特性的本原，诸如人类社会何以形成、自然界各种生物何以具有相对稳定性、社会矛盾的根源是什么，等等，都属于它的研究范畴。

美国的齐斯·德福林《数学的语言》开宗明义就说：

"何谓数学？随即向人们提问，你可能获得的答案是：'数学是有关数字的一种学问。'如果追问他们所谓的学问是哪一种，你或许可以诱导他们提出譬如‘那是一种有关数字的科学’之描述。不过，这大概是你可以得到的最多的信息。而这一种有关数学的描述，在大约两千五百年前，就已经不再正确了……在最近大约三十年间，一个为大部分数学家所同意的有关数学的定义，才终于出现了：数学是研究模式的科学（science of patterns)。”

英国数学家哈代《一个数学家的辩白》：“数学家的模式，就好比画家的或诗人的一样，必须是美的；理念就像色彩或文字一样，必须按和谐的方式安排在一起。美是第一个试验；在这个世界上，丑陋的数学没有永远的栖身之所……我们可能很难定义数学的美，然而，它就像其他种类的美之真实一样——我们或许无法完全知晓所谓一篇美的诗是什么意思，但是，当我们得读一篇时，那并不会妨碍我们认识它。”

罗素：“如果对数学加以正确考察，我们就会发现，它所包括的不只是真理，还有至高无上的美——一种冷冽与朴实无华的美，就像雕塑的美一样，不必诉诸我们较弱本性的任一部分，无须绘画与音乐的奢华装饰，却还是具有庄严的纯粹，以及只有伟大的艺术才能表现的一种冷酷的完美。”

伽利略：“自然这部大书只能被那些通晓其中叙述语言的人所阅读。这种语言正是数学。”

剑桥物理学家约翰·波尔金霍恩：“数学是打开物理学宇宙之锁的一把抽象钥匙。”

亚里士多德企图使用数学去“看”我们认定为音乐的不可见的声音模式。他还试图使用数学描述一出戏剧表演的不可见结构。

在20世纪50年代，语言学家诺姆·乔姆斯基使用数学去“看”并描述我们认定为文法语句的不可见的、抽象的文本模式。于是他将语言学从人类学一个相当晦涩的分支，转变成为一门蓬勃发展的数理科学。

（二）大哲学

——趋于“科学与艺术的范式”。

所谓“大哲学”，即趋于“科学与艺术的范式”。也就是哲学不再是在科学与艺术之间摆来摆去的钟摆，而是它俩共同的指针。

马克思：“自然科学往后会把关于人类的科学总结在自己的下面，正如同人类的科学把自然科学总结在自己下面一样。”

赵鑫珊：“我把哲学看作钟摆，在科学与艺术之间摆来摆去，求得平衡。由于亲近科学，哲学可信；由于热爱艺术，哲学可爱。”

薛定谔在1944年的《生命是什么》序言中说：

“我们从先辈那里继承了对于统一的、无所不包的知识的强烈渴望。最高学府——大学（‘大学’一词在英文中和‘普遍性’同字根）这个名称使我们想起了从古到今多少世纪以来，只有‘普遍性’才是唯一可打满分的。可是近一百多年来，知识的各种分支在广度和深度上的扩展使我们陷入了一种奇异的两难境地。我们清楚地感到，一方面我们现在还只是刚刚开始获得某些可靠的资料，试图把所有已知的知识综合成为一个统一的整体；可是，另一方面，一个人想要驾驭比一个狭小的专门领域再多一点的知识，几乎已经是不可能了。”

波姆《科学与艺术的“范式”》：

范式可理解为科学领域工作者的习惯约定或认可的典型范例。

从相似性看，“科学与艺术正是如此深刻地相互关联，因而两者确实都主要涉及范式的创造，而非主题事物的单纯反映或描述”。

结构是科学与艺术两个领域中真正核心的问题。艺术家的新演化有助于打开观察者的新眼界，使它们以各种新的方式来看待结构。对科学家来说，新艺术的价值不在于艺术家的某件作品所提示的具体观念，而在于从涉及每一经验、知觉水平上，对结构作新的理解。

刘兵《在物理学与艺术之间对世界认识的平行性》：

不约而同地涉及相似主题，得出相似结论，或方法表现出了相似的对事物本质的认识。

殊途同归，“平行传记研究”的米勒说：“平行研究不可避免地导致一个同样的问题：艺术与科学在20世纪里是如何平行发展的，走向抽象和新的视觉想象的共同趋势，原来并非是偶然发现的。”

钱捷《哲学对于科学发展具有方法论意义》：

哲学除了作为科学范式的基础，对于其发展还有更为一般性的、“解放思想”的意义，而这是哲学作为思维方式的最一般特征的效果。哲学说到底是以知性的方式（演绎推理和溯因推理）追求理性的自我完备。当年泰勒斯提出“始基”的问题，无非就是要以此方式满足理性对于因果的说明体现了理性的完备的终极原因的欲求。这种追求本质上是一种无限的追求，因此原则上没有任何有限的人或思想，可以终止真理或以至上教条的身份终止这种追求。

亚里士多德学说在中世纪成为教条，而近代科学在对于亚里士多德范式的批判中诞生，这固然是因为新的哲学原理在伽利略、笛卡尔和牛顿等人那里发挥了作用的结果，但是这种新的原理之所以能够产生并被运用到人们对于大自然的探索之中，则是因为哲学在那个时代对自身的批判性本质有所觉醒。其最为直接的体现，就是培根倡导从科学实验出发而力破所谓“四种假象”和笛卡尔倡导以穷竭的怀疑而将一切教条与习见都放到理性面前加以考察。没有这样一个具有时代意义的觉醒，没有哲学上的“解放思想”，就没有近代科学的诞生。

社会物质生产的需要产生和推动了科学的发展的说法并不完全确切。通常所说的科学，其实包含两个不同的部分，即基础或纯粹科学和应用科学。即使从应用科学到物质生产的过程中，也会出现一些能够激起人们纯粹求知欲的现象，如热机本来是一种技术发明，但它引起的现象激发了科学家的研究兴趣，从而导致了热力学理论。

从根本上说，科学家研究热力学并不是因为它在物质生产中有价值，而是因为它是对一类自然现象的解释。纯粹科学研究的真正动力是内在的精神需求，这种原动力决定了其产生和发展从根本上取决于好奇心的强度、求真的信念与思维方式。

（三）大管理

——趋于“管理哲学”。

所谓“大管理”，即趋于“管理哲学”。也就是管理需要“元理论”了。

考察管理科学的发展史，不难发现：脱颖于工商业的管理科学，一直热衷于“怎样管理”（how），也就是“规律论”的问题，而冷落了“管理是什么”（what）的“本体论”与“管理为什么”（why）的“意义论”问题。这在互联网时代，显然不够了。正像孔茨、奥唐奈、韦里克在《管理书》里指出的，“在人类活动中，也许再没有比管理更重要的领域了”。而“管理思想的发展迟缓”，是因为“学科的划分不当”，“未能让社会学家的研究成果应用于管理领域”。所以，管理哲学这一更高的概括则顺应了这一发展趋势，加速了管理思想的发展，以致被尊为管理的“元理论”。

有鉴于此，互联网时代的管理就应该冲破“不当”的学科划分，除继续研究“怎样管理”（how）外，还要关注：管理的本质——“艺术、科学、哲学的多元体”（what）和管理的意义——“群体更有成效的总目标”（why），从而海纳百川、综合给力。其道理再简单不过了：“管理”既然是“最重要”的领域，理应有“最广阔”的视野和胸怀！

（四）大人学

——趋于“智慧穿透性”。

所谓“大人学”，即趋于“智慧穿透性”。也就是人的智慧美的总体超越。

史莱茵《达·芬奇的左右脑》：

参观时孩子提问触发的问题：为什么一种有关世界的思想体系——这也就是物理学的真正存在形式——竟不为社会上大多数智力最高的成员所掌握？现代艺术的难以理解和现代物理学的难以掌握，这两者或许是有关联的。

米勒《爱因斯坦、毕加索——空间、时间的动人心魄的美》：

比较研究：

爱因斯坦“相对论”中，同时性是个相对概念，你观察它的方式就是它的存在方式。

毕加索的《亚威农少女》中，不存在一个真正的透视点，很多面部表情和身体形状都是从多个视点同时出现的，你观察它的方式就是它的存在方式。

可见，二人在探讨同样的问题。这是认真地考察科学与艺术中的创造性之间的关系后，米勒得出的一个令人惊讶的结果。在进行真正高度创造性工作的同时，学科间的障碍竟然消失了。在这个关键时刻，科学家和艺术家都在寻找新的审美形式；而对毕加索而言，就是将所有的形式简化为几何。

米勒用他构想的理论模式，结合认知科学概念，包括创造力的格式塔心理学理论得出：创造力发生在意识思维、潜意识思维、启发和确认这样一个循环过程中。当然，社会良好的大环境的前提是不可或缺的。

泽基《内视觉——艺术与脑的探索》：

文学"笔墨难以形容"，而大脑却能欣赏，其实都是由不同的视觉皮质层解读。毕加索、塞尚、莫奈，称得上顶尖的神经学家，懂得如何以颜色和线索探索头脑奥秘，触动视觉细胞。

田明《为什么现代性首要表现为审美——从本雅明的视角看》：

"正是在知识摈弃人类的地方，艺术走到了前台。"思想史与现实表明，现代性中的诸多问题，不能仅仅依靠理性反思与知识的构建去解决。理性反思不过是各种认识方法中的一条路线，所谓理性的自我超越，也不过是这条路线的自我前行。因此，我们有必要去寻找一种既具有总体超越性，又可以正确反映历史运动的认识方法，来解决现代性危机。正是在这个意义上审美与现代性走到了一起。

传统形而上学的主体—客体模式直接造成了现代性危机。危机的解决需要觅求他法，既要将各种认识途径包含在内，又具有超越当下认识的能力。审美基于这一要求走到了思想史的前台。本雅明基于媒介思想与审美辩证法对审美行为做出了具体分析。历史并非由主体创造，而是各种认识行为相互碰撞的结果，审美即意味着基于当下经验内容超越自身的一种认识活动。

（五）大文化

——趋于“文化整体性”。

所谓“大文化”，即趋于“‘文化整体性’”。也就是“通识”的“大家”、拥有“最伟大的博学之士”“本人就是一所科学院”等美誉的德国哲学家莱布尼茨（1646～1716）所期待与倡导的那种“普遍科学与文化”，亦即实现对“理性贯通”的追求。

这就是说，要提倡“大文化”品格，深化对于传统文论的整体性和价值意义的认识，突破多年来奉行的以现代学科界限划分疆域的“小文论”格局和“窄而深”的问题取向的研究理念。正像福楼拜所说：“越往前走，艺术越是要科学化。同时，科学也要艺术化。两人在山麓分手，又在山顶会合。”

托尔斯泰《论科学和艺术的价值》：“艺术和科学就像食物、饮料和衣服一样不可缺少，为人民大众所需。问题是：（在那个时代）以后艺术与科学为少数人垄断，扭曲了艺术与科学的特别意义，丧失了职业天性。”

卢梭《论科学与艺术》：“应以自然的美好与‘文明’（以及贵族特性）相对抗，谴责虚伪的科学与腐朽的艺术。”

萧峰《论科学与人文的当代融通》：“从科学走向人文的这三种模式不仅具有个人的意义，而且还有时代的象征性，苏格拉底的转向意味着在人类探索世界的历程中，人文重心的开创；帕斯卡的转向意味着对萌芽中的科学主义的反叛，以及科学与人文冲突时代的来临；而爱因斯坦从科学到人文的走向则预示着科学与人文的和谐融通的时代正在到来。因此，这些模式的历史连接也表征着科学与人文从混沌一体走向分裂，再从分裂正在走向融通的曲折过程。”

新加坡《联合早报》：“一个国家的未来愿景，多从艺术中显现。如果说，文学、绘画和艺术是对现存社会进行的批判性反思运动，那么建筑艺术就是对未来社会发展趋势的建设性构思。”

范曾：“这和绘画一个道理。我为什么推崇八大山人，他的绘画语言十分简洁。每当我看到他的作品的时候，都有一种感觉，感觉他似乎接近了宇宙本体，你似乎觉得大自然的本来面目就是如此。因此，看这些画的时候会有一种感动。这种感动，不是那种慢慢描摹出来的绘画所能提供的，只有在电光火石的刹那，艺术家用自己的心灵接近了宇宙大造，用艺术的慧眼看见了它，追摹了它。”

（六）大人才

——趋于“科学·艺术”合金。

所谓“大人才”，即趋于“‘科学·艺术’”合金。也就是不做“半个人”。

大科学家狄拉克有一次对另一大科学家奥本海默说：“我听说你也是一位诗人。”奥本海默回答说：“是的。”狄拉克说：“这很奇怪。诗人描述的感情是每个人内在所有的，也都能理解的，但是他所叙述的方式是从未有人用过的；在物理学中则正相反，我们用的是其他人同样的语言，但表达的是以前任何人都不知道的知识。你怎么能同时成为两者呢?”这段话实际上是在鼓励人们以奥本海默为榜样，成为科学与艺术融合的“合金”。

名人梁思成一次在清华大学演讲，题目取为《半个人的时代》。其意思是：眼下的人是不完整的，要么是只懂技术而灵魂苍白的“空心人”；要么是不懂科学侈谈人文的“边缘人”。两者都失之偏颇，都要争取成为完整全面的“大人才”。

王蒙在《科学人文未来》一文中说：“我希望文学界的同行们能以极大的热情学习科学，普及科学，领会科学的庄严、丰富、阔大、缜密，领会用科学的眼光看待，将得到一个怎样美丽、神妙和精微的世界；领会科学已经怎样使人变成了巨人，科学将为人类创造怎样崭新的未来。同时，用科学的实证、理性、计算来取代偏见和唯意志论，取代文学的自恋与自我膨胀，取代那些想当然的咄咄逼人与大言欺世，更不要以文学的手段传播愚昧和迷信。同时，我希望全民的人文素质会有所提高，珍重公认的价值体认，而这与科学知识的普及、科学方法的提倡、科学精神及科学态度的认同，不应该是矛盾的。”

第五章　科学与艺术的经典

一、科学经典

作为“科学”的示例，以下举出21项“科学经典”，包括：1项最美的数学定理和改变世界面貌的10个数学公式、10项最完美的实验。

（一）最美的数学定理

$$e^{i\pi}+1=0$$

1988年秋著名的国际普及数学杂志《数学智力》发表了一篇文章《哪一个是最美的》。文中列出20多条数学定理，要求世界各地的数学爱好者以0~10打分，1年后的结果是：

$$e^{i\pi}+1=0$$

以7.7分获“最美的数学定理”称号。

这是欧拉在1748年发现的公式，很多人认为它“具有不亚于神的力量”，因为它把5个“最重要的常数”巧妙地联系在一起。

这5个最重要的常数是——

1是整数的单位，数字的始祖，在数学中扮演一个重要的角色，可以说，如果没有数1，也就没有一切数。

0是一个“中性数”，是正数与负数间的一个分界数，是坐标系的原点，是运动过程的起点。单个的“0”代表“无”，但在各种进制的数字里，只有它参与才能进位，例如1到9都是一位数字，而10变成了两位数字，即一进到了十位。

π=3.1415926……是圆周率，即圆的周长与直径之比，是在科学中最著名和用得最多的数。现代计算机已能计算π的任意多位，一位德国数学家甚至说："圆周率的精确度可以作为衡量一个国家数学水平的标志。"

e=2.71828……e作为数学符号最先是由欧拉在1727年使用的。这正是欧拉名字的第一个字母。后来人们确定用e来作为自然对数的底，以此来纪念欧拉。以e为底的对数其所以叫自然对数是因为它能反映自然界规律的函数关系。因此在自然科学中e的作用不亚于π，在微积分中，以e为底时公式具有最简洁的形式。

i是负数（-1）的平方根，是虚数的单位，是1777年由欧拉首次使用的。魏塞尔、高斯、阿甘等数学家不再死钻一维数轴的牛角尖，发散思维使他们想到利用另一根树轴（虚轴）来表示i，于是复数获得了一块坚实的大地——复平面，现已成为一门庞大的数学分支——复变函数论的基石。

显然，把这5个"最重要的常数"——被称为盛开的"5朵金花"和能"呼风唤雨"的"5虎上将"——联系在一个简单的公式里，该是多么诱人和美丽！

在法国巴黎的发明宫里，有一个数学史陈列室。其中，古代数学部分和近代数学部分的间墙上，就悬挂着这个公式，表现了人类创造的数学、符号、算式是何等巧妙和神奇。

欧拉（1707～1783）是历史上最多产的数学家，也是在数学各分支领域中著作最多的学者，人称"数学界的莎士比亚"，在数学史上甚至18世纪被称为"欧拉时代"。

欧拉出生于瑞士，他的数学才能赢得了著名数学家伯努利父子的尊敬。他1727年移居俄国，成为圣彼得堡科学院的成员，后由于过度疲劳而一目失明。1741年应腓特烈大帝的邀请，成为柏林科学院院士。1766年应叶卡捷琳娜二世的邀请返回俄国。不久就双目失明，在全盲的最后17年中，他仍以非凡的记忆力和惊人的心算能力不断从事著述。他的学术成果和高尚风格都令人景仰。

大数学家拉普拉斯常告诫年轻的数学家："读读欧拉，他是我们每一个人的老师。"

被誉为"数学之王"的高斯对欧拉给予很高的评价："欧拉的工作研究将仍旧是对于数学的不同范围的最好的学校，并且没有任何别的可以代替它。"

美国数学家克莱因说：“没有一个人像他那样多产，像他那样巧妙地把握数学；也没有一个人能以采集和利用代数、几何分析的手段去产生那么多令人钦佩的结果。他是顶呱呱的方法发明家，又是一个熟练的巨匠。”

（二）改变世界面貌的10个数学公式

1. 改变世界面貌的10个数学公式之一

1 + 1 = 2

1971年5月15日，南美国家尼加拉瓜发行了10张1套，题为《改变世界面貌的10个数学公式》的邮票，是经由许多数学家投票选出的。

邮票票面下方为这套邮票的总标题，左侧注明“尼加拉瓜”字样。其主画面分为两部分：左半部分的背景图案均反映科学探索工具，并在上方印出表彰的数学公式，下方印出邮票的面值；右半部分利用彩色图形反映该公式的应用与重要影响。

而这套邮票中最基本的，则是每个小学生都知道的，被称为“最简单”也“最伟大”的公式：

1 + 1 = 2

这个看似“最简单”的规律居然是“科学规律”最下面的那块基石，可以说是：基本又基本，普遍又普遍。

它是这套邮票的第1枚，也是人类开始对数量认识的第一公式，因为一切计算都是从手指计数的基本法则开始的，而人有10个手指，自然地孕育了十进位制的系统。

记数法与十进位制的诞生是文明史上的一次飞跃。这是因为：数学的基础是集合论与实数论，但实数的基础是有理数，有理数的基础则是自然数，而自然数的研究又离不开十进位制的方便表示。

所以，这个公式可以说是把“最简单”和“最伟大”结合起来的范例。

2. 改变世界面貌的 10 个数学公式之二

这套邮票的第 2 枚是毕达哥拉斯定理：$A^2+B^2=C^2$

两个直角边的平方和等于斜边的平方。

它被认为是“证明方法最多”（达 400 多种）的数学定理，由鲁密斯搜集整理的《毕达哥拉斯》一书就给出了 370 种证法。

在国外，最先给出证明的是公元前 500 余年的古希腊著名哲学家毕达哥拉斯，但其方法已经失传。据说，当时曾杀牛百只设盛宴以示祝贺，故该定理又称“百牛定理”，可见对这一定理的重视程度。

我国早在周朝初年（公元前 1100 年）就发现了这个定理的特例：

勾 3 股 4 弦 5。

也就是：

$3^2+4^2=5^2$

在我国古算书《周髀算经》中就已经介绍了勾股定理这一结论，但是，当时并未给出证明，而是直到三国时期的吴人赵君卿才用“面积割让”的方法给出了第一种证明。

该定理的一大深远影响就是无理数的发现。

原来，毕氏学派的希帕斯发现了边长为 1 的正方形的对角线长度不能用整数或整数的比，即分数来表示。

于是这个发现就否定了当时流行很广的“万物皆数”——宇宙间一切的数都能归结为整数或整数之比，此外没有别的数——的毕氏学派信条。于是，出现了“第一次数学危机”。希帕斯也因此惨遭“淹死”的惩罚，被抛入地中海。

1972 年发射的星际飞船“先锋 10 号”，给外星人送去了一块由美国人设计的信息板，我国数学家华罗庚曾提出可以设计一个刘徽证明勾股定理的“青朱出入相补图”一起送去，足见这个定理在我国科学史上的重要地位。

3. 改变世界面貌的10个数学公式之三

杠杆原理：

动力×动力臂=阻力×阻力臂

它是这套邮票的第3枚。

“杠杆原理”是由阿基米德发现的，他出生于古希腊叙拉古附近的贵族家庭。其实，埃及在公元前1500年就有人用杠杆抬起过重物，有过这方面的实践，而阿基米德则从中发现了“杠杆原理”，并产生了他那句名言：“给我一个支点，我就能撬动地球。”虽然，据计算，所用的撬杆必须有10的23次方公里长才行!

当时的叙拉古赫农王曾指令让阿基米德设法去拖动海岸搁浅的大船，运用杠杆原理果然获得了成功。于是，赫农王发出告示：“今后无论阿基米德说什么，都要相信他。”

阿基米德才华出众，还发现了“浮力定律”以及大量几何学定理。而且他还是微积分的先驱之一，因此被尊为“数学之神”，与牛顿、高斯鼎被称为“人类有史以来最重要的三位数学家”。

有趣的是：70多岁的阿基米德还当过希腊城市叙拉古保卫战的事实上的总指挥，他充分利用了自己的学识和才智，在历史上第一次显示了科学技术的惊人力量——发明了投石器（弩砲）与蝎子（近程弩机）以及悬臂起重机等武器装备，吓跑了罗马人。而且罗马人还边跑边喊：“来了！阿基米德的新式武器!”

但是，遗憾的是阿基米德最后被叛徒出卖，为罗马士兵刺死。

顺便提一下：由阿基米德等希腊科学家取得的辉煌成果，曾引起过这样的问题：为什么物理学是在希腊而不是在古巴比伦、古埃及发祥呢?

著名的俄裔美国物理学家伽莫夫作出了一种意味深长的解释：“同希腊科学比较起来之所以有这种缺陷，一种可能的解释是：巴比伦人和埃及人的上帝都高居在九天之外，而古希腊的诸神则都生活在海拔只有1万英尺左右的奥林匹斯山之巅。这样，要了解地球上的问题就接近得多了。”

4. 改变世界面貌的 10 个数学公式之四

对数公式：$e^{\ln N} = N$

曾被恩格斯誉为“最重要的数学方法”的“对数”，是这套邮票的第 4 枚。这就是：纳皮尔公式。其中，e = 2.71828……

对数的发明人是苏格兰业余数学家纳皮尔男爵。他 13 岁时进入圣·安德鲁大学，不久即离去，未取得学位。以后周游各地，21 岁时回乡。当时，哥白尼的“太阳中心说”刚刚流行，计算天文数字非常困难。纳皮尔曾说：“没有什么会比数学的演算更令人烦恼……诸如一些大数的乘、除、平方、立方、开方……因此我开始考虑……怎样才能排除这些障碍。”

他自 44 岁起经 20 年研究，终于独立发明了对数，于 1614 年出版了《神妙的对数规则之描述》一书，创造了 8 位对数表。死后两年才披露的另一本书《神妙的对数规则之构造》，还系统地使用了把一个数的分数部分同整数部分分开的小数点。

而所以取名为“对数”，原来是表示“比的数”之意，即：

希腊文 logos（比） + arithmos（数） = logarithm（比的数）

“对数”的这个名字也是由纳皮尔首创的，仅过了 3 年，纳皮尔就逝世了。

在此之前的 1544 年，德国数学家斯蒂菲尔出版《整数的算术》一书，提出了“指数”的概念，并发现了“4 条法则”——指数的和、差、倍数及几分之一与幂的乘积、商、乘方及开方相对应。

对数的意义重大，与解析几何和微积分一起，被公认为 17 世纪数学的 3 大成就。

伽利略曾因之放言：“给我时间、空间和对数，我可以创造一个宇宙。”

开普勒则利用对数表简化了行星轨道的复杂运算。

拉普拉斯因之认为：对数“用缩短计算时间延长了天文学家的寿命”。

5. 改变世界面貌的10个数学公式之五

万有引力公式：$F = Gm_1m_2/r^2$

万有引力公式是这套邮票的第5枚。

式中，F代表力，G是万有引力常数，m代表质量，r则为距离。

它是英国的牛顿依据文艺复兴时期的德国天文学家和占星家开普勒总结的“行星运动定律”和牛顿自己发现的“牛顿第二定律”，并运用他所发明的微积分作为工具推导出来的。

而牛顿的同事胡克却没有那样幸运了，虽然也意识到引力的平方反比定律，但因缺乏数学才能，却没能得出定量的表示。

万有引力公式的发现被认为是“第三只金苹果落地了”，因为传说当时的欧洲一共只有3只金苹果——美人、禁果和智慧。

16~18世纪中叶，这一时期的科学进展主要表现在力学与数学上，主要代表人物是哥白尼与牛顿。哥白尼作为“近代科学的始祖”，首先以“日心说”冲破了中世纪的束缚。而牛顿则在这一时期“站在巨人的肩上”，把伽利略（“打开近代科学大门的大师”）对地面运动规律的综合，与开普勒（“天空的律师”）对天体运动规律的综合，结合在一起，实现了人类认识的第一次理论大综合，总结了以宇宙为对象的“万有引力定律”。

1703年，英国科学家哈雷则运用牛顿的引力理论发出预言——1682年大彗星将于76年后回归。结果在哈雷死后16年，即1758年圣诞节黄昏，果然有一道壮丽的白光射进夜空。哈雷彗星的重现犹如一道象征着牛顿科学大获全胜的信号，震撼了世界。

依据万有引力公式，天文学家还第一次“在笔尖下找到了天体：海王星”，也就是预见到海王星的被发现，科学的威力又一次令人折服了。

6. 改变世界面貌的10个数学公式之六

麦克斯韦电磁方程组

英国物理学家和数学家麦克斯韦的电磁方程组是这套邮票的第6枚。

麦克斯韦在枝蔓杂芜的电磁学园地中，运用偏微分方程和矢量代数的方法，建立了美妙的电磁方程组得到了大量的赞誉：“集电磁学大成”；“完成了从机械学到光电学的伟大范式转换”；“神笔巧绘光、电、磁”。

麦克斯韦电磁方程组由4个方程组成：

方程组的第一个方程就是“法拉第电磁感应定律”；

方程组的第二个方程表示磁场对位移电流密度（或电场的时间变化率）和传导电流密度（或电荷的运动速度）的依赖关系；

方程组的第三个方程实际相当“库仑定律”；

方程组的第四个方程表明除电源外没有其他磁场源。

该方程组确定了电荷、电流（运动电荷）、电场和磁场之间的普遍联系，是电磁学的基本方程。

方程组表明，空间某处只要有变化的磁场就能激发出涡旋的电场，而变化的电场又能激发出涡旋的磁场。于是，这交变的电场和磁场互相激发就形成了连续不断的电磁振荡，即：电磁波。

方程组还说明：电磁波的速度只随介质的电和磁的性质而变化，由此式即可证明：电磁波在真空中传播速度等于光在真空中传播速度。这不是偶然的巧合，而是由于光就是一定波长的电磁波，这就是麦克斯韦创立的光的电磁学说。

麦克斯韦是继英国物理学家法拉第之后集电磁学大成的伟大物理学家，曾在剑桥筹建卡文迪什实验室，与牛顿、爱因斯坦鼎足为“三大物理学家”。

从此，在19世纪中叶经牛顿建立的统一的机械运动宇宙图景，第一次被光、电、磁统一的宇宙图景所替换。这一伟大的范式转换是由牛顿的两个同胞之一的法拉第开始，而完成者则是麦克斯韦。

科学史认为：继阿基米德的《几何原本》、牛顿的《自然哲学的数学原理》和达尔文的《物种起源》之后，麦克斯韦的《电磁学通论》一书提出的麦克斯韦电磁方程组是又一科学丰碑。

7. 改变世界面貌的10个数学公式之七

爱因斯坦质能关系式：$E = mc^2$

号称“世界上最著名的公式”的爱因斯坦“质能关系式”，是这套邮票的第7枚。

式中，E代表能量，m代表质量，C则为光速。

质能关系式由爱因斯坦在1905年他26岁时提出，15年后经实验确认，影响巨大，今天的核能、黑洞、时间旅行、空间弯曲等都随之而来。因此，爱因斯坦被称是既为上个世纪又为下个世纪提出伟大物理难题的思想家。

爱因斯坦的“相对论”被人们誉为“科学理论中的稀世珍宝”。

《美国新闻与世界报道》曾评论说：用下面这句话来纪念20世纪是非常恰当的——“‘相对论’既是最具影响力的一种观点，也是人们最难理解的一种观点。”

《恋爱中的爱因斯坦：一段罗曼史》一书的作者奥韦尔拜伊说：“即使爱因斯坦也很难成为爱因斯坦。”

著名喜剧大师卓别林则对爱因斯坦说过：我们两个人都是名人，可是我们出名的原因不一样。我成名，因为随便哪个人都知道我在做什么；可是你出名，是因为没有人知道你在做什么。

8. 改变世界面貌的10个数学公式之八

德布罗意二象性公式：$\lambda = h/mv$

法国物理学家德布罗意的“二象性公式”被称为“物质世界里最美的旋律”，“表示了光子与物质粒子的对称性”，是这套邮票的第8枚。

公式中的λ是与粒子相伴的物质波波长；h是普朗克常量；mv则是粒子动量。

在德布罗意之前，人们对自然界的认识只局限于两种基本的物质类型：实物和场。前者由原子、电子等粒子构成，光则属于后者。

但许多实验之间却出现了难以解释的矛盾。于是，1923年德布罗意大胆设想：人们对于光子建立的关系式会不会也适用于实物粒子呢？如果成立的话，实物粒子也将同样具有波动性。

后来完全证实了这一设想，实物所具有的波动称为“德布罗意波”，即“物质波”。

德布罗意的新理论开始并未受到重视，即便他的导师朗之万也认为其想象过于大胆，但联想到丹麦物理学家玻尔的工作，最后还是将论文寄给了爱因斯坦，请他看一下。

素来喜欢物理学中对称性的爱因斯坦，一下子就看出德布罗意理论恰恰揭示了光子和物质粒子之间的这种对称性。所以他热情地复信给朗之万，称赞德布罗意“已揭开了巨大帷幕的一角”。

爱因斯坦当时正着手将印度青年物理学家玻色提出的光子统计理论推广到单原子气体，他立即吸收了德布罗意的新理论，于 1924 年 9 月和 1925 年 2 月发表了论文。

德布罗意对奥地利物理学家薛定谔创建“波动力学”也产生了积极影响。后来人们相继证实了电子、原子、分子、中子都具有波动性，德布罗意的设想终于完全得到证实。

9. 改变世界面貌的 10 个数学公式之九

玻尔兹曼公式：$S = K\ln W$

采用统计学概率方法的玻尔兹曼公式，是这套邮票的第 9 枚。

这个公式更被刻在玻尔兹曼的墓碑上。其寓意是：“天才为自己的发现殉葬。”这是因为：该理论开始不被人接受，玻尔兹曼竟因之愤而自杀（1906）。而玻尔兹曼生前并没有看到爱因斯坦关于支持他预测“亚原子”世界图像的论文。

公式中的 S 是宏观系统熵，代表系统无序性大小；W 是可能的微观态数；K 是玻尔兹曼常量。

1854 年，德国的克劳修斯首先引进了“熵”的概念，熵在希腊语里是“变化”的意思。这个量在可逆过程不会变化，而在不可逆过程将会变大。由玻尔兹曼公式则可以明显看出熵的微观意义：熵是系统由分子热运动无序性的一种量度。

显然，用牛顿力学来解释物体内每一个分子的运动是不可能的，玻尔兹曼运用的是统计概念：只考察分子运动排列的概率，来对应相关物理量的研究，这种方法对近代物理学的发展非常重要。

理论物理学家出身的《科学新闻》杂志编辑林德利在叙述奥地利物理学家玻尔兹曼这辉煌而悲惨的一生时曾说：“原子世界（这种提法可以追溯到公元前 5 世纪的希腊）的信徒玻尔兹曼将他的大部分时间投入到一个

问题中——原子的行为解释了热的物体为什么总是会被冷却。”

林德利描述的历史说明了一位科学家即便在19世纪80年代这么晚的时期投身到肉眼看不见的物质世界也是极为冒险的。尽管玻尔兹曼对能够解释气体性质的原子行为进行了杰出的统计性预测，但是他的技巧却为否认热动力原理留下了余地。包括奥地利物理学家恩斯特·马赫在内的反对者利用了这个弱点对理论物理学进行了普遍抨击。玻尔兹曼为了击败马赫的观点——只有可见事物才能产生有力的科学理论——进行了艰苦的哲学论证。

10. 改变世界面貌的10个数学公式之十

乔可夫斯基火箭公式：$V = V_1 \ln [(M_1 + M_2) / (M_1 + M)]$

乔可夫斯基火箭公式是这套邮票的第10枚。

该公式有“建造新通天塔”之誉。式中：

V：任何时刻的火箭飞行速度；

V_1：气体粒子喷射的相对速度；

M_1：火箭自身质量；

M_2：全部推进剂质量；

M：尚未用完的可变推进剂质量。

当$M = 0$时，火箭达最大速度：$V = V_1 \ln (1 + M_2/M_1)$。

自学成才的俄国科学家康斯坦丁·乔可夫斯基第一个把古老的原始火箭与现代的宇宙飞行在理论上联系起来。

乔可夫斯基发现：在没有空气的空间里飞行，只有靠火箭！并写出了题为《利用反作用仪器进行太空探索》的论文。

但是，在当时的情况下，乔可夫斯基的文章被视为奇谈怪论，受到抵制，杂志都拒绝刊登。理由很简单，当时的人们普遍认为：早已被战争淘汰和已被大炮取代的火箭，怎么能担负起把人类送往宇宙的宏伟重任呢？

经过多次退稿，最后还是靠朋友帮助，乔可夫斯基的论文才得以刊登在莫斯科的《科学评论》上。

1909年，乔可夫斯基发表《火箭列车》论文，提出了“多级火箭”概念。即：由于单级火箭达不到要求的推力，发射卫星可以采用多级火箭的办法。当每级火箭燃料烧完后，把空壳体抛掉，火箭便可以越飞越轻，从而使卫星速度递增，最后达到要求的速度。

乔可夫斯基不仅认识到火箭是人类探测宇宙的基本工具，而且理解到火箭的排气速度是火箭发动机的关键。在此基础上，他提出了：

火箭推力的大小，与火箭发射前后的质量比的对数成正比。

这一著名的“乔可夫斯基公式”，准确计算出一枚导弹要克服地球引力，就必须以1.8万英里的时速飞行。

乔可夫斯基公式，为提高火箭的发射能力以及后来设计多级火箭奠定了理论基础，至今依然是火箭设计运用的主要原理。

他提出的多级火箭和惯性导航的概念以及大型液体火箭的设想和设计原则，对现代火箭和空间技术的发展也都有重要意义。

以上就是尼加拉瓜发行的10张1套，题为《改变世界面貌的10个数学公式》的邮票中所包含的10个科学规律。

（三）10项最完美的实验

1. 10项最完美的实验之一

西班牙《趣味》月刊2006年3月号发表《10项最完美的实验》一文称：一些才华出众的学者，从富有远见的埃拉托斯特尼到富有同情心的孟德尔，创造了精美的理论。这里讲的是10个最辉煌的例子。

第一个“最完美的实验”要算是“自然发生”。

直到即将进入19世纪，人类还认为生命来自无生命物质。自然科学家观察到腐烂的东西会生蛆，认为这是生命自然产生于污泥的证据。这种现象被命名为“自然发生”。

路易斯·巴斯德给了这个理论致命的一击，但是弗朗切斯特·雷迪（1626～1698）使他得到解决这个问题的科学方法。雷迪读了血液循环发现者威廉·哈维的一本书，书中说蛆和青蛙不是自然发生的，而是卵生的。他受到启发，于1688年决定进行一项精美简单的实验。

他在两个罐子中各放一块肉，一个罐子用纱布盖好，另一个敞着口。苍蝇在敞口的罐内的腐肉和另一个罐子的纱布上产卵，但是只有敞口的罐内生出了蛆，盖着纱布的那个没有。雷迪证明：

蛆是由苍蝇的卵变来的。

但是，他曾遭到激烈的反对，其中包括当时一些有名的科学家，他们认为生命的关键在于发酵。

2. 10 项最完美的实验之二

地球的曲度。

在人类文明史中，亚历山大图书馆是知识的圣殿。它的馆长之一是著名的希腊天文学家埃拉托斯特尼，生于公元前 3 世纪。他曾号召人们改变对世界的认识。

据说他在担任亚历山大图书馆馆长时，看到一篇莎草纸文稿，上面记载着，在现今埃及的阿斯旺，夏至那天（6 月 21 日）竖立在地上的棍子没有阴影，太阳倒映在深井的水面上。

这段历史引起埃拉托斯特尼的极大注意，他决定证明在亚历山大是否有类似情况。但是在那里没有类似情况。唯一可能的原因是，6 月 21 日太阳垂直照射阿斯旺，而在他所在的亚历山大城阳光则要偏 7 度。

这个发现非常重要，因为如果地球是平的，就不可能出现这种情况。实际上，只有地球是圆的才能产生这种现象。

埃拉托斯特尼决定花钱雇一个合作者，让他测量两个城市之间的距离（约为 800 千米）。人们不知道这个无名合作者得了多少钱，但是他弄清了两城之间的距离。从两地阳光偏差 7 度推算，埃拉托斯特尼计算出了地球的周长。

他的计算很精确，误差仅为 30～400 千米。这个发现的精确性让人惊讶，特别是考虑到当时靠的仅仅是一根简单的棍子和一个人徒步测量。

3. 10 项最完美的实验之三

尿素。

在19世纪初，有机化学还是个神秘的领域。弗里德里希·维勒说：“它像是个茂密的森林，林中只有很少几条小路。”

这种复杂的状况部分是由于生命力学说造成的，这种理论认为，一种神秘的力量促使有生命的物质具有生气，因此不相信在无机化学和有机体之间存在着某种联系，还认为进行有机分析是极其困难的。

1824年，维勒在斯德哥尔摩的当时最著名的化学家贝采利乌斯的实验室里对氰酸银（AgCNO）进行了研究，发现其成分与雷酸银（AgONC）是一样的。对雷酸进行过研究的化学家利比希指责他的实验搞得不好，但是经过合作分析得出结论认为是不同的酸。这是一种同分异构现象：这两种物质的成分相同，但是特性不一样，因为原子排列不同。他们由冲突而产生了伟大的友谊和合作，这是化学史上极其重要的合作。

1828年，维勒在一家科学杂志上发表报告称，他已用无机化合物合成了一种与尿素相同的化合物。许多人咆哮道：“这不可能!”贝采利乌斯说，只有肾脏可以制造尿素。维勒在给他写的信中说：

“没有人和狗的肾脏也能制造尿素，氰酸氨就是尿素。”

4. 10项最完美的实验之四

二氧化碳。

1756年，约瑟夫·布莱克公布了他利用一个简单的天平所进行的著名实验。另外，他对一种化学反应首次进行了认真精确的研究。

这是用镁石、石灰石和其他碱性物质做的实验，也许在化学史中从没有过这样简短的实验而又采取如此多的观念和取得如此多的新奇结论。奇怪的是，这位化学家进行研究的目的却完全不同：探究一种著名的消除肾结石的药物的药理，18世纪通常爱喝酒的人容易得肾结石。

英国下议院曾向一位名叫乔安娜·斯蒂芬斯的妇女颁发了5000英镑的奖金，奖励她找到一种有效治疗肾结石的方法：吃焙烧的蜗牛壳与蜂蜜的混合物。

布莱克对贝壳、镁石和石灰石在加热时所释放的气体进行了研究和测量，这种气体被称为“固定气体”，因为它一旦产生就会被加了石灰的水吸收。于是，布莱克——

发现了二氧化碳。

尽管布莱克还没能分离出二氧化碳并描述它的所有特点，但他可以在自然界找到二氧化碳并将它从一个物体转移到另一个物体。

他还得出两个深刻改变当时观念的结论：第一，它与一种金属在酸中溶解时所释放的“气体”不同；第二，它像是被燃烧弄脏了的气体。布莱克证明的是，与通常所认为的相反，存在着一种与“普通气体”不同的气体，它主动参与某些化学反应过程。总之，不是只存在一种气体，而是许多种，它们也是物质，可以同物质发生反应，是固体的组成部分。

5. 10 项最完美的实验之五

遗传规律。

1866 年，在一本默默无闻的出版物上刊登一篇题为《植物杂交实验》的论文。这是一位并非默默无闻的教士的著作。他就是遗传学之父格雷戈尔·孟德尔。

如果不是两位欧洲植物学家卡尔·科伦斯和埃里奇·切尔马克，现在我们就不会记住他。1900 年，他们发现他们在遗传学方面进行的工作，孟德尔在 35 年前就在他的小园圃中做过了。

孟德尔喜欢园艺和数学。他证实，如果种下矮种豌豆的种子，那么就只能长出矮种豌豆和结出矮种豌豆。但是高大的豌豆就不是这样，其中一些繁殖出高大的植株，但是另外一些则繁殖出矮种植株。

他感到非常好奇，致力于豌豆种植，测量植株的高矮，观察花蕾的颜色、种子的颜色和形状。经过 8 年耐心的实验，孟德尔阐明了遗传定律。

孟德尔的基本思想是：

存在着成对的极小的遗传单元，即人们以后所说的“基因”。它们可以一代一代地传下去，不会发生变化，并且服从简单的统计学规律。

6. 10 项最完美的实验之六

万有引力。

亨利·卡文迪什 1731 年生于法国尼斯。他是一位法国勋爵的儿子，在剑桥大学学习科学，但是没有毕业就放弃了学习。他性格怪僻，总是心不在焉，实际上一生都过着隐居的生活：他厌恶同其他男人在一起，而女人让他感到恐惧。他甚至禁止仆人在走廊里与他打照面，同女仆只通过写字条交流，他说话极少。

通常一个非常孤僻的人只有两条出路：自杀或患强迫症。对于实验的着迷却挽救了卡文迪什。他非常热衷于实验，以至用身体做电表来测量电流强度。他完全不看重声望，只关注他的研究所取得的结果。他取得的成果包括：最先从水中分解出氢和氧。

只有在卡文迪什死后，由于他留下的笔记，他的工作才得到承认。70 岁时他进行了有史以来最精密和认真的实验之一：

测量万有引力。

为了做到这一点，他用一根金属丝吊着一根铁棒，在铁棒两端各挂着一个铅球。接着让两个较大的铅球接近那两个小的铅球。

但是，他这样做时，球不是在一条直线上，而是有一定角度，这样就使吊着铁棒的金属丝扭曲。测量这种细微和几乎难以觉察到的扭曲，就可以推算出引力值，根据这个数值，他第一个计算出地球的质量和密度。

7. 10 项最完美的实验之七

脱氧核糖核酸。

1870 年一位名叫弗里德里希·米舍尔的年轻医生致力于研究淋巴细胞。但是他面临一个难题：很难获得这种细胞。在一位同事的建议下，他转而研究白细胞，它是脓的主要细胞成分，每天都可以从附近医院使用过的绷带中获得。

首先应该清洗绷带，但不能损坏细胞。在进行了各种实验之后，他找到了一种极稀的硫酸盐，它起着极好的作用。

经过过滤和使白细胞沉淀出来之后，应从细胞质中提取自由核。先用热酒精处理细胞，以清除液体，然后用胃蛋白酶清除细胞质中的蛋白质。胃蛋白酶消化细胞质，底层留下的是灰白色的细胞核。

接着再对细胞核使用开始时对所有细胞使用过的提纯方法。这样获得一种新的物质，经过分析发现它含有：14% 的氮、3% 的磷和 2% 的硫黄。它含磷量相对很高并具有抵制被胃蛋白酶消化的能力，这使米舍尔确信它不是一种蛋白质。米舍尔将它称为“核素”，原来，他发现的就是现在被称为“脱氧核糖核酸”的物质。

8. 10 项最完美的实验之八

光波动说。

这个实验概括了量子力学的全部奥秘和魅力，这个物理学科对原子世界加以解释。实验研究的现象是无法用经典物理学解释的。实验令人惊讶，从在理论方面制订计划到真正实施花费了 30 多年的时间。

1801 年托马斯 · 杨就阐明了有关光波干扰的定律。他进行的一个实验是：让光穿过在纸板上钻的两个孔投射到前面的幕上，以便观察产生的干扰形式。所观察到的现象像是波浪，有两个不是很大、分得很开的波面，就像海浪冲刷在海滩上形成的沙滩的形状。杨的实验证明：

光是一种波。

光通过两个针孔射到幕上，光束展开又重叠，在重叠区亮带与暗带交替。他用这个光干扰的演示证明了光的波动性。

用电子做同样的实验会出现什么情况？同样会出现光波那样的现象，电子也表现得像是波浪。尽管更加神秘，但是我们让电子互相碰撞，产生的干扰仍然相似。所有的物质的表现形式都像是粒子和波。

9. 10 项最完美的实验之九

生命起源。

1953 年，斯坦利·米勒在一个曲颈瓶里将甲烷、氨和氢混合在一起，并放入电极。总之他试图模拟一种当时人们认为的地球的原始环境。一周之后，水变成黄褐色。米勒拔掉电极的插销后，发现瓶内水面覆盖上一层由碳原子网和其他混合成分构成的不能溶解的物质。当产生有机反应时经常发生这种现象。但是，约 15% 的实验没有出现这种黏性焦油。如果产物数量极少，那么这种实验就是浪费时间。少数情况下出现了相当可观的产物。据化学家说，这些产物属于羧基类物质。米勒在最初的实验中没有合成氨基酸。在以后的尝试中，他改变了实验方法后才产生了氨基酸，也就是生命的起源物质。

10. 10 项最完美的实验之十

固体的浮力。

有关阿基米德原理的故事说，国王委托一个金银匠制造一顶金王冠。当王冠做好后，国王认为工匠用铜或银替换了部分金子，于是要求阿基米德在不弄坏王冠的情况下查清这个问题。

阿基米德知道铜和银比金要轻，1 公斤银的体积要比 1 公斤金的体积大。由于知道给了那个金银匠多少金子，如果王冠用纯金制成，那么就应有一定的体积。但是如果用同样重量的银或铜替代部分金，那么王冠的体积就会较大。然而不融化王冠就不能弄清楚。

有一天，阿基米德在洗澡时看到水如何从澡盆中溢出。他激动异常，赤身裸体跑到街上高喊：“我想出来了！”他知道排出的水的体积与他的身体的体积相等。阿基米德将一个容器装满水，再将王冠放进去。之后测量所排出的水的体积，这就是王冠的体积。接着，找一块和给金银匠的重量相同的金子，将它放入水中，排出的体积较小。

那个工匠欺骗了国王，因而丢了脑袋。

以上就是《10项最完美的实验》所包含的10个科学规律。

二、艺术经典

作为艺术的示例，以下举出35项艺术经典，包括：5项雕塑、16项绘画、1项书法、7项建筑、5项音乐，以及1项舞蹈。

（一）雕塑

1. 胜利女神

希腊时期的文化中心，分散于其领土的各地，随着亚历山大东征，这种国际化的文化使希腊团结起来，从前像雅典那样城邦式的中心，都被大都会式的文化中心取代了。至此，雕塑艺术发展出充满感性的表现，雕塑家对人体结构有精微的观察，而女性的裸像也开始与男性裸像享有同等重要的地位。

其中，最伟大的一件雕塑就是萨莫色雷斯发掘的“胜利女神”尼卡（尼凯），实是“胜利之神”，放于巴黎卢浮宫最高处，高2米，由大理石雕成，创作于公元前4世纪末。

这件雕像是为了纪念在公元前306年战胜托勒密王国的舰队这一历史事件而创作的。其伸展的双翼迎风飞翔，双脚轻微地着地，似乎刚降落在一艘战船的船艏上。她吹起了胜利的号角，号声飞向四方。在此，大理石被雕塑成海风吹动的薄如蝉翼的衣衫，衣角轻轻飘起，包裹着一个浑圆柔滑的女性胴体，肌肤的质感、雄浑的翅膀和迎风微摆的衣袍都栩栩如生地呈现出来。

2. 维纳斯

公元前340年，普拉克西泰利斯在尼多斯的一个神殿中雕了一尊阿芙洛蒂忒（海之女神）裸像，自此便成为后人不断模仿的对象。到了希腊时期，裸体女神的雕塑达巅峰状态，米洛斯发掘的“维纳斯”，或称米洛斯的维纳斯、米洛斯的阿芙洛蒂忒、断臂的维纳斯、爱神维纳斯……就是最有名的一件作品。

大理石雕像中女神的双臂已失，其中左臂完全没有，右臂还剩下短短的一截，这丝毫没有减少她的美。她的头稍稍偏向左边，上身，到臀部以上稍稍偏向右边，而她的臀部又微微偏向了左边，这样全身就形成了S形，这就是“对偶倒列”，通过这种方式，雕塑家将女性的曲线美以最完美的方式表达出来。她的衣裙已经掉到了大腿根部，上身纤毫毕现，于是她把左腿稍往前伸，好像要阻止衣裙继续危险地下滑。

3. 奥古斯都像

公元前1世纪前后，罗马雕像有了新的面貌。在罗马帝国中，神圣的统治者与埃及和近东的观念极为接近，因此，奥古斯都（屋大维，公元前27～前14世纪）的雕像既像神，又像君主。

他气宇轩昂，一手握权杖，另一手作号召状，向他的下属致意，他身穿闪闪发光的铠甲，在铠甲上还雕塑有一些神话故事，以歌颂武功，其精细的衣饰具有真实的感觉，传达出布料、皮革和金属的质感。其面容也经过理想化，把重点放在眼睛上，赋予雕像一种充满感情的表现。我们把这件雕像与其他无数的奥古斯都雕像比较一下的话，便知道雕塑者仍然忠实于其面貌的特色，成为后来帝王将相雕像的一种典范和样板。

4. 大卫像

圣经《旧约》故事：以色列古代的大卫王，少年时是个牧童，当非利士人侵犯以色列时，大卫到前线给哥哥们送饭。敌方的巨人歌利亚凶悍异常，以色列人正无法抵挡时，少年的大卫用甩石机杀死歌利亚，挽救了民族。

米开朗琪罗1501年接下为佛罗伦萨大教堂制作“大卫像”的巨大工程，用了4年时间创作了一尊他一生中极为重要的大理石雕像。大卫像高达5.5米，被视为保卫祖国、英勇战斗的典型形象，是西方美术中最引人注目和充满着势不可当的力量的男性裸体雕塑之一。

在这件作品中，大卫是一个肌肉发达、体格匀称的青年壮士形象。集中在大卫身上的全部特征分为两部分：性格的内向部分（聪明、机智、灵活、智慧、细致、警觉、沉稳、正义等），性格的外向部分（魄力、粗犷、刚毅、顽强、力量、应用、男性阳刚之气、坚定、体形健美等），他充满自信地站立着，英姿飒爽，左手拿投石器，右手下垂，头向左侧转动着，面容英俊，炯炯有神的双眼凝视着远方，仿佛正在向地平线的远处搜索着敌人，随时准备投入一场新的战斗。大卫体格雄伟健美，神态勇敢坚强，身体、脸部和肌肉紧张而饱满，体现着外在的和内在的全部理想化的男性美。这位少年英雄怒目直视着前方，表情中充满了全神贯注的紧张情绪和坚强的意志，身体中积蓄的伟大力量似乎随时可以爆发出来。与前人表现战斗结束后的情景的习惯不同，米开朗琪罗在这里塑造的是人物产生激情之前的瞬间，使作品在艺术上显得更加具有感染力。他的姿态似乎有些像是在休息，但躯体姿态表现出某种紧张的情绪，使人有强烈的“静中有动”的感觉。雕像是用整块的石料雕塑而成，为使雕像在基座上显得更加雄伟壮观，艺术家有意放大了人物的头部和两个胳膊，使得大卫在观众的视角中显得愈加挺拔有力，充满了巨人感。

5. 思想者

《思想者》是罗丹大型雕塑《地狱门》组塑的一部分，后来被翻铸成铜像。《地狱门》取材于但丁的《神曲》，思想者是罗丹用来象征但丁的作品。罗丹受装饰艺术馆委托，用20年的时间雕塑200多个人物的鸿篇巨制《地狱之门》，可能受巴尔扎克《人间喜剧》的影响，虽然没有完成，但那些人像却从《地狱之门》独立出来，其中最著名的作品是《思想者》。列宁说过，去巴黎的人不可不看一看罗丹的这件名作。开始曾命名《诗人》以仿但丁，后索性让他一丝不挂，代表“人类的赤子”，坐在《地狱之门》的顶上，俯临下界。

《思想者》对于后人是一个具有巨大感染力的形象，一切善于思索的人都会从这样一个充满精力和热情、为重大问题而苦思的形象上面感受到启迪、鼓舞和美的享受。

《思想者》塑造了一个强有力的劳动男子。这个巨人弯着腰，屈着膝，右手托着下颌，嘴咬着自己的手，默默地凝视着下面被洪水吞噬的人们。他爱人类，对人类满怀同情，因此陷入极大的痛苦和永恒的沉思之中。他那深沉的目光以及拳头触及嘴唇的姿态，表现出一种极度痛苦的表情。他渴望沉入“绝对”的冥想，努力把那强壮的身体抽缩、弯压成一团。他的肌肉非常紧张，不但在全神贯注地思考，而且沉浸在苦恼之中。他注视着下面所演的悲剧，他同情、爱惜人类，因而不能对那些犯罪的人下最后的判决，所以他怀着极其矛盾的心情，在那深沉的沉思中，体现了伟大诗人但丁内心的苦闷。这种苦闷的内心情感，通过对面部表情和四肢肌肉起伏的处理，生动地表现出来。例如那突出的前额和眉弓，使双目凹陷，隐没在暗影之中，增强了苦闷沉思的表情，又如那紧紧收屈的小腿肌腱和痉挛般弯曲的脚趾，有力地表达了这种痛苦的情感，这种表面沉静而隐藏于内的力量更加令人深思。

罗丹自己说："一个人的形象和姿态必然显露出他心中的感情，形体表达内在精神。对于懂得这样看法的人，裸体是最具有丰富意义的。"

（二）绘画

1. 最后的晚餐

这幅"群像画的丰碑"作于1495～1497年间，宽近9米，高近5米。画的是耶稣在被捕前与弟子们吃的最后一顿饭。耶稣站立在中心，背后是三面大窗户，中间的窗户，恰好映衬着他的头部，形象清晰，庄严肃穆。耶稣正对在座的12个门徒说："你们中间有一个人出卖我了。"这句话就像一块石头投入平静的水面，引起不同反应。有的关心，有的同情，有的悲伤，有的愤慨，有的痛惜，有的追究，有的震惊。叛徒犹大表现出畏缩和恐慌，侧身一手紧握钱袋，面部隐藏在阴影中，由于紧张碰翻了案上的罐子。耶稣的背后是一面明亮的窗，由于明暗对比，耶稣的形象醒目。为了画犹大，达·芬奇用了一年时间，常到无赖汉聚集的地方观察，寻找类似犹大性格特征的人做模特儿。

从桌子的左端开始，12门徒分成4组，居于耶稣的两边，每组3人。这种构图也是蓄意表达基督教的传统数字象征——"3"这个数字代表圣父、圣子和圣灵三位一体的圣神象征；而"4"则是指水、火、土和空气4种基本元素，组成世界万物。最左边一组是巴托罗缪、雅各、安德烈，往中间一组是首徒彼得、约翰和犹大，最中间是耶稣，从耶稣往右一组是多马、老雅各、腓力，最右一组是西门、马太、达太。各个表情与身体动作都不相同，但极为传神和协调。

例如犹大，他虽然与彼得和约翰坐在一块，构成了另一个3人组合，但他的身体却与彼得和约翰都保持一定距离，而且有意将身体向后仰，想要躲开他们。各门徒皆交头接耳、惊讶惶恐，而唯有犹大不为所动，说明他知道谁出卖了耶稣。他也是唯一伸手拿取食物的人，暗示他不配接受圣餐。他也是唯一没有笼罩于光线下的门徒，他那阴暗巨大的身影与彼得和约翰身上的光形成强烈对比。他这个蓄着黑发黑须的中年男子，右手捏着一只钱袋，里头大概藏着他出卖耶稣挣来的30块钱！

耶稣本人则是双手摊开，支在桌子上，一头长长的金发披散在双肩。他的神情是镇定自若的，虽然知道自己的命运已经注定了——他将悲惨地死去，然而他并没有心慌意乱或惊慌失措，仿佛他要面对的不是死，而是去赴一场宴会，甚至是去天国赴那永恒之宴。

2. 蒙娜丽莎

这幅“肖像画的丰碑”高80厘米，宽50厘米，画的是一个皮货商的妻子，是一个真实的人物。作画之前，恰逢其爱女夭折，为了驱散萦绕在她心头的忧愁，达·芬奇经常请音乐师来伴奏，以使她露出笑意。画面半明半暗，把透视、解剖、构图等技巧高度和谐地统一在一起，给人以鲜明的立体感、质感。全画最动人的地方，是蒙娜丽莎的微笑。这微笑和她清澈明亮的眼神一起，给人安详、宁静、温柔的感觉。她的微笑又是一刹那的、稍纵即逝的人性美和人情美，惟妙惟肖地表现在画面上。画家歌颂的已经不是一个皮货商的妻子，他在歌颂人，歌颂女性，歌颂人性。

几百年来，围绕蒙娜丽莎的美，人们展开激烈的论争。有人极力赞扬她那肖像的逼真，有人极力称颂她的善良，有人则被她的微笑所陶醉。对于蒙娜丽莎微笑之谜，人们也猜测纷纷，莫衷一是，各自把自己的猜想说成是这幅画的美的所在。欣赏者往往不是从《蒙娜丽莎》这幅画本身去探求美的存在，而是从心灵出发，认为画的美，不首先在于画本身，而首先在于自己的心灵，心灵意识到画美在何处，画的美就在何处。

贡布里希《艺术发展史》：“人们在谈到最具有创造性的人和最具有创造性的艺术作品时，所有的人都会把达·芬奇和他的作品作为典型的例子，《蒙娜丽莎》是对艺术史难题——像雕塑而不像真人的一种创造性解决。”

3. 创造亚当

《创造亚当》是米开朗琪罗为梵蒂冈西斯廷教堂创作的大型壁画《创世纪》中的一幅。《创世纪》是一幅布满西斯廷教堂整个天顶的巨大画幅，200多个男女形象分布在天顶，包括梁柱间的壁画上，背景均是蓝色的天空，天顶的中间部分描绘了9幅主题画，有“上帝区分黑暗与光明”“创造日月与动植物”“创造鱼与海中动物”“创造亚当”“创造夏娃”“堕落的亚当、夏娃被逐出乐园”“诺亚筑祭坛”“洪水”和“诺亚醉酒”。每幅主题画周围有12个各种姿态的裸体像。虽然由于建筑梁柱的分割，画面大小不一，且有相对独立性，但整幅巨画却有着完整的内在统一性。

在整幅《创世纪》天顶画中，《创造亚当》是最引人注目的一幅。《创造亚当》的故事在《圣经》创世纪第二章中有记载：耶和华神（即上帝）用地上的尘土造人，将生气吹到人的鼻孔里，人就成了有灵魂的活人，名叫亚当。耶和华在东方建了一个伊甸园，把所造的人安置在那里。米开朗琪罗为了突出展现神的创造以及亚当的诞生，便把神和亚当各安置在左右两边的空中和陆地上。他把原来应由上帝将生命的灵魂吹到亚当身上这一情节演绎为上帝将手伸向亚当以及亚当去触碰上帝伸出的手。右边空中的上帝，左手抱着天使，右手伸向亚当；亚当全身赤裸，躺在左边的陆地上，似乎刚从睡梦中醒来，抬头望着神，目光中流露出对智慧和力量的渴望，亚当将一只手伸向上帝，等待着上帝将生命的力量传递给他。画中最精妙之处莫过于对此瞬间场景的截取，指尖即将接触，人类波澜壮阔的历史也即将在这指尖毫末的距离间展开。

4. 最后的审判

西斯廷教堂大壁画《最后的审判》，是米开朗琪罗的绘画代表作品之一。整幅画充满悲剧气氛，宗教主题被刻画为人类的悲剧，正在升入天堂的善人与忽然坠入地狱深渊的罪人们，扭成一股股强大的气流，洋溢着戏剧性的紧张气氛。这一题材，按照传统的教会观点，应该表现为人世的空虚与顺从和神的庄严与权威，而米开朗琪罗却按照自己对人的观点，把它表现为正在和命运相对抗的巨人战斗。米开朗琪罗认为：人永远应当受到最大限度的重视。他充满感情地表现了丝毫没有禁欲主义的人体，使他们都具有竞技者的体格，并成为按照自己意志和命运相对抗的叛逆人物。而且，在这一毁灭性的场面中，所有的人都是赤裸的，都具有同等的人性和尊严。艺术家用民主主义精神来衡量正义和邪恶，谴责罪恶的行径，这使世间的罪人也心惊胆战。正是这一点，引起了教会中极端顽固者的不满，要求对壁画进行修改，为裸体的人物罩上衣服，但遭到艺术家的拒绝。于是，教会就派一名叫达尼也列的画家给壁画中的人物都“穿”上衣服，事后达尼也列落了个“裤子专家”的诨名。

画中像雷神一般正在进行审判的基督，位于壁画中上部的圣光之中，他愤怒而悲怆地高举着右手，正在做出最后判决的手势。圣母坐在他的旁边，忧伤而怜悯地注视着人世。圣徒们不再是逆来顺受的羔羊，他们发指眦裂地指着自己受难的刑具，呼喊着要求惩罚罪人。圣徒巴多罗买最为突出，他在基督的右下方，手中拿着剥下来的人皮，充满仇恨，怒目而视，人皮的面孔是米开朗琪罗的自画像。艺术家正是通过这种隐喻，暗示自己高尚的理想遭受到来自各方面的打击和迫害。上帝的四周拥挤着正在控诉的人群，圣徒和在世间受压迫的人都正在挤向前，控诉着自己的冤仇，把基督包围在一团不安和相互斗争的风暴的风眼之中。

在他们身后是升入天堂的善良的人们。他们正在为自己能摆脱人世间的折磨而心绪激动：有的在诉说，有的正和相逢的亲人紧紧拥抱在一起。在中下部，天堂和地狱正在愤慨，有的人正向上飞入天堂，有的正拉着云端上的人做最后的挣扎，甚至还有些正坠向地狱的人仍然在争夺财宝。没有翅膀的天使们在中间的一块云上，吹响最后的号角。另外一群天使挥舞着拳头，阻止妄图向上攀爬的罪人。面色惊恐的恶人们纷纷落入充满洪水和火光的地狱。其中有个正被魔鬼拖下地狱的人被眼前的场面吓呆，惊恐地捂着脸。下面似乎传来一阵阵让人战栗的哀号。冥府渡神正高举着船桨驱赶着他的“乘客”们下船，迎接他们的魔鬼和怪兽们正在对罪人施行各种惩罚，正在腐烂的人和骷髅混在一起，而只有在这时才有人良心省悟，向天空举着双手徒劳地忏悔和哀求着。

米开朗琪罗在这幅画中娴熟地支配着他笔下的巨人们，淋漓尽致地刻画出人的各种精神状况：兴奋、喜悦、愤怒、绝望、悲哀。不同的人的形象被赋予不同的生命含义。在他的笔下几乎凡人都具有英雄人物的体魄和崇高品格。艺术家也正是通过这些手段和形式来抒发对祖国命运的忧虑、对人民的信心和对英雄的崇拜，这是为人类解放谱写的庄严赞歌。

5. 雅典学院

拉斐尔《雅典学院》创作于1510~1511年，与达·芬奇的《最后的晚餐》和米开朗琪罗的《最后的审判》一起被称为文艺复兴三大杰作。《雅典学院》是智慧与情感的平衡，既是科学的，又是文化的，是文艺女神阿波罗的美与智慧女神雅典娜的真的融合。

画作把古希腊、古罗马以及意大利各个时期50多位哲学家、科学家、艺术家汇聚一堂。背景是一座极其宏伟壮丽的古典式大厅，立有两大浮雕，右边是智慧女神雅典娜，左边是文艺保护神阿波罗，下面是柏拉图和亚里士多德——西方哲学两大源流——气宇轩昂地步入大厅，柏拉图是西方最伟大的哲学家，形象最引人注目，模特取自达·芬奇（外貌智慧与庄严）的自画像，两人左手各拿一厚书，柏拉图右手指天（天启为智慧之源），亚里士多德右手指地（“吾爱吾师，吾更爱真理”）。画面左边靠近亚里士多德的是他的学生亚历山大大帝。他右边是个秃头老者，身穿淡绿色长袍，即爱辩论的苏格拉底。画面前景左侧，单膝跪地，正在一个大书上写什么的秃顶人是毕达哥拉斯；头戴桂冠，正倚在一根柱基读书的是伊壁鸠鲁。在洁白的大理石台阶上有两位醒目的人物：左边蓄着大胡子，斜倚在一张大理石条桌上的是赫拉克利特（以米开朗琪罗为模特），他之右逍遥自在地半躺在台阶上的是让亚历山大大帝别挡阳光的犬儒学派第欧根尼。下了台阶有另一堆人，中间秃顶黑发、手执圆规、正在小黑板上画图形的是欧几里得，他身后站着的是地心说创始人托勒密；画面最右端也有一个穿白袍的青年，是拉斐尔的好友兼名画家索多马；在索多马和托勒密之间有一个人，戴着无檐帽，只露一个头，仍看出眉目清秀，就是拉斐尔自己，他正侧目注视观众，似乎在问：“我画得怎样？”

除这些人外，《雅典学院》里的建筑同样引人注目，而且它占了全画超过一半的面积，也是另一个成功之处。在这里，拉斐尔巧妙地运用了空间构成，他用精确的透视、运用半圆形作为壁画的画框，然后用了超过画面积一半的地方来画穹形大厅，既在人物上面形成了广阔的空间，又运用精确的透视往里延伸，使我们在一层层的拱门之后看到了蓝天白云，使画面人物众多而毫不显拥挤。厅内地板、台阶、走廊和远处一层又一层的拱门上面都有富于装饰性的图案，更增添了美感和广阔且深远的空间效果。使人产生一种感觉，好像这些学者活动在半圆形的舞台上，而它们那热烈的谈话声千年之后的我们还听得见呢！

《雅典学院》构图宏伟，古典大厅中集古今著名学者于一堂，给人以庄重神圣之感，具有纪念碑意义，堪称壁画艺术中的登峰造极之作。这个“文化宇宙”就是一个多种差异性的人类文化并存、对话与互补的宇宙。

6. 跨越阿尔卑斯山圣伯纳隘道的拿破仑

画家大卫（1748～1826）的这幅画作于1800年5月，鲜明地画出了拿破仑年轻、沉思、自省的面孔，国旗蓝绒军服，红袖口，白手套，花镶边，红披肩，金织饰……加上队伍衬景。拿破仑要求画家表现他“镇定自如地骑在一匹烈马上”以渲染拿破仑的“英雄气概和史诗般的阿尔卑斯山远征”。因为此前率军越过阿尔卑斯山的只有两人：汉尼拔（公元前218年对抗罗马）和查理大帝（公元773年对抗伦巴第）。

另一幅铜版画出自普雷弗斯特（1797～1861）与画稍有出入，名为“1800年5月身为首席执行官的拿破仑行经阿尔卑斯山”。

除了《拿破仑一世加冕礼》外，大卫还画过不少拿破仑的画像。其中《跨越阿尔卑斯山圣伯纳隘道的拿破仑》再现了1794年第二次反法同盟战争期间，拿破仑率领4万大军，途经阿尔卑斯山越过圣伯纳隘道，进入意大利的情景。拿破仑军队奇兵突袭，给驻扎在那里的奥地利干涉军队出其不意的打击，用短短一个月的时间就结束了战争。这场战役的胜利，提高并巩固了拿破仑的威望和地位，为他后来登上权力巅峰打开了通道。

在《跨越阿尔卑斯山圣伯纳隘道的拿破仑》中，大卫把画面定格在圣伯纳山口积雪的陡坡上，阴沉的天空、险峻的地势渲染了作品的英雄主义气概，红色的斗篷使画面充满昂扬的生命力。画面上年轻的拿破仑，手指向高高的山峰，充满自信。画作完成后，应拿破仑的要求，大卫和他的学生又画了4幅，分别存放于凡尔赛宫、玛尔梅斯拿破仑博物馆等处。其中，凡尔赛宫的收藏品在大卫生前一直由他本人亲自保存，悬挂在办公室内。

7. 伏尔加河上的纤夫

这幅画是列宾花了3年时间，作了两次伏尔加河之行，进行了大量的观察和写生，最后终于完成的享誉世界的佳作。27岁的彼得堡美术学院学生列宾，一天在涅瓦河上写生，突然发现河的那头有一队人像牲口似地在河岸边蠕动，走近才看清是一行拉着满载货物的大船的纤夫。他又把目光转向涅瓦河大桥上往来人群的红男绿女和热烈豪华的情景，这是两个完全不同的世界。年轻画家感叹道："啊！这就是俄罗斯。"因此萌发了创作纤夫生活的构思。他利用暑假与风景画家瓦西里耶夫一起去伏尔加河考察民情和写生，画了很多真实纤夫的形象和素材。

在这幅画的构图上，列宾利用了沙滩的地形和河湾的转折，使11个纤夫犹如一组雕像，被塑造在一座黄色的、高起的底座上。在画面上又对伏尔加河的景色进行了巧妙的布局，使这幅画具有宏伟深远的张力，画中的背景运用的颜色昏暗迷蒙，空间空旷奇特，给人以惆怅、孤独、无助之感。被烈日炙烤得焦黄的河岸上，一队精疲力竭的纤夫拖着沉重的脚步拉纤。他们有老有少，个个都衣着破烂、面容憔悴。领头的是一位胡须斑白的老者，眼睛深陷，坚毅的面孔表现出饱经风霜的智慧，但愁苦的表情仍然显示了他对于艰苦生活的无奈。走在最后的纤夫，低着头垂着手，麻木地随着队伍向前挪动，似乎已经习惯了这样日日苦役般的生活。还有一个较为突出的形象，是处在队伍中部的一位少年。可以看出他开始这样的工作不久，皱着眉头还不太习惯，他直起腰想用手松一松肩头紧勒的纤绳，毕竟年轻，还不甘心忍受这样的苦楚。其余的纤夫都弯着腰低着头，似乎已没有多余的力气再表现点什么，在他们身上剩下的，唯有贫苦、艰难与无奈。

岸边的轮廓线以波浪的曲线起伏延伸至远景，与遥远的山坡相连，既符合河水冲积的沙滩的实感，又暗示着纤夫们涉水之后步入沙滩，路之不平，路之漫漫。作者视高降得很低，视平线居于画面中间偏上，在弯着腰的纤夫头胸之间，使这些穷汉不失之体格高大的感觉，更便于显露面部，刻画纤夫们群像的外貌、经历与性格特征，创造出不同纤夫形象的典型。宽阔的伏尔加河的对岸隐约出现，微风宁静，天空无云，被净化了的背景与疏密起伏的头部构成的节奏形成对比，衬托出这一形象丰富的人群主体。其他物形的线条引向作用也集中于纤夫的群体。除了走在前面的人物显眼之外，又以红色衣着的少年不同于他人的面向和欲摆脱不堪忍受纤绳束缚的身姿而引人注意，使作品的主题又深化了一步。

8. 九级浪

艾伊凡佐夫斯基是俄罗斯19世纪最杰出的浪漫主义海洋画家，荣获过科学院院士和海军参谋本部画家的称号。他的大半生都是在黑海克里米亚一带度过，对海洋有特殊的感情，把大海视作自己艺术生命的起搏器。黑海云空中的蜃楼、芬兰湾湛蓝色的奥秘、风暴中的船舶、渔火点点的海港、月光在波浪上的嬉戏，是他画幅上常见的主题，他曾画海洋画3000幅，人们想到大海就会想到他。作于1850年的《九级浪》在19世纪即很有名。其题材来自克里米亚战争前发生在黑海上的一次海难，巨大的艨艟在惊涛骇浪中颠覆了，幸存的男女攀附在桅樯上挥着求救的讯号，巨浪袭来，蓝色的激流上，正辉映着金色的曙光。

在克服水天一色而又必须层次分明的这一矛盾上面，作者显示了天才般的表现力：把画面分成上下两部，上部采用近于水彩浸渍的技巧，淡抹出海上日出前的晨雾，下部用深蓝和断断续续浮雕般厚重的笔触，刻画着浪头下背光部的阴影，烘托出大海的深沉和壮丽；再以响亮的翻滚而来的乳白色浪涛与从海上升起的融合而耀眼的晨光相呼应，使无垠的海空、澎湃的浪潮在迷蒙中融为一体，透明与凝重交替，使欣赏者开拓了精神翱翔的领空。

《九级浪》意在鼓舞人们对抗大自然和一切险恶的斗志和信心，但由于作者无法完全摆脱宫廷审美趣味的束缚，所以，在巨浪的底层里回荡的，必然是灵魂深处的愤怒呐喊和暴风雨中的哭泣抗议。

9. 印象·日出

莫奈的《印象·日出》是印象画派的代表作之一。赫拉克利特“太阳每天都是新的”这句格言，如果对科学家的太阳不适用的话，那么对于艺术家则是真的。

在画中，莫奈大胆地用大量的蓝色系和黄色系进行极其鲜明的色彩对比，是以往其他画家所没有想象过的描绘手法，运笔潇洒自如，画面概括简练，栩栩如生地再现了海上日出那迅速而寂美的场景。1872年该幅油画首次展出，画面描绘了法国勒阿佛尔港口黎明时分的情景——港口作业区的大致轮廓：起重机、吐着烟的烟囱、建筑……透过浓密的晨雾和满画面匪夷所思的破碎笔触，观者所能辨出的就是这些。批评家们大为恼怒，斥之为“印象主义”。可是随着实践的推移，人们发现，当船衬着城市的背景出现时，在特定的光线下从特定的角度看去，船似乎真的是在城里行驶，有时海天会浑然一色，人们实难分辨何为大海，何为天空……只有“深深的印象”。

夏加尔评论：“莫奈是我们时代的米开朗琪罗。”塞尚说：“莫奈只有一双眼，但天啊，那是什么样的一双眼啊！”

其实，莫奈的“印象”，不仅是视觉印象，更多的是深藏内心，处处涌动着的美的感悟。

印象派的第一次展览在1874年4月15日开幕，自主展览的目的是挣脱官办沙龙的权威，渊博学者文生先生在参观中不停抨击，他站在莫奈的《印象·日出》画前，脸色忽然变红，尖叫道：“这幅画要表达的是什么呢？那么此画必定有一些印象吧！在胚胎期的墙纸设计都比这幅海景更完整”，“印象派”名词由此正式诞生。

达·芬奇等一代艺术大师运用科学理念和方法创造出古典派艺术的辉煌，而以马奈、莫奈、修拉等为代表的印象派则运用开普勒近代实验光学理论突破了古典美术传统的棕褐色调，引入外光使画面变得明亮而多彩，特别是修拉所代表的点彩派“却几乎把这个问题当作数学方程式来着手解决”。修拉自称是“分割主义”“分光派”，人们则称之为“点彩派”“点描派”“新印象派”，代表作《星期天下午的大宛岛》，由于忽视了立体的造型和空间的真实感，以色点组成的形象如剪纸般平贴在画面上（马赛克效果），虽然在色彩的对比上很下功夫，却失去了真实的外光和空气的感觉。

当时的画展虽然完全失败，但到了1883年，印象派的画风渐渐被社会各界所接受，后来竟享誉全球。

莫奈是印象派技巧的创始者。为了追求光线的效果，莫奈常常戴着画布走到户外，细心观察瞬间的光线变化，捕捉一瞬即逝的景象。他说：“光是画中的主角。”

印象主义不是对过去艺术的否定，而是继承和发展。印象主义之前人们以为色彩是物体固有的，在绘画上把红、黄、蓝视为三原色；科学的发展使人们认识到色彩是来自太阳的光，没有光就没有色，知道白光包含了虹的所有颜色；光的三原色为绿、橙红、青紫，最暗的颜色是蓝、深绿和深紫，不是黑色和褐色。为了使画面更亮，画家们主张走出画室到阳光下去作画，因之印象主义又称“外光派”。

因光时刻在流动，明暗时刻都在变化，印象主义画家注重色彩在瞬间性的观察中带来的朦朦胧胧的抒情，因而被称为“光的诗人”。有一次库尔贝和莫奈在外作画，莫奈执笔迟迟不动。库尔贝问：“不画了么？”莫奈回答说：“不，我等太阳。”这句话既是诗，也是莫奈作品的谜底。

10. 向日葵

梵·高1853年生于荷兰，是杰出的后印象派画家，非常热爱大自然，在自然的简单中体验纯粹的美是他最惬意的享受。“我宁可去描绘从窗户看到的树影，也不愿意去画想象中的幻象”。梵·高的画作极具个性和表现力，观赏他的画能够感受到一种强烈的生命律动。在《向日葵》中，梵·高用鲜亮浓烈的笔触渲染出了向日葵的勃勃生机，抒发了他对于充满阳光和希望的美好世界的渴求与向往。过分释放的结果总是毁灭，就在这部作品问世不久，梵·高便因无法忍受精神的痛苦折磨而饮弹自尽了，年仅37岁。

梵·高一生中创作了11幅《向日葵》，有10幅在他去世后散落各地，仅存的1幅目前在梵·高美术馆展出。这幅堪称梵·高化身的《向日葵》全部由绚丽的黄色系创作。梵·高认为黄色是太阳的颜色，阳光又象征炽热的爱情，因此黄色向日葵具有特殊意义。梵·高喜欢以《向日葵》中的各种花姿来表达自我的内心情感，有时甚至将自己比拟为向日葵。

梵·高的精神状态一直欠佳，其画多用黄色，有人说是因为在精神病患者眼中，世界是偏黄色的。这种说法虽然无法证实，但是梵·高的苦闷和抑郁在他的画中是清晰可见的。

梵·高崇拜太阳也由此钟爱向日葵。在梵·高眼里，向日葵是太阳之光，也是他内心思潮翻滚的写照。梵·高画过许多版本的向日葵，这是最著名的1幅。14朵向日葵虽不饱满、美丽，却倔强地挺立着，就像梵·高的一生，浓烈绚丽却过于短暂，就像绚烂的烟火，用极致的美丽燃尽生命。

11. 亚威农的少女

1907年4月末至6月初，毕加索在一块逾2.4米并且几乎与之等宽的画布上劳作。为这个幅面巨大的作品所做的素描草图多达800幅以上，最早追溯到毕加索1906年冬天所画的60多幅素描与树胶水彩画。在这幅巨大画面中，5个裸体的女人沿着对角线占满了画面，从左上角的手开始，到右下角蜷伏的身体作为结束，把这幅画分成3个垂直部分，分别为站在左侧的女人、两个相对的女人以及右侧的两个女人。所有的人物都被呈现在同一个平面上，人物的动作大胆，形象怪异。几年后这幅画被命名为《亚威农少女》，取自于作者生活过的巴塞罗那市亚威农大街。《亚威农少女》这幅画上无论形象还是背景，都被分解为带角的几何块面。不仅比例，就连人体有机的完整性和连续性都遭到了否定。而右边两个裸女那粗野、异常的面容和体态则具有原始艺术的特性。

通常认为，《亚威农少女》是美术史上第一件立体主义的作品，也是立体主义的代表作之一。在这幅作品中，左边的三位女性显然是高度抽象化的学院派人体形象，而右边的两位女性的面容体态则充满了非洲原始雕塑的豪放与粗犷。我们可以看到，毕加索在创作这幅作品的时候，并没有注意人物与静物的比例。事实上，即使在传统绘画作品被反复强调的人体完整性和延续性，也同样被画家弃若敝屣。比如位于画面中央的两位女性形象，她们的脸部呈正面，然而鼻子却画成了侧面的形状。在这幅作品中，毕加索创造性地将不同角度的视觉效果结合在同一个形象上，画面右边蹲着的女性形象尤为如此。经过画家的分界和拼接处理，这位背向欣赏者的女性形象就像不存在脊柱一样，她的大腿和手臂都被拉得很长，头部高度后转，聚精会神地看着自己的背后。毕加索似乎围绕着对象旋转了360 度之后，才将各个角度的视觉效果综合在一起。

毕加索在这幅作品中有意地消除人物与背景间的距离，希望把画面的所有部分都在一个平面上显示出来。为了使画面保持平面的效果，画家匠心独具地做了很多微妙的处理。比如蓝色在视觉上通常具有后退的效果，毕加索特意将画面右边的蓝色块面勾上耀眼的白边，于是看上去它们正在向前凸现。由于画家的巧妙手法，画面上的诸多块面并不凹得很深，又或者凸得很高，所显示的空间显得很浅，看起来仿佛在表现一件浮雕的图像。在《亚威农少女》中，毕加索没有描绘客观物体的外表形态，而是把客观物体引入绘画，从而把表现具象的物体本身和表现抽象的结构形态综合起来。按照传统的透视法，只有一个固定点感觉，多重透视的画法是不被接受的。而毕加索开创的这种立体主义的绘画手法，就是要通过画面同时表现人的所有部分，人们可以在同一张画上看到一个人完整的脸部和背部，而不是像传统画法那样，只通过一个固定视点去表现形象。通过《亚威农少女》，毕加索颠覆了传统的审美情趣，他确实“摧毁”了很多东西，却并没有停留在“摧毁”的层面上。画家将“玻璃打碎了”，然后又将它们精巧地拼接在一起。当我们从第一次见到这幅作品的惊叹中恢复过来后，就会发现被毕加索“摧毁”的玻璃是非常井然有序的，无论是人物还是静物，所有的形象都被画家分解为带角的几何块面，这些块面充满了层次感，但是欣赏者并不能确定它们究竟是凹进去还是凸出来。它们是那样的与众不同，有的看起来像是实体，有的看起来则是透明体的碎片。通过这些块面的巧妙结合，《亚威农少女》具有了某种非同寻常的完整性和连续性，形成了一个独立的绘画结构，它并不关照外在的世界，它所关照的是它自身的形、色构成的世界。

《亚威农少女》体现了20世纪初期毕加索的风格和审美理想。当毕加索完成这幅作品时，就连最了解他的朋友都说他疯了，画了一堆不知所以然的垃圾。恐怕很少有人能在这幅画上发现传统意义上的美：右边坐着的一个女人像戴着假面具，样子十分可怕，通身颜色却是一种不正当的红。最左边的一个女人，为了展示她姊妹们的菱形身体，正拉开赭红色的布幕。她那严肃的表情、侧面的轮廓和埃及壁画上的女性形象像极了。

《亚威农少女》开创了艺术史上的新纪元，艺术被重新定义了。阴影和透视的手法并不是描绘立体物体的唯一出路，这个意义非同小可。正因为有了《亚威农少女》，才有了毕加索后来无数的出色创作，才有了继他之后的无数艺术家更加有创造性的探索。

艺术是什么？是永远给人创作的热情和无尽的空间。当你认为只能这样的时候，总会有个大胆的艺术家跳出来告诉你，不，还可以那样。

12. 埃舍尔

让我们看一下埃舍尔的画：

《瀑布》：瀑布一泻而下，汇集到池子中，然后顺着水渠往下流去。可是，转了几道弯之后，突然又回到了瀑布口！真是不可思议。可是在画面上却表现得明明白白，天衣无缝。这就是怪圈。

《上升与下降》：一队僧侣沿着楼梯向上走，拐了4次后又回到了原处。另一队僧侣沿着楼梯向下走，最后也返回原处。而且两队人走同样的楼梯。这又是一个怪圈。

所谓怪圈，就是指这样一种现象：我们在一个等级系统中逐步上升（或者下降），结果却意外地发现又回到了原来开始的地方。

巴赫是著名的音乐家，是近代西方音乐的鼻祖，被誉为“音乐之父”。他为普鲁士弗里德里希国王创作的《音乐的奉献》，是他晚年所写的两部伟大作品之一（另一部是《赋格的艺术》）。在其中，巴赫充分运用了“卡农”技巧，以倒影、逆行、扩张、压缩、复调等各种手法，进行了多次主题变奏，也包括多次转调，但异常自然平滑，使听众在曲调不断升高的感觉中，却不知不觉回到了起点，即形成音乐的怪圈。

13. 洛神赋图

（东晋）顾恺之《洛神赋图》，绢本设色，纵 27.1 厘米，横 572.8 厘米。顾恺之（345～406）精诗文，擅书画，并有“以形写神”理论传世，人称才、画、痴“三绝”。《洛神赋图》是根据曹植同名诗篇而作，描写曹植在由京城返封地途中，渡洛水时与洛水女神相遇爱恋，但又因人神不能结合而分离的动人故事。曹植借此表述自己失去爱情的痛苦。画面中心是曹植及其随从，他深情地注视着画面左侧的美丽洛神，而洛神也同样含情脉脉，表现出一对恋人之间可望而不可即的无限情意。现存虽为宋代摹本，但笔法秀劲，意致潇洒，具有原作之风。顾恺之运用流利秀润、连绵不断的游丝描，表达了徐缓、连绵、悠扬的韵律感，设色艳丽明快，富于诗意美。全画意境典雅绮丽，画中山石树木的画法古朴典雅，体现了中国古代山水画尚未成熟期的风貌。

14. 韩熙载夜宴图

五代顾闳中《韩熙载夜宴图》，现存宋代摹本，绢本设色，纵 28.7 厘米，横 335.5 厘米，是顾闳中观察心记之作，可分听乐、赏舞、休息、清吹、散宴各段。

画中琵琶演奏部分，人物表情都集中在“听”上，但每个人听的表情、姿态、服饰各有不同，有的侧首，有的回眸，有的倾身，有的凝神。不但面部表情不同，每个人手和表情也不同。韩熙载的手自然下垂与他凝神静听的面部表情协调一致，表现了贵族的雍容沉静。与韩熙载同坐在床上穿红衣的青年，看来是一个感情容易激动的人，右手支撑向前倾斜的身体，左手抚膝，表现出演奏对他的强烈的吸引。正中的中年人完全沉醉在音乐的意境中，头微侧，双手合在胸前，仿佛在内心发出赞叹。左侧靠近演奏者的一人，蓦然侧首回顾演奏者，表现出惊赞神情。他的右侧看来像是三个艺人，全是侧身回顾，依人物高矮，从上而下，形成一个斜坡，把注意力都倾注到演奏者的手上。屏风后面的侍女，手扶屏风半遮面，也在暗自欣赏这美妙的音乐。所有这些细节表现都统一在倾听上，但根据每个人地位身份性格的不同，都有不同的特点。

这幅画为工笔重彩，线条流利圆劲，用笔娴熟，设色浓丽，继承了唐代仕女画的传统，人物造型清秀、娟美，纠正了人物形象过于丰肥的倾向，“以孤幅压五代”，成为北宋仕女画的先导、闻名中外的艺术杰作。

15. 清明上河图

《清明上河图》是一幅具有历史价值的风俗长卷，画长525厘米，宽25.5厘米。作者张择端，山东诸城人，是北宋末期职业画家。这幅长卷采用散点透视的构图方法，将繁杂的景物纳入统一而富于变化的画面中。画中人物衣着不同，神情各异，其间穿插各种活动，注重戏剧性。构图疏密有致，注重节奏感和韵律的变化，笔墨章法都很巧妙。

图中所绘城郭市桥屋庐之远近高下，草树马牛驴驼之大小出没，以及居者行者、舟车之往还先后，皆曲尽其意态而莫可数记，全幅场面浩大，内容极为丰富。

全图分为三个段落。

首段，汴京郊野春光，疏林薄雾，掩映着几家茅舍、草桥、流水、老树、扁舟。两个脚夫赶着五匹驮炭的毛驴，向城市走来。一片柳林，枝头刚刚泛出嫩绿，令人感到虽是春寒料峭，却已大地回春。路上一顶轿子，内坐一位妇人。轿顶装饰着杨柳杂花，轿后跟着骑马的、挑担的，从京郊踏青扫墓归来。环境和人物的描写，点出了清明时节的特定时间和风俗，为全画展开了序幕。

中段，繁忙的汴河码头，人烟稠密，粮船云集。人们有在茶馆休息的，有看相算命的，有在饭铺进餐的。有间“王家纸马店”，是卖扫墓祭品的。河里船只来往，首尾相接，或纤夫牵拉，或船夫摇橹，有的满载货物，逆流而上，有的靠岸停泊，紧张卸货。横跨汴河上的是一座规模宏大的木质拱桥，结构精巧，形式优美，因状如飞虹，故名虹桥。有一只大船正待过桥，船夫们或用竹篙撑，或用长竹钩住桥梁，或用麻绳挽船，或忙着放下桅杆以顺利通过桥拱。邻船的人也指指点点像在大声吆喝着什么。桥上的人也伸头探脑紧张议论，期盼大船顺利通过。

后段，热闹的市区街道。以高大的城楼为中心，两边的屋宇鳞次栉比。有茶坊、酒肆、肉铺、庙宇、公廨……商店中有绫罗绸缎、珠宝香料、香火纸马的专门经营，还有医药门诊、大车修理、看相算命、整面修容……各行各业，应有尽有；大的商店门首还扎“彩楼欢门”，悬挂市招旗帜，招揽生意。街市行人，摩肩接踵，川流不息。做生意的商贾、看街景的士绅、骑马的官吏、叫卖的小贩、乘轿的大家眷属、身负背篓的行脚僧人、问路的外乡游客、听说书的街巷小儿、酒楼中狂饮的豪门子弟、城边行乞的残疾老人……男女老幼，士农工商，三教九流，无所不有。轿子、骆驼、牛马车、人力车、太平车、平头车……形形色色，样样俱全，房屋、桥梁、城楼等也各有特色，体现了宋代建筑特征。

16. 富春山居图

纸本水墨，由元代黄公望完成于1350年，是中国古代水墨山水画的巅峰之作。在明末传到收藏家吴洪裕手中，他爱不释手，竟下令焚烧殉葬，虽被救出，已烧成两截，中缺几十厘米，修补后，前段称《剩山图》纵31.8厘米，横51.4厘米，流落民间后，1956年藏于浙江省博物馆；后段称《无用师卷》，纵33厘米，横636.9厘米，现藏于台北故宫博物院。2011年6月曾在台北举行两段“合璧”特展。

该图描绘富春桐庐山水，画面层峦叠嶂，水平树静，亭舍疏落，秩序井然，描绘了富春江两岸初秋之景、之静。采用“三远”并用的构图法，画法上吸收了董源、巨然的披麻皴法加以简括处理，显示出较深的笔墨功力，将文人画中的超逸洒脱之意味和精湛技巧结合得相当完美。

(三）书法

兰亭序

王羲之，“书圣”，代表魏晋时期书法的最高水平，是中国书法史上一座承前启后的里程碑。他的重要贡献在于主动地把纯粹出乎自然发展的书法引向一个较为注重技巧华美特征而又不断锤炼以见精致的境界。

王羲之书法作品对后世影响最大的，被称为“天下第一行书”的是《兰亭序》：

“永和九年，岁在癸丑。暮春之初，会于会稽山阴之兰亭，修禊事也。

群贤毕至，少长咸集。此地有崇山峻岭，茂林修竹；又有清流激湍，映带左右，引以为流觞曲水，列坐其次。虽无丝竹管弦之盛，一觞一咏，亦足以畅叙幽情……”

《兰亭序》写得极其潇洒，共28行，324字，其书法风格清秀，风神盖世，点画遒美，行气流畅；章法布白，浑然一体，为王羲之书法独特的结构。全篇20个“之”字，7个“不”字，各具特点而不雷同，集中地体现了他所创造的书法新貌，代表他最高的书法造诣，也是他自认得意之作。

唐太宗李世民对《兰亭序》十分珍爱，赞叹它“点曳之工，裁成之妙”。唐太宗亲为王羲之作传云：“详察古今，研精求篆，尽善尽美，其惟王逸少乎！观其点曳之工，裁成之妙，烟霏露结，状若断而还连，凤翥龙蟠，势如斜而反直，玩之不觉为倦，览之莫识其端。心摹手追，此人而已。其余区区之类，何足论哉。”而且唐太宗倡导王羲之的书风。他亲自为《晋书》撰《王羲之传》，搜集、临摹、欣赏王羲之的真迹，将《兰亭序》摹制多本，赐给群臣。在中国书法史上，帝王以九五万乘之尊而力倡一人之书者，仅此而已。宋代姜夔酷爱《兰亭序》，日日研习，常将所悟所得跋其上。有一跋云：“廿余年习《兰亭》皆无入处，今夕灯下观之，颇有所悟。”历时20多年才稍知入门，可见释读之难。1600多年以来无数书法家都孜孜不倦地释读过，何尝不想深入羲之的堂奥，但最终只能得其一体而已。因此，《兰亭序》可以说是由杰出的书法智慧所营造的迷宫。在唐太宗之前，王羲之书法就为人称道，萧衍（梁）《古今书人评优劣评》：“王羲之书字势雄逸，如龙跳天门，虎卧凤阙，故历代宝之，永以为训。”董其昌在《画禅室随笔》中写道：“右军《兰亭序》，章法为古今第一，其字皆映带而生，或小或大，随手所如，皆入法则，所以为神品也。”解缙在《春雨杂述》中说：“右军之叙兰亭，字既尽美，尤善布置，所谓增一分太长，亏一分太短。”

（四）建筑

1. 中国万里长城

中国万里长城是中华民族的象征和骄傲，也是世界上最宏伟的古代军事防御工程。它始建于战国时期，直到明代。“因地形，用险制塞”是修筑长城的一条重要原则，在秦始皇的时候就被肯定下来，司马迁把它写入《史记》。

中国万里长城是世界上修建时间最长、工程量最大的冷兵器时代的国家军事性防御工程，凝聚着我们祖先的血汗和智慧，与埃及金字塔、罗马斗兽场、意大利比萨斜塔等同被誉为世界七大奇迹。

2. 赵州桥

赵州桥是河北李春建于605年的著名石拱桥，全长50.82米。从“真善美”的关系看，这座桥坚实而平坦，便于交通，是“善”；这座桥的结构符合科学原理，经历了1300余年，保存完好，全桥只有一个大拱，大拱的两肩各有一个小拱，不仅节约材料，减轻桥身重量，而且河水暴涨时，可以增加桥洞的过水量，减少洪水对桥身的冲击，体现了“真”；整个桥造型秀美，唐代一文学家说它“望之如初月出云，长虹饮涧”，因而是体现了“美”。

3. 北京故宫

北京故宫，又称紫禁城，是明清两代皇宫，为中国现存最大最完整的古建筑群，也是中国唯一保存至今的国家级皇宫。紫禁城始建于明永乐十四年（1416），是在元大都基础上改造而成的，占地72万多平方米，东西宽753米，南北长961米，总建筑面积16万平方米，共有宫室9000多间。故宫规模宏伟，布局严整，建筑精美，富丽华贵，收藏有许多稀世文物，是我国古代建筑、文化、艺术的精华。

建筑采用一系列对比手法，造成多样的统一：①大与小：宏伟的天安门城楼下，安置两间火柴盒式的小屋做烘托。②高与低：太和殿周围采用低矮连续的回廊。③宽与狭：从正阳门到太和殿的狭长空间与太和殿前广阔空间。④明与暗：冷色与暖色对比，金黄色的琉璃瓦与以青绿色为基调的檐饰对比，加上蓝天白云的辉映。⑤繁与简：雕梁画栋，镂金错彩与大面积单色红墙、黄色琉璃瓦对比。⑥动与静：正阳门是序曲，太和殿是高潮，景山是尾声。⑦方与圆、曲与直：天安门、端门的门洞圆形，午门则是方形（威严）。

4. 泰姬玛哈陵

沙迦罕王（1592～1666），是印度莫卧儿帝国的皇帝，“沙迦罕王”在波斯语中的意思是“世界之王”。在沙迦罕王统治时期，莫卧儿帝国开始面对一系列挑战，沙迦罕王成功地应对了这些挑战并稳定了局势。他镇压了穆斯林叛乱，击退了葡萄牙人，吞并了拉吉普特人的王国。在沙迦罕王的统治下，莫卧儿帝国变成了一个强大的军事帝国，军队的数量扩大了几乎4倍。在沙迦罕王统治期间，促进了一些大的商业和手工业中心的出现，莫卧儿帝国的艺术和建筑成就也达到了顶峰。

泰姬玛哈陵是莫卧儿王朝第5代君主沙迦罕王为他的宠姬泰姬修筑的陵墓。泰姬是一位来自波斯的女子，美丽、聪慧，入宫19年，是沙迦罕王一生最为挚爱的妻子，最终在随同沙迦罕王出巡的途中生下第14个孩子后不幸去世，时年36岁。

为了纪念爱妃，沙迦罕王征调2万多民工，耗费巨资建造了这座陵墓，为爱妻写下了这瑰丽的绝响。痴情的沙迦罕王本想在河对面用纯黑的大理石再为自己建造一个一模一样的黑色陵墓，以见证两人的爱情，两个陵墓中间用黑白的大理石桥连接，代表穿越阴阳两界。可惜沙迦罕王的梦想在皇室的纷争中戛然破灭，泰姬玛哈陵完工不久，他的儿子弑兄杀弟篡位，他自己也被囚禁在阿格拉堡。之后整整8年，沙迦罕王只能在月夜透过一块水晶石的折射来凝望数公里外他爱妃的陵墓。

无论世人对这个多情的皇帝如何评论，但他留给世人的这座泰姬玛哈陵的确宏伟壮丽。泰姬玛哈陵中央是一个美丽的正方形花园，花园中间是一个大理石水池，水池尽头则是陵墓。陵墓全部用洁白的大理石砌成，平台则是红砂石，与白色大理石陵墓形成鲜明的色调对比。陵墓中央覆盖着一个直径达17米的穹庐，高耸入云，在天空下构成壮美的图画。陵墓四角各有一座高达42米的尖塔，两侧的配套建筑则为清真寺，式样完全相同。墓穴为地下穹形宫殿，白色大理石墙上镶嵌着宝石。凌晨或傍晚是观赏泰姬玛哈陵的最佳时刻，无论是红日初升，还是月亮初上，都映衬得泰姬玛哈陵分外秀丽、安宁。泰戈尔说，泰姬玛哈陵是“永恒脸颊上的一滴眼泪”。

外观极尽奢华的泰姬玛哈陵，内部却出奇的简约。白色穹顶的正下方，只有两具波斯风格的白色石棺，它们并排躺在一起，依然像生前那样同床共枕的夫妻。石棺一大一小，表面有二十多种红蓝宝石镶嵌成的芝兰和茉莉。棺体就直接放置在纹饰简洁的大理石地板上，周围有一圈镂空的白色大理石屏风。墓室中央有碑，上面是几行波斯文："封号宫中翘楚泰姬玛哈之墓。"或许是别具匠心的设计，人声在墓室里变得含混，嗡嗡回响着，渐行渐远，慢慢消失在回廊深处。那些光线幽暗的回廊，仿佛就通往昔日的王国。

陵园建设于1632年拉开帷幕。2万多名来自伊朗、土耳其、法国和意大利的能工巧匠开始了18年不分昼夜的精工劳作。陵园采用了来自世界的奇珍异宝：印度的大理石，中国的水晶、美玉，也门的玛瑙，斯里兰卡的红宝石，阿拉伯海的珊瑚。4000万金卢比的巨额资金耗费，几乎掏空国库。

5. 埃菲尔铁塔

法国巴黎著名的标志性建筑，坐落在塞纳河南岸马尔斯广场的北端。铁塔于1887年动工，1889年5月15日开放，在应征的700多件方案里，选中了桥梁工程师埃菲尔的设计：一座象征机器文明、在巴黎任何角落都能望见的巨塔。

铁塔采用交错式结构，高300米，由4条与地面成75度角的、粗大的、带有混凝土水泥台基的铁柱支撑着高耸入云的塔身。它使用了1500多根巨型预制梁架，250万颗铆钉，总重7000吨，由250个工人花了17个月建成，造价740万金法郎。每隔7年油漆一次，每次用漆52吨。铁塔代表着当时欧洲正处于古典主义传统向现代主义的过渡与转换。从1985年圣诞节开始，铁塔改用碘钨灯照明，夜晚塔身呈现金黄色，既省电又美观。

6. 悉尼歌剧院

悉尼歌剧院建于1956～1973年，是20世纪最具特色的建筑之一，外形如将乘风出海的白色风帆，与周围相映成趣。最特别之处是音乐厅正前方的大管风琴，号称世界最大机械木连杆风琴，由10500个风管组成，全部建材均为澳大利亚木材。三组巨大的壳片，耸立在南北长186米、东西最宽处为97米的现浇钢筋混凝土结构的基座上。第一组壳片在地段西侧，四对壳片成串排列，三对朝北，一对朝南，内部是大音乐厅。第二组在地段东侧，与第一组大致平行，形式相同而规模略小，内部是歌剧厅。第三组在它们的西南方，规模最小由两对壳片组成，里面是餐厅。其他房间都巧妙地布置在基座内。整个建筑群的入口在南端，有宽97米的大台阶。车辆入口和停车场设在大台阶下面。

悉尼歌剧院坐落在悉尼港湾，三面临水，环境开阔，以充满特色的建筑设计闻名于世。它的外形像三个三角形翘首于河边，屋顶是白色的，形状犹如贝壳，因而有“翘首遐观的恬静修女”之美称。高低不一的尖顶壳，外表用白格子釉瓷铺盖，在阳光照映下，远远望去，既像竖立着的贝壳，又像两艘巨型白色帆船，飘扬在蓝色的海面上，故有“船帆屋顶剧院”之称。那贝壳形尖屋顶，是由2194块每块重15.3吨的弯曲形混凝土预制件，用钢缆拉紧拼成的，外表覆盖着105块白色或奶油色的瓷砖。

7. 巴黎卢浮宫改建

1989年，在争议声中，玻璃金字塔屹立在“万馆之馆”——卢浮宫西面的拿破仑广场上。它既是卢浮宫扩建后的一个新出入口，又是卢浮宫新增的一件艺术瑰宝。玻璃金字塔高21.6米，各边长35米，采用不锈钢钢架支撑，塔的四个侧面，由673块晶莹透亮的菱形玻璃拼组而成。它的东、南、北面各有一个小金字塔，对着三个不同的展览馆。周围有三个水池，池面如镜，倒映着蓝天白云和建筑，把建筑和景观融为一体。

巴黎卢浮宫玻璃金字塔是法国密特朗时代最辉煌的建筑，整个建筑只有塔尖露出地面，别具匠心的设计被公认为当代建筑艺术最伟大的奇迹。这座“当代建筑的十大奇迹”之首的作品是贝聿铭的得意之作。20世纪80年代初，法国总统密特朗决定改建和扩建世界著名艺术宝库卢浮宫。最后由密特朗总统出面，邀请世界上15个声誉卓著的博物馆长对应征的设计方案遴选抉择。结果有13位馆长选择了贝聿铭的设计方案。他的设计用现代建筑材料在卢浮宫的拿破仑庭院内建造一座玻璃金字塔，且金属支架的负荷超过了它自身的重量。建筑界人士普遍认为贝聿铭的建筑设计有三个特色：一是建筑造型与所处环境自然融合；二是空间处理独具匠心；三是建筑材料考究和建筑内部设计精巧。

（五）音乐

1.《热情奏鸣曲》

贝多芬（1770～1827）被誉“波恩的英雄”“乐圣”、音乐上的“精神英雄”“第二个莫扎特”。他28岁失聪，毅力惊人，与拿破仑并列“18世纪末叶欧洲两大英雄”。日记中曾写：“可怜的贝多芬！你已经不能再有从外部来的良好的命运了。你一切非自己创造不可。只许你在理想的世界中追求欢乐。”临终时口中叫叹：“唉！我只写了几个音符！”

奏鸣曲，指器乐独奏套曲。这是贝多芬钢琴奏鸣曲中最富有革命性的一首，也是贝多芬自认为写得最好的一首，公称为“热情奏鸣曲”。“热情”是汉堡商人加的，由于确切地说明了乐曲的本质，沿用至今。

有关这部曲的创作，有一段逸话：这曲和第五、第六交响曲都是在贝多芬恋爱时期完成的，当时他正在经历梦一般的、空想的、美的、幸福的感情。一天，贝多芬和他的学生一同散步，途中产生乐想，口中不停独语，并含高低音。同入室后，贝不脱帽就立刻去出神弹奏，竟忘了同来的学生。

《热情》奏鸣曲分三个乐章，表达了贝多芬爱生活、爱祖国、反封建的强烈思想感情，表达了当时广大人民对自由平等的热切要求和争取解放、献身革命的火热激情和胜利信心。

第一乐章：快板，奏鸣曲式。一开始便开门见山，严肃沉着的主部主题像是压迫下必将爆发的反抗，前半部低沉、坚毅，后半部惊呼似的颤音却充满了激动和渴望。

第二乐章：行板，变奏曲式。战斗间隙的沉思。从庄严的四部合唱圣诗般的音调开始，接着是三个变奏。由沉思而憧憬，进而充满活力、坚定信心。与一、三乐章的热情形成对比。

第三乐章：快板，奏鸣曲式。与前乐章紧接。号角般的引子，引出主部主题，像不可抗拒的革命洪流，一泻千里。副部主题好似痛苦中的挣扎，顽强的反抗，连续的三度平行音调在坚定有力的节奏中进行。展开部第一主题变化出现，时起时落，似在奋力挣扎。沉寂，似在喘息，积蓄力量。再现部描绘着一场决定性的拼搏。结尾部激动的旋律交织成一首壮丽的进行曲，象征着胜利大军向新的目标继续挺进，鼓舞人们坚持革命，坚持斗争，凯歌般的终曲，象征着最后胜利的来临。

作品实践了贝多芬的理想和要求：“艺术的目的就是为人类的自由和进步。”

2. 第三交响曲（《英雄》）

贝多芬一生共作九大交响曲，其中三曲附有标题，即第三《英雄交响曲》、第五《命运交响曲》、第六《田园交响曲》。

《英雄交响曲》特别有名。

贝多芬在《英雄》交响曲中所体现的，也是在他那个时代优秀人物的观念中所形成的英雄的理想形象，包括在伟大的革命时代许多有名和无名英雄的优秀品质——勇敢、乐观的斗争精神，坚强的意志和真挚的感情。全曲分四个乐章。

第一乐章，描写英雄的力、英雄的活动，是规模宏伟壮丽的场面。由一个简短引子严峻有力地冲击之后，河堤被冲决了，生活的泉流以其不可遏制的力量浩浩荡荡冲击海洋，各种乐器奏出的声音汇成一股激流，强烈地冲击着每个人的心弦；紧张情绪的浪潮，循环不息，翻滚向前。中间情绪虽有所缓和，但英雄意志的激流仍然没有停息，惊慌的沙沙声、悲戚的申诉、崇高的筹思，以及胜利的呼喊，仍是乐曲的主旋律。

第二乐章，贝多芬把它称为“送葬进行曲”，并非取“葬”的文字意义，而是描写英雄临到悲剧的危机，以得切磋磨炼而造成其圆满的人格。这是第一乐章的继续，英雄死了，全体人民抬着他的棺材，怀着沉痛的心情缓步前进。音乐由激动紧张转化为沉思悲哀、缓慢的速度，小提琴在低音区发出的低微的音响，抒情诗般的旋律像浮雕一样构成一幅庄严肃穆的葬礼行列。悲痛之中，人们又开始回忆英雄生前的战斗业绩，明朗的英雄性旋律取代了伤悼的情绪，可以听到军鼓和军号声，在我们面前仿佛又出现了庄严的行列场面，又出现了刀光剑影和战士的呐喊声。这是对英雄业绩的缅怀，对英雄功绩的赞颂。英雄虽死，但他获得了永恒的荣誉，他所殉身的事业胜利了。缅怀英雄业绩，人们更为悲哀，音调时断时续，送葬的人们已泣不成声了。

第三乐章，诙谐曲，描写超越了悲哀的英雄的快乐，为终曲胜利狂欢场面的出现作准备。乐章开始时隐隐约约由弦乐器发出的一阵阵沙沙响声，起初虽然还很轻微，却充满精力和朝气，而且它还逐渐发展为一种愉快激昂和富于色彩的声响，在这一背景上出现的基本主题，旋律清晰、活泼，像一股激流那样在崎岖的道路上飞奔、前进。整个乐章充满活力和乐观的情绪，一个英雄倒下了，千百万人民站起来，胜利属于人民。

第四乐章，终曲，表现了人民群众庆祝胜利的狂欢场面。整个乐章声势浩大、热闹、隆重，人们尽情地跳着各式各样的舞蹈，庆祝英雄的胜利和凯旋。

贝多芬一生向往自由、平等、博爱，所以他真心拥护法国资产阶级革命，并于1802年开始创作这首交响曲，准备奉献给他所崇拜的拿破仑。1804年总谱完成时扉页上写着“题献给拿破仑·波拿巴”，但当他听说拿破仑称帝的消息后，勃然大怒，撕掉了扉页，同年10月出版时总谱改成了这样的标题：为纪念一位伟大的人物而写的英雄交响曲。

3. 第五交响曲（《命运》）

《命运交响曲》是人类对于命运的战斗的描写，是贝多芬交响曲中最有代表性、最优秀的作品。

此曲完成于1807年末至1808年初，交响乐是一种富于戏剧性的大型管弦乐套曲，本曲声望之高，演出次数之多，可谓交响乐之冠。贝多芬在《命运》交响曲第一乐章的开头，便写下一句引人深思的警语——“命运来叩门的声音，正是这样的”，从而被引用为本交响曲具有吸引力的标题。作品的这一主题贯穿全曲，使人感受到一种无可言喻的感动与震撼。这是人类与命运抗争的音乐化，也是贝多芬自己英雄生活的写照。

贝多芬在第三交响曲完成之前便已经有了创作本曲的灵感，一共花了五年时间推敲、酝酿，才得以完成。乐曲体现了作者一生与命运搏斗的思想——“我要扼住命运的咽喉，他不能使我完全屈服”。这是一首英雄意志战胜宿命论、光明战胜黑暗的壮丽凯歌。恩格斯曾盛赞这部作品为“最杰出的音乐作品”。整部作品精练、简洁，结构完整统一。

贝多芬《第五交响曲》《第三交响曲》和《第九交响曲》一样，同属于英雄性艺术的最崇高交响乐作品。他在这部作品中所提出的主题与英雄交响曲一样，那就是英雄斗争的意义和目的。所不同的是《第五交响曲》描写的是英雄除自己以外联合人民，共同去斗争，共同完成神圣的使命。

“从黑暗走向光明，通过斗争取得胜利。”——这就是《第五交响曲》的中心思想。《第五交响曲》是最能代表贝多芬艺术风格的作品。它结构严谨，手法精练，形象准确生动，层次清晰。各乐章有内涵的联系使整部作品气宇轩昂，富有极强艺术感染力。

《命运》共分四个乐章：

第一乐章：音乐，象征着人民的力量如巨大的洪流，以排山倒海之势向黑暗势力发起的猛攻，乐曲一开始，由建立在C小调上的弦乐器和单簧管共同强奏出4个富有动力的音型。贝多芬曾把这个音型比作“命运”的敲门声。

第二乐章：稍快的行板，降A大调，3/8拍子，双主题、自由变奏曲。第一主题抒情、安详、沉思，由中提琴和大提琴奏出。与之对应的第二主题先由木管奏出，后由铜管乐器奏出豪迈的英雄凯旋进行曲，表现了战士们的信心和勇气。

这一乐章体现了英雄在休息、在思考，是一种柔和而恳切的叙述。它的结构是双主题变奏，即不同的主题依次序轮流加以变奏，形成对比。

第三乐章：快板，C小调，3/4拍子，诙谐曲形式。在这一乐章中，命运主题的变奏依然凶险逼人，但在大提琴和低音提琴跃跃欲试的曲调后，乐队奏出旋风般的舞蹈主题，引出振奋人心的赋格曲段，象征着人民参加到与命运斗争的行列中，黑暗必将过去，曙光就在眼前，在低音乐器震撼人心的渐强声中，不间断地进入第四乐章。

第四乐章：快板，C大调，4/4拍子，奏鸣曲式，是一首凯旋式的进行曲。乐章的主题是乐队以极大的音量全奏出辉煌而壮丽的凯歌，如长江大河，浩浩荡荡，表现了这一场与黑暗的斗争最终以光明彻底胜利而告终，它肯定了光明和胜利的必然性，并表达了人民的力量，由乐队全奏，音响宏大壮观。

4. 第九交响曲（《合唱》）

贝多芬的《D小调第九（合唱）交响曲》规模宏大，在最后一个乐章加进了合唱，所以也称《合唱交响曲》，是贝多芬毕生创作的顶峰，是世界音乐宝库中最雄伟的作品之一。

贝多芬一生中从不间断阅读席勒的作品，其中尤以《欢乐颂》深深扣动心弦。当他只有19岁时，就曾想用音乐来体现席勒这篇诗作所包含的热情与光彩。以后几次尝试，前后琢磨达30年之久，最后在《第九交响曲》中完成。整部交响曲不仅表达了席勒的原作精神，而且还超过了席勒原诗的气度和境界。1824年5月7日在维也纳公演，由贝多芬亲自指挥，获得巨大成功。演出结束后，掌声此起彼伏，连续五次都不停留，超过了欢迎皇帝的礼仪。

贝多芬创作《第九交响曲》期间正是欧洲资产阶级革命失败，封建王朝复辟，整个欧洲一切自由思想和民主运动都遭到了空前镇压的时期，也是他一生中最孤独最痛苦的时期，耳聋、穷困、政治失意、疾病折磨、家庭烦恼等等缠绕着他。但是毕生以自己的音乐作为“自由、平等、博爱”的号角，把席勒的《欢乐颂》谱成乐曲的心愿，使他超脱了个人生活的痛苦，进入艺术的登峰造极的境界，并乐观地预言：“再过五十年到处都是共和国。”就是这样，他奋笔疾书，写下了这部不朽的巨作。

这部交响曲既有《第三交响曲》的雄伟气魄，又有《第五交响曲》的严密逻辑。它的主题思想是：“通过苦难，得到欢乐。”它歌颂了贝多芬所憧憬的人类在“自由、平等、博爱”的基础上团结在一起的宏伟理想，表现了贝多芬不屈服于封建势力，坚持资产阶级共和国的进步立场，歌颂欢乐，欢乐战胜了痛苦，并把这欢乐毫无保留地奉献给全人类。

《第九交响曲》中的“崇高”体现最为明显。微弱的、低沉的、时而又若有若无的音响，渐渐积蓄起来，突然爆发出来。之后，一切又平息下来，仿佛是隐藏在地下，在那里又孕育着某种巨大的能量，它的火花在迸发，在闪烁，又再度熄灭。这种能量仍在孕育着，一旦爆发之后，就突然沿着自己的轨道滚动着气势磅礴的巨流。《第九交响曲》表达出由千百万人民群众参加的历史进程的潜在的巨大力量。在贝多芬的音乐世界里是浩大和广阔的，不论是自然界和人的生活，他都是从浩大和崇高上去感染人。

5.《蓝色多瑙河》圆舞曲

老施特劳斯是圆舞曲之父，小施特劳斯（约翰·施特劳斯）则是圆舞曲之王，他为振奋三次战败的奥地利而创作了《蓝色多瑙河》圆舞曲（华尔兹）。

《蓝色多瑙河》有一段序奏（引子），有人认为，它是描绘多瑙河的黎明景色：小提琴碎弓营造出轻微徐缓的背景，仿佛朦胧晓雾中的潺潺流水，轻轻荡漾；托出自远而近的圆号主题音调，辽阔开朗，引人遐想；木管组简短和谐的呼应，似乎是远处的回响；大提琴重复圆号音调并逐步发展渐渐响亮高昂，似乎东方发白；随之而来的明亮的旋律，象征着旭日冉冉升起，进而喷薄四射、光照大地，给多瑙河两岸带来了光明和温暖；人们情不自禁地聚集在河岸上，满怀希望和欢欣，迎接“多瑙河的黎明”。

乐曲由序奏、五个圆舞曲和尾声组成。

序奏开始时，小提琴在A大调上奏出徐缓的震音，好像是多瑙河的水波在轻柔地翻动。在这个背景上，圆号吹奏出这首乐曲最重要的一个音型，它象征着黎明的到来。

第一圆舞曲描写了在多瑙河畔，陶醉在大自然中的人们翩翩起舞时的情景。

第二圆舞曲首先在D大调出现后，突然乐曲转为降B大调巧妙而富于变化的第二圆舞曲描写了南阿尔卑斯山下的小姑娘们，穿着天鹅绒舞裙在欢快地跳舞。

第三圆舞曲属歌唱性旋律，这段音乐采用了切分节奏，给人以亲切新颖的感觉。

第四圆舞曲在开始时节奏比较自由，琶音上行的旋律美妙得连作曲家本人也很得意，仿佛春意盎然，沁人心脾。

第五圆舞曲是第四圆舞曲音乐情绪的继续和发展，只是转到A大调上。起伏、波浪式的旋律使人联想到在多瑙河上无忧无虑地荡舟时的情景。接下去的部分是全曲的高潮和结尾。乐曲的结尾有两种：一种是合唱型结尾，皆在第五圆舞曲之后，很短。另一种是管弦乐曲结尾，较长，依次再现了第三圆舞曲、第四圆舞曲及第一圆舞曲的主题，最后结束在狂风暴雨式的狂欢气氛之中。

（六）舞蹈

天鹅湖

世界经典舞剧《天鹅湖》是柴可夫斯基的著名代表作，他的音乐像一首首沁人心脾的浪漫抒情诗，被评价为“首次让舞蹈作品具有了音乐的灵魂”。

《天鹅湖》取材于俄罗斯的神话故事。全剧共四幕。

第一幕：故事发生在一个古老的城堡里。在城堡的王子成年日前夕，王后宣布明年将为王子举办盛大的舞会，届时王子需在邻国的公主中选出自己的未婚妻。王子满心不快，他期待的是另一种爱情。忽然，一群天鹅从王子的头顶飞过，王子拿起弓箭和朋友们向天鹅飞去的方向追去。

第二幕：在美丽的湖水中，一只端庄高贵的天鹅变成了娇美的婷婷少女，王子惊呆了。美丽少女向英俊王子讲述了自己的悲惨身世。原来她是一位公主，可恶的魔王将她和伙伴变成了天鹅，只有在深夜才能恢复人形，唯有坚贞的爱情才能破除邪恶的魔法。王子坚信公主就是他朝思暮想的爱人，发誓要永远爱她，并将她从苦难中解救出来。然而，万恶的魔王偷听了一切。

第三幕：在王子选妻的舞会上，魔王扮成骑士，用娇艳的女儿勾引王子。王子被迷住了，他以为舞池中的女子就是他的公主，王子在魔王的要求下举手起誓。魔王的阴谋得逞了，伤心的公主飞回城堡废墟的天鹅湖中。

第四幕：王子在此刻醒悟到自己受到了欺骗。公主原谅了王子，然而，天快亮了，王子和公主就要天各一方。泪水从公主的面颊划过，王子决心誓死捍卫爱的忠诚。魔王现出了狰狞的面目，将公主和姑娘们变成了天鹅漂流在湖面上。悲愤的王子和公主一起跃入天鹅湖中。正义战胜了邪恶，坚贞的爱情战胜了万恶的妖魔。魔王失去了魔力死去了。王子和公主相依相偎，沐浴在阳光中，他们驾舟远航，朝幸福的彼岸驶去。

《天鹅湖》的审美旨趣体现在：

①修长舒展的动作线条。每位芭蕾舞者都以肢体线条的修长和舒展为美。因为芭蕾本是线条的艺术、贵族的艺术，所以，只有修长而舒展的肢体动作，才能充分地展示线条的流动，充分地占有舞台空间，完美地体现贵族的气派。

②诗情画意的舞蹈段落。芭蕾的本质是诗，是画，长于传达某种朦胧的诗情、某种淡雅的画意。因此在芭蕾美学的殿堂中，像巴芙洛娃、乌兰诺娃和马卡洛娃这种善于表演《白天鹅双人舞》的抒情明星，永远高居榜首，而那种只能完成《黑天鹅双人舞》的技巧明星，则只能屈居第二，即使其32个“挥鞭转”引来雷鸣般的掌声也不能提高其审美品位。

③洁白神圣的天鹅短裙。芭蕾女明星的短裙是《天鹅湖》中最典型的舞蹈服装，其洁白的颜色代表天鹅形象的纯洁无瑕，而其超短的尺寸则对舞者腿部线条超凡脱俗的修长提出了必不可少的苛求，民间俗称的“大腿满台跑”，便来自这条天鹅短裙。

④对比鲜明的仙凡场面。《天鹅湖》在故事发生的地点、服装和布景的色彩、不同幕次间的基调和节奏等诸方面，均富于鲜明的对比。其中的

一、三幕都是宫廷场面，前者是花园，后者是舞会，都是火红热闹、充满人间烟火气的现实世界，戏剧性占据主导地位；二、四幕都是天鹅湖畔，都是朦胧夜色下扑朔迷离的虚幻世界，抒情性占据主导地位。如此鲜明的视觉节奏，不仅给了舞者以足够的喘息之机，而且也让观众尽享好戏的乐趣。

⑤沁人心脾的音乐旋律。柴可夫斯基的《天鹅湖》在听觉上具有感人至深的神功，尤其是在第二幕的《白天鹅双人舞》中，那如泣如诉哀怨委婉的旋律，形象逼真地表达出了奥杰塔公主对自已被困于魔掌中的无助与无奈，对纯真爱情和自由生活的无限向往。正因为如此，《天鹅湖》的音乐常作为独立的曲目在音乐会上演奏，同样深受欢迎。

三、交融经典

作为"交融"的范例，以下举出8项"交融经典"，包括：达·芬奇、乔布斯、李政道、丘成桐、电子版《清明上河图》、理查德与联想A720电脑、马斯克、徐勇凌与《表演中的飞行美学》。

（一）达·芬奇

达·芬奇（1452～1519）：是科学与艺术"交融"的历史典范。

他是自然科学和自然哲学的开路先锋、文艺复兴时代最完美的代表、第一流的学者。他留给世界的既有《蒙娜丽莎》，也有第一辆坦克的设计草图。可以说，他是世界近代公认的"交融"的杰出代表。

他有多个宝贵的头衔：画家、雕塑家、艺术家、解剖学家、哲学家、数学家、地质学家、古生物学家、建筑师、发明家、寓言家、机械工程师、建筑工程师、军事工程师、"科学上的艺术家，艺术上的科学家"。

他是多个领域的博学者：天文——否定"地球中心说"，月亮反射太阳光，利用太阳能。物理——发现了"液体压力"概念，提出"连通器原理"；发现惯性原理，预示了原子的威力，"那东西将从地底下爆起，使人在无声的气息中突然死去。城堡也遭到破坏，看起来，在空中似乎有强大的破坏力"。医学——解剖学始祖，发现血液的新陈代谢作用及动脉硬化。古生物——研究化石。机械——发明水下呼吸装置、拉动装置、发条传动、滚珠、反向螺旋、差动螺旋、风速计、陀螺仪、密码筒、自行车、汽车、机器人。军事——发明了簧轮机、子母弹、三管大炮、坦克车、浮动雪鞋、潜水服、潜水艇、双层船壳战舰、滑翔机、扑翼机、直升机、旋转浮桥。水利——疏通河道，实施灌溉工程。

其“科学方法论”是“向大自然学习”，包括观察、实验、理性分析和数学计算，认为“最大的不幸就是理论脱离实践”，“实践应以好的理论为基础”。其方法后被伽利略、培根发展。

他自认伴随其一生的是少年时在山洞前的经历：“我突然产生了两种情绪——害怕和渴望：对漆黑的洞穴感到害怕，又想看看其中是否有什么怪异的东西。”

（二）乔布斯

乔布斯（1955～2011）是科学与艺术“交融”的现代天才。

乔布斯说：“我的秘密很简单——聚焦和简化。简单比复杂更难，但是这一切到最后都是值得的，因为你一旦做到了，你便创造了奇迹。”

计算机刚被发明的时候，有好几间屋子那么大，但年轻的乔布斯把它改造成适合家庭用的电脑；最初的电脑是没有鼠标的，完全靠录入程序操作，乔布斯给电脑安上了鼠标，省去了人们背程序的烦恼。

之后他被逐出自己一手打造的苹果公司，几年后，乔布斯创建的皮克斯公司推出具有划时代意义的动画片《玩具总动员》，风靡全球。

乔布斯的伟大之处就是想把这个世界变得更加简单，他把音乐放入播放器，他给手机加入了N种功能，他让电脑可以随身携带，他认为最好的工具就是人的手指，因此有了触摸屏，他把苹果这种电子产品打造成为一种文化，全世界的年轻人都以拥有苹果为时尚。

美国《福布斯》双周刊网站文章《史蒂夫·乔布斯可以教给我们的十条经验——如果我们听》中的第一条就是：

最永久的发明创造都是艺术与科学的嫁接。史蒂夫经常指出，苹果和其他所有计算机公司的最大区别在于苹果一直设法嫁接艺术与科学。乔布斯指出，研究Mac的初始团队拥有人类学、艺术、历史和诗歌等学科的教育背景。这对苹果产品脱颖而出一直很重要。这是iPad与它之前和之后所有平板电脑的区别。这是一种产品的外观和触觉，是它的灵魂。但计算机科学家或工程师很难看出这种重要性，因此任何公司都必须有一个领袖认识到这种重要性。

汇添富基金研究总监韩贤旺《毁灭性创造：苹果启示录》：

苹果在短短的14年时间里，从失败边缘成长为市值最大的股票，把成长股演绎得淋漓尽致，但也把成长股的偶然性表现得如履薄冰。我的初步体会是技术领先的持续性以及设计一个围绕技术领先的商业模式是其成功的核心。

首先，技术领先和完美的艺术气质相结合创造出前无古人的产品，改写多个行业标准。苹果的成功建立在旧王朝的崩溃的代价之上，就是熊彼特的毁灭性技术创造理论的现代版案例。但是这种以技术创新为基础的成长之旅一直会充满偶然性，只要犯错或技术领先优势被缩小，那么毁灭性打击就可能光临。英特尔在微机时代与微软结盟，技术不断创新，成为行业标准的制定者。但是它对智能手机等新兴消费电子产品的判断保守（这些电子产品对零部件的要求与微机差别很大），导致自己的技术领先地位丧失。微机时代的巨头如康柏、惠普、戴尔等企业也纠结于成本而忽视了产品创新，失去了自己的领先地位。

其次，围绕技术领先的独特商业模式成就了苹果，但是也给苹果的未来埋下了不确定性。没有领先的技术和完美的艺术气质相伴行业在过去数十年占主导地位的结合，苹果的商业模式是没有成功的可能的。乔布斯的特质把这种模式的小概率事件变成了一个奇迹，在全球商业史上都是少见的。苹果最受争议的就是其封闭性商业模式，这跟IT行业数十年占主导地位的技术开放模式完全不同。苹果商业模式的核心是其技术创新营造了一个人口庞大的、愿意买单的粉丝王国，而技术创新和艺术气质是乔布斯一生积累的结果。我们别忘了考察成长股最后还是要看其管理层的核心人物。

乔布斯在回答质疑“你不能友善一些么?”时说：“我真的希望与追求完美的人待在一起。我就是这样的人。”其追求完美的性格在一定程度上承袭于他的养父保罗·乔布斯。保罗曾教他“如何制造了不起的东西”。他们曾一起修建栅栏。他养父说：“你要把别人看不到的栅栏背面做得与正面一样好看。这表明你致力于制造完美的东西。”

试看对乔布斯的评价：

从适应需求到创造需求、创造市场。

创造性地使用别人的成果，以及找到一种完美的体验，也都是创新。

创造心愿比冲动更重要。

没有接受过正式的技术培训，亦无商业实战经验，然而他懂得欣赏科技的优雅。

广告攻势加零售店，使苹果公司成为文化偶像。

一直被模仿，从未被超越。

“艺术和科技交汇点”的产品，开创了app store商店，整合了硬件加软件的商业模式。

个人电脑、鼠标、数字音乐播放器、智能电话、平板电脑、数字音乐商店和电子书店，都不是他发明的，但他有着在适当时候简化现有技术并挖掘其潜力的能力。

他能够使复杂的东西变得简单。

很难复制的一点是乔布斯把技术与潮流融合在一起。这也可以解释为什么他推出的任何一类产品都能引出一场传媒风暴。

把电脑从古怪爱好者的痴迷品变成工作和家居中现代生活的必需品。

拥有诗人灵魂的商业巨子。

再看乔布斯语录

保持饥饿，保持愚蠢。

我总是希望能够那样。

你必须找到你所钟爱的。

求知若饥，虚心若愚。

船到桥头自然直。你得相信现在的点点滴滴，今后会以某种方式联系在一起。

你得相信某样东西，直觉也好，命运也罢，无论是什么。

这种方法从未让我失望，也让我的人生完全不同。

专注和简单一直是我的秘诀之一。

简单可能比复杂更难做到：你必须理清思路，从而使其变得简单。但最终这是值得的，因为一旦你做到了，便可以创造奇迹。

毕加索曾说过："好的艺术家抄，伟大的艺术家偷。"我们从不为窃取奇思妙想而感到羞愧。

我认为，令麦金托什电脑变得伟大的部分原因是，在它身上倾注着心血的是音乐家、诗人、艺术家、动物学家和历史学家，而他们恰恰又是世界上最棒的电脑科学家。

你不能问消费者想要什么，然后再提供产品给他们，等你做出来的时候，他们已经想要新的东西了。

晚上睡觉前能说："我们做得很棒"才是重要的。

电脑可以成为"我们大脑的自行车"。

活着就是为了改变世界，难道还有其他原因么？

《史蒂夫·乔布斯传》作者沃尔特·艾萨克森创"解码成功之道"：

他告诉我，他从大学辍学后漫游印度，从那时开始体验到了直觉与他所谓的"西方理性思维"截然不同。他说："印度农村的居民不像我们这样动脑。它们利用直觉。在我看来，直觉是一种非常强有力的东西，比头脑更加强有力。它对我的工作产生了巨大的影响。"

盖茨超级聪明，但乔布斯超级善于发明创造。我认为，关键区别是能以创造力和敏感应对挑战。在发明和创新的世界里，这意味着把对人文学科的理解与对科学的理解结合起来，把艺术性与技术联系起来，把诗歌与处理器联系起来。他说："小时候，我总觉得自己是个擅长人文学科的孩子，但我喜欢电子学。后来，我从书里读到，我仰慕的人物之一——宝丽来的埃德温·兰德——说过，人应该站在人文学科与科学的交叉点上。我确定这就是我的目标。"

中国和印度很可能产生许多缜密的分析型思想者和学识广博的技术专家。但是，聪明和受过良好教育的人未必是创新能手。如果美国还能保持优势的话，这个优势就是能产生更具创造力和想象力的人，它们知道如何站在人文学科与科学的交叉点上。这是真正的创新准则。乔布斯的事业就体现了这一点。

（三）李政道

李政道（1926～　）是科学与艺术"交融"的积极倡导者。

李政道回忆在学习期间就受到“跨学科”的影响，他说：“不久，我兴高采烈地被邀请参加了费米晚间开的课（上此课的学生全是被邀请的，不能自己选）。也正是在这个场合，我第一次体会了费米在物理领域工作的方法和精神。课堂上讨论的内容囊括物理学的所有领域，是非常广泛的。费米有时从他的文件夹里随机抽出一张卡片，上面写着一个课题和一个关键公式，他便从此讲起。令人叹为观止的是费米从零开始，在一堂课的时间里，囊括这个课题有关的深刻的物理思想、公式和数值统计。他从一个领域跨越到另一个领域的本事，实在使人钦佩之至。”

李政道积极推动科学与艺术的交融。他与著名画家吴作人、吴冠中合作了《对撞》《无尽无极》的“现代太极图”，来表现“世界是动的，宇宙的全部动力、所有物质和能量都产生于静态的阴阳两极的对峙中”的理念。他说：“对艺术美学鉴赏和对科学观念的理解都需要智慧，随后的感受升华与情感又是分不开的。科学与艺术不可分，两者都是寻求真理的普遍性。普遍性一定植根于自然，而对自然的探索，则是人类创造性的最崇高表现。事实上如一个硬币的两面，科学和艺术源于人类活动最高尚的部分，都追求着深刻普遍性、永恒和富有意义。”

李政道：“科学与艺术的共同基础是人类的创造力，它们追求的共同目标是真理的普遍性，对自然规律的阐述越简单，应用越广泛，科学就越优秀；而对人类情感的表达越珍贵，反响越普遍，艺术就越优秀。科学与艺术对于文化的发展就像一枚硬币的两面，是不可分的。”“艺术大师吴冠中曾将科学与艺术的定义做出了非常准确的诠释：科学揭示了宇宙的奥秘，艺术揭示了情感的奥秘。”

李政道在1996年5月23日在中央美术学院的演讲中指出：“艺术与科学都是对称与不对称的巧妙组合。对称是美，不对称也是美。准确说，对称与对称破缺的某种组合才是美。单纯对称和单纯不对称都是单调。一个对称的建筑只有放在不对称的环境空间中才显得美。反之亦然。”

李政道在其《殊途同归的艺术与科学——读柳城先生〈电影三字经〉》的文章里说：

读者也许奇怪，为什么物理学家要来评论《电影三字经》？或许这位物理学家是一位电影爱好者？

说来话长，却也简单。《电影三字经》作者柳城先生早就读过我的《科学与艺术》一书，他说当时就受到感染。这或许就是人们常说的“缘起”吧。

我一直有一个信念，那就是科学与艺术是人类认识世界与表达世界的不同道路，这两条道路并不是楚河汉界，也不是泾渭分明，更不是永不相交的平行线。恰恰相反，这两条道路通向了一个共同的高峰：真、善、美。作为个体的科学家和艺术家，他们在不同的领域向着共同的目标奋进。我熟悉的许多科学家具有浓厚的艺术兴趣，我认识的许多艺术家抱有对科学的真诚热爱。艺术兴趣使科学家感性灵动，热爱科学使艺术家深邃博大。电影是一门建立在科学基础上的综合艺术，一百多年来，电影对社会的影响极其巨大，这就是人类的艺术进步，也是人类的科学成果。

既然电影有如此重大的社会影响，如何创作电影必是一个各界务须高度重视的课题。柳城先生总结自己的实践，结合中外电影的经验，同时汲取传统文化的精华，写出这部《电影三字经》，是一件很值得祝贺的事情。在电影国际交流日益扩大的今天，对于世界电影亦是一个非常难得的贡献。

（四）丘成桐

丘成桐（1949～　）是科学与艺术“交融”的现身说法者。

他是最明确地通过自己的体会宣称就是在“交融”地进行研究的杰出代表。

丘成桐：“我做学问的时候，常常放一本中国古典文学的书看，交替去做，感觉不一样。排遣苦闷的时候，想问题想得太困难了，就读读《史记》、宋词。”“关于大自然，我们数学家总想用一种最简单的语言来表述它，用简洁的方法、以最简单的语言来表达。这跟文学很像，跟绘画很像，就是用最简洁的方法来表达。当然，表达也可以很复杂，复杂的表达也可以说明问题，但是好的数学家都追求简洁。所以，好的数学家不多。”“我们研究几何的人也有类似的感受。几何的目标就是描述大自然的美，不容易。简洁不容易。”

“在《丘成桐的数学人生》书中，我将整个数学的发展和中国文学的发展作了比较，将我们数学家的思维方法和中国文学的思维作了比较，觉得蛮有意思的。有些地方真是蛮有意味的。”

“数学上一些很重要的方法和文学很接近，差不多。比如说，赋、比、兴，很多数学上的思维也类似，进行研究也是这个方法。中国很多数学家没有这种能力，这与整个文化水平有关。如果说一些数学家，它们的研究水准不高，和他们的文化水准不高是有关系的。”科学的各个门类都有不同的特点，比如，数学和物理学就不一样。数学可以自己去思考创造，然后自己用数学语言表达出来；数学追求自然界的真相。但数学家可以像文学家那样，天马行空，凭爱好而创作，而物理学的结论要在实验室做出来，才是好的。

数学有一个好处，你可以描述大自然，去直接描述它，可以先在心里面想它。这样的结论也是正确的，但是不一定在实验室做出来，往往过了很长时间，你会在实验室或者在大自然里面看到。有些结论，要经过40年、50年，甚至过了1000年。

我觉得这样的方式和文学很接近。猜想一些事情，并且能描述出来。它首先在心里面产生，然后用简洁的语言描述。就像诗歌。这里面有客观的，也有主观的，跟个人气质有关。选择什么样的研究，是由数学家对大自然的感受深刻或者肤浅来决定的。有些数学问题，看起来很简洁，很直接，可是一旦你深入进去，发觉里面内容很深奥。简单的图也好，简单的公式也好，往往内容很丰富。越简单，内容越深厚。往往越是一个很简单的问题越是需要很多时间、很多人积累才能够解决。

就像最简单的数字。比如整数，它的结构，我们越研究，越觉得有内容在里边，慢慢统一方程的时候，发掘和几何有关，关系越垒越密切。这是个美妙的事情，整数的结构跟几何空间的隔点有关，很美，二维空间也好，三维空间也好，甚至高维空间也好。隔点、样式，虽然看不到，可以算得出来，很奇妙的，跟物理学上的一些现象有密切的关系，三维空间的隔点则跟晶体有关。这样的种种显现，我们本来从纯数学的观点去了解问题，可是慢慢发现与物理学有关。这简直就是描绘大自然的赞美诗。

比如，陈省身先生的工作。他创作的“陈氏类”，非常的文采斐然，令人赞叹。现在我们慢慢地发现，这些结论和物理学有关系了，成为物理学里面求量子化的主要工具。一个口开了，越打开越多，越开越大，里面很多不同的路可以走，可以走到不同的地方。

（五）电子版《清明上河图》

电子版《清明上河图》是科学与艺术交融的优秀代表。

在上海世博会上，高6.3米、长130米，比原作大30倍的电子版《清明上河图》，是中国馆进馆看到的第一件展品，观众走马观花也起码要花10分钟，画面是滚动的，流淌的河水、飘动的帆船以及往来的市民、客商、骆驼、鸡犬，配以流水潺潺，小贩的吆喝声，此起彼伏，再往前走，发现画卷的天色还能晦明变化，4分钟一个轮回。

制作方水晶石数字科技有限公司负责人说，他们保留了原作的所有特征，包括每条街道、船只、数百棵树、数百座建筑，一个不少，色调、画风，也一点不差。

至于画中的人物，古本《清明上河图》中出现了多少个人、多少只动物，业界一直有争论，而电子版在古籍专家指导下，对古本《清明上河图》进行了重新解读和制作，新作只保留了原作最具代表性的人物，另外还根据同时期其他画作，创作出新的人物，成百上千的草稿，才有了今天的电子版。夜晚的景象也是大胆想象的结果。前后耗时2年。

技术上则采用B/S平台，以NCity展示平台为基础建立，运用了大量“三维富媒体技术”以及一系列相关技术，将常见的2D及3D的Video、Audio、Flash、Java效果组合应用，实现了原本单一技术无法实现的展示效果，创造了世博会历史乃至于全球范围内，首次大规模应用三维富媒体技术构造的基于互联网的展示系统，在展示规模、展示模式、展示效果、受众范围等多个方面达到前所未有的高度。

电子版的《清明上河图》，使这幅国宝级的北宋风俗画中的行人、骆驼队、毛驴、船只和水不仅都动起来了，还夹有虹桥上的喧杂声，脚夫边走边吆喝声，河边那拉着船索的纤夫劳动时喊起的号子声，真是一件典型的多媒体艺术作品，其艺术感染力是传统美术作品无法达到的。

（六）理查德与联想A720电脑

理查德与联想A720电脑是科学与艺术“交融”的主动实践。

当悦动的音符萦绕在人民大会堂的穹顶，风靡一个时代的钢琴王子再次与我们邂逅。理查德飞扬的指尖掠过联想A720，不仅激发出涟漪般的经典乐章，更向万名观众展示了科技的娱乐魅力。

2012年12月25日，“理查德·克莱德曼中国巡演二十周年纪念音乐会”在人民大会堂优雅启奏。这位备享盛誉的“浪漫钢琴王子”再次登台，《秋日私语》等众多经典曲目让现场观众久久沉醉在超越时代的高雅气息中。除了重温往日浪漫，整场音乐会最令人惊叹的是，理查德·克莱德曼首开先河，以联想一体电脑 A720 作为触控钢琴使用，与现场 25 位琴童合奏出宛若天成的绝妙乐章。当理查德高超的弹奏指法邂逅联想 A720 精准的 10 点触控，这一刻，古典浪漫与时尚科技完美融合，呈现出触控科技带来的高端娱乐体验。

联想一体电脑 A720 与钢琴异曲同工，自诞生以来，便凭借 10 点触控、垂直平放设计等多种创新应用，同样为无数家庭带来了许多耳目一新的娱乐体验。钢琴是古曲娱乐代表，电脑是时代科技先锋，象牙琴键和 10 点触屏相隔数百年诞生却遥相呼应。正如理查德所言："联想 A720 改变了我对科技的看法，它不再是冷冰冰的电脑，而是可以和钢琴一样，给我们带来简单有趣的纯粹快乐。"

（七）马斯克

眼下这个时代最吸引人眼球的品牌、最耀眼的明星企业家，是美国电动车品牌特斯拉，以及该公司总裁埃隆·马斯克。难怪有人概括说："乔布斯走了，马斯克来了。"

事实上，"移动互联网时代"的本质已发生改变。上一轮互联网产业浪潮的核心是"线上"，创造了一个与现实世界并行的虚拟世界；而这一轮移动互联网大潮的核心，却是"线下"。人与物相连、产品与服务相连、虚拟与现实相连，创新的"主战场"开始回归实业，回归硬件，回归到真实的生活场景中来。

过去那两个并行的世界（网上世界与现实世界）正在全面融合，并且重构人们的生产和生活。所谓"智慧城市""智慧生活"，就是这个意思。"移动互联网时代"其实就是"智业时代"，推动这一进程的公司和企业家，自发的或自觉的，都在共同打造一个"线下"与"线上"互通互联的"智慧产业链"。

如果说乔布斯是传统"线上"互联网的终结者——智能手机出现后，"线上"与"线下"的界限被完全打破了。那么马斯克的特斯拉，向最顽固的传统产业双寡头——汽车与能源，发起了挑战，可算是新时代的第一个开创者。

2013 年特斯拉卖掉 2 万多辆车，而福特卖掉 600 万辆，特斯拉的产量不足福特汽车产量的 1%，但资本市值一度超过 300 亿美元，接近福特的一半。而且，43 岁的马斯克还创造了一系列奇迹：早年创业的贝宝公司，现在仍是美国最大的互联网支付企业，套现 1.2 亿美元；创建太空探索技术公司（Space X），成功发射目前成本最低的太空飞船，以私人企业身份拿到了美国宇航局（NASA）16 亿美元的合同；控股特斯拉电动车，成为当下全球最火热的纯电动轿车；规划中的“超音速高铁”项目，乘客在一个封闭的管道中，乘坐“胶囊”旅行，时速 1200 千米，比飞机还快……此外，他还四处兜售他的火星退休计划，“登陆火星，一张往返票，只要 50 万美元”。

马斯克为什么能带领特斯拉走到今天？众石发文评论：有两个关键。一是“与众不同的产品定位”。特斯拉是“纯电动 + 智能”汽车，除了电池，它还可以选装一个 17 英寸的大号触摸屏，这足以让汽车变成一个“类苹果”的“智能终端”。这是“互联网汽车”，定期升级和不断迭代的软件系统，使特斯拉为传统汽车重新定义了汽车概念。二是“超预期的细节追求”。百公里加速 4.4 秒，最高时速 200 千米，续航里程超过 500 千米，汽车门把手会在驾驶员靠近时自动伸出，而在行驶时又缩回车身以降低风阻。这两条，就使“智能汽车”的品牌核心价值具备了。换句话说：“只要产品和服务从一开始能‘直指心智’，使用户惊叹，与受众形成‘梦想互动’，全社会就被它的理念所吸引，被它的梦想所笼罩，有意或无意、主动或被动地参与到它的品牌构建中来。”于是，“乔布斯将人文与技术对接，使苹果站在‘艺术与技术的交界线’上；而马斯克则是‘只要按照物理规律向极致求索，就一定能创造出更美好的事物’”。

所以，电动车、飞船、超音速铁路、火星计划，都与其品牌核心诉求——“智业时代的领导者”形象相吻合、相印证。未来在市场大展宏图的，绝对不会是单一的产品或者技术，而一定是它的“颠覆式的商业模式”——成功的品牌必然能唤醒公众对智能化生存、智慧生活的梦想和预期，能把这些梦想和预期与公司产品、服务和商业模式相联系、相认知，并与广大受众和用户产生良性的持续的互动。

（八）徐勇凌与《表演中的飞行美学》

徐勇凌是我国著名试飞专家，在他一篇介绍飞行表演科技的文章里，开门见山，标题用的就是《表演中的飞行美学》。这使我们想起罗丹的名言：“美是到处都有的。不是缺少美，而是缺少发现。”

接着，作者分析了飞行表演和美的关系：“飞行表演追求的是飞行展示区内的观赏效果，展示的是单机的高难度动作和多机的协调配合。美有美的道，炫有炫的招。”

那么，“它们都有哪些技术细节，遵循着怎样的飞行美学”呢？

作者概括成5个方面。那就是：

1. 低：精确控制的考验。

低高度飞行最具有震撼效果，但对飞行员的压力也最大。低高度飞行的难度不仅在于高度的掌握，还在于轨迹的控制。

2. 猛：机动半径是关键。

看过飞行表演机内视频的人们会发现，高水平的表演中，飞行员在座舱里感觉像在“打铁”，动作幅度很大，很果断也很坚决，但从飞机外部轨迹变化中却并没有看到台阶式的不协调运动。这恰恰是飞行表演动作剧烈的奥秘所在。

3. 变：让你猜不透的滚转。

滚转在表演飞行中可以发挥非常大的作用，其原因还要从“秀”的角度去分析。这方面俄罗斯人似乎深谙表演之道，他们总是在低空机动中不厌其烦地运用滚转，让你始终无法猜到他下一步要做什么。反观法国飞行员的“阵风”表演，总是死板地运用滚转。在这方面俄罗斯人的艺术领悟力显然要高得多。

4. 险：魔术一样的动作编排。

飞行表演之险，要的还是“秀”的效果，其要诀不是拼体力、要大胆，而是在于编排。就像魔术的变化永远不会穷尽一样，惊险动作的编排也是无止境的，这就需要表演者发挥其想象和艺术灵感。

5. 齐：队列那样的间隔感。

在最新的歼－10表演编排中，无论是6机梯队还是4机剑队，几架飞机都仿佛贴合在了一起。这除了技术上的处理，更多的还是靠飞行员平时训练的积累。那种彼此的信任、那种浑然一体的感觉、那种动人心魄的韵律，都需要平时千锤百炼的训练才能获得。

最后，作者还不无幽默（也是一种美感）地说："以上所说的当然只是表演飞行的一些基础知识，作为表演者他们要掌握的其实更多。还是让我们保有一份对飞行的神秘感吧。因为对观赏者而言，我们要的就是欣赏与享受，欣赏飞行员的精湛的技艺，享受空中之舞的炫与美！"

第四篇　通识与综摄

第一章 通识基础

什么是“通识”？本章相当于“通识”的“引论”。围绕一个“通”字，选择了四个与“通识”相关的概念，供对通识“揣摩”。

“通”，简单地说，就是两个以上独立的事物之间的联系。

学术上的“通”，是指在正确反映客观事物及其运动的种种联系的基础上，将知识经验进一步提取精髓和融会贯通。

“通”，复杂地说，有四个方面：通感、通谱、通识和通才。它们的关系是：在“通感”的基础上获得知识经验，在知识经验的基础上建构“通谱”，在“通谱”的基础上形成“通识”，在“通识”的基础上育成“通才”。

一、通感

通感，就是“通”的感觉，实际也就是“同感”“共通感”“联通感”……或称“感觉互动”，即一种感觉引起了另一种感觉的兴奋，在视、听、嗅、味、触觉之间可以相通。例如，看到古琴，就似有优雅的琴音在耳边缭绕，而实际上并没有人在弹奏。

通感的基础在于对人们生活经验的唤起，在于联想。绘画是时空的画面锁定，欣赏绘画只需视觉。如何让人们通过对平面、静止画面的谛视，超越视觉三维（点、线、面、体）的局限，启动各种感觉渠道去驰骋想象，形成“幻觉”，获得更广更深的诗性审美满足，这就要靠画家推出启导通感的通道。

“通感”是一个古老的概念。从古希腊哲学开始，人们就关注到，人在观察、感受事物时，除了各种不同的感觉之外，还有一种将各种不同感觉联系在一起的感受，这就形成了通感概念最初的含义。

通感在心理上的显著感受就是感觉的互动，如：色彩的冷暖，声音的尖圆，动作的“脆”或“粘”，笔墨的“熟”或“涩”……以及看到乞儿在料峭寒风中瑟瑟发抖，你会不会不寒而栗？看到他人遍体鳞伤地横尸街头，你会不会毛骨悚然？如果回答是正面的，便说明你能够体会他人的感受，你拥有一种被称为“通感”的能力。

19 世纪奥地利音乐评论家汉斯立克说过：“通过音乐的高低、强弱、速度和节奏变化，我们听觉中产生了一个音型，这个音型与某一视觉印象有着一定的类似性，它是在不同的种类的感觉间可能达到的。正如生理学上在一定的限度内有感官之间的‘替代’。”

这种音乐引起的通感，比比皆是。如：《二泉映月》《蓝色多瑙河》都把美景化为音乐，而著名音乐家贝多芬则把建筑比为“凝固的音乐”等等。

德国古典哲学家康德（1724～1804）承接了“通感”概念的传统内涵，进而从一个特殊的角度将“情感能力”与“通感”概念相关联，于是使“通感”概念成为“情感能力”普遍有效性的依据，以致使“情感能力”与“认识能力”“欲望能力”等相匹敌。

二、通谱

通谱，就是“通”的谱系，实际也就是“知识谱”“知识图”……或称“知识体系”“知识谱系”，即知识的总体结构。

如何把握浩如烟海的知识领域的结构与演变？是一项前所未有的广泛而迫切的重大课题。知识的“通谱”便是帮助我们获取知识，并防止迷失在信息海洋中的最新有效手段之一。

正在发展着的“谱系学”，是尼采提出的一项研究策略，它所关切的是那些历来被与权力融为一体的“历史”所遮蔽和埋没的“局部的、不连续的、不合格的知识”。谱系学引导人们去解读社会关系中的话语，揭示权力/知识之间的关系。

例如，“文学谱系研究”属于文学史研究的范围，但又有不同。“文学谱系”研究更加注重研究对象演化的渊源关系和历时性，注重寻找研究对象新的元素的产生及其变异而形成新的组成部分，注重研究对象的分类及其结构关系。如中国文学谱系，就是一个由不同种类的集目的、主体、体裁、功能、内容、表现方式、风格等于一体的文体、文本相互作用而形成的不断演进的具有历史性的综合动态系统。

2013 年 4 月 30 日，哈佛大学出版社出版巴黎大学校长弗朗索瓦·韦伊所著《谱系图：美国的宗谱历史》一书。作者指出，“寻根意识”一直植根于历代美国人心中。几个世纪以来，美国人利用盾形纹章画、绣绘宗谱等方式，建立了美国当地的宗谱社会。该书梳理了美国由来已久的寻根文化。今天，DNA测试等先进的科技手段逐渐成为人们寻根溯源的新手段，在瞬息万变的社会中，美国人寻根的脚步将不会停歇。

值得注意的是：“通谱”的知识研究，不仅涉及“显性”知识，而且还已深入到“隐性”知识领域。对于存在于书刊、磁盘和光盘及其各类文献数据库等物质载体之中的可言传的显性知识，借助信息技术与工具较容易获取；而对于获取存在于生命载体之中的隐性知识，就不那么容易了。隐性知识包含依附于人本身的经验、技艺和洞察力、创造力等，是可意会不可言传的。由于它难以用语言文字表述，很难通过搜索找到它在什么地方，因此有效的办法是能知道谁具有所需要的知识。这样一来，对知识的搜寻，就变成了对掌握知识的人的查询。“通谱”就能辅助和支持我们进行学习，并找到掌握你所需知识的朋友。从当代知识科学的角度看，孔子把朋友作为知识之源，广义上包含拜师求学、三人行必有我师在内，就在于他们拥有难以言传又不可或缺的感性知识。

所以，作为“通谱”的对象，已被界定为广义的复杂系统，涵盖人类活动的一切领域。而绘制“通谱”，把握知识结构与演变，便成为一项关键性的、雄心勃勃的并极具挑战的事业。其中，通过和朋友（或同行学者）结识而获取知识，已具有现代意义，因为运用“数据挖掘”技术中的机器学习原理和引文分析中的知识流动原理，构建文献的知识网络或作者的社会网络，并通过跨学科的沟通来解读网络蕴含的意义与价值，其中包含作者个人意想不到的隐性知识或各单个作者构成复杂网络形成的新知识，这是单个作者知识叠加得不到的“知识发现”。

而且，不仅涉及“小科学”，还涉及“大科学”，是“通谱”的又一特点。小科学（little science）项目通常由科学家个人或科学小组进行研究，由科学家个人或科学小组设定问题、独自执行、探索或解决，这种研究方式以竞争性为特点，科学家以追求科学真理为导向，集中在单个学科内进行研究，经常会产生出人意料的结果。而大科学（big science）有两层含义，一是指科学研究总的社会规模上的大科学，由社会科学家普莱斯在《小科学·大科学》一文中首次提出。另一个含义是指研究项目上尺度上的大科学，这是由核物理学家温伯格在《大科学的反思》中首次提出的。近代以来的大部分时期，科学研究的组织形式是小科学，科学史上的重大发现往往也都来自小科学的研究形式，如青霉素、X 射线、晶体管等。二战后，大科学项目发展迅速。

在“大科学”中，特别要提一下“大历史”和“大数据”。

“大历史”研究是一种把人类历史纳入宇宙自然史范围来考察，国际大历史学会官网首页介绍的“大历史”是指：尝试通过跨学科的方式来理解宇宙、地球、生命和人类演化的整体历史。大历史研究既要关注“历史中的偶然因素与各种细节”，又要关注“囊括细节的大格局”，从而构建“全面、统一”的历史。

“大数据”，则是指：美国政府已宣布了《大数据研究和发展倡议》，推进从大量的、复杂的数据集合中获取知识和洞见的能力，这标志着大数据已经上升到美国国家战略。“如果说 IBM 的主机拉开了信息化革命的大幕，那么‘大数据’才是第三次浪潮的华彩乐章。”著名未来学家、当今世界最具影响力的社会思想家之一托夫勒在《第三次浪潮》一书中的话正在演变成现实。

三、通识

通识，就是“通”的知识，实际也就是“广识”“总识”“博识”“博雅”，或称“会通”“融合”“融汇”“融会贯通”……即“大学问”。

笛卡尔的“我思故我在”以“普遍怀疑”的姿态开启了西方哲学史上的认识论转向。在认识论上，他把本体论与方法论通过“理性”进行了有机结合，以探究确定性的知识，进而使他的形而上学体系建立在不可怀疑的地盘之上。以自然科学为范式，他试图使形而上学成为像数学一样具有普遍性、确定性的知识体系，于是形成了一套探求真理的指导原则——“马特席斯”（Mathesis Universalis）。马特席斯又称“普遍数学”或“普遍科学”，是用以指导思维的概括性学科，具有数学特性，旨在建构一种新形而上学，蕴含着哲学科学化倾向。

德国古典哲学家莱布尼茨（1646～1716），该是“通识”的大家，拥有“最伟大的博学之士”“本人就是一所科学院”等美誉。他的“通识”思想对当代仍有强大的指导作用。

在我国召开的“2011 年国际莱布尼茨学术研讨会”上，围绕“莱布尼茨与当代”的主题，从科学技术哲学、政治哲学、生态哲学与中西文化比较等视角透视莱布尼茨思想的当代活力，分析了莱布尼茨“普遍科学与文化”命题的统一性。

德国波茨坦莱布尼茨政治文集编辑部前主任鲁道夫，通过对莱布尼茨新科学文本与培根《新工具》的对比，阐述科学与宗教的深层次关系和内涵。汉诺威莱布尼茨大学教授李文潮认为，现时代知识专家系统陷入了片面性深刻的理性鸿沟，而莱布尼茨在分门别类中发现各种思想统一性的特质具有很大的现实启发意义。法国学者白莱蒂尔分析了莱布尼茨“普遍科学与文化”命题的统一性，意大利学者白苏认为莱布尼茨知识与政治学说体现为寻求理性沟通的共和国理想。我国内学者也在对莱布尼茨形而上学、政治哲学和自然哲学的文本分析中进一步彰显了其思想的新鲜内涵。

曾被列宁给予很高评价的德国社会主义著作家和哲学家狄慈根(1828～1888)，该是另一位“通识”的“大家”了。他的如下名言，代表了“通识”的目标——“倘若我们能把这一思维活动建立在科学的基础上，倘若我们能寻找关于思维活动的理论，倘若我们能发现理性一般怎样达到认识的方法和方式，供我们能发现科学真理之所以产生的方法，那么，我们在一般科学的领域上，对我们一般判断力，便会获得同在特殊科学领域中所既经获得一样的确实的成果”。

我国自古以来，就有重视“通识”的传统。“会通”一词就源自《易系辞》：“圣人有以见天下之功，而观其会通，以行其典礼。”其“会通”即“会合通变”之意，后引申为“融会贯通”。秦始皇把“皇”“帝”两个本来针对神和人的称呼，合而为一成为“皇帝”，并加“始”字，被认为是“混一”的做法。著名文论《文心雕龙》被赞为“熔铸经典之范，翔集文史之术”的典范。而《十通》则是书名带“通”字的10部大书的总称。唐代杜佑撰《通典》后，又有南宋郑樵撰《通志》，元初马端临撰《文献通考》，合称《三通》。清乾隆时官修《续通典》《清朝通典》《续通志》《清朝通志》《续文献通考》《清朝文献通考》。1921年，浙江南浔刘锦藻撰成《清朝续文献通考》，始有《十通》之名。《十通》是一套有关我国历代典章制度的大型工具书，共2700多卷，囊括历代政治、经济、军事、文化等制度方面的资料，堪称“治天下之大经大法”。《曾国藩挺经》是曾国藩临终前的“压案之作”，经其得意门生李鸿章口述，称该书是曾国藩“精通造化，守身用世的秘诀”，曾国藩一生正是凭借这个“挺”字，在困厄中求出路，在苦斗中求挺实。

还不能忘记的是：“通识”也是“总识”。“唯识学”是印度佛教和中国佛教共同关注的大乘学说，中国佛教的唯识学在传统上主要研究“八识”的分识说，然而在这个传统主流下，还有一个潜流，那就是唯识学的“总识”理论。该理论没有形成学派和宗派，但透过历代翻译家的传译，我们可以看出“总识”思想一直被传播着，只是“总识”思想被轻忽了。“总识”思想是以佛经为载体被历代翻译家一遍又一遍地传诵着，其经典代表就是后玄奘时代的《大乘显识经》。该经阐述了“总识”是清净、无染、遍在的存在。

四、通才

通才，就是“通”的人才，实际也就是“博才”“博士”“大才”“高人”……或称“博识家”“杰出人才”“复合型人才”，即“大专家”“博士后”“专才后”。

王国维说：“异日发明光大我国之学术者，必在兼通世界学术之人，而不在一孔之陋儒。”

其实，中国近代的年轻人，早就了解“博识”的重要，想先成为博学多识通，然后专注于一门学问者，大有人在。刘广定在《简介傅斯年早年对“通识”与“科学”的认识》中，曾介绍过：傅先生本人在国内已自修读过一些逻辑的书。在伦敦大学原拟专攻实验心理学，但不仅读了化学、物理学、数学和生理学等科学书，也读过英国的哲学、历史、政治、文学、戏剧等。到柏林大学后，又读了相对论、比较语言学以及地质学，也学过梵文与藏文等。这样的人不止傅先生一人，例如他的好友毛子水，初入北大就读数学门，后到德国留学专攻科学地理，又曾研习希腊文，回国后却专治中国文史考据学。又如他的内兄俞大维，初学哲学、数学，获得数理逻辑博士，继而研究西洋古典学术，又研究历史、法理学和音乐，最后又改学弹道学，更进而研究战略战术，同样是成就斐然。

英国广播公司曾经对23位世界著名科学家进行访谈，其中有7位是诺奖得主，这些科学家每个人深入涉及的专业和学科领域平均达到3.3个，最多达6个。

美国对1310名科学家进行了5年调查，发现取得成就的，几乎都是以“博才”取胜的。但他们并不是“万金油”或“百事先生”，而是精通一二门后的“发射性扩散”，“博而不乱，专而不偏”。

在日本，是在大学本科毕业十多年的专才中选通才，如今日本已提出：要加速培养“跨专业”和“跨国际”的通才。

幸运的是，“通才”本是东方的特色。著名科学家普里高津说过：“中国传统的学术思想是着重于研究整体性和自发性，研究协调和协和，现代新科学发展，近十年物理和数学的研究，都更符合中国的哲学思想。”难怪美国的电脑大王、世界首富比尔·盖茨当年在面临网络计算机的严重挑战，须做重大的综合决策之前，先到中国来“度假”，登长城，走丝绸，谒敦煌，接受一下东方文化的熏陶呢！

英国的牛顿发现的牛顿力学三大定律，在全世界已家喻户晓。殊不知，牛顿本人还是一个杰出的“通才”呢！近来，美国普林斯顿大学出版社出版新书《牛顿与文明的起源》，由加州理工学院历史系教授布赫瓦尔德和法因戈尔德合著，通过研究大量牛顿未发表的论文及资料，讲述了牛顿如何借助其独特、睿智的思考方式，广泛地解决了历史、神学、神话学等许多领域的问题。牛顿对古文明历史的时间表做了大幅度修正，将希腊历史缩短了500年，埃及历史缩短了1000年。牛顿耗时近半个世纪修改世界史，通过研读古文献，创造了一套严谨的理论体系，并在人口动态的基础上解读分析了文明的演变历程。早在剑桥大学读书期间，牛顿就有了自己的治学理念，该理念不仅渗透到了其对物理学、数学等自然科学的研究中，更是支撑他进行历史研究工作的关键。

第二章　通识理论

本章探讨通识理论，相当于“通识”的“正论”。从“通识”发展的“三阶段”——辨识、认知和进化——里，各择三个最具意义的相关理论，为通识“奠基”，作为“通识理论”的代表。

一、对象辨识三论

辨识，就是分辨和认识。

认识始于辨识。

“辨识三论”，是有关人对事物“辨识”的三个理论，或称“大辨识论”，可谓“通识”的“序曲”。

（一）相似论

相似论是辨识的“起点”。

“相似”是世界万物的本质特征，是客观事物存在的“同”与“变异”的辩证统一。相似论就是通过客观世界中普遍存在的相似形象来研究自然、社会、思维领域中的广泛的相似运动、相似联系、相似创造的规律的理论。

辨识来源于比较。亚里士多德把比喻看作创造性的一个标志。他认为，那些能够在两种不同类型事物之间发现相似之处并把它们联系起来的人具有特殊的才能。如果相异的东西从某种角度看上去确实是相似的，那么，它们从其他角度看上去可能也是相似的。贝尔把耳朵的构造比作一块极薄的能够振动的钢片，并由此发明了电话。培根则认为：“不同的人心之间有着一个主要的也可说是根本的区别，这就是：有的心较强于和较适于察见事物的相异之点，有的心则较强于和较适于察见事物的相似之点。大凡沉稳的和锐利的心能够固定其思辨而贯注和紧盯在一些最精微的区别上面；而高昂的和散远的心则能见到最精纯的和最普通的相似之点，并把它们合拢在一起。但这两种心都容易因过度而发生错误，一则求异而急切间误攫等差，一则求似而急切间徒捉空影。”

（二）同构论

同构论是辨识的“重点”。

“同构”，是抽象的相似关系——结构相似，如黄金分割性、同构转化性、圆道性、分形性、螺旋性、对称性等。著名京剧艺术家张君秋曾自评其“音型”：“我的唱腔是枣核型，开始时轻，中间重、醇厚，结尾又轻。”

同构，原出自希腊文，本意是“形式相同”。莱布尼茨首先将其用于科学，提出用机器人模拟人类思维，就用了“模型”“算法”“同构”等概念。罗素说过：“表明一个事物的结构就是说出它的各个部分以及各部分之间的相互关系。”

从数学上说，“同构”是在数学对象之间定义的一类映射，它能揭示出在这些对象的属性或者操作之间存在的关系。若两个数学结构之间存在同构映射，那么这两个结构叫做是同构的。一般来说，如果忽略掉同构的对象的属性或操作的具体定义，单从结构上讲，同构的对象是完全等价的。

（三）全息论

全息论是辨识的“亮点”。

全息论是研究事物间所具有的全息关系的特性和规律的学说。它具有部分是整体的“缩影”规律；反映事物之间的全息关系的全息等式，本质上是事物之间的相互联系性。

全息论的基本原理是：从潜显信息总和上看，任一部分都包含着整体的全部信息。“宇宙全息统一论”已更名为“全息大统一论”，发展为“一元宇宙全息论”。

全息论包括宇宙全息论和全息生物学论。

宇宙全息论可以引用全息摄影来简单说明。全息摄影指的是不管将全息照片撕碎成多少份，每一份都隐含着照片的全部信息。全息摄影昭示了一种对宇宙的全新理解：整体的信息包含在每一部分之中，世界万物便是这种信息被展示的结果。

全息生物学论认为，凡是一个在结构和功能上具有内部完整性的组成部分，都是包含了全部整体信息的全息胚。

全息论源于物理学上的特殊产物："全息照片"——"全息术"。

1948 年，盖伯发明全息术，60 年代由于激光技术问世，全息照相（被摄物体的反射光束与参考光束，皆由一激光束分离而来，在感光片上干涉，既留强度，又留位相，再用同样参考光束的激光，通过全息图，则得共轭衍射图）实现，摄入全部光信息（包含位相信息），即使碎片也能再现物质整个图像。

一般照片只能看到物体一个角度的影像，但全息照片则能提供可以无限多个角度观察的立体影像。其形成原理是利用光学的衍射原理，在全息照片的底片上记录单一频率的光束照射到物体上反射出来的衍射波纹。观看全息照片时，需要用与记录影像时相同频率的光波照射到全息底片上，方能产生物品的影像。因其构成的特殊性，"全息照片"（实际上就是记录衍射波纹的底片）有个特性：如果将底片打碎，利用底片的任何一个碎片都能还原出该物体的整体影像。由于这一特性与全息论关于人物的"机体的每一个局部都是整体的缩影，储存着整个物像的全部信息"的理论一致，因此该理论被冠以"全息"二字。

全息论，实际上与中国古代的"天人合一"的概念相一致。中医理论认为人体是一个有机整体，内脏有病可以反映到体表。《灵枢·本脏》有："有诸内者，必形诸外"，故曰"视其外应，以知其内脏，则知所病矣"。

二、理解认知三论

认知，就是分析和理解。

认识深于认知。

"认知三论"，是有关人对事物"认知"的三个理论，或称"大认知论"，可谓"通识"的"主曲"。

认知心理学是探索人们如何获取知识、组织知识和运用知识的一门学问。

（一）元认知论

元认知论是认知的“核心”。

元认知属于当代认知心理学的重要范畴，是20世纪70年代末涌现出来的一个前沿领域。它意指人们对于其自身认知过程的认识，以及在这种认知基础上的自我监督、计划和调节。认知指向客观世界，而元认知则指向人们自身的认识过程。元认知在思维的自我高级调节、学习、问题解决及判断与决策中起着至关重要的作用。

例如“科学元理论”，即“科学的研究”——科学元勘、科学元究、科学论，就是对自然科学的一种多角度的元层次研究。如果科学家的对象性研究是一阶研究的话，这种研究则是二阶研究。那就是说，既要纵向了解科学的前世今生，也要横向了解科学与哲学、宗教、艺术、伦理、性别等方面的联系。例如要注意“有知识没文化”的倾向，就是指“只想利用技术解决问题，而未想：值不值得解决？解决了会不会产生更大的问题？会不会得不偿失？”这种“后果评估”的问题。

（二）思维论

思维论是认知的“溯源”。

思维是人脑对客观现实概括和间接的反映，它反映的是事物的本质和事物间的规律性的联系，包括逻辑思维、形象思维和灵感思维三种基本形式。

亚里士多德最早认为思维有规律可循，并创立了形式逻辑，符合逻辑规则的思维是逻辑思维（又称抽象思维）。其特点是——理性认识，通过语言表达，思维材料是概念，以概念为细胞，接通媒介是概念，以抽象方式把握本质，科学的逻辑推演是基本手段，属线型思维。

形象思维（又称直感思维）感知、储存事物的具体形象，经过形象概括、加工，来揭露事物的规律。其特点是——理性认识，通过形象、图画表达，思维材料是形象，以形象为细胞，接通媒介是形象，以典型化方式把握本质，不是感性认识，而是理性认识，有规律，无规则，实例传授，直觉遵从，以类比为基本手段，属面型思维。

日本医科大学信息科学中心的河野贵美子指出：珠算达到一定级别的

人在进行心算时不像普通人那样用左脑，而是用右脑。在一般情况下，左脑用于计算等理性分析，而右脑用于图像处理等形象思维。经常运用珠算，就会不知不觉地把抽象思维转化为形象思维，有助于提高人的计算能力和记忆力。

灵感思维（又称顿悟思维）接通的媒介靠直觉，但直觉不等于灵感，普通直觉不是灵感，灵感直觉有社会价值，属人脑特殊的能力，玄妙而有些不可捉摸，与形象思维相比，更具奇力。其特点是——理性认识，通过顿悟表达，思维材料是潜意识，以积淀为细胞，接通媒介是激发，以信息高速增殖方式把握本质，“多个自我”为基本手段，属体型思维。

（三）模糊论

模糊论是认知的“扩展”。

“模糊”，又称 Fuzzy、暧昧、乏晰……是“精确”的反义词。首先由美国加州大学的查德于 1965 年提出概念，经我国北京师范大学的汪培庄等在数学理论上加以完善。不过，对多数人来说，还是直到标有“Fuzzy”的高档洗衣机在商场出售之后，才忽然觉得“模糊”离自己不远。实际上，“模糊”何止是“不远”，而是“很近”，因为人类思维与意识竟是模糊的，而不是精确的。例如：瘦高个儿、白胖墩儿、挺沉的、特别快、有点热、大约是、基本上、很冷、稍冷、浅绿、深绿……都是模糊的。

换句话说，“非此即彼”，“非对即错”的“精确”，适用的只是人类面临的一小部分场合；而 Fuzzy，即“不精确”“不清晰”“非二值”“多值”“亦此亦彼”“亦对亦错”……则在人类面临的大部分场合，特别是复杂决策中起着巨大的作用。

模糊技术的突出优点便是与人的思维方式接近，能总结和反映人的经验，将定性的规则作定量处理，而又十分简便。正像杂技演员肩扛竹竿，只靠“右偏大”“左偏小”等几个简单信息和“右移大”“左移小”等几个简单指令，就可维持竹竿的垂直一样，模糊控制只涉及加、减、乘、除，和“取大”“取小”等运算，方法简单，容易实现，开发费用低，实用价值大。这种能考虑人的识别特点和控制经验的技术，就是具有智能性。传统的控制技术，虽然有精确的数学模型操作，可以知道飞船何时登月，但却没有智能性，往往不能实现一个熟练工人的简单操作。

所以，模糊控制无论在对不同环境的适应能力，还是在构造控制系统的简易程度及达到的控制指标方面，都已显示很强的实用功能。由于它比较多地考虑了人在对控制对象的状态识别，以及人在实施控制时所依据的大量经验，因此具有一定程度的智能控制能力。

于是，模糊论也就成了“认知”的新手段。正像我国著名科学家钱学森所说：“经典清晰数学的功劳是不可磨灭的，但各种事物实际带有模糊性，模糊性是根本属性。在经典数学大厦之外，再建立一模糊数学大厦，也许比过去还要宏伟，这是一个战略任务。”而且他还进一步说了他一开始接触“工程”时的感受：“我当学生时接触到工程设计，对于模糊性的设计要求，人为地搞些规范，有些硬来蛮干，我感到很别扭，别扭也没有办法。”“钱令希教授在发表《关于结构优化设计中的主观信息》一文之前，就找我谈过这个问题。结构加外力，这是一清二楚的；但一搞设计，结构承受多大外力，就模糊了，承受什么外力，完全是模糊的。”“概率，概率分布，其基础是无穷大的试样，实际上又没有无穷大的试样，原子弹就只能试验两三次，我觉得运用概率论很不自然，不得已而为之，不是本质。”

三、事物进化三论

进化，就是进步和变化。

认识升于进化。

“进化三论”，是有关人对事物“进化”的三个理论，或称“大进化论”，可谓“通识”的“高潮”。

（一）进化论

生物进化论是原进化论。

生物进化论，也就是“达尔文学说”。它是关于生物界历史发展一般规律的学说。在法国博物学家拉马克提出“进化论”之后，英国的达尔文进一步指出生物进化的主导力量是“自然选择”。他认为：“生物经常所发生的细微的不定变异，通过累代的选择作用，比较适合于当时外界环境条件的个体可以生存，并逐渐累积有利的变异发展成新种。比较不适合的就不能生存或不能传种。”

1859 年，达尔文在他出版的《物种起源》一书中明确阐明了“物竞天择，适者生存”的原则：“不能适应竞争进化的物种会遭到无情的淘汰。”

不过，达尔文的进化论又进一步在生物之外的领域得到运用和发展。例如，IBM公司就流行着一句名言：“不是强者生存，不是智者生存，而是那些对变化作出快速反应者生存。”这使生物进化论又带有人类发展进化的意义。美国康奈尔大学弗兰克教授就把进化论扩展到经济学领域，提出“达尔文是经济学鼻祖，进化论可以解释‘看不见的手’”。

大多数当代经济学家都认为，亚当·斯密是当代经济学的创始人，但笔者认为，这一殊荣应归于自然学先驱达尔文。

斯密提出著名的“看不见的手”理论认为，不受束缚的市场最终将引导个人利己心为公共利益服务。这一观点恰恰就是达尔文更为通用理论中的一个令人感兴趣的特例。

请看一下斯密对优化产品设计和降低成本的创新的描述吧。实施优化产品设计和降低成本创新的企业家希望从其竞争对手那里夺取市场份额。它们在短期内往往能取得巨大成功，从而迫使其竞争对手对他们的创新进行模仿。斯密解释说，这种竞争的最终受益者并非企业，而是以较低价格购买到较好产品的消费者。

达尔文的理论则认为，自然选择倾向于能够促进个体成功繁殖的特性和行为。他观察到的许多事例竟然与斯密有关优化产品设计的描述十分相似。

（二）熵理论

熵理论是进化第一法则。

克劳修斯和玻尔兹曼提出了“热力熵”，仙农和维纳提出了“信息熵”，1956年法国物理学家布里渊则证明了两者的内在联系。他认为：单纯的物理意义的熵是不够的，按照单纯热力学意义，一本书和一堆同样重量的废纸，一个人和同样重量的37℃的温水，熵是相同的，这显然荒谬。因此，他主张应像维纳那样，称“信息是负熵”，推广熵的含义。不过，他只是提出了问题，尚未解决。

爱因斯坦高度评价“熵理论”，他说：熵理论对于整个科学系统是第一法则。为什么呢？因为——

“熵”是一个影响非常普遍而又深刻重要的“通识”概念，研究事物的进化，离不开“熵”。

熵是物质的状态参数，物质在不可逆变化过程中，熵增加 $S = dQ/T$，

dQ：为对物质加入的热量，T 为物质的绝对温度（物理学）。

熵是“不可用能量”的量度，熵增加意味着能量的数量虽然“不灭”，但质量却降低，不可用程度增高——能量耗散（热力学）。

熵反映分子运动的混乱程度——“无序度”（分子运动论）。

熵是微观态数目多少的量度，熵增加即意味着向“热力学概率大”或“微观态数目多”的方向进行，自发实现的可能性增加（统计物理）。

熵是随机事件不肯定性（不确定性）的量度，与状态概率建立了联系，代表信息量的测度（信息论）。

熵描写事件的模糊程度，是模糊性大小的量度（模糊数学）。

熵表示系统有序、随机或混沌性，如“度规熵”“混沌熵”等等（新力学）。

熵代表物理场——物理量分布的差异与丰富程度，如：盐分程度、水汽含量分布等等（气象学）。

熵是黑洞视界面积，黑洞微观态数目的量度（天文学）。

熵描述人体无序性，体内熵增加，将破坏有序，导致“熵病”（医学）。

熵是经济过程，财富是一种开放系统，生产是进化过程——它一面创造高度有序的低熵产品，一面又以排除高熵废物为代价——消费则是增熵过程（乔治斯库·柔根）。

熵是对时间密码的破译：给时间带上箭头，将其由参数变成物理事实，从而使“存在的物理学”变成了“演化的物理学”（系统学）。

在有 N（$N=2$）个等概率状态的物理系统中，由于热传播，输入热量 dQ，由 $dS = dQ/T = \log_2 N$（玻尔兹曼定律）知：1 比特 $= \log_2 2 = 10^{23} J/°K$，所以，熵是获得 1 比特信息要消耗的能量（信息论）。

……

总而言之，熵理论深刻揭示了事物发展方向的规律：事物发展有一种自动趋向无序的属性，这种属性不仅对物理过程、化学过程、生命过程，乃至社会现象和心理活动的研究都有指导意义。系统的状态最后都是在“概率最大”的结构上稳定下来。这种规律也称为“熵增加定理”。

在周硕愚的《系统科学导引》一书里曾做过较详细的描述——

熵增加定理是热力学第二定律的结果，它指出在绝热条件下，任何系统在自发过程中向平衡态趋近时，熵总是增加的，当达到平衡态时，熵也达到最大值。此时系统的混乱程度最大，无序性最高，信息量最小，组织程度最差，而且一旦进入平衡态，便维持在这一状态。

历史上曾有人将熵增加定理不加限制地应用于宇宙，他们把宇宙当作一个孤立系统，因此得出：它的熵必将趋向最大值，宇宙将达到平衡态的结论。

那时，进入平衡态后，一切能引起生命现象的不可逆过程必将停止，所有能引起宏观运动的能力均已消失。这就是宇宙的所谓“热寂”状态。

英国诗人史文朋曾这样描写过“热寂”——

“不论是星星还是太阳将不再升起，到处是一片黑暗；
没有溪流的潺潺声，
没有声音，没有景色，
既没有冬天的落叶，
也没有春天的嫩芽；
没有白天，也没有劳动的欢乐，
在那永恒的黑夜里，
只有没有尽头的梦境。”

我们可再作一幻想，假如还有一架电视摄像机能在这种状态中摄像的话，会有什么结果呢？

由于一切都平衡了，到处都充满着温度相同各向同向的平衡辐射，摄像机将什么也“看不见”，将提供不出任何信息。

……

这个“宇宙热寂说”一问世，就为宗教神学和各种唯心主义所渲染和利用，认为是“上帝创世说”和“世界末日论”的“科学”依据，认为“热力学第二定律是宇宙死亡的宣判”。

恩格斯和历代的许多科学家（如当代的科学家普利高津）都对“宇宙热寂说”的反科学性进行过多次批判。

其实，热力学第二定律与宇宙热寂说之间并无联系。

热力学第二定律讲的是：“不可能从单一热源吸取热量，使之完全变成有用功而不引起其他变化。”（开尔文）或：“不可能使热量从低温物体传向高温物体而不引起其他变化。”（克劳修斯）即“第二种永动机是不可能的”。

要知道，热力学第二定律和其他自然规律一样，有自己的适用范围，它是以有限的宏观系统为前提的。由热力学第二定律对绝热系统（孤立系统）所推导出的“熵增加定理”，必须以系统是“有限的而且是绝热的”为前提条件。而实际的宇宙却是无限的，热力学中的“有限的系统”以及“绝热的系统”的不变的外界条件在这里均失去意义。把宇宙当作是有限的、绝热的或孤立的系统来应用增熵定律，把增熵定律推广到一个无限的时空中去，显然是荒谬的，也不符合天文学的大量观测事实。

（三）系统论

系统论是大进化论（演化论）。

系统论，源于“系统运筹”（如田忌赛马、丁谓修宫、明铸铜钟、都江堰工程、中医中药），兴于“系统工程”（如原子弹工程、北极星导弹潜艇、航天飞机、阿波罗登月、“星球大战”），已声名鹊起，被誉为“20世纪相对论、量子论后的第三次革命”“使所有学科重新定向”“彻底改变世界科学图景”“令科学家思维方式发生革命性转变”“新时代顶层设计新工具”……

今天，系统论已经体系较完整和特色较明显了。“体系”是指：20世纪50年代风行的《三论》（SCI）——控制论（“看不见的手”）、信息论（“看不见的洪流”）、系统论（“看不见的捷径”），加上70年代发展的《新三论》（DSC）——耗散结构论（“进化之路”）、协同论（“机制之理”）、突变论（“失稳之源”），合称《六论》。而“特色”则是指：组织特色（系统是“有组织和组织化了的整体”，“必有元素，各有任务，互有联系，总有目的，外有作用，内有秩序”）、横断特色（可把所有传统学科“拦腰一斩”，无不“藕断丝连”）、事理特色（着眼“事”的，而非“物”的道理）、软科学特色（“关系学”，如同音乐中的指挥学、戏剧中的导演学、军事中的参谋学）、亚哲学特色（是哲学指导各具体科学的一个中间“接口”）、大科学特色（系统巨型，数据海量）、融合特色（综合即创造，集成是趋势）、互补特色（有机组合，事半功倍）。

我国著名科学家钱学森是系统科学的积极倡导者。他早说过，无论是

《三论》，还是《新三论》，实质是《一论》——系统论。后来还正式提出："现在已经到了可能进行总结的时候了，应当有人出来做这个工作"，"我们把这件事做成了，将会震动世界的，在科学技术史的意义，不亚于相对论和量子力学"。

如果说《三论》改变了孤立个体的观念，使人类的认知跨越了"机器"与"活体"的界限，进入了"系统的"（整体的）阶段；那么，《新三论》则统一了物理、化学与生物、社会的进化规律，指出了一条普遍的"进化之路"，在更高和更深的层次上发展了《三论》，并解释了诸如"整体不等于部分之和"等系统学规律。

这种贡献特别表现在解决长达200年的理论矛盾上——克劳修斯的熵理论指出：时间的箭头指向简单和无序，能量耗散。而达尔文的进化论则指出：时间的箭头指向复杂和有序，能量聚合。为了解决这一矛盾，在经过一系列的缜密研究之后，普利高津终于提出了"耗散结构"的理论，解释了——

"无论是无生命的，还是有生命的复杂运动，都遵从共同的规律。"只要满足"耗散结构"的条件，就可使时间"箭头"指向复杂，出现新序。

这一发现的贡献十分显著："协助人类解决了科学史上一项最扰人而又似是而非的问题"，统一了克劳修斯与达尔文之间200年的矛盾，并因此获得1977年诺贝尔化学奖，被誉为"70年代化学领域最辉煌成果之一"。

"耗散结构"需要满足的条件有四个：1. 远离平衡态；2. 系统开放，与外界有能流与物流的交换；3. 内部有非线性机制；4. 有涨落，外作用达一定阈值。因此，耗散结构论的定义，就是："研究一个系统有序转化的机理、条件和规律的学科。"

这样，系统论就成了"大进化论"——"熵理论"与"进化论"的综合了。

第三章　通识规律

本章探讨通识规律，相当于“通识”的“推论”。从10个学科领域里各选择3（5）个最具“通识”意义的相关规律，作为“通识规律”的代表。

一、逻辑学五定律

也称“思考的根本法则”（前提是“一切人都有共通的精神组织”）或形式逻辑规律或形式伦理学根本法则。

（一）形式逻辑第一定律（同一律）

“a只是a。人只是人。”或“a等于a。”

是形式逻辑的第一定律——在同一思维过程中，每个概念、判断必须具有确定的同一内容。遵守同一律能使思维具有确定性；否则就会犯“偷换概念”和“偷换论题”等逻辑错误。

（二）形式逻辑第二定律（矛盾律）

“a不是非a。人不是非人。”或“a不能既是b又不是b。”

是形式逻辑的第二定律——在同一时间、同一关系下对同一对象所作的两个矛盾判断不能同时都真，其中必有一假。它要求在同一议论中不能把两种互相矛盾的属性归于同一对象，即不能既断定某对象是什么，又断定某对象不是什么。遵守矛盾律能使思维具有一贯性和不矛盾性；否则就会犯“自相矛盾”的逻辑错误。故矛盾律又称“不矛盾律”。

（三）形式逻辑第三定律（排中律）

“a 或非 a。”或“a 是 b 或 a 不是（是非）b。”

旧称“拒中律”或“不容间位律”，是形式逻辑的第三定律——在同一时间、同一关系下对同一对象所作的两个矛盾判断不能同时都假，必有一真，没有第三种可能。它要求在两个矛盾判断中必须二者择一，即不能既不断定某对象是什么，又不断定某对象不是什么。遵守排中律能使思维消除不确定性；否则就会犯“两不可”的逻辑错误。

（四）充足理由律

17 世纪德国哲学家莱布尼茨提出：“思考一定要有充足的理由”（初提为“思考根本法则”）。后来有些逻辑学家以此作为形式逻辑的基本规律之一，进一步表达了充足理由律。其内容是：

“任何真实的判断，都要有充足的理由。在推理或论证中，对于任何一个真实的结论或论题而言，其前提或论据必须是它的充足理由。”

（五）三段论

前四条是“思考的根本法则”，此条是推理法则。

思维，是高等动物，也就是人所独有的。公元前 384 ~ 前 322 年，亚里士多德首先发现了人的思维规律的“三段论”：

大前提—小前提—结论。

“三段论”是逻辑理论的一个特殊部分。由于三段论是有史以来设计出的第一个演绎系统，并且是由亚里士多德以高度的严密性和逻辑上的纯粹性创立的，它对于后代逻辑学家是一个富有成果的起点。

二、思维学三定律

思维基本规律，是“反映同一律”。它是形式逻辑规律的扩展与延伸。形式逻辑规律是：同一律——a 只是 a；矛盾律——a 不是非 a；排中律——a 或非 a。那么，思维学三定律，即“反映同一律”就是：

（一）思维学第一定律

公式 1：a 所反映的必须是 A（a 必须是 A）。

（二）思维学第二定律

公式 2：a 所反映的必须不是非 A（a 必须不是非 A）。

（三）思维学第三定律

公式 3：a 或非 a 中之一反映的是 A（a 是 A 或非 a 是 A）。

三、哲学（辩证法）三定律

（一）质量互变定律

亦称“量变质变定律”“量变到质变的变化定律”，是哲学（辩证法）第一定律，是自然界、社会和思维发展的普遍规律。它揭示：

“事物、现象由于内部矛盾所引起的发展是通过量变和质变的互相转化而实现的。”

（二）对立统一定律

亦称“矛盾定律”“对立面的统一和斗争定律”，是哲学（辩证法）第二定律，是自然界、社会和思维发展的普遍规律：

“承认（发现）自然界的（也包括精神的和社会的）一切现象和过程

具有矛盾着的、相互排斥的、对立的倾向。”

（三）否定之否定定律

亦称“肯定否定定律”，是哲学（辩证法）的第三定律，是自然界、社会和思维发展的普遍规律：

事物由于内部矛盾所引起的发展是螺旋式、波浪式前进上升的过程。

四、系统学三定律

（一）系统学第一定律

“系统的属性总是多于组成它的各个事物在孤立状态时的属性之和，系统对可累加或不可累加的某一具体属性的数量，既可起放大作用，也可起缩小作用，或者既不放大，也不缩小；究竟起哪种作用取决于这一具体属性的本质，系统的结构以及系统内协同作用的强弱。”

这就是亚里士多德所说的：“整体不等于部分之和”；也可表述为“结构质变原理”——

“任何系统除部分的功能之外，都还有各部分结合的结构功能存在，即：$E_{\Sigma} = \sum E_{部分} + \Delta E_{结构}$”。

显然，结构能 $\Delta E_{结构} > 0$ 是好的结构，$\Delta E_{结构} < 0$ 则是差的结构。

符合这一规律的事实随处可见——世界上最硬的物质（金刚石）与最软的物质（石墨）都是由碳原子组成的，只因结构一个是空间的，一个是平面的。三根直杆连接可极稳定，以用作桥梁或屋顶的支架；也可极不稳定，以用作铁门、拖车的活动链接。两个可靠度各为 0.9 的元件串联时，总可靠度为 0.81；并联时则为 0.99，这就是“冗余技术”。“冗余技术”在人体器官中也广有体现，如：3×10^{10} 个脑细胞、10^{8} 个肺泡，以及双肺、双肾、血压调节达 9 个回路等。

（二）系统学第二定律

“在保证实现环境允许系统达到的功能（目的）前提下，使整个系统空间、时间、物质、能量和信息的利用率最高。”

这条定律，实际也就是系统的“五率最高原则”，或称“优化规律”。

（三）系统学第三定律

“由于系统之间的相似性，从某个系统上总结出的规律，可以推广和还原到和它相似的系统上去。”

这条定律，实际也就是系统的“相似律”。

五、信息时代三定律

（一）信息时代第一定律

信息时代第一定律是“摩尔定律”（Moore's Law），也可以称之为“芯片定律”，或简称为“芯律”。其内容是：

“微处理器的速度每18个月翻一番。”

（二）信息时代第二定律

信息时代第二定律是“梅特卡夫定律”（Metcalfe's Law），也可以称之为“网络定律”，或简称为“网律”。其内容是：

“网络的价值同网络用户数量的平方成正比。”或：“网络的价值等于结点数目（或用户数量）的平方。”

亦即：

“N 个联结创造 N×N 的效益。”

（三）信息时代第三定律

信息时代第三定律是“吉尔德定律”（Gilder's Law），也可以称之为“通信定律”，或简称为“信律”。其内容是：

“未来 25 年，网络系统通信主干网的总带宽每 4 个月增加 1 倍，而更新网络通信设备的费用很少，以致少得几乎被认为是不增加。”

六、生存学三定律

（一）太一自利运动定律

“自利导致不公平，克服不公平又导致周期运动。”

汉语中，“太”字有高、大、极、最的含义。所以，有人主张“太一自利运动定律”可以理解为经济学，乃至人类学最大的定律，第一大定律。叫“太一”还有一个重要原因，是受中国古代一部学术著作《太一生水》启发形成的。《太一生水》已经很哲学地表述了这一定律。（《太一生水》是中国 2000 多年前的学术著作。它失传了很久，于近年在湖北郭店楚墓中发掘发现。作者姓名不详。）

“太一自利运动定律”指的就是：每一种所谓的公平的社会政治经济制度，在实行过程中都将受到人性“恶”（自利）的攻击。人们攻击制度的缺陷，使缺陷扩大，使制度的公平性逐渐遭到破坏和改变，不公平性上升，不公平性使生产效率下降。当公平性、生产效率下降严重时，人们难以生活生存。人们为了克服“旧”制度显现的不公平性，提高社会生产效率，保障人们正常生产、生活，需要设计实行“新”的公平的制度，“新”的制度又会产生“新”的问题。人们为克服人性“恶”，保障社会正常生产生活，需要不断调整生产关系，设计实行“新”的政治经济制度，成周期性循环演变趋势。

（二）格乌司生态位原理

“一个生态位，只能有一个物种。”

格乌司生态位原理是对世界生存空间的总观点。以羊与狼的竞争为例，作为弱者的羊从来没有在地球上消失，因为羊选对了自己的“生态位”——羊是食草动物，羊群居生活，而且羊跑得非常快。

俄生态学家和数学家格乌司通过实验发现：亲缘关系密切，生活需求与习性接近的物种，通常分布在不同的地理区域以避免竞争。这种互不重叠的生存空间称生态位。

他的实验是这样的：将一种叫双小核草履虫和一种叫大草履虫的生物，分别放在两个相同浓度的细菌培养基中。几天之后，格乌司发现：这两种生物的种群数量增长都呈S型曲线。然后，他把这两种生物又放入同一环境中培养，并控制一定的食物。16天后，培养基中只有双小核草履虫自由地活着，而大草履虫却消逝得无影无踪。原因是：双小核草履虫在与大草履虫竞争同一食物时增长比较快，将大草履虫赶出了培养基。

于是，格乌司又做了相反的一种实验，他把大草履虫与另一种袋状草履虫放在同一环境中进行培养，结果两者都能存活下来，并且达到一个稳定的平衡水平。这两种虫子虽然竞争同一种食物，但袋状草履虫占用的是不被大草履虫所需要的那一部分食物。

所以，能力有大小，实力有强弱，不能做老虎，做一只猴子也行。因为猴子的优势是灵活，灵活经营也能获利。

（三）斯威夫特野心定律

美国商人斯威夫特提出的“野心定律”，很好地解释了在生存竞争中的目标和态度的关系：

“野心常驱使人做最平凡的工作，所以，攀登的姿势和匍匐前进别无二致。”

七、成功学三定律

（一）柯美雅改革定律

美国社会心理学家柯美雅提出的“改革定律”，指出了万物的总趋势：

“世上没有十全十美的东西，所以任何东西都有改革的余地。”

（二）因果定律

因果定律是对成功与失败的诠释：

每一个结果都有原因，商业上或个人生活上的成败都不是偶然的。

它也称“种豆得豆定律”。即：

你先要付出，才有收获。

这也就是亚里士多德的“因果关系定律”。《圣经》称之为“播种和收获的定律”。据此，名人们用来鼓励奋进：罗素说：“某些事情是可以做到的。最好的证明就是这样一个事实——有人已经做到了。”亚伯拉罕·林肯说：“有人已经获得了巨大的成功，这是你也能够成功的证明。”

（三）问题答案定律

问题是人生成长的动力。没有什么东西比提出问题更具威力，因为人的心灵无法忽略问题的存在，问题连接着探索，像一座桥梁，以至发现新的可能答案。所以，问题答案定律是“第一原动力”定律：

“一个问题的提出，就等于解决了一半。”

八、方法学三定律

（一）马特莱法则

“有所为有所不为。”

它又称“80：20法则”。其要旨在于将20%的经营要务，明确为企业经营应该倾斜的重点方面，从而指导企业家在经营中收拢五指，捏成拳头，突出重点，全力倾斜，以此来牵住经营的“牛鼻子”，带动企业经营各项工作顺势而上，取得更好成效。

国外许多知名的大公司借鉴马特莱法则，指导企业“倾斜性经营”实践，都获得了很大成功。其实，马特莱法则所提倡的经营指导思想，就是“有所为，有所不为”的经营方略。马特莱法则将80：20作为确定比值，本身就说明经营企业不应该面面俱到，而应侧重抓关键的人、关键的环节、关键的岗位、关键的项目。

这一企业经营法则之所以得到国际企业界的普遍推崇，就在于它用20%的比例，确定了经营者管理的大视野，让企业家们知道，要想使自己的经营管理能突出重点，抓出成效，就必须首先弄清楚企业中20%经营骨干力量、20%的重点产品、20%的重点用户、20%的重点信息、20%的重点项目到底是哪些，从而将自己经营管理的注意力集中到这些20%的重点经营要务上来，采取有效的倾斜性措施，确保重点方面得到重点突破，进而以重点带全面，取得企业经营整体进步。

美国、日本的一些国际知名企业，经营管理层都很注重运用马特莱法则进行企业经营管理运作，不断调整和适时确定企业阶段性20%的重点经营“要务”，注重从这一入木三分的经营法则中，体会如何采用得当的方法，使下属企业的经营重点也能间接地抓上手，抓到位，抓出成效。正因为他们成功地运用了马特莱法则，所以，总能将一个规模很大的企业管理得有条不紊，并使那些重点经营要务在倾斜性管理中得到突出，并有效发挥带动企业整体性经营全面发展的“龙头”性作用。

（二）奥卡姆剃刀定律

“认识事物和处理事物的办法越简单越好。”

或：

“如无必要，勿增实体。”

奥卡姆剃刀定律属“思维经济学”，这也就是爱因斯坦说的：“事情应该越简单越好，而不只是比较简单。”

14 世纪前期，从法国的监狱中逃出一个囚犯威廉·奥卡姆，人称“驳不倒的博士”，出生于英国，因爱发言论，与当时的罗马教廷不符而被捕。在逃到巴伐利亚后见到王爷时说了一句名言：“你用剑保护我，我用笔保护你。”随后著书立说，名声大振，成为英国经院哲学家，对无休止的关于“共相”“本质”之类的争吵感到厌倦，主张“唯名论”。他只承认确实存在的东西，认为那些空洞无物的普遍性要领都是无用的累赘，应当被无情地“剃除”；主张哲学的对象只能是经验和根据经验而作出的推论，宣称：“若无必要，不应增加实在东西（拉丁文 entia）的数目”，此说后被称为“剃刀”，因为它把所有无现实根据的“共相”都一剃而尽。

他在研究磁现象过程中，发现磁力无须物体直接接触，由此推断亚里士多德关于力的作用必须接触的假设是不必要的，所以应该“剃掉”，这也就是“奥卡姆剃刀”的由来。

奥卡姆剃刀定律也称“思维经济原则”，意义很大。它剃去了几百年争论不休的经院哲学，剃秃了活跃1000 年的基督教神学，使科学、哲学从神学中分离出来，引发了欧洲的文艺复兴和宗教改革，谱写了全世界现代化的第一篇章，或者说是序曲。

“奥卡姆剃刀定律”也可称“简单与复杂定律”，其另一种表述方法是：

“在多种可能性中，我们应当选择最为简单的那一种。在没有证据时，应该首先接受、实验最简单的一种可能。”

奥卡姆剃刀定律在企业管理中还可进一步演化为：

“把事情变复杂很简单，把事情变简单很复杂。”

奥卡姆剃刀定律的精髓是“目标明确，简单务实”，用洒脱魄力和开朗胸怀，“挥一挥衣袖，作别繁复的云彩”。托尔斯泰在《致德·波波雷金》中指出：“散文作家全部艺术精华的方法——为了区别纯金，就要删掉沙粒。”罗丹在《罗丹论艺术》中讲道：“雕刻是怎样的呢？你拿起斧头来，大刀阔斧，把不必要的东西统统砍除就是了。”

（三）大道至简定律

施韦德的《简单革命》毫不避嫌地列举分析了诸如通用电气、美国西南航空公司、海尔集团、娃哈哈集团和白沙集团等企业，认为这些企业就是用简单缔造辉煌的企业典范，就是在利用东方的观念尝试解决企业的管理难题，试图用纲举目张的方法指导企业的管理，并简单扼要地归结出一个“职业成功学”的结论：

“只有简单才能让我们抓住重点，才能集中精力做大事。”

九、失败学三定律

日本的钿畑村洋太郎是在2002年得到各方帮助后，创立了“失败学会”的。他说：失败学所要研究的是从过去的失败中总结经验，积累知识，用以指导现在的行动并预测未来，努力不犯同样的错误。

失败学有三个定律。

（一）失败学第一定律

“进行逆向思维。如果总打‘如意算盘’，必定会出现某种‘纰漏’。为了预防失败，需要假想具体的失败项目，从反方向推断出导致它出现的环节。”

（二）失败学第二定律

“使潜在信息公开化。有一条公认的法则认为，每一个重大灾害背后都有300个隐患。希望企业能及早防患于未然。不过什么是隐患，要给出限定条件还不容易。因此，在技术人员意识到‘这一点将带来危险’之后，应该把它公开提出来。”

（三）失败学第三定律

“树立人人思考的习惯。如果每个员工不能认识到失败的苗头或不能拿出良好的表现，依靠逆向思维来避免失败的方式就很难发挥作用。因此，每个人都需要发挥能动性，并提出具体建议。”

十、安全学三定律

（一）墨菲定律

“有可能造成差错，必将造成。”（If anything can do wrong，it will.）

“只要有错误的方法，他就一定能找到。”

“如果做某项工作有多种方法，而其中有一种方法将导致事故，那么一定有人会按照这种方法去做，即装反，并导致事故。”

“如果一件事情有可能被弄糟，让他去做，就一定会弄糟。”

“有可能走向差错，必将走向。”

“如果一件事情无论如何都不会出错，那么，它必定会出错。”

“如果听之任之，事情总是从糟糕变成更糟糕。”

“如果所做的事情看上去都进展顺利的话，那么你一定漏掉了什么。”

（二）海恩法则

“1起严重事故背后，必然有29次轻微事故和300起未遂先兆，以及1000起事故隐患。”

例如：台湾曾两年摔掉 6 架三代战机（4 架 F－16、2 架幻影－2000）。西方报刊曾讽刺说："损失超过了一场科索沃战争。"（在科索沃战争中，西方只损失 2 架三代战机）迫于压力，台湾军方为此组织了由一个上将带队的高级调查团，进行仔细检查后，分析出有"4 大原因"。那就是：换装过快（有 25 年技术跨度）；体制不一（美国、法国与台湾）；心理压力；规章不严。而仅就 F－16 一种战机来说，发现的问题竟多达 360 个！其中包括：长达 15 公里的导线，绝缘层根本不适合台海的潮湿气候，美国海军自己早就禁用了。在费尽九牛二虎之力后，台湾军方公开承认：仍旧剩下 20 多个问题难以解决，主要是在"飞机的心脏"——发动机（例如：喷口控制组件）和"飞机的眼睛"——显示器方面。

仅 1 种战机、1 次检查，就查出 360 个问题！也足见"海恩法则"绝非耸人听闻了。

（三）新墨菲定律

"有可能发现差错，必将发现。"（If anything can see wrong，it will.）

实际上，新墨菲定律也就是通常所说的："若想人不知，除非己莫为。"

"纸包不住火。"等等。

著名侦破专家李昌钰：破 6000 起奇案，获 800 荣誉奖，从一滴血、一根毛发开始。光"看"就有 7 种：俯、站、弯、伏、蹲、跪、坐。

福楼拜对莫泊桑："只要你认真观察，总可以发现别人没有发现的东西。"

总而言之，
墨菲定律——差错难免；
海恩法则——隐患成堆；
新墨菲定律——事故可防！

所以，安全是一种对完美的持续追求；对人格的不懈提升。

保加利亚建筑师阿申·托波列夫说过一句有名的话："指导我 36 年的

座右铭是：医生的过错，会使生命长眠地下；建筑师的平庸，却把遗憾永留人间。”

十一、经济学三理论

（一）剩余价值理论

马克思《资本论》中的剩余价值理论，是马克思主义经济理论的核心和基石，是科学社会主义学说的基本理论根据。劳动者创造的剩余价值的多少是衡量社会生产力水平高低、人生价值大小和国家财力强弱的重要标尺。

（二）自由放任原理

亚当·斯密《国富论》中的自由放任原理，就是经济自由主义，强调市场机制，主张经济自由发展，反对人为或国家干涉，是一种支持个人财产和契约自由权利的意识形态，其直接后果就是资本主义国家的经济危机。

（三）国家干预主张

1929 年大萧条后出现的凯恩斯主义经济理论，即凯恩斯《就业、利息和货币理论》中的国家干预主张是：政府应干预经济，国家应采用扩张性政策，增加公共预算，刺激消费，为生产危机、失业和通货紧缩等问题提出务实的建议。他创建宏观经济学，被誉为可与爱因斯坦、弗洛伊德鼎足的学者。

第四章　通识陷阱

本章探讨通识陷阱，相当于“通识”的“补论”。围绕“通识”选择了四个易出的偏向，作为“通识陷阱”的代表。

一、汗漫

汗漫，意指宽泛、笼统，不严密、不具体，漫无边际、漫无标准，针对性不强、操作性不够。而“博识”有个危险，就是易于流入这种“汗漫”的陷阱。如：把“博识”看成“万灵药”和“大口袋”，什么疾病都治，什么东西都装，结果往往是“一用就灵，再用就难，三用就泛”。而防止“博识”流入汗漫的办法不是没有，而是有且简单。那就是八个字：“到现场去，拿数据来!”国际系统工程大会主席的一次主题报告的题目就选择了“议论少点，数据多点!”说到这里，倒不禁令人想起一件趣事：有一次记者问香港首富李嘉诚：“下属最怕你的是什么地方?”他回答：“最怕我问数据。在他们开会时没有很好准备，说不出数据，或是数据不对。有一次，一位在香港知名度颇高的同事跟他一位日本朋友告诉我一些数据，但我说不对。同事跟日本朋友商量后坚持没错，并说可以与我打赌。作为上司，与他们打赌金钱并不适合，终于以高尔夫球棍为赌注。后来经我解释错处后，翌日我便收到一套新的高尔夫球棍。但我最终没有接纳，因日本朋友始终是客人。”看来，李嘉诚也是善于克服“汗漫陷阱”习于“系统思维”的高手了。

二、繁琐

繁琐，意指繁杂、琐碎，是“简单”的对立面。莎士比亚说：“简洁是智慧的灵魂。”那“繁琐”该是“愚蠢的症结”了。

切尔纳特说：“艺术有一个不可少的特征：简明，不管完成一种艺术品是多么复杂。”罗森认为：爱因斯坦的科学活动的目的在于求得简单性和美。爱因斯坦自己也说：“一切科学的伟大目标是寻求一个能把观察到的事实联结在一起的思想体系，它将是有最大可能的简单性，人们总是以最适当的方式来画出一幅简化易领悟的图像。”乌申斯基说：“人类的认识就是把许多变成一个，再把许多变成一个。”李政道在上海科学会堂说：“自然界最复杂的东西，往往原理都是最简单的，研究物理的目的就是要把这些原理找出来。”牛顿说：“把复杂的现象看得很简单可以发现新定律。”希尔伯特说：“在大多数场合，假如一个问题无法解决，可能是因为一些更简单、更容易的问题没有完全解决或完全没有解决。”

陶渊明的《五柳先生传》托物言志，人物形象血肉丰满，形神兼备，而这一切，174个字就完成了。刘禹锡的《陋室铭》融叙事、议论、写景、抒情于一体，气象恢宏，沁人心脾，而全文仅用了81个字。王安石的《读孟尝君传》是一篇“翻案文章”，它一反陈说，对一向以“得士”著称的孟尝君提出了新看法，全文仅90个字。

郑蜀炎在《杂说文章之文》中说：“如何把文章剪裁的得当好看，首要的不是考虑怎样去打扮它，而是要让它先干净起来。早年间扬州说书人授徒，每天只教20句，反复说至如水洗刀切一般干净，一点都不拖泥带水才算过关；北方评书艺人称长篇评书为‘蔓子活’，也就是说瓜蔓再多也能从中牵找得到瓜。要做到这一条的基本功就是文字干净利索，从‘话说’开始就有很好的语感，这样才能抓住听众；还有在中国文学史上留下了浓墨重彩篇章的元代杂剧，多是一人唱到底，一律四出（大概类似现代剧的四幕），这样单调的形式为什么能流传下来？细读下来就会发现，这剧几乎全是干干净净的大白话，确有一种万壑烟云留槛外，半天风竹拂窗来的清新。”

当代走红的日本作家村上春树对自己的创作总结了一句话——“将语言洗净之后加以组合”；康德以为“美感就是要在自然里才能体现”；俄国大诗人涅克拉索夫说是要“让词句抓得紧一些，思想才能宽敞”。抓紧就是不留空隙，把多余的清理打扫干净，好让思想进入后有足够的施展天地。否则，乱七八糟地掉一大堆书袋，堆砌许多辞藻，只能是枕藉诗书，危不能安，乱不能治，啥用也没有。

三、积习

积习，意指积累多年的习惯，积淀已久的惯性。按习惯走路，优哉游哉！虽然安稳，但无创新；靠惯性运动，快哉乐哉！虽然省力，但无建树。而无创新，无建树，必然落后、挨打、吃败仗。在科索沃战争中，美军不可一世的 F－117 隐形战机被击落，一个重要原因就是“4 天重复同一条老路”。以色列军队以其“破除积习”和“鼓励探险”而闻名于世。当年长途奔袭乌干达机场解救人质时，采用的竟是双发动机改用单发动机飞行的“超常规”办法；而空袭伊拉克核反应堆时，则以“超意料”的 14 架战机密集编成一架大客机的形象，骗过了沿途几百公里的无数雷达！

即使是科技最发达、武器最先进的美国军队，最近也在惊呼“唯一超级大国的半衰期将过于短暂”了，主张鼓励“独立思考”，提倡“超箱子”思想，号召“拿出勇气，提出新的方案”；甚至搬出当年英国作家萧伯纳的话进行启发：“你看见一些已有的东西并问为什么？我梦见一些从无的东西并问为什么。”

美防务大审查战略状态工作组副主席撰文，题目就是“领导意味着探险”：“永远从五角大楼退下来的人，通常得到的礼物是一个从汽车后视镜中看到的逐渐远去的五角大楼的照片，而现在是国防部自己发现它正在远离以前熟悉的敌人、安全结构和冲突形式了。”

最近，有两个较大的动作值得注意：一是英国决定把全部激光制导炸弹改成 GPS 卫星制导；二是美国决定更换几百枚爱国者导弹。前者是总结了海湾和科索沃战争的教训：激光制导炸弹惧怕浓烟和复杂气象，而由卫星导航的普通炸弹 JDAM 却不存在这个问题，既准确又便宜。后者则是因为近来一连串试验失败“发现部署在海湾和韩国的防空系统出现问题”，“有潜在故障”。两者都说明：大批量的武器装备，也是需要随时严加考验和及时“跨越”调整的。

四、偏狭

偏狭，意指偏斜、狭窄，不全面、不长远。

过分地偏爱专业的深而窄，注重分科的尖而细，似乎外跨一步，“行”就不“内”；他顾一眼，“家”就不“专”似的，并非好习惯。因为，长此下去，将有观点易狭、论证易偏、思路易僵、目光易近的危险。恩格斯早就指出：“自然科学现在已发展到如此程度，以致它再不能逃避辩证的综合了。”正是这样，现代科学技术正在迅速地走向互相渗透与交叉。例如：许多“边缘学科”“中间学科”的形成，“综合考察”“综合利用”的提出，“总体设计”“系统工程”的盛行，“匹配关系”“协调问题”的突出，都是明证。好像灌溉的渠网越细越密，必然相交、相会一样，往往在那些“结合部”“三不管”的地方，却成了科学的“生长点”和“突破口”。

这就告诉我们：知识面，不能过于窄小；视野，不能过于偏狭。才能在科学探索中有所发现，有所创造。这是被科学史所证明了的。

第五章　综摄基础

什么是“综摄”？本章相当“综摄”的“引论”。围绕一个“综”字，选择了四个与“综摄”相关的概念，供综摄“定向”。

“综”，简单地说，就是多个独立事物联系的择聚。按《辞海》，意为“总聚、集合”。司马迁《报任少卿书》：“网罗天下放失旧闻，略考其行事，综其终始。”《晋书·祖纳传》：“五经群史，多所综悉。”

学术上的“综”，是指在择聚多种知识经验的基础上，面向实际进一步总体调遣和灵活运用。

“综”，复杂地说，有四个方面：综述、综合、综摄和综用。它们的关系是：在“综述”的基础上，对知识经验进行“综合”，在“综合”的基础上达到“综摄”，在“综摄”的基础上实现综用。

一、综述

综述，实际也就是“概述”“概括”“总说”……或称“纲要”“梗概”“提要”，即全部内容的精华性阐释。

如美国总统的就职演说和国情咨文，都是综述；研究生论文答辩时的答辩前发言，也是综述。在有些学科，例如社会学，则往往以综述——讲一个故事为旨趣，因为在这个故事里包括了社会学的三个要素：足以支撑叙事的有效“证据”（取决于三方面因素：文本的真实性，是否说出了真相；文本的性质，可信度有多高；研究者对自身的认知，价值取向）、好的“论点”（从证据中提炼论点，扩大其解释力）以及“叙事”（正确的讲故事逻辑）。

在综述中，“概念”起着重要的作用。也可以说，综述，实质上就是用概念叙述。艾什比说过：“一个人对社会贡献能力首推处理概念的能力，另两个是：处理事物的能力与处理人事的能力。”华罗庚则说：“一个概念的引入，节省无数次思考。”

概念的基本特点就是抽象性和概括性。概念是提炼的观念，是事物本质的反映，是现实生活的反映，是反映对象的本质属性的思维形式。人们通过实践，从对象的许多属性中撇开非本质属性，抽出本质属性概括而成，是逻辑推理的主要依据。新理论的产生以新概念为先导，科学认识的成果，都是形成各种概念来加以总结和概括的。

二、综合

综合，实际也就是“合成”“集成”“整合”……或称“归纳”“聚合”，即多样性的整体重构。

综合，从根本上说，是随着“多样性”而来的。马克思说：“具体之所以为具体，因为它是许多规定的综合，因而是多样性的统一。”日本早有“综合即创造”一说。美阿波罗登月的总负责人韦伯博士说过：“我们没有使用一项别人没有的技术，我们的技术是科学的组织管理。”我国著名科学家钱学森曾要求“不仅是科学技术的，还有政治、经济、军事、国际形势”的全方位交叉综合分析。

世界银行在对我国的考察报告中提到：“发展中国家容易忽视创新的全过程——研究与财务资助、销售、工程能力的紧密配合。”

国外曾对我国航空技术做过类似的评价：“他们对综合分析一个比较复杂的系统，以及对发展先进飞机所需要的设计折中和权衡方面的经验还不够。他们过去没有机会搞完整的从头设计一架飞机的智力训练。”

20世纪末，随着信息与网络技术的飞速发展，越来越多的系统在网络环境中诞生与发展、演化与消亡，传统科学方法面对众多系统在网络环境中的集成与交互、演化与发展越来越显得无能为力。因此，21世纪以来，综合的要求在各个领域都更加迫切。在一次研究“全球脱贫”的国际会议上，世界银行前行长沃尔芬森指出，除商业、设计、医疗、教育领域之间的跨学科合作外，仍需要一个系统、周密的执行框架，将文化、环境、政策和监管等问题纳入其中。他强调，这其中最为关键的是确保学术研究切实有效地参与到全球脱贫过程中来。

有人说，今天的数码产品流行“乱炖”，拼的就是“综合实力”，就如东北名菜“乱炖”一样，在“锅底”相同的情况下，谁的菜品更好，谁就容易胜出。依靠数据处理速度更流畅的8核处理器，2012年，中兴、华为的高端智能手机让三星如鲠在喉，但刚一迈入2013年，拥有16核处理器的三星手机就让三星反戈一击。从发展趋势看，越来越多的功能被整合，逐渐地集中于手机、电脑等少数终端平台中。同时，也由于这些平台的强大综合能力，更多的娱乐功能、工作功能、学习功能被兼容在内。

还有人主张，应研究“华夏主义”。华夏主义是什么？是中国以老子、孔子、商鞅为主要代表的政治哲学里面精华的综合。它既不是道家，也不是儒家，也不是法家。三家分开来看，都有重大缺陷，但如果合起来，是一个非常好的、可以用来治国的、有核心价值的完整的理念体系。

三、综摄

综摄，实际也就是“统摄”“统领”“合取”“摄汇”“总揽”……或称“囊括”“掌控”，即对全局的总体把握。

古语有“老衰不相综摄”句，意思是老得全身已不能“统一调动”和“协调一致”了，各个“零件”都不听使唤了。

所以综摄就相当于保证复杂大系统能“统一调动”和“协调一致”的“总指挥”。

巴尔扎克说过：“我所写的是整个社会的历史，我经常仅仅用这一句话来表达我的计划：一代人就是一出有四五千个突出人物的戏剧，这出戏剧就是我的书。”法国评论家莫罗在评论普鲁斯特《追忆似水年华》时也说：“就像伟大的哲学家用一个思想概括全部思想一样，伟大的小说家通过一个人的一生和一些最普通的事物，使所有人的一生都涌现在他的笔下。”

金开诚在《说“通”》一文中，解释了“思维统摄”，即以一个概念来统括并取代多个概念、以一个思维成果来统摄并取代多个思维成果的过程。例如中国书法的气、势、神、韵、趣、味、境等都是具有高度统摄作用的美学概念。而“信息”一词表现出来的统摄作用最为巨大，以致“无所不包”。张岱年也曾提出“共名说”，即他认为从哲学的共殊关系上出发，“哲学”实际是一个“共名”。西方哲学、中国哲学和印度哲学等都应该是它的一个“属”，都是它的外延。

四、综用

综用，实际也就是“通用”“合用”“全用”……或称“互用”“互补”，即发挥事物的“整体效益”的意思。

综用最常见的例子就是资源的“综合利用”，例如：废水处理、垃圾发电等众人皆知。不过，思想方法方面的“综用”要复杂得多。

在中国古代传统的文学和文学理论的表述中，有一种混同各种感觉对象、眼耳等感觉器官相互借用的修辞现象。即钱钟书首次拈出并专门讨论过“通耳于眼，比声于色”的通感（Synaesthesia）现象。在这些论述中，钱先生列举了自先秦到明清描写通感的若干文学例句，并谈及道家和佛家的神秘经验，其中包括《楞严经》中“由是六根互相为用”的说法。钱先生的论述包蕴了丰富的信息量，颇富启示性，同时也具有相当大的开掘和阐释余地。

佛教来华前，中国或以“耳、目、口、鼻、形”，或以“鼻、目、口、舌、耳”为“五官”，是生理学名词。佛教来华后，特别是北宋“苏黄”后，生理学常识被宗教学观念“六根互用”取代：眼、耳、鼻、舌、身、意（相当于“五官”加上“心之官”或“天君”）。黄庭坚借用佛教“六窗一猿”的说法，提出“六窗玲珑”：“中有寂寞人，自知圆觉性。心猿方睡起，一笑六窗静。”（《又和二首》）“入泥出泥圣功，香光透尘透风，君看根元种性，六窗九窍玲珑。”（《白莲庵颂》）“六窗玲珑”就是一种圆觉的状态、圆通的境界。在此状态境界下，修行者的眼、耳、鼻、舌、身、意互相贯通，不相分隔。正因如此，六根中任何一根也就具有他根的性能，眼可听声，耳可观色，鼻可尝味，舌可闻香，由“六根互通”进而为“六根互用”。

大乘佛教诸经尤其是《楞严经》中“六根互用”的观念，在北宋中叶以后士大夫习禅的背景下，逐渐向日常生活和审美活动方面渗透。以苏轼、黄庭坚、惠洪等人为代表，从个人修道体验出发，追求“六根通透”、一心湛然无染的境界。

由此带来三个变化：一是有意混同眼、耳、鼻、舌、身等感官之间的界限，尤其是主张眼听、耳观、目诵，从而形成听觉艺术（诗）与视觉艺术（画）相通的全新意识。二是将六根所接触的现象世界升华为心灵境界，将吟诗、作画、焚香、品茶、赏花、尝食等诸多活动当作参禅悟道的途径或方式，从而出现诗禅、画禅、香禅、茶禅等宗教精神渗入世俗生活的现象。三是文学创作和理论中的“通感”书写，因“六根互用”的启发而由生理学、心理学层面的自发经验转向哲学、宗教学层面的自觉意识。这三个变化与宋代士大夫的“居士化”是分不开的。

第六章　综摄方略

本章探讨综摄方略，相当“综摄”的“正论”。即从“宏观”的视角，历史和逻辑相结合地建立了一个较完整的方法论体系，供综摄“运筹”。

如果说，前述的“通识”，意指“普遍认识”，重点在“识”——知识、认识，属“认识论”；那么，而今的“综摄”，则意指“综合摄取”，重点在“摄”——摄取、摄住，属“方法论”。

至于“方略”，可以说是“方法”的“框架设计”或“体系设计”，涵盖范围更大，属“大方法”。在《辞海》里，“方略”的解释是：策划；计谋。如《晋书·王濬传》：“濬设方略，悉诛弘（张弘）等。”孔戣《谢赐手诏状》：“乏御侮之筹谋，罕济时之方略。”

一、方略意义

一般说来，方法，是人们为达到一定的目的所选择的手段、途径或方式。

从最广泛的意义上说，方法就是所使用的工具和程序，按照加里·古廷的观点，就是“处于科学的成功追求背后的所有普遍而系统的可表达的程序”。

科学方法是科学的灵魂，是科学家与科学对象之间的桥梁。从一定意义上说，一部科学史就是一部科学方法不断丰富发展的历史，就是一部科学方法的进化史。科学革命从本质上说就是科学方法的革命。

科学方法对人类的精神世界的影响仍然是一个需要深入探索的问题。这是因为，近代以来，无论科学家还是哲学家都对科学方法顶礼膜拜，强调它对社会发展的决定性作用。斯蒂芬·梅森指出：“比起任何特殊的科学理论来，对人类的价值观影响最大的恐怕还是科学的方法论。科学方法依靠理性论证而不诉诸情感，它指出在不同的观点中进行抉择时必须尊重经验的证明，这种做法现在比起一百年前好像更广泛地运用到处理人与人的关系方面来了。”

古今名家对方法的意义多有叙述。如：

毛泽东：“我们的任务是过河，但是没有桥或没有船就不能过。不解决桥或船的问题，过河就是一句空话。不解决方法问题，任务也只是瞎说一通。”

黑格尔：“在探索的认识中，方法也就是工具，是在主体方面的某个手段，主体方面通过这个手段和客体相联系。”

贝弗里奇：“给这些人以若干科研方法的指点，较之听任他们凭借个人经验事倍功半地去摸索，应有助于他们早出成果。”

巴甫洛夫：“头等重要的任务是制定研究方法。”“初期研究的障碍，乃在于缺乏研究方法。无怪乎人们常说：科学是随着研究方法所获得的成就而前进的。研究方法每前进一步，我们就更提高一步。随之在我们面前也就开拓了一个充满着种种新鲜事物的，更辽阔的远景。因此，我们头等重要的任务是制定研究方法。”

二、西方方略

（一）元概念

说到西方的“综摄方略”，必须从一个“元概念”说起，那就是逻各斯。

著名哲学家卡西尔认为，古希腊文化史上那场由神话和宗教思维转向自然理性思维的重大变革，“就其出发点和就其目标去观察，大致上可被概括地归纳为一个基本概念。这一概念首先被希腊哲学所发现和由希腊哲学顺着它的各种侧面作出增补完成。于希腊思想发展中扮演这一种角色的，是‘逻各斯’这一个基本概念”。

逻各斯最早由前苏格拉底的哲学家赫拉克利特提出，基本含义是“一个尺度、大小、分寸。即数量上的比例关系……这种尺度当然也是一种规律”。这句话，恰恰是古希腊文化肯定自然的秩序和规律的生动写照，它有4层含义：自然界存在规律；自然规律普遍支配世界；自然规律可通过理性被认识；被发现的自然规律应当用语言公之于众——这正是科学本体论的人文根源。

(二)人文根源

西方的综摄方略也有两个科学方法论的人文根源，那就是数学源于希腊，实验源于罗马。

我们知道，自然科学两个最重要的方法是数学与实验。这两种方法之所以会被科学家广泛用于认识自然，除了它们本身在认识自然上的优点外，还极大地受益于古希腊和古罗马人文文化的影响。

数学方法的人文根源是指：古希腊的毕达哥拉斯已经提出了“万物皆数”的思想。柏拉图更认为数学通向理念，“沉思永恒”，所以学院门口写“不懂数学者不得入内”。而实验方法的人文根源是指：总体上讲，希腊人推崇理性和真理，不屑于将理论用于实际，轻视技艺。罗马人则吸取希腊人文化衰败的教训，推崇实践和经验，强调实际应用和现实效用并用来指导农业、建筑、军事、医疗。

(三)第一次集成

西方方略的“奠基”之举，是指将古希腊众位大师的集体贡献第一次集成——“归纳—演绎法”。

因为科学的目标是追求一种有关世界的普遍性陈述，即规律，它适用于某一特殊类全部事物的一种蕴涵表达式。古人为获得这种陈述，使用的方法就是“概括”，认为：“知识的本质是概括”，“概括是科学的起源，也是解释的本质”。如：

泰勒斯提出水是一切事物的本原。古代原子论的产生来源于对泰勒斯的元素论、还原论思想和研究方法的崇拜。而留基伯、德谟克利特、伊壁鸠鲁的原子论则隐含着另一种科学方法：宏观变化应该用微观（更低组织层次）的相互作用来解释。

毕达哥拉斯提倡数学方法。作为古代天文学标志的托勒密地心说，自觉地接受了毕达哥拉斯数学方法的思维，从而把天文学建立在数学的基础之上，用构建行星运动模型的方法来反映天体运动的规律。

苏格拉底和柏拉图则都研究过辩论方法。柏拉图的“理念论”企图对数学知识的可能性提供一种解释，他的思想源头乃是数学家、哲学家毕达哥拉斯。

在古希腊的“众位大师”的基础上，亚里士多德算是完成了“第一次集成”，被称为是“方法论第一人”，创造了“逻辑方法论”。欧几里得的几何学则是对亚里士多德逻辑方法的一种最好的实际运用，并且把亚里士多德的“演绎推理”工具发展为一种公理化方法，对数学的发展产生了深刻的影响。

于是，亚里士多德的科学方法论在17世纪之前，一直统治西方的科学。它有两大核心：一是认为科学在起源上是经验的，特别是在生物学的研究方面，他推崇经验和实验的方法；二是由于科学在内容上是必然的，所以知识必须通过理性的证明而获得，这在运动学、天文学方面表现典型。亚里士多德成为杰出的代表，其逻辑学、三段论集中了古希腊智力思维研究之大成。

“归纳—演绎法”使亚里士多德成为西方历史上第一个研究科学方法的人。他也就成了物理学、生物学、心理学、逻辑学等许多学科的最初奠基者，他概括出的两阶段程序方法是：科学研究是从观察上升到一般原理，然后再回到观察。前一阶段用归纳，后一阶段用演绎。归纳有两种。一种是简单枚举法。另一种是直觉归纳法。而演绎就是“三段论”，每门科学就是用演绎法组织起来的一组陈述，科学的目的就是解释，欧几里得几何学和阿基米德静力学就是理想的“演绎系统”。

（四）中世纪“新萌芽”

黑暗的中世纪使科学沦为宗教的婢女，方法论研究也乏善可陈。不仅如此，中世纪的经院哲学还歪曲亚里士多德的精神实质，阉割归纳，只强调演绎法是科学研究的唯一方法，坚持一切可靠结论必须从宗教教义中演绎出来。

只有少数“异端”的经院哲学家，幸运地发展了亚里士多德的“归纳—演绎法”，成为“新方法萌芽”。如：

司各脱（1265～1308）提出“求同法”：如果有一个因素在众事例中都存在，这个因素就是该结果的原因。

奥卡姆（1280～1347）提出“差异法”：唯一的不同，那就是原因。

但“求同法”“差异法”，归纳出来的只是可能的因果关系，不具必然性质，如“腐肉生蛆”之类的说法就是不成功地应用差异法的产物。

格罗斯代斯德（1168～1253）提出“否证法”，是演绎法的一种形式，即排除其他，只留一种解释。

罗杰·培根（1214～1292）提出“实验法”：归纳法的成功应用取决于所获得的事实知识是否精确和广泛，这就还要实验。14 世纪初，狄奥多里克应用该法将水晶球注满水，作为雨滴的模型，复制出两条虹。

（五）第二次集成

西方方略的“革命”之举，是指将“两条道路”做第二次集成。

“两条道路”，指的是笛卡尔和培根。

既然西方“综摄方略”的古代“奠基”是指“知识的本质是概括”，“概括是科学的起源，也是解释的本质”。那么，如何概括呢？是用理性、直觉、理念的洞见，还是感性的观察呢？这种分歧导致科学上的两大不同方法论——唯理论和经验论及其两位科学方法论“斗士”——笛卡尔和培根的出现。

因为中世纪阉割亚里士多德关于从感觉经验中归纳出原理的观点，维护《圣经》的权威，阻碍了科学的发展，所以 17 世纪的科学“革命”必然包含科学方法的革新。伽利略（1564～1642）提出科学解释的可接受与不可接受之分，认为必须把感觉经验与推理、数学结合起来，因为“自然这本书是用数学符号写出的，没有数学知识，人们就不可能理解这本书”。伽利略在归纳法方面的贡献是利用抽象和理想化方法，如“真空中的自由落体”“理想摆”等并非现实，也不能用枚举、求同或差异，而是需要创造性的想象，“演绎”出新结论，即“预见”；最后再经实验证实。正像哥白尼预见金星像月亮一样有盈亏，而伽利略用望远镜证实一样。

这种新方法的建立归功于英国的弗朗西斯·培根（1561～1626），他本人虽无具体的科学成果，但他在科学上的作用与希腊瘸诗人提尔泰奥斯在军事上的作用相仿：提尔泰奥斯不能打仗，但是他的战歌鼓舞了那些打仗的人。培根是近代方法论第一大师，主张诡辩不能发现真理，而应采用“经验归纳”的方法，即认识始于经验，既重视经验事实的引导作用，也重视智力理解的能动作用。科学家应像蜜蜂（能根据事实创见假说），而不应像蚂蚁（只会收集材料）和蜘蛛（只会编制理论）。他认为科学家在自然界面前，头脑应是“白板”或“空桶”，广搜集，细加工。他提出逐步归纳法和排除法，由三阶段构成——肯定、否定、比较，再从观察上升到定律（自下而上）。

另一位斗士是稍晚的法国笛卡尔（1596～1650），强调数学和理性推理，为“近世思想始祖”，提出与培根完全不同的新方法：自上而下的金字塔，从塔顶的普遍性最高的原理开始的“怀疑法”。

1637 年笛卡尔发表著名的《方法论》，全名是《谈在各门学问中正确运用自己的理性寻求真理的方法》。为了找到认识真理的科学方法，笛卡尔建立了四条方法论准则：

①清晰准则：决不接受任何我没有明确地认识其为真的东西当作真的加以接受；

②分界准则：把我所考察的每一个难题尽可能地分析为细小的部分；

③顺序准则：从最简单、最容易认识的对象开始，一点一点地逐步上升到对复杂对象的认识；

④全面准则：把一切情形尽量完全列举出来，尽量普遍地加以审视，使我确信毫无遗漏。

笛卡尔的“唯理论”科学方法导致唯理论科学方法的完善，其基本内容为：知识依赖理性，或直觉，或理念的洞见才能获致，同时，数学总是知识的理想形式。所以，我国哲学家张东荪曾评论：“假使我们依着顺序来翻译，则笛卡尔的书当然须列为第一。而笛卡尔的书中又必须以《方法论》列为第一。”

近代唯理论者中另一伟大人物莱布尼茨（1646～1716）认为，天赋理念并不是以现实而是以潜在的方式存在，只要细心思考就可以在心中发现它们。

康德（1724～1804）建立起唯理论哲学的最后伟大体系，宣称在数学和物理学的原理中找到了综合的先天命题，如几何公理、质量守恒定理、因果性原则等都是典型的先天综合命题的例子，而因果性原则决定了科学研究方法，并且是科学实验的推动力。

《笛卡尔哲学研究》的作者冯俊先生曾把笛卡尔的哲学方法论概括为：以建立一般数学（包括天文、音乐、光学，但撇开具体对象，只研究其中的顺序与度量，因而区别于“普通数学”）为目标，以普遍怀疑（对感性经验不信任，“沉思技术”：“我思［怀疑］故我在”）为起点，以直观（先验天赋观念，“直接认识”的高级思维形式）和演绎（补充直观的“间接认识”）为内容，以分析（下降）和综合（上升）为形式，以列举或归纳为补充（以克服直观的局限性）。

而莱布尼茨的方法论则可总结为：以数学（外延仅限于算术、几何与逻辑学）为起点，以理性与感性经验为内容（既承认必然［推理的真理：矛盾原则］，也承认偶然［事实的真理：充足理由律］，不怀疑感性经验），以演绎（平级推演）和归纳（不讲分析，个别到一般的上升）为形式的哲学方法论体系。

以上就是西方方略的近现代“革命”中的“两条道路”。

而第二次集成，则是指牛顿（1642～1727）将“数学推理”与“经验归纳”集成一起，提出“科学理论法”（“分析—综合法”和“公理法”）。

自培根以来的几个世纪，科学知识被认为是已证明的知识，或者被理智的力量证明（唯理论），或者被经验证明（经验论），以致科学家成为“证明主义者”。2000多年来的怀疑论一直怀疑理智和经验的证明力量，但因牛顿物理学的节节胜利使怀疑论者一蹶不振。而爱因斯坦的革命扭转了形势，怀疑论重新抬头。

牛顿赞成亚里士多德把“归纳—演绎法”作为科学研究的基本程序。所不同的是，亚里士多德的归纳法是从经验观察向普遍真理的“直觉和顿悟”的过程，而牛顿的归纳法则是从经验观察向普遍真理的“逻辑抽象”的过程。由于牛顿把实验方法与数学方法、归纳方法与演绎方法有效地结合起来创立了牛顿经典物理学，牛顿的科学方法很快成为近代科学研究的典范，为不同学科领域的科学家所承认和接受。

牛顿反对笛卡尔从形而上学原理中推导出物理学定律，提出了“分析—综合法”和“公理法”。

牛顿的“分析—综合法”类似“归纳—演绎法”。他坚决主张科学家做出的概括应该建立在对现象的仔细观察的基础上。他知道从实验和观察出发的归纳论证不能得到证明，但仍认为这种论证方法是允许的。他的“分析—综合法”强调要演绎出超出原来归纳证据范围的新结论，并且要用实验确证这些结论。牛顿声称他的运动三定律和万有引力定律就是用“分析—综合法”发现的。但是无论是枚举法、求同法、差异法，还是直觉法都难以说明这些定律的发现。

牛顿还提出了“公理法”。公理法的第一步是提出一个公理系统。公理系统是用演绎法组织起来的一组公理、定义和定理。公理是不可能从这系统内其他命题推演出来的命题，而定理是从这些公理中推演出来的结论。他的运动三定律就是牛顿力学的公理。第二步是把公理系统的定理与观察联系起来，也就是把公理系统与物理世界中的事件对应起来。第三步是确证从公理系统中演绎出的结论。如果这些结论得到确证，就确立了公理系统与所观察物体运动之间的一致。牛顿本人就用这种方法在他的力学运动与天体运动以及地上物体运动之间确立了广泛的一致，使这些运动得到了科学的解释。

“分析—综合法”与“公理法”都是为了解释和预见现象，但是它们是不同的。前者要求科学家从观察和实验中做出概括，后者要求创造性的想象。前者从观察基础开始，后者可以从任何地方开始，但必须使公理系统与所观察的现象联系起来才有科学的意义。

当然，最终，这两种相对应的逻辑推理方式都统一在“实证主义”“科学主义”的认识论之下，例如维也纳的“逻辑实证主义”就是将数学命题与经验归纳命题进行结合的一种体现。

特别一提的还有狄德罗的“新方法论”。如果说培根的《新工具论》和笛卡尔的《方法论》分别为17世纪西方科学的发展提供了经验主义与理性主义的方法论，那么，狄德罗的《有关自然解释的思考》则为18世纪科学（特别是生命科学）的发展提供了新的方法论，在人类思想史上也具有开创性意义。

三、中国方略

（一）历史线索

中国的“方法”一词最早出现于墨子的《天志》篇：“中吾矩者，谓之方，不中吾矩者，谓之不方。是以方与不方，皆可得而知之。此其故何，则方法明也。”

中国古代文化中重视的方法是观察，感觉是认识的开始，通过感觉认识的积累，可“豁然贯通”，从而获得真正的知识，标志就是知识的有用性。道家则反对，认为真正的知识不能靠经验获得，而是用心灵去体悟，避免外界纷扰，也就是直觉和顿悟的方法是灵感思维。

在中国古代，无论“方”“法”或“方法”都有办法、途径和准则的意思。《诗·大雅·皇矣》：“万邦之方，下民之王。”毛传：“方，则也。”“方法”原意是“为方之法”，后被普遍化为一般方法。墨子把“为方以矩”的工匠经验，概括为“天下从事皆有法”（《墨子·法仪》）的普遍方法原则，成为立言“三表”法和建构理论的普遍方法。中国古代关于方法的论述还有很多。如《庄子·天下》有“天下之治方术者多矣”。成玄英疏：“方，道也。自轩顼已下，迄于尧舜，治道艺术方法甚多。”汉马融《长笛赋》有“取予时适，去就有方”。《尔雅·释诂》对法的解释是：“法，常也。”《墨子·经上》认为：“法，所若而然也。”中国古代对无论读书还是做事情的顺序看得很重，《大学》：“知所先后，则近道矣。”

中国古代的科学方法在清汉学家的“实事求是”中达到高潮，这种方法本质上仍然是经验的、哲学思辨的、历史的，用孔德的话说就是不实证的，它既缺乏明确的程序，又没有以数学为工具，所以还是古代的。

（二）方略学说

司马迁认为先秦时期有6家重要派别：儒家、道家、墨家、阴阳家、法家和名家。

1. 阴阳五行说

阴阳：万物的起点。阴阳结合乃生万物，一阴一阳谓之道，用来说明事物结构、变化。

五行：构成万物的基本材料与基础。天上五星，地上五物，人五德，医学五脏、五官、五体、五情（喜、怒、哀、恐、思）。

2. 天人合一说

天人之间，相互感应，相互依存，共同发展。

3. 德治说

将个体修养、修身作为解决社会问题的基本思路。

4. 和而不同说

不同的元素之间，和谐相处，共存共生。

5. 道法自然说

即效法或遵循自然规律，顺应自然欲求，达“无状之状”。

（三）基本形式

中国传统方略的基本形式有：

1.《周易》简单性方法

这种方法，中西方都有。

简单性原则是科学和哲学的一种重要的思维方法。2 世纪的托勒密：“在解释各种现象的时候，采用一种能够把各种事实统一起来的最简单的假说仍是一条正路。”14 世纪英国哲学家奥卡姆的“剃刀”：“如果没有必要，就不要增加前提假说的数目。”海森堡：“追求简单性的期望是现代科学的应有的一种信仰。”爱因斯坦：“从希腊哲学到现代物理学的整个科学史中不断有人力图把表面上极其复杂的自然现象归结为简单的基本观念和关系，这就是整个自然哲学的基本原理。”

爱因斯坦相对论的建立也与简单性原则的思维方式密切相关，他认为理论的建立要受到两个原则的制约，其中一个原则就是理论的逻辑简单性。

在中国，简单性原则是由《周易》首次明确表述的，影响重大。

《周易·系辞上》明确提出，简单性是易的一个基本特点，“乾以易知，坤以简能”，并把简单性提到高位，“易简之善配至德”。《易纬·乾凿度》提出“易一名而含三义”。即易简、变易、不易。

韩康伯：“天下之理，莫不由于易简。”

朱伯崑：“阴阳简易之理为《周易》的最高原则。”

但这种方法也存在理论缺陷。例如：存在主观随意性的一面；语言表述有模糊性；存在模式化思维和简单化倾向；对实用性（明人事）的追求有些过分。

2.《周易》唯象思维方法

这种方法，属中国特有。

在中国古代的科学方法众多不同的形式中，唯象思维方式是最具有中国特色的科学研究方法，其本质是用符号和数字的方式去认识世界，并用符号和数字在世界之间、人与世界之间建立一种联系。它是首先由《周易》提出来的，对中国古代的科学与文化的发展有很大影响。胡适：“‘意象’是古代圣人设想并且试图用各种活动、器物和制度来表现的理想的形式。这样看来，可以说意象产生了人类所有事业、发明和制度。”

象，“方以类聚，物以群分”，八八六十四卦象。

象，代表无形的；像，代表有形的；像诉诸视觉效法与模仿，象则诉诸心灵的感悟。

尽管李约瑟曾批评唯象思维方式，认为其本质“实际上，它是一种阐释自然界新鲜事物的浩大官僚式的文件归档系统，是替妄图逃避深入观察、实验的大脑专门设置的一张舒适的睡椅”。即与理性思维方式比较，唯象思维方式存在如主观性、模糊性、跳跃性等弱点。但是，现代哲学和科学在经历了实证的洗礼后，又开始对还原主义和客观实证论进行激烈的批评，开始寻找科学与艺术之间的统一性。

伽达默尔认为，艺术作为对真理的认识，与科学真理是不同的，它并不受制于科学。艺术作为一种独特的认识方式，其基本含义为：它是作为存在真理之显现，它昭示存在中的真理。

波兰尼的意会认知论，为唯象思维方式这类形式的认识理论存在的合法性提供了一个证明。他认为，完全离开人的客观的认识是不可能的，科学与艺术异曲同工，都是人主体性的创造性活动，因而，个人的认知活动才是科学活动的真正的基础。科学理论总体逻辑的运演本身就被一定科学主体的个体价值、信仰，特别是个人对理论框架的特殊选择和主观偏好所左右。所以，任何科学理论都是以个人意向为先导范式的特定结果。

3. 观察与经验方法

这种方法，中西方都有。

门捷列夫认为，科学的原理起源于实验的世界和观察的世界，观察是第一步。爱因斯坦认为："即使是最清晰的逻辑数学理论，它本身也不能使真理得到保证，要不是自然科学中的最准确的观察来检验，它也是毫无意义的。"

但是，观察与经验方法也有不足。如：没有经验本质的反思；缺乏经验整理的程序和方法；没有很好处理经验与理性认识之间的关系；缺乏科学理论对经验知识进行解释等。

4. 实验方法

这种方法，中西方都有，但各有特色。

实验方法存在两个问题或缺陷：一是自发的和朴素的实验，缺乏完整的实验理论；二是如竺可桢所说，实验科学在中国不发达的原因有两条，一是不晓得用科学工具；其二是缺乏科学精神。

5. 格物致知方法

这种方法，中国特有。

格物，就是通过接触事物来认识事物。

穷理，格物的目的是穷理，就是要探求、穷索一切本源。穷理是推求事物之理，朱熹认为，物物皆有理，须一一推穷。

致知，穷理是要达到致知，即获得对世界本质的认识。

格物致知有程序：博学—积累—贯通—推类。

格物致知的态度：朱熹赞成程氏兄弟所言"涵养须用敬，进学则在致知"。他把居敬、穷理比作车之两轮、鸟之两翼。他说："学者工夫，唯在居敬、穷理二事。此二事互相发，能穷理，则居敬工夫日益进；能居敬，则穷理工夫日益密。"

6. 适其天性方法

这种方法，中国特有。

"适其天性"科学方法是从老庄道家的养生之道发展而来，不是一人提出并加以扩散，而是许多科学家分别提出的，主要集中在医学、农业和畜牧业为多。

7. 类推方法

这种方法，中西方都有，但中国充分。

赖欣巴哈：“分类是科学研究的第一步。”

类推的局限性：一是对事物本质属性的判断须准确；二是用推论得出的结论要有经验的证明。

8. 有机思维方法

或称文化有机生长论：曾针对两大历史问题——李约瑟问题（中国近代科学落后的原因）、中世纪科学（连续还是断裂），认为不是落后、断裂，而是像有机物生长一样，自然而然，水到渠成。换言之，是借用类似近代生物进化论的方法，研究其他事物。

9. 历史研究法

这是一种叙事方法，即向现代人叙述历史的本原。基本要求是求真求实。第一步，辨别真伪，考据以文献与文物印证；第二步，校勘，纠正历史文献的缺陷；第三步，训诂，正确理解古代汉语的含义；第四步，转译，用现代语言表述内涵。

10. 比较研究法

中西对比或内部对比对应点和相似性。一般途径有三：人物为单位、书籍为单位和问题为单位。但也有不可比性，“如西方国家之间的平等观念、神权观念和教会对国家关系的影响、国家间法律意识等与中国大不相同”（叶自成）。

11. 实证研究法

重点在于解释客观现象之间的因果关系和普遍联系。一般有四个基本步骤：一是确定研究对象和问题，二是设立前提假定，三是提出理论假说，四是验证理论假说。

（四）中西比较

夏庆宇《中西方理性：不同方法论偏好》

东方传统思维模式特点：

表现：	例子：
整体的认识	望、闻、问、切
联系的观点	综合施治
功能的视角	进食—运动
统一的理念	身国同构，重共性
模糊的理性	着眼质的差别
神秘的态度	雷电产生的神秘性

西方近代思维模式的特点：

表现：	例子：
肢解的认识	解剖学
孤立的观点	头痛医头，脚痛医脚
结构的视角	研究生理结构
差别的理念	否然类比，重个性
精确的理性	着眼量的差别
弄清的态度	实验科学，破除神秘

四、方略体系

（一）层次体系

方略体系是具有一定结构的体系，按照不同的标准做不同的分类。这些标准之间可能有交叉。

通常将方略体系分为三层。但是，每层的含义却有区别。如，一种说法是：

第一层，是哲学方法，是层次最高、应用最普遍的方法，能够应用于所有科学部门。包括科学研究的方法与人文、历史的研究方法。

第二层，是一批一般的、基本的、通用的科学方法，如实验方法、逻辑方法、数学方法、系统方法等。

第三层，则是各个具体科学领域的科学方法，如生物学方法、地学方法、军事学方法等。即典型的具体科学方法，按照纽拉特的说法，既然没有所谓的普遍的科学方法，而只有许多具体的科学方法，几种典型的具体方法就值得注意了。

另一种说法是：

第一层，是哲学层次，定义、理论、范式，即科学研究的方法与人文、历史的研究方法。

第二层，是理论层次，案例、定量、形式模型、诠释，即何种专门的理论方法对于本学科的研究领域最为有效。

第三层，则是工具层次，论文写作、学术规范，即应该运用哪些案例选择、统计分析、变量控制的具体方法。

还有一种说法是：

第一层，是思想传统维度，如本质论、认识论、方法论。

第二层，是理论维度，如具体学说，解释、检验、预测。

第三层，则是政策维度，如行为指导。

（二）支柱体系

通常认为，方略体系有 5 根支柱。那就是经验方法、实验方法、理论方法、计算方法和混合方法。可简记为：“经、实、理、算、混”。

1. 经验方法

经验方法，指历史、案例、文献、调查、统计方法，可简记为：“史、案、文、调、统”。

（1）历史

历史研究法是通过大量查阅中外文理论著作和相关资料，了解理论的发展历程、组成体系和其他各方面的信息，学习消化后再组织成为系统的论据，并运用合适的论证方法完成，形成初步观点。

（2）案例

“精彩的案例会牢牢吸引你的注意力，并使你对相关理论印象深刻”，这就是著名的美国哈佛商学院的案例教学。自1920年开始，90多年后，有越来越多注入中国基因的案例也进入了哈佛案例库。

（3）文献

冯其庸：做学问要“三到”：历史文献典籍到；地下考古发掘文物到；地理实地考察到。并吟诗：“看尽龟兹十万峰，始知五岳也平庸。他年欲作徐霞客，走遍天西再向东。”

（4）调查

在调查中，广泛运用“特尔菲法”（专家咨询法）。特尔菲是古希腊传说中的神谕之地，据说城中有座阿波罗神殿，可以预卜未来，故借用此名。

特尔菲法是预测技术的重要方法之一，是在20世纪40年代，由赫尔姆和达尔克首创，经过戈尔登和兰德公司的进一步发展，逐渐成为一种“专家预测法”。

特尔菲法依据一定的程序，采用匿名和背靠背的方式，使每一位专家独立自由地作出自己的判断。专家之间不得互相讨论，不发生横向联系，只能与组织人员发生关系。在收到专家的问卷回执后，将他们的意见分类统计、归纳，然后不带任何倾向地将结果反馈给各位专家，供他们给出新的答案。

通过二三轮次的专家问卷调查，以及对调查结果的反复征询、归纳、修改，最后汇总成专家们基本一致的看法，以此作为预测的结果。

于20世纪50年代末运用这种方法，美国曾要求科学家们站在苏联决策人的立场，就如何最优地轰炸美国工业设施提出过方案。

1964年兰德公司的海默与戈登用此法还预测过美国与世界科技的发展。

学术访谈是调查中另一个重要的方法，也是一种立体式的研究方法，具有独特的方法论意义和学术史价值。它以特定的学术话题，通过采访者对问题情境的预设，借访谈形式将沉潜在受访者学术表象之后的学术经历、学术理念、治学方法等个性化、深层次的内涵揭示出来，从而使读者能更深地理解受访者的学术贡献，也从中领受到超越其学术成果之外的教益。

美国国家情报委员会发表《2030年全球大趋势：变幻不定的世界》的战略评估报告，每隔四五年，就要对“未来10~15年”的国际大趋势进行一次系统、全面评估。委员会不仅集中了美国战略界精英，而且在国际上广泛征集意见，包括在20个国家举行会议，讨论初稿。

（5）统计

统计分析法：制定标准，对有关专著、论文进行统计分析，据此评估具体方法被使用的普遍程度、长处和不足等。

2. 实验方法

实验方法，实验与观察的最大区别是：观察是被动的，实验是主动的。

实验方法包括物质实验和思想实验方法。

思想实验：索伦森：“思想实验是普通实验的一种极限情况，它们能够不通过具体的实验操作达到自己的目的。”要是没有思想实验，量子力学和相对论的创立乃是不可能的。

3. 理论方法

理论方法，包括描述、推理、逻辑、抽象和图表（模型）方法，可简记为：“述、推、逻、抽、图”。

（1）描述方法：

是一种直觉、定性的描述方法。

（2）推理方法

包括类比、归纳、演绎和公理化（对象—公理—演绎）等环节。

（3）逻辑方法

包括分析和综合。

（4）抽象方法

从概念、范畴、关系建立假说，假说一旦通过检验，就转化为理论。

（5）图表（模型）方法

利用图表（模型）的方法，门捷列夫的元素周期表是一个范例。

4. 计算方法

计算方法，又称“数学定量方法”“数学、计算机”方法或“第三种科学方法”。

伽利略是科学史上第一个系统采用数学方法的科学家。

牛顿：“几何学的光荣也就在于它运用从别处得来的这么少数的几条原理，而能提供这么多的东西。”

博弈论囊括了社会、政治、经济、军事、金融等许多领域和学科。

1998 年 1 月 31 日美国副总统戈尔演讲：“在计算机出现之前，实验和理论这两种创造知识的方法一直受到限制。实验科学家面对的研究对象太困难，不是太大就是太小，不是太快就是太慢”，“另一方面纯理论不能预报如雷雨或飞机上空的空气流动之类复杂的自然现象。随着高速计算机的使用，我们才能模拟那些不容易观察到的现象。正由于此，计算科学突破了实验和理论科学的局限性”。

他的观点正好说明了：科学计算已和理论计算、实验并列为三大科学方法。

伽利略和牛顿分别奠定了科学实验方法和科学理论方法。虽然实验和理论这两大科学方法过去、现在和将来都有着十分重要的作用，但它们有局限性。

2010 年印刷版《大英百科全书》，32 册，重 58.5 公斤。但其全部内容还装不满一个 4G 的 U 盘。于是出版社 2012 年 3 月宣布，不再推出印刷版，内容全面数字化。

在宽带化、移动互联网、物联网、社交网络、云计算的催生下，一个大数据时代已经到来。所谓“大数据”，就是一种连续不断的论证和数据流。其特点不仅是数据的体量大、类型多、速度快，而且是有用和没用的数据并存，需要提取“价值”。

大规模社会数据使得计算社会科学应运而生。计算社会科学是一门理、工、管、文相结合的交叉学科，其研究范围十分广泛。目前，计算社会科学有 3 条研究主线，一是研究人，从点到面，从对个人兴趣的分析，直至社会网络分析；二是研究信息，从对信息内容的解析到话题发现和话题传播；三是研究人和信息的属性，其中包括倾向性、可信度和影响力。

5. 混合方法

混合方法是当今社会科学方法的最新趋势，被称为研究方法的“第三次革命”。芝加哥大学社会系主任 Small 教授发表《如何开展混合方法研究：混合方法研究的新近趋势》一文，全面回顾了 10 年来英语学术界 200 多篇混合方法研究的文献，涉及了社会学、心理学、人口学、移民研究等多个学科领域，囊括了混合方法研究的各种探索和进展。这篇文章不仅对仍在重建和发展中的社会学，对整个社会科学都具有重要的启发意义。

混合方法研究并非新生事物。早在 20 世纪中叶，在心理学、社会学、教育学等领域，不同形式的混合方法尝试就已经出现了。研究者希望通过不同方法获得对某一现象或特征的一般测量，从而增加研究的可靠性。他们提倡“多元方法”和“三角互证”，并建议学界同仁不应再局限于“定性—定量”之争。

混合方法研究的哲学基础是实用主义。实用主义研究者的首要关切是经验难题，强调利用一切行之有效的方法加以解决，即研究方法要与研究问题相契合。

李春华《定量与定性：社会学研究方法的困境与超越》：

倡导两种研究的结合，即“混合方法”，或称“第三种研究范式”“第三次方法论运动”“第三种研究共同体”。混合方法研究的中心假设是，把定性和定量方法混合起来使用比单一方法能更好地理解和解决研究问题。

在具体操作上，混合方法设计类型共有四种，即三角互证设计、镶嵌式设计、解释性设计和探究性设计。其中，三角互证设计要求研究者同时平行使用两种方法，在分析中将两种数据合并解释或者通过转换数据来整合这两种数据。镶嵌式设计把不同类型的数据混合在一起，将其中一种数据嵌入到另一种数据框架中，但是只有一种数据在整个研究设计中，发挥主要作用，而另一种数据发挥辅助作用。解释性设计是用定性数据帮助解释初步的定量结果，尤其是那些显著的、异常的结果。探究性设计又称为探索性顺序设计，类似于早期学者们提出的“三点定位”的方法。

（三）新挑战

新挑战是指：对本来似乎已经成熟的方法论，在科技发展，特别是20世纪初的相对论和量子论的冲击下，对成熟方法论进行的众多反思。

1. 两次新综合

新挑战的主要表现是：“两次新综合”。第一次新综合，是指石里克（1882～1936）的维也纳学派的“逻辑实证主义”将马赫（1838～1916）的“现象规律性”与彭加勒（1854～1912）的“规律约定性”加以综合。

奥地利物理学家马赫是19世纪末到20世纪初的伟大科学家和哲学家，他的思想直接导致了20世纪初的科学革命和紧随其后的哲学革命。马赫的“现象规律性”是指科学的陈述必须是经验上可证实的、能够还原为关于感觉的陈述，亦即科学原理应该是感觉的“缩减描述”，因此没有先验要素、绝对空间和时间的地位，被称为“新实证主义”。

法国数学家彭加勒的“规律约定性”是指虽然科学发现基本上是归纳的，事实的发现要依靠观察和实验，但观察和实验又依靠选择，因为科学家不可能一下子观察所有东西。选择就要有原则，可接受的选择原则是简单性原则，简单可以重复。因此，科学定律不是由经验决定的，而是由科学家“约定”的，无所谓真假。“惯性”“力”“质量”等，都是“约定”。

这就是说，归纳在逻辑上遇到了不可克服的困难，从个别事件中归纳出普遍性的概括是不可靠的。约定论就是为了摆脱归纳主义的困难而提出来的。

比利时物理学家迪昂（1861～1916）进一步发展了“约定论”，认为科学定律和理论不是通过归纳得到的，因为要描述实验及其结果就要使用物理符号，就意味着承认某种物理理论。所以，“判决性实验”只能判决假说（约定），不能判决真假。按照约定论的观点，科学的发展是笨拙累赘的理论不断被简单、更简单的理论代替的历史。任何重大的科学发现首先就是新的、更简单的理论的发明。哥白尼革命、拉瓦锡革命、爱因斯坦革命都是如此。

而以石里克（1882～1936）为首的维也纳学派和以赖欣巴赫为首的柏林学派，则主张“逻辑实证主义”：一方面遵循马赫科学理论是现象的规律性，用理论术语来表征这些规律性；另一方面遵循彭加勒，认为这些理论术语不过是现象表述的缩写，数学不过是表示现象之间一定关系的约定。这种观点在20世纪前1/3世纪差不多在西方科学界中得到相当普遍的承认，故称“公认观点”。

相对论和量子力学是逻辑经验主义建立的按钮和支点，亨普尔用形式逻辑的还原语句技巧推导出科学的经验陈述——符号逻辑。

逻辑实证主义，是一种逻辑重建主义，也就是它研究科学应该是怎样，而不是像建构主义那样去研究科学实际是怎样。他们用逻辑的方法研究出一个科学理论的理想模式，然后按照这个理想模式来改造、重建各门科学的理论。

第二次新综合是指波普尔（1902～1994）的“证伪反归纳”与库恩（1922～1996）的“历史范式革命”综合而成拉卡托斯（1922～1974）的“精致证伪的科研纲领论”，并进一步发展为劳丹（1941～　）的“特大理论研究传统”。

本来，笛卡尔与培根的“两条道路”已经统一在石里克的实验主义、科学主义，亦即逻辑实证主义（20 世纪 30 年代后期改称逻辑经验主义）之下，但是，随着相对论和量子力学出现后的冲击，波普尔和库恩发起了“革命”。

波普尔的“证伪反归纳”，是指：反对片面强调经验证实（将非批判的假定视为当然）原则而提出“证伪主义”（批判理性主义）方法论（朴素证伪），核心是反归纳主义，可用反驳、试错等“判决性实验”加以否定的方法“逼真”的猜想。波普尔生于奥地利犹太裔家庭，其学说可看作逻辑实证主义和“历史学派”的中间环节。

而“历史学派”的库恩提出的“历史范式革命”是指：库恩认为波普尔的证伪主义片面、极端，正确的理论应该是“以‘范式’为核心的历史主义”，科学进步是新范式对旧范式的革命性替代。库恩的理论是经过 15 年的精心研究而确立的，他在 1962 年出版一本仅 10 万字的小书《科学革命的结构》，引发“库恩冲击波”，在科学哲学史开辟了一个既不同于逻辑实证主义，又不同于证伪主义的“历史学派”时期，并且对于经济学、社会学、人类学、心理学、语言学等社会科学、人文科学等也有广泛的影响。

库恩《科学革命的结构》以历史为基础，对逻辑主义挑战，从编年史角度思考科学，其核心观点是，科学理性不能还原为任何一种显而易见的方法论规则，而是存在于科学共同体基于可靠信息所做出的判断。库恩在科学方法论上的贡献主要表现为三个概念：范式、不可通约性、革命。“一门成熟的科学是由单一的一种范式所支配的，‘范式’为在它所支配的科学内合法的工作规定了标准，它协调并指导在该范式内工作的一群常规科学家的‘解决难题’的活动”；而“不可通约性”意味着根本没有任何科学方法论的算法去消除相互竞争的科学范式之间的歧义；当科学家共同体内部的一致性意见拒绝现行范式，赞成另一范式时，这就导致了科学“革命”。

拉卡托斯的“精致证伪的科研纲领论”是将波普尔与库恩的理论加以新综合后提出的“科研纲领论”（精致证伪主义）。拉卡托斯承认受波普尔影响大，“更重要的是他给我提供了……一个名副其实的研究纲领”的通识，又批判、修改、补充了这个研究纲领。

他认为波普尔非常理解历史上得到充分“证明”的科学理论——牛顿的力学和引力理论——垮台的含意，提出了挽救科学理性理论的药方：经验的力量不在于证明，而是在于否证，因此应该“大胆地猜想，严格地反驳”。而信仰是一种前科学或假科学的态度，是一种生物学或心理学的现象。库恩也从爱因斯坦推翻牛顿物理学这一历史事件中吸取灵感，但得出了不同的结论。

拉卡托斯认为他们的区别在于：

①波普尔和库恩的主要问题都是科学革命，或科学发展动力学，但波普尔认为是“不断革命”，而库恩的革命是“非常的”“例外的”“科学以外的”。

②波普尔认为批判是科学事业的核心，而库恩则认为批判在“常态科学”时期是十分讨厌的事情，在“危机”时期批判才是允许的。但拉卡托斯认为波普尔的否定主义的弱点在于认为否定即摈弃。因为单单是经验对于理论的“否证”，只是这个理论的“反常”，不能因此摈弃。

③波普尔认为科学的变化是理性的，属于发现的逻辑的范围。而库恩则认为科学的变化——从一个范型转到另一个——是神秘的改宗，不受并且不能受理性规则的支配，完全属于发现心理学的范围。因此，科学的变化是宗教式变化。

至于劳丹的“特大理论研究传统”，是指劳丹认为拉卡托斯虽然综合了波普尔与库恩，但仍然存在实证主义经验型标准的缺陷和无政府主义立场的弱点和困难，故而提出“研究传统”概念，实际上是指“一组包括一系列小理论的前后相继的、可能跨越历史和地域的共享某些基本假定的理论”——“特大理论”。这就既强调了连续性，又衡量了科学的进步；既强调经验证实的实证主义标准，也强调了概念问题，因此富于弹性，可以克服库恩和拉卡托斯的不足，走的是库恩与拉卡托斯的中间道路。

2. 人文社会科学方法的特点

新挑战的另一重要表现是：人文社会科学方法的创新。20世纪初，西方学者在社会科学研究方法问题上出现两条相互对立的思路：一条是实证主义的思路，另一条是诠释学的思路。前者主张：社会科学为取得进步，必须采用在自然科学中业已获得成功的方法，即实证的方法。后者主张：自然科学与社会科学根本不同。自然现象是重复发生的、没有自由意志的，因而是可量化的和可预言的；社会现象则不同，这会是一个生命体，社会的发展与人的主体意识分不开，人类的历史不可重复，因而不可预言。据此，狄尔泰（1822～1911）把科学分为两类，一类为“自然科学”，另一类为“精神科学”，并明确指出自然科学的研究方法是“说明”，精神科学的研究方法是“诠释”。

钱中文《人文学科方法论问题刍议》：

我国人文社会科学在20世纪80年代前受到教条主义与庸俗社会主义的极大摧残而发生严重失误，各种学科失去了自身特有的对象与方法，以致近30年来唯科学主义、工具理性盛行，直至90年代中期人文社会科学由于卓有成效地参与社会建设、影响生活进程，逐渐恢复元气，到新世纪才获得了与自然科学的同等地位。但是几十年来，由于科学主义思想的深入，人文社会科学的设置、研究方式、价值评估体系受到极大影响。

人文科学作为一种思维的类型，是一种对话的思维。自然科学的思维是一种独白性的思维，或者说基本如此。

狄尔泰把自然科学以外的学问，联结而为“精神科学”，以体验性的心理学基础的理解与解释为其基本方法。

巴赫金就人文科学方法论做的论述，实际上就是阐释学思想：“自然科学中的准确性标准是证明同一（A＝A）。在人文科学中，准确性就是克服他人东西的异己性，却又不把它变成纯粹自己的东西（各种性质的替换，使之现代化，看不出是他人的东西等）。”

哈贝马斯提出对话双方必须使话语具有交往性规则资质的观点，即在话语交往中真正做到恰当使用言语。

李春华《社会学理论建构的认识论转向》：

预测能力并非检验理论好坏的标准：理论没有对错之分。社会学家经常强调一个理论的对错或者指出哪一个理论的解释力更强。社会学中的理论不需要具有预测功能，因为未来的许多因素都是未知的，已有的理论只是对已知数据或资料的一种概括性的总结而非普适性的。

社会学家应像达尔文那样，像做拼图游戏或者像侦探一样找到现象背后的机制，而不是在实验室里对一大堆自变量进行模拟或者解释。

量化研究不利于得出高度概括性理论：生物学和社会学的研究对象都颇具有复杂性，因而二者在学科发展历程上具有相似性，应采用进化论那样的生物学研究方法，从大量的但又不完全的数据中找到一种概括性的理论。

数字人文：人文学科范式转变新思路：近年来，欧美学界涌现出许多古籍数字化、文献数据库建设等数字人文领域的新项目。一批数字人文研究机构，如国际数字人文组织联盟、数字人文学会、美国斯坦福人文实验室、伦敦国王学院人文计算研究中心等相继成立，成果斐然。如在历史研究方面，对历史事件进行静态和动态的可视化展示，弗吉尼亚大学的“视界”项目即将大量数据转化为地图、图表、图片等，从另一角度讲述重要的历史事件，并建立庞大数据库，供搜索和了解历史事件的发展。文本数据挖掘技术被广泛用于文学作品的文风分析、情感分析、人物关系分析等。斯坦福人文实验室创立者弗朗哥·莫雷蒂教授用计算机分析了1740~1850年间出版的英国小说，发现该时期内带有长标题的作品数量明显下降，有的作品题目中惯用形容词。在莫雷蒂看来，这一系列发现或许能解释该时期文体风格的发展变化。内布拉斯加大学英语系教授马修·乔卡斯利用文本数据挖掘技术，对1780~1900年出版的3592部著作进行了词频和主题分析，并在自己的新书《宏观分析：数字方法和文学史》中表示，数据能窥探出简·奥斯丁等著名作家的写作风格是受何人影响。

3. 方略大体系

新挑战的未来表现是：“方略大体系”的集成。其中包括：专业方法、学科方法、行动方法和方法学。

(1) 专业方法

如刘丙沉《军事谋略方法》提出在军事谋略专业上就有如下的众多方法：

整体谋划法：集成，谋势。
结构谋划法：有序结构。
对抗过程谋划法：过程优化，以迂为直，欲擒故纵。
信息调控谋划法：活体系统，知己知彼，因势利导。
环境功能谋划法：耗散结构。

聚集战斗力谋划法（集中兵力谋划法）：兰彻斯特方程。
多系统对抗谋划法：自身发展，开放，非线性，有序。

（2）学科方法

现代科学理论的构建还使用了许多学科方法，如模拟方法、形象思维方法、系统方法、信息方法、反馈方法、黑箱方法、自组织方法以及对称、和谐等美学方法。

又如在确定何谓数学定理上，至少有三种可能的途径：特例表述、普遍性表述和数学证明。就勾股定理或毕达哥拉斯定理而言，“勾三股四弦五”是特例表述；$a^2+b^2=c^2$ 是普遍性表述；勾股定理或毕达哥拉斯定理的证明则是数学证明。

由毕达哥拉斯学派完成的该定理的演绎证明在西方思想史上具有重要的意义。如克莱因认为：“希腊人坚持要演绎证明，这也确实是了不起的一步。在世界上的几百种文明里，有的也的确搞出了一种粗陋的算术和几何。但只有希腊人才想到要完全用演绎推理来证明结论。”

（3）行动方法

行动方法，在毛泽东的方法论中，表现明显。

林颖指出：“毛泽东的方法论不仅包括其哲学方法论，而且还包括在其哲学方法论指导下一切认识世界和改造世界的方法的理论，比如关于马克思主义的思想方法、工作方法，以及作为二者之集中表现的领导方法的理论，它们构成了一个内容完备的毛泽东方法论体系。这些方法都是在马克思主义世界观指导下形成的，又是深深植根于中国革命和建设的火热斗争和实践中，是马克思的世界观向具体方法转化的必然产物。”

（4）方法学

方法学是有关方法实质问题的理论，也是方略大体系的集成。它包括：
①方法与世界观的关系
世界观和方法论是内在的统一体，世界观要转化为具体方法。

②方法与规律的关系

方法是规律（由科学规律与范畴所揭示的）的应用。

③方法与目的的关系

一切方法离不开目的，目的就是根据。

④方法与实践的关系

方法作为规律与范畴的应用，作为实现目的的手段和行动的规则，依赖于实践。

⑤方法的功能与作用

方法的主要功能在于联结主体与客体的中介作用。其中包含：方法与任务、方法与方针政策、方法与规律、正确方法与错误方法的关系等方面。

林颖还对毛泽东方法论的多样性，做过分析：

由于毛泽东哲学思想具有明显的方法论特征，因此，毛泽东所论述并在整个革命生涯中实际运用的方法是多种多样的：除前述已经提出过的作为毛泽东方法论基本环节的那些方法以外，就方法而言，还有：

思想方法（如分清主流支流的方法，透过现象看本质的方法，多谋善断的方法等）；

工作方法（如典型实验的方法，胸中有“数”的方法，留有余地的方法等）；

作为二者的表现形态的领导方法（如“弹钢琴”的方法，解剖一个麻雀的方法，抓两头促中间的方法等）。

就性质而言，

既有普遍的哲学方法，如矛盾分析方法，群众路线方法以及调查研究的方法等；

也有适用于各个不同领域的特殊方法，如“百花齐放，百家争鸣”的方法，军事方法以及正确处理人民内部矛盾的方法等；

还有更加具体的某些专门方法，如开调查会的方法，党委会的工作方法，一分为二的方法，合理密植的方法等。

在毛泽东的著作中，对这些方法的实质、功能和重要性以及运用步骤和原则等诸方面曾分别进行过反复论述。正是通过这些论述，使我们清楚地看到，在毛泽东的哲学体系中，包含着一个结构严整、层次分明、功能齐全的方法论体系。因此，毛泽东对这些不同类型、性质方法的有关论述，也就构成了毛泽东方法论体系的又一部分重要内容。

第七章　综摄方策

本章探讨综摄方策，相当“综摄”的“推论”。即从“中观”的视角，提供了若干途径，供综摄“问路”。

这里的“方策”，可以说是“方法”的“探索指针”，重在引路，属“中方法”。《人物志·接识》：“术谋之人以思谟为度，故能成策略之奇。”

一、跨学科研究

跨学科研究，实际是专业借鉴。

学科互渗日益加强，研究以问题为导向，以知识为工具，关注问题，而不是学科分野，多学科并举，多学科视角，在近年已成趋势。

正如《名人乔布斯传记》的作者解码乔布斯事业成功之道时说的：“真正的创新准则是——如何站在人文和科学的交叉点上，有赖于凭直觉感知不同事物间关系的能力。”

跨学科研究泛指人们跨越原有学科边界或多门学科共同研究同一对象的认识活动。这一类研究正日益成为新知识的生长点。

1959年，英国学者查尔斯·斯诺指出了“科学文化”和“人文文化”之间长期以来的对立状态。在“斯诺命题”中，“科学文化”主要关注的是实践所涉及的自然规律；“人文文化”则只注重实践结果的价值问题。立足点的差异造成了二者的隔阂。斯诺认为，两种文化的对立局面导致了经济、社会发展中一系列综合性问题难以解决。“斯诺命题”的提出，开辟了将科学、技术与社会作为一个整体来研究的新领域，通过跨学科研究以揭示三者之间的互动关系及其动力机制，旨在使知识真正成为造福人类的力量，目标是“社会—经济—自然复合生态系统”（SENCE）。

李德辉《古代文学跨学科研究方法评议》：

随着方法的更新，古代文学与其他学科间的界限不断被打破，学科互渗日益加强，研究往往以问题为导向、以知识为工具，学者关注的是问题而不是学科分野。这在近年来已成为一种愈来愈强的趋势。

看似单纯的作品，其实背后隐藏着一张由诸种文化因素织成的网。要研究它，就得打破学科界限，从文学扩展到文化，对各种文化因素予以解说。

推进跨学科研究很艰难。首先是在语言层面，每个学科使用不同的概念符号，如果没有受过专门的训练，基本上很难交流。其次是学科的性质和兴奋点不同。再次是每个人的兴趣和价值观不一样，它使得跨学科对话往往偏离知识传统。

跨学科对话虽然困难，但不是不可能。可能性来自：一是我们生活的世界是整体，生活中的问题从来都是整体呈现在我们面前。二是现在也兴起了一些可以支撑对话的新平台。比如关于理性问题的讨论，在博弈论兴起以后提供的一些范式。

剑桥大学出版社 2012 年 2 月出版英国莱斯特大学管理学院教授伊曼纽尔·黑文和瑞典林奈大学应用数学系教授安德烈·赫连尼科夫的新书《量子社会科学》。

该书全面论述了经典力学、统计力学和量子力学间的显著差别，介绍了量子力学基本原理在多个社会科学研究领域的应用，定义了量子社会科学，并解释了量子力学理论能够在物理学以外的其他研究领域得以应用的原因。该书还介绍了量子概率对心理学、经济学和金融学所产生的影响，为经济学、心理学和物理学研究者提供了实践参考。

该书的特点在于为社会科学研究指出了新路径，向读者展示了量子力学在社科领域的应用，也为进一步研究量子社会科学提供了实践基础。

二、回溯历史

回溯历史，实际是时间借鉴。

在推进跨学科对话中，基础的工作第一就是思想史资源的清理，才能正确认识和把握思想导师们的思想是怎样超越问题的。

罗卫东《思想史梳理是跨学科对话的基础》：

在推进经济学和其他学科对话的过程中，基础的工作第一就是思想史资源的梳理。在思想史上，至少有三个人非常重要：马克思、亚当·斯密、马克斯·韦伯。

在马克思的整个体系中，根本无法区分哲学和经济学，形成了一个完整的社会理论。他开创了一个资本主义/社会主义的制度范式。

亚当·斯密是当代资本主义的设计师。如果不对两人的思想加以仔细研究，就很容易把他们分类，一分类就麻烦了，就形成了经济学和哲学互不搭界的情况。

马克斯·韦伯则是一个社会科学的科学家，他作为旁观者来建立历史理论，其研究是不离开整体来讨论具体问题。

回溯，就是在已经到达的位置，回头寻觅。

回溯方法，就是从对过去的分析中，寻找未来的指针。与之类似的另一种“知识后取（knowledge reach back）”技术，也是一种“回溯”——当你不知道“不知道什么”时，先“到达”了再说，以后再回过头来去找知识。

据美国《基督教科学箴言报》报道，气象学家里德·布赖森说，他“深信过去是了解未来的关键”，并指出：当前关心地球变暖的科学家正在与地球生态史学家合作，进行“古代气候模式相互对比工程”。这就是“回溯法”：事物的发展都有历史，历史是了解现状的钥匙。因此，回溯历史是一个颇为有效的研究方法。

意味深长的是：在正式发布的据说是“第一本”美军“未来派技术大全”里，美国国防委员会提出的未来研发重点，竟特别明确地提到了“回溯”方法。

这份126页的报告称美国在全球反恐战争中获胜的“关键”能力就有：“在很大程度上，新技术不是运用在坦克、飞机和战舰这些冷战时期美苏争霸的武器上”，而是“要找到办法，加强对农村和其他难以监视地区的监控，并且提高记录和回想数据的能力，‘回溯’记录时间，以发现和确定极为少量的敌人”。报告称：“美军应该更好地了解敌人。国防部应该用心理学、社会学、政治学、经济学和文化人类学的方法来制定更多的办法，研究对手的行为模式。”

于是，这份报告提出了“无处不在的监视”技术。这种技术的目标是：在数万平方公里的地区内监控一个人大小的目标。这样广泛的监控是通过每次可以在高空飞行数周的无人机和以太空为基础的监控网络实现的。这样的监视还能通过小到不足1立方厘米的传感器实现。这些传感器可以通过光纤和红外数据来感应核生化武器的迹象。报告称：“通过运用纳米技术、生物和化学技术，在全球范围内进行持续监控的能力得到了极大增强。”

其实，当年南联盟为对付北约空袭，战前就曾派军事专家访问伊拉克吸取抗击空袭的有关经验，有针对性地部署各种抗空袭兵器，因此能在北约发动空袭时取得反空袭作战的较好效果。美国最先进的F－117战机被击落，就是最好的证明。被奥巴马总统重用的美国彼得雷乌斯将军曾详细地研究了越南战争，甚至撰写了题为《美军与越战教训》的普林斯顿大学博士论文。后来在他负责制定军方反叛乱野战条令时，就应用了从越战中总结的一些经验教训。

值得注意的是：美国的科学技术发达，很重要的一个原因，也是得益于有良好的“回溯”传统和习惯。在美国，许多事情过去许多年了，但并没被人遗忘，而是仍有人在花大力气不遗余力地“回溯”。如：二战时期，美在珍珠港外设有防潜网，但日本专门设计了一种“袖珍潜艇”，是一种自杀性武器，由潜艇运载，每艘只乘2人，带2枚鱼雷，在将要到达港口时，与母体分开，自己由电机带动，可钻过防潜网，进入港内，做近距离的水上攻击。但是，对5艘这种“袖珍潜艇”的实际战果，一直不十分清楚，普遍认为并不理想，历史也没有准确的结论。但几十年后的今天，一位美国历史学家却对日军当年的照片作了图像分析后证明：战果颇为可观——潜艇确实溜进了基地，并在近处向美战舰发起过进攻，发射了2枚鱼雷，1枚击中“俄克拉荷马”号，另1枚击中“弗吉尼亚”号……

所以，在“致力求新”的今天，“温故知新”的古训竟是一条捷径呢！

三、师法自然

师法自然，实际是空间借鉴。

师法自然即以大自然为师加以效法，源于老子名言：“人法地，地法天，天法道，道法自然”，是一种自然崇拜和生态伦理意识。

音乐：春秋伯牙学琴三年不成，后至东海蓬莱，闻海水澎湃，群鸟悲号之声，乃援琴而歌，琴艺大进，成曲《水仙操》。词人光未然目睹黄河壶口瀑布惊涛拍岸及耳听船夫号子，后写成《黄河大合唱》。

书法：蔡邕《九势》："夫书肇于自然。自然既立，阴阳生焉；阴阳既生，形势出矣。"

园林：明代园林名家计成"虽由人作，宛自天开"。

在科学技术上也广为流行师法自然的"仿生学"。例如：

牺牲特定区域保护其他部分，科学家揭开蜘蛛网坚韧之谜——"高明战略"。麻省理工史蒂文·坎福德："目前工程结构的典型设计理念旨在承受伤害力有限的大型重物的打击，但是在遭遇极端力量打击时则很难应付。"研究发现，蜘蛛丝是由形态不规则的蛋白质和有序的纳米级晶体构成的一种独一无二的结构。蜘蛛丝分两种类型，正是因为它们之间的相互作用使得蜘蛛网如此坚韧。一种是"黏质蜘蛛丝"，有弹性、潮湿、富黏性，从蜘蛛网中心呈逐渐变宽的螺旋形伸展开来，用于捕捉毫无戒心的猎物。另一种"牵引丝"则像车轮辐条一样呈放射形直线向外伸展，干燥紧绷，能提供结构支撑。两者在承受力量方面发挥不同作用，它们之间相互缠绕的方式将外来物体对蜘蛛网的损害限制在某个特定位置。

美贝尔实验室科学家发现，在一种称作海蛇尾的海洋生物的骨骼中存在着粉笔似的方解石晶体，这种物质对如何改进光在光纤网络中的传输提供了方向：海蛇尾不仅用方解石晶体来支撑骨骼，而且用它来做光学探测器，即一种理想的透镜。海蛇尾属于棘皮动物，同类动物还包括海星和海胆。科学家希望模仿自然并以海蛇尾为模型设计显微透镜。这种透镜或许可作为光学网络的组成部分，并在芯片设计中发挥作用——因为它能改进光学蚀刻技术。

四、数字技术

数字技术，实际是技术借鉴。

数字技术，或数字化，指计算机、互联网带来的技术群及其广泛的应用和深远的影响。例如：

人文学科转型：数字化成新增长点。英国剑桥大学学者巴雷特文章《从小册子到像素：转变中的人文学科》提出了"数字人文学科"（Digital Humanties）概念，其指用电子技术来处理和分析传统人文学科研究资料，并结合人文研究方法论和电子工具创建历史文本的人文研究。

美国耶鲁大学官网报道，安德鲁·W. 梅隆基金会向耶鲁大学赠款65万美元，以利用最新数字技术研究中世纪遗存手稿。迄今为止，大多数对中世纪手稿的研究都属于简单的外部观察，如古文书学家通过手写字体确定抄写人，艺术学家通过颜色、图案和样式区别艺术家的作品等。如今随着数字成像和传播技术的进步，学者对这些原稿进行研究变得更加容易，能够解答相关领域长期未解决的问题。耶鲁大学学者计划展开对乔叟《坎特伯雷故事集》及同时期中古英语作品中墨水和颜料的使用分析，开发用以比较中世纪手稿的图像工具等项目。

大道至简：理论经济学之数学应用（胡培兆）

经济学并不排除数学，但要求应用得当。在定性分析中辅以必要的定量表述，能使主题论旨更明确。在这方面，马克思、亚当·斯密、凯恩斯堪称典范。经济学说史上的三大学说，即马克思《资本论》中的剩余价值理论、亚当·斯密《国富论》中的自由放任原理、凯恩斯《就业利息和货币理论》中的国家干预主张，迄今尚无经济学著作能超越其影响力。这三大学说并没有像当代许多西方经济学家这样过分依赖数学，而只把该做和不该做的事情的道理讲清楚了，且极富透彻力。经济学需要一定的数学分析工具，但要防止单纯数学化倾向。

五、全信息库

全信息库，实际是信息借鉴。

在分析和比较综合国力时，我们完全可以考虑那些“在结构和功能上相对独立、具有内在完整性的部分”——也就是“全息胚”——从而简化我们的研究。如：在政治、经济、军事等“国力”的整体中挑选结构和功能的独立性、稳定性较好的一种，将其作为我们研究的主要对象，从而以部分的比较来取代整体的比较。往往经济似乎可以成为一个较好的选择，这是因为经济实力构成了军事实力的基础，而这两种是国家实力结构中最主要的两种。在很大程度上，经济实力也构成了文化实力的基础，只有富裕强大的社会才有更多的能力去发展平均水平较高的社会文化和教育事业。

澳门大学杨义教授《先秦诸子还原四书》获好评，基于他提出的一种

“全息”的研究、考证和阐释方法，希望能从立体的角度反观诸子：“所谓全息，起码应该包括诸子书的完整真实的文本与诸子全程而曲折的生命，以及上古文献、口头传统、原始民俗、考古材料所构成的全时代信息。这一系列信息源之间相互参证、相互对质、相互阐发、相互深化，用以追踪诸子的生存状态、文化状态、问道欲望、述学方式，由此破解诸子篇章的真伪由来、诸子思想的基因构成、诸子人生波折在写作上的投影、诸子著作错杂编录的历史过程及具体篇什的编年学定位。”

六、实验实习

实验实习，实际是检验借鉴。

（一）物质实验实习

物质实验实习，媒介是物质。

一个完整的实验室实验研究，包含文献阅读、研究想法的形成、实验程序的编程、实验说明的撰写、实验被试的招募、被试名单的调整和确认、实验场地和设备的查看、实验现场的组织和操作、后期实验数据的整理和分析以及实验论文的写作等。

在这项系统工程中，大量时间被用于实验之前的准备工作，其中第一个重要的准备工作是实验程序的设计和编程，因为实验设计是整个实验研究的核心和灵魂。此外，还有实验说明的撰写和被试的招募两个重要环节。

在随后正式的实验操作过程中，在进行实验说明的讲解和被试通过控制性问题之后，可以查看和控制整个实验过程运行的节奏，并确保对于被试的干扰降低到最低程度。

在实验顺利完成并且获得实验数据之后，就可以进入到实验数据的分析和实验论文的写作阶段。

社会科学实验结论可以惠及大众。不久前，美国众议院投票通过了取消美国国家科学基金会划拨给政治学研究的经费提案。其后，《华盛顿邮报》报道称，基金会不应资助任何社会科学领域的研究。针对美国学术界及广大民众长久以来对“软科学”的怀疑与偏见，美国弗吉尼亚大学心理学教授蒂莫西·D. 威尔逊撰文回击，并呼吁学界停止对社会科学等“软科学”的轻视。

《华盛顿邮报》作者查尔斯·莱恩曾公开表示，“与自然科学不同，社会科学的假设成立与否往往不能通过实验证明”。《纽约时报》作者加里·古廷也说，社会科学等软科学实验在涉及人的时候很难做到用随机对照实验来作预测。对此，威尔逊回应称，“有无数的人类行为实验都是对照实验，在实验室内外都可以进行。如在治疗抑郁症”的心理疗法中，认知疗法等方法就是通过随机临床实验得到验证的。另外，正是通过科学实验验证的心理学干预法，虐待儿童和少女怀孕等社会问题才得到了缓解。

威尔逊说，社会科学的实验方法有一个优点常常被人们忽视，那就是它可以证明什么不起作用。社会科学家们通过证实哪些方案已经过时或无用，帮助社会节省了数十亿美元。最后，威尔逊补充说，虽然社会科学等“软科学”并不完美，但通过严格控制和道德上可以接受的实验方法，实验结论是可以惠及大众的，其中包括那些质疑“软科学”的人。

守候世界上最漫长的实验。简直堪称“实验实习”的科学经典了。86年前，澳大利亚一位名叫托马斯·帕内尔的物理学家为了向学生们证明“沥青是液体而不是固体”，设计了漏斗实验：先将沥青加热，倒入一个封口的玻璃漏斗。等到沥青完全凝固以后，将漏斗下端切开，开始记录每一滴沥青滴落的时间。为了等待沥青的凝固，帕内尔花费了3年时间，而到第一滴沥青滴落，他又耗费了8年。事实上，直到他60岁去世那年，他只等到了3滴滴落的沥青。随后接管实验室的另一位物理学家约翰·梅因斯通，用50多年的时间，也只迎来了5滴滴落的沥青。

美国《焦点》月刊日前提出，有10个改变世界的实验将决定未来。

今天科学家的想法和实验室将塑造明天的世界，保罗·帕森斯博士揭秘将带来科学革命的研究项目（倒序）。

10. 将智能药物植入人体。

9. 制造从地球大气层抽吸二氧化碳的机器。

8. 开发实用超导体。

7. 创建粒子物理学模型。

6. 在培养皿中研究阿尔茨海默氏症。

5. 发现地外生命。

4. 开发单级入轨太空飞机。

3. 给小麦增压提高产量。

2. 开发安全充足的核能源。

1. 制造可以编辑人类 DNA 的机器。

(二) 思想实验实习

思想实验实习，媒介是思想。

有许多实验条件，人们无论怎么努力，最终都难以在现实世界中实现，如“以光速奔跑的人”“站在宇宙的边缘”等。这些理想化的条件只有在思想实验中才能得到充分应用，理想化的方法是科学发展中必不可少的手段之一。

思想实验是科学研究的一种重要方法论，它往往与假说、假定、预设、假设、猜想及隐语混合在一起，它们之间的界限似乎是模糊不清的。然而，思想实验无论在科学上还是哲学上都有着极为重要的应用基础，特别是它作为思维的认知模型对于大脑认知的潜在判断与分析有着不同寻常的意义。

以下用著名的6个“思想实验”加以说明：

1. 伽利略自由落体

为了反驳亚里士多德关于“重的物体比轻的物体下落速度快”的说法，力学先驱伽利略提出：如果用绳子把重的和轻的两个物体连在一起，合起来更重，应该下落更快；但轻的物体又会“拉扯”重的物体下落慢下来，这就构成了矛盾。为了解决这个矛盾，结果只能是：重的和轻的物体下落速度一样。

传说中的“比萨斜塔实验”指的是：1589 年的一天，25 岁的比萨大学青年数学讲师伽利略登上斜塔，将重 100 磅和 1 磅的两个铁球同时抛下，结果两者一齐落地。

尽管对比萨斜塔实验的真实性还有怀疑，但是伽利略的这一思想实验后来果真被第一个踏上月球的人，即美国的阿姆斯特朗证实：他在月球上把锤子和羽毛同时抛下，两者同时落在了月球表面。

2. 麦克斯韦妖

电磁物理学家麦克斯韦提出的思想实验是：假设有一箱气体，隔板两边气体温度相同，隔板上有一个小孔，有一个“小妖”来控制它的关闭和开启。对从左边来的分子，如果运动速度很快，“小妖”就打开门让它们运动到右边；如果速度较慢，“小妖”就让门关闭。这样，左边的气体就不断变冷，右边的气体将不断变热。这就违反热力学第二定律了。

3. 薛定谔之猫

薛定谔之猫是量子物理学家薛定谔1935年提出的一个思想实验，也是量子力学房屋的象征：把一只猫关在一个匣子里，匣子里有一片放射性材料，如果原子核发生衰变，放射出粒子，将触动一个电子开关砸碎毒药瓶，猫必死。但原子核的衰变是随机事件，物理学家只知道其半衰期，却无法知道它衰变的具体时间。

根据我们的日常生活经验，如果不打开箱子盖，可以认定小猫非死即活。但是根据薛定谔议程的描述，则只能说猫处于一种死和活的叠加状态，也就是我们说的半死不活。只是在打开箱子的瞬间，才能“决定”其生死。

“薛定谔的猫”的巧妙之处在于通过一条因果链将量子力学的微观不确定性变为宏面不确定性。一个放射性原子，它何时衰变是完全概率性的。只要没有观测，它便处于衰变/不衰变的叠加状态中，只有确实地测量了，它才会随机选择一种状态出现。把盒子打开，实验者只能看到“衰变的原子核和死猫”或者“未衰变的原子核和活猫”两种情况。

4. 电车难题

“电车难题”借助哈佛大学教授桑德尔的网络公开课而闻名遐迩。其大意是：一辆失控的电车疾驰而来，将要轧死前面轨道上的5个人。这时如果有人扳动拉杆使电车改道，则只会轧死岔道上的1个人。试问，是否应当扳动此拉杆？

这是伦理知名的思想实验，最早由菲利帕·福特于1967年提出以批判功利主义，功利主义的观点是：大部分道德决策都是根据“为最多的人提供最大的利益”的原则做出的。总之，不存在完全的道德行为：拉，是不道德的同谋，为一个人的死负责；不拉，不作为，同等的不道德。这一难题针对的是功利主义的道德原则，即“最大多数人的最大利益”，能否为多数人而牺牲个别人的利益？

5. 空地上的奶牛

葛梯尔这一思想实验的内容是：一位农民担心自己获奖的奶牛走丢。有位送奶工告诉他不要担心，因为他看到那头奶牛就在附近。虽然农民很愿意相信送奶工，但他还是自己过去查看，并看到了熟悉的黑白相间条纹。过了一会儿送奶工到那里再次确认，那头奶牛确实还在，但它躲在了树林里，而附近有一大张黑白相间的纸缠绕在一棵树上。显然，农民把这张纸错当成自己的奶牛了。于是问题来了，即使奶牛一直在那里，但该农民说自己“知道那头奶牛在那里”是否正确？这一实验挑战的是自柏拉图以来的“知识”三元定义，即“知识是得到确证的真信念”，也就是说，即使满足了“确证、真与相信”这三个要素条件，得到的仍然可能不是知识。所以，它也被称为“葛梯尔问题”：农民认为奶牛在那儿的推导建立在错误的前提上。换句话说，将知识定义为 JTB（Justified True Belief）的理论是不完善的。

6. 缸中之脑

希拉里·普特南 1981 年提出：设想有个疯狂的科学家把人的大脑取出，放在一个装有维持生命液体的缸中。大脑通过电极连到一台能产生图像和感官信号的电脑上。由于你获取的所有关于世界的信息都是经由大脑过滤，这台电脑就有能力模拟你日常的体验。如果这确实可能的话，你如何能够证明你周围的世界是真实的，而不是来自由一台电脑所产生的模拟环境？这一实验质疑的是，如果我们甚至连自己的大脑是否受恶魔的控制都不知道，我们如何能够知道自己的思想与认识是真实的。

第八章　综摄方法

本章探讨综摄方法，相当“综摄”的“补论”。即从“微观”的视角，提供了若干易操作的手段，供综摄“试刀”。

这里的“方法”，可以说是“方法”的“具体实施”，离现实最近，属“微方法”。“方法”的原词起于希腊文：“沿着”和“道路”。在古希腊，方法是沿着正确的道路运动的意思。“方法”的重要性，不言而喻。著名思想家弗兰西斯·培根说过：“跛足而不迷路，会胜过健步如飞，但迷失了方向的人。”

一、筛选法

列宁在其名篇《辩证法的要素》中曾经指出，唯物辩证法的要素是：“分析和综合的结合，各部分的分解和所有这些部分的总合、总计。”这就是说，先要把有关诸因素尽量全部罗列出来，不要漏掉；即先做“加法”。然后再逐一筛选，排除次要的，留下主要的几个因素，以集中处理；即再做“减法”。这“一加一减”，才能保证推理的全面性和严密性。

以二战期间著名的诺曼底登陆战役为例，对其发起进攻的日期和时间的确定，是完全可以通过“筛选法”筛选出来的——D 日的要求是“满月”的条件，而为了满足这个条件，只有 6 月的 5、6、7 三天可供选择；对 H 时的要求，则有“夜暗、日出与海潮”三个条件，而为了满足这三个条件，则只有上午 6：30 到 7：45 的时段可供筛选。当时的盟军统帅艾森豪威尔将军后来回忆说：

“放弃了 5 月份的既定日期后，下一个月亮、潮水和日出同时出现的日期是：6 月 5、6、7 三天，这几天是发动进攻的可行日期。我们要在夜晚乘护航舰渡过海峡，因为黑暗可以隐蔽我们几次进攻的兵力和方向，我们需要借月光进行空降突击，我们需要在地面突击之前，有大约 40 分钟的日光来完成轰炸和预备性轰击，我们必须在潮水退到相当低的时候发动进攻，因为我们必须清除的障碍物将暴露出来。这些因素确定了这个大致的日期，但选择具体的日期则要取决于天气预报。”

结果，第一批登陆兵力，由4266艘船艇载运，果然于1944年6月6日上午6：30到7：45从诺曼底海滩登了陆。

实际上，这种“筛选法”也就是通常所说的“排查”或“删除”方法，在社会安全的检查中用得最多，应该说，也是“检查学”的最基本、也最牢靠的方法了。

二、对比法

对比法是认识事物的基础方法。对比法是指：“通过对比找出各因素的相似点与不同点，确定它们外在与内在的联系与差别，从中得出相应的结论。”

加州大学伯克利分校的认知语言学家乔治·拉科夫的研究让他相信我们用比喻来解释所有抽象的概念。他说他在全世界的各种文化中找到了数以千计的相同比喻。但是这些比喻不仅仅局限于形容人、行动或者感觉。我们在谈论经济政策的时候也使用类似的比喻。

马克斯·韦伯、沃格林的大学问更多来自超群出众的比较知识，“向所有经验敞开并让它们处于平衡之中”（沃格林语）。

人类早就懂得“对比”的重要。在文学中，有“文章最忌随人后”之说，杰出的作家都是通过精细的对比，以发现事物的细微差别，从而写出与众不同的文章或作品的。换句话说，只有深入生活，观察入微，才能“语出惊人”“语惊四座”。

法国作家福楼拜曾有著名的“一语说”理论：“我们不论描写什么事物，要表现它，唯有一个名词；要赋予它运动，唯有一个动词；要得到它的性质，唯有一个形容词。我们要苦心思索，非发现这样的名词、动词、形容词不可。”他还告诉另一位法国作家莫泊桑说：“请你只用一句话，就让我知道马车站有一匹马同它前后的五十来匹是不一样的。”

所以，对比的方法十分重要，在人才的培养和成长中也有特殊的作用。为了培养对比的能力和养成对比的习惯，平时就要留心各种事物。如果说，各行各业的“天才”们的身上，都突出体现了一种特殊的思想风格的话，那正是在于“对比”：把不同的对象放在一起进行比较的能力。

这种在没有关联的事物之间建立关联的能力，才使他们得以看到其他人看不到的东西。

例如：达·芬奇在铃声与石头入水时发出的声音之间建立了联系，这使他得出了声音以波的形式传播的结论。

莫尔斯在设法制造出强大的足以越过大洲大洋的信号时一筹莫展。一天他看到拉车的马匹在驿站被换了下来，于是他由更换马匹的驿站联想到了电报信号的中继站。他终于找到了解决办法：每隔一段距离就把信号放大。这正是现代通信原理的基础。

《艺术家生平》一书的作者乔治·瓦萨里称："每当大自然造就一个行业中的大师，就会同时在邻近的地方给他安排一个对手，以期他们能借助竞争和彼此的才能互相帮助。"

他举出的例子，就是两个伟大艺术家：米开朗琪罗与达·芬奇，在1503~1504年间，二人曾受命完成佛罗伦萨市政厅相对的两面墙上的壁画。达·芬奇选择的题材是安吉亚里之战——这是展示他对武器、军人和战马的无可比拟的构图理解的绝佳机会。而米开朗琪罗则选择创作士兵洗浴的场面——从而表明他是多么准确地抓住了男性躯体的优雅和力量。尽管这两幅壁画最后没有完成，但却传为相互对比与激励的美谈，最后两人双双成为文艺复兴时期的世界艺术大师，其作品至今在卢浮宫同时展出。

三、区间法

于1869年3月1日发现"元素周期律"的门捷列夫，是俄罗斯的伟大化学家，也可以说是运用"区间法"的鼻祖。原来，他建立的"元素周期表"在元素的性质之间，形成了许多的"区间"。

这位被恩格斯称赞为创造了"科学上的勋业"，被世界科学家推崇为建立了"现代物质学说的基础"的"化学思维"大师，开始是把当时发现的64种元素制成了64张"化学牌卦"。利用这种"牌卦"的移动容易与快当，将元素及其性质分成各种各样的"小群"，并最终发现了它们排列的周期性质与规律。

在他的"元素周期表"中，按相邻的元素就可推断相近的性质。像：氟、氯、硫、磷、砷……皆可用作农药；半导体材料的元素则往往介于金属和非金属元素之间；催化剂又大多是过渡元素和它们的化合物；等等。在硅和锡之间，确切地说，是在钛和锆之间，"在这个没有占据的位置上，显然应当有个同它们毗邻的、原子量在二者之间的元素"，门捷列夫称其为“准硅”，并预言其原子量为72，比重为5.5。15年后，果然发现了锗，原子量为72.6，比重为5.35。

门捷列夫不仅按“元素周期表”纠正了铯、铍、钍、铟等元素原来被认为的不正确的原子量，并终为实验所证实，而且还预言了未发现的新元素：钪、镓、锗等及其性质，几十年后果然陆续被发现。

“区间法”就是仿照门捷列夫的样子，将各种因素按不同属性分类排序，例如：武器装备就可以按功用、性能、重量、尺寸分类排序，也会形成许多“区间”。这样，从“区间”相邻和相近的性质上，就可以依次序做些相邻和相近的推断。这就是说：“知道了两头的，中间的也可以估计得差不多。而且，如果知道了这个区间的最大与最小值，虽然中间的值并不清楚，有时也不妨碍我们得出结论；因为如果最大值也无关大局，其他就更无所谓了。”

我国著名科学家卢嘉锡院士常常告诫学生和科研人员：“毛估比不估好!”这就是说，在研究之初就能定性地提出比较合理的基本“结构模型”（通常表现为某种科学设想或假说），这对于正确地把握研究方向、避免走弯路是很有意义的。

原来，这个告诫源起于1933年卢嘉锡还在大学三年级时一次物理化学课的随机考测。虽然一道最难的题只有卢嘉锡一个人做了出来，但是因为他把小数点点错了1位，遭到了区嘉炜教授的批评：

“假如设计一座桥梁，小数点错1位可就要出大问题、犯大错误。今天我扣你3/4的分数，就是扣你把小数点放错了地方。”

从此以后，不论是考试还是做习题，卢嘉锡总要千方百计地根据题意先提出简单而又合理的物理模型，从而“毛估”一个答案的“大致范围（数量级）”，如果计算的结果超出这个范围，就再仔细检查计算的方法和过程。于是，有效地克服了因偶然疏忽引起的差错。

“区间法”在军事思维中也有显著的作用，这就是军事统帅们常用的——“他们只能这样，而不会有别的作法”一类的判断。

在二战的艰苦时期，斯大林曾问朱可夫：“你坚信我们能够守住莫斯科么？我怀着内心的痛苦在问你这个问题，希望你作为共产党员诚实地回答。”这说明当时的战局有多么严峻，以及斯大林对朱可夫判断力是多么信任。

而朱可夫的判断力则是来源于对敌情的“区间”分析。他曾说过：“我不知道德军将要行动的计划，但是根据对情况的分析，他们只能这样，而不会有别的作法，我们的建议是基于对敌人在战略性战役中起主导作用的装甲坦克和机械化部队状况和部署的分析而提出的。”

四、权重法

对比，不仅是平面的，而且是立体的。换言之，各种因素的影响，并不是一样的，而是有主次、轻重、缓急之分，我们要着力捉住的则是那个“主要矛盾”。这就是说：“在有众多因素影响的事物中，对每个因素都要给一个‘权重’，相当乘一个系数。权重大，乘的系数大，对全局影响大，在决策中就要优先考虑。反之，则可以忽略不计或暂居次要位置。”

不言而喻的是：这种方法就是便于分清主次，分出因素影响的大小，以能抓住主要的环节。因为，主次不分才是推理之大忌。

如，宇宙飞船在设计时，零件以百万计，如果将其按系统层次分开成树状，对每个零件的设计考虑因素都有不同，有时还有相互矛盾。这时，就要针对不同因素给以不同的“权”，相当其“贡献度”，然后逐层计算上推，最后得出该零件对各层分系统及整个系统的“贡献度”，从而才能决定取舍。

又如，在作战中，对武器装备功能的高低或其威胁的大小，也都要按“级别”加以分类。

当前，信息技术用网络把现代世界联结起来，使地球“变小”。局部是一个小网，全局是一个大网，反正都成网状连接，网络是现代社会的生命。但是，稍加注意就会发现：无论是伊拉克战争，还是科索沃战争，轰炸的目标都是选在网络的结点上。这是因为：网络的结点对网络的功能至关重要。即如“梅特卡夫定律”所指：“网络的价值等于结点数目的平方。”

显然，如果进攻结点，破坏网络的效能也是事半功倍，以平方计。所以，“针灸战”也好，“点穴战”也好，道理就在这里。

第一次海湾战争时，美军“初始的、最重要的”轰炸目标就有238类，下面又分1250个“小目标成分”，都是选在网络的结点。开始曾要求在5天的时间内摧毁，结果只完成其中的300个。

科索沃战争时的轰炸目标比第一次海湾战争时更扩大，还包括大量民用设施，网结更多，时间更长，破坏也更带全局性。断电、断水、断能源、断交通，北约是想用网络瘫痪的方法，置南联盟于死地。

那么，最大的网结在哪里呢？不难想见，是在最高指挥中心，或者说“核心的核心”。因此，无论是在伊拉克，还是科索沃，都有轰炸总统府的事情发生。这就验证了进攻作战网结化的那个潜台词：“目标是人的头脑，特别是那些对战争与和平拥有决定权的人的心。”

连美军在海地大量空投传单等宣传品，也是按“级别”分 20 个目标群，投放数十万张传单，还给海地士兵打匿名电话，甚至 Internet 网也用上了，给一些人发 E—mail……以各种方法，破坏海地人民对军政权的信任，极尽蛊惑人心之能事。

还有个有趣的例子：科技界常常谈到有关日本惊人的“变脸”功夫。正像过去在科技界曾有过的戏喻那样：与英、美两国相比，日本人获诺贝尔奖金的人数是少得可怜的。为什么？因为日本人的“权重”不在这里。而正当英、美两国科学家争论该由谁领取诺贝尔奖金而不可开交时，日本已经把该项成果转化为产品，并运到英、美的市场上赚钱了。看来，日本给予“市场价值”的“权重”和“级别”是最为优先的了。

五、示变法

“变化因素法”：万物在不断转变——变化；有时，当“静态”时的论据不够充足时，为继续搜集论据，也可故意对事物施以影响，促进并观察局势的变化，正像战场上的火力侦察一样。这就是：“人为地施以影响，使对象发生变动或变化，从而使其暴露更多的信息，以利于检查的进行。”

这是因为：往往事物处于相对静止状态，矛盾并不明显，因素也不活跃，很难做出判断，而当转入相对运动状态时，情况就大不相同了，会提供许多补充的动态信息帮助论证的进行，促进论证结论的产生。

一个著名的例子是：英国伦敦以北 160 公里的凯特林中学的物理教师佩里，领导学生业余跟踪天体，其特长就是观测动态，发现变化，并动态推算数据，以捕捉新星。结果，竟然以极为简陋的设备，成为世界上发现苏联保密度极高的普列谢茨克军用卫星发射场的第一家。

其实，动态才是事物的常态，动态检查，才更接近实际，也更促进检查者的创造性。许多发明家的实例都证明了这一点：好动，是人的本能，当我们试图做某一样事情而失败的时候，就会自动地改而去做另一样事情。这正是在不经意之中有所创造的第一个原则，因为我们可能会自问：为什么自己会失败？

这样问很有道理。但是，使人发挥创造性的偶然因素却提出了一个更为深刻的问题：我们做了什么？以一种新颖而意外的方式回答这个问题是能否有所创造的关键。这不是运气，而是在最高层次上富有创造性的洞察力。

六、跃迁法

有些问题在原有的传统概念与方法中，很难得出结论，这时就要及时采用跃迁的方法，引入新概念、新理论，采用新方法、新工具，好像原子结构电子跃入新的能级一样，往往会得到“山重水复疑无路，柳暗花明又一村”的功效。

军事上充满了这种出奇制胜的例子。

如电子反干扰技术的“跳频法”，就是不断跃迁信号的频率，以使敌方难以捕捉。

从更深的层次上说，这也是在各种频率空间之间的变换。因为按傅里叶变换原理，任一信号都可分解出许多频率的信号，正像人耳能从一个声源分出各种频率的声音和用棱镜能把太阳光分解成七色光一样。这种利用频谱的斗争，正是电子战的精髓。

“跃迁法”特别适用于一些“老大难”问题的解决。

数学家彭加勒在一次紧张的数学研究之后，不再想原来的工作了，而是要到乡间去旅行。但是，“我的脚刚踏上汽车，突然想到一种设想……我用来定义 FUCHS 函数的变换方法同非欧几何的变换方法是完全一样的”。

又一次，在对一个问题久思不得其解时，他来到海边休息几天，想些完全不相干的事情。结果，有一天，在山岩上散步的时候，他竟然能简洁、突然和直截了当地想到：不定三元二次型的算术变换和非欧几何变换方法完全一样。

苏联在防空上曾大量投资，戒备森严，使美国突袭能力与其防空系统趋于暂时平衡。而美国迅速转而发展电子干扰和隐形技术，使飞机突防能力大大提高，从而跃入一个新层次，打破了原有的空防平衡。

俄罗斯靠其强力发动机的独到技术弥补了其他方面的不足，取得了飞机的推重比高因而机动性好的总体优势。

法国在航空发动机技术落后的情况下，靠其无尾翼技术与电传操纵技术以及先进雷达技术，使幻影－2000战机仍能与世界三代战机匹敌，并在国际上赢得不小的市场。

瑞典的鸭翼技术因采用“短距耦合”的方式，解决了其他国家长期未解决的问题，在世界上率先取得对鸭翼技术的突破，“地理小国”竟成了“航空大国”。

以色列在反坦克炮弹的穿甲技术上的创新，其专利不得不使包括美国在内的发达国家争相购买。

捷克的塔马拉雷达更令人震惊，能发现隐身飞机，以致当美国的F－117隐身飞机在科索沃被击落后，美国将军的第一个问话就是：是不是南联盟有了塔马拉雷达?

可见，走“跃迁”式道路大有希望。

七、预测法

列宁早就指出过：“神奇的预言是童话，科学的预言则是事实。”

预测法就是运用科学方法预测未来的发展。

预测未来，应该是最具科学魅力的事了，也应该是检查学最见功夫的地方。

1703年，英国科学家哈雷曾运用牛顿的引力理论发出预言——1682年大彗星将于76年后回归。结果在哈雷死后16年，即1758年圣诞节黄昏，果然有一道壮丽的白光射进夜空。哈雷彗星的重现犹如一道象征着牛顿科学大获全胜的信号，震撼了世界。

此外，依据万有引力公式，天文学家还第一次“在笔尖下找到了天体：海王星”，也就是预见到海王星的存在，科学的威力又一次令人折服了。

英国物理学家和数学家麦克斯韦是继英国物理学家法拉第之后集电磁学大成的伟大物理学家，曾在剑桥筹建卡文迪什实验室，被誉为与牛顿、爱因斯坦鼎足的“三大物理学家”。麦克斯韦在枝蔓杂芜的电磁学园地中，运用偏微分方程和矢量代数的方法，建立了美妙的电磁方程组而得到了大量的赞誉——“集电磁学大成”，“完成了从机械学到光电学的伟大范式转换”，“神笔巧绘光、电、磁”……该方程组确定了电荷、电流（运动电荷)、电场和磁场之间的普遍联系，是电磁学的基本方程。方程组表明，空间某处只要有变化的磁场就能激发出涡旋的电场，而变化的电场又能激发出涡旋的磁场。于是，这交变的电场和磁场互相激发就形成了连续不断的电磁振荡，即电磁波。于是，麦克斯韦科学地预言了电磁波的存在，25年后果然由赫兹证实了。

法国科学预言家儒勒·凡尔纳更以《80天环游世界》和《地心探险记》闻名于世，其出于灵感思维的预言让世人十分吃惊：去世90年后，发现其生前未印行的原稿，作于1863年，描述1960年的巴黎，出版商曾认为其对世界“夸张过分”而拒绝出版，可今天却全都实现了：地铁、汽车、电话、电传、电脑……世界上第一辆汽车1889年才发明出世，可他在1863年就预言了：“车辆经由汽油发动机移动，甚易操纵；驾车者坐在前座，手持驾驶盘，足踩踏板，可立即加速。”

英国皇家学会和皇家天文学会1919年11月5日共同在伦敦举办了一次会议，公布英国皇家天文学家艾丁顿爵士的日全食观测结果验证了爱因斯坦的新理论，修正了牛顿的说法，引起轰动。于是，一夜之间，爱因斯坦从一个默默无闻的大学教授变成鼎鼎大名的传奇人物，荣誉像潮水般向他涌来。

艾丁顿爵士到底观测到什么结果呢？原来，爱因斯坦早已预测到，光并非像学校教的那样，永远走直线，它在经过重物附近时会因为受到重物造成的空间变化的影响，而走曲线。他计算出某一颗星在太阳后面发出光时，光线经过太阳附近到地球行走路线的曲率。照他的计算，这颗星从地球看起来，会在另一位置，而不是在原先设想的位置。

白天在太阳的强光下，看不到天空中的任何天体，必须等到日全食，才有机会观测到位于太阳后面的星星。1919年5月29日，在太阳完全被遮蔽的几分钟内，艾丁顿和助手成功地拍到几张星星在云层掩映下的照片。这些照片经过分析，发现那颗星的确就在爱因斯坦预测的位置上。

八、旁证法

“旁证法”，是指：当正方向论证有困难或需要特别加强效果时，也可采用从侧面切入的旁证法。

例如引用外国、外地的事例作参照，举出历史上的经验教训作借鉴等等。要注意的是：因为旁证也是证，故同样有效；但又因有个“旁”字，必须精选论据，使之与所要证的论题同属一类型，确有可比之处才行。

正如著名科学家钱学森指出的：“对世界各国发展航天技术的历史做

分析，分析这些国家走过的道路，总结他们的经验非常重要。这个经验不仅是科学技术的，还有政治、经济、军事、国际形势以至于它本国人民的思想意识。总结到什么程度呢？我想就是要说清问题：苏联、美国、日本为什么这样搞？西欧、法国、英国、西德为什么这样搞？要弄清他们什么做对了，什么做得不对。这本身就是一门学问。”

有关阿基米德原理的故事几乎家喻户晓：国王委托一个金银匠制造一顶金王冠。当王冠做好后，国王认为工匠用铜或银替换了部分金子，于是要求阿基米德在不弄坏王冠的情况下查清这个问题。

这里的关键是“不弄坏王冠”，因此，不能从正面，只能从侧面切入。阿基米德知道铜和银比金要轻，1 公斤银的体积要比 1 公斤金的体积大。由于知道给了那个金银匠多少金子，如果王冠用纯金制成，那么就应有一定的体积。但是如果用同样重量的银或铜替代部分金，那么王冠的体积就会较大。然而不融化王冠就不能弄清楚。

有一天，阿基米德在洗澡时看到水如何从澡盆中溢出。他激动异常，赤身裸体跑到街上高喊：“我想出来了！”他知道排出的水的体积与他的身体的体积相等。阿基米德将一个容器装满水，再将王冠放进去。之后测量所排出的水的体积，这就是王冠的体积。接着，找一块和给金银匠的重量相同的金子，将它放入水中，发现排出水的体积较小。

于是证明那个工匠欺骗了国王，工匠因而丢了脑袋。

九、反证法

反证法，是指：为了证明“应该如此”，也可以论证“非此不行”。为了说明该方案的“利”，也可以论证采用另外方案之“弊”。这就是反证。

反证法有时可以收奇效，早已为几何学的定理证明所认可。不过与旁证法相似，反证的论据也须精选，要足以概括反面的全部情况才行。否则论证半天，“非此”不是“不行”，而是“还可以”，甚至“还更好”，采用另外方案，不是有“弊”反而有“利”，那“反证”就要变成“误证”了。

20 世纪英国著名科学家、哲学家卡尔·波普提出了一个“天鹅定律”：“当我们发现 100 只白天鹅时，不能定义所有天鹅都是白的。相反，当我们见到 1 只黑天鹅时却可以命题，并非所有天鹅都是白的。”从这个意义上讲，一只黑天鹅比 100 只白天鹅增加了人们对这个问题的认知。因为就是这一次“反证”，使我们的视野开阔了。

又如，隐形飞机为了取得隐形效果，都要在其他性能上作出牺牲。我国专家早就有人指出：F－117“笨得像个鸭子”。可是，开始没人相信。直到后来美国开始宣传新研制的F－22飞机如何先进时，才说了真话：“与F－22相比，F－117是既跛又瞎。”这也算是美国自己做了一种“反证”吧！

再如，在握有军事高科技优势的美国，有些军事专家对军事高科技在战争中作用的评价却慎重得多。他们认为海湾战争并非典型，战例也非样板。有的更直截了当地说：在一个“一边倒”的战争中，对某些兵器的军事价值、毁伤概率等作出结论还为时尚早。科索沃战争刚刚结束，就有人怀疑轰炸效果，而且承认：“空袭持续的时间超出了北约各国政府的预期”，“尽管有监视系统和精确制导炸弹，北约显然无法重创塞尔维亚军队”。

著名的“曼哈顿原子弹工程”的决策绝非易事，因为这个在20世纪40年代进行的工程要动员的力量浩大无比：费时4年，耗资23亿美元，用人12万，动用美国1/3电力，5个方案同时上马，几百个单位统一按科学计划行动。而当年美国总统罗斯福的科学顾问萨克斯在向总统面交由著名科学家爱因斯坦签名的信和建议时，就有力地利用了一次“反证法”——如果不采纳这个建议，及早动手，会出现什么结果呢？结果将是：希特勒德国先生产出原子弹！

十、“黑箱”法

黑箱法，实际上是“暂时略去一部分”，作为“黑箱”，以后再处理。

齐美尔与社会几何学：正如几何学将关于自然界内涵的研究留给物理、化学等学科一样，社会学也应该将关于社会内涵的研究留给经济学、心理学等学科，而集中关注社会形态。他把社会想象成一个宇宙空间，其复杂的本质与方向是无限的，但其中任何一个单独的点都可以被固定，并只能以一种特殊的方式发展，否则的话，这个空间的整体结构就会被改变。也就是说，在微观个体行为与宏观社会结构之间存在着不可分割的联系，而这一联系要通过社会互动过程来表现。这就是齐美尔的“社会几何学”思路。

所谓“默顿黑箱”，是指默顿以来的科技社会学（STS）对科技与社会的“互动”研究，总是把科技作为“黑箱”处理的。

这就是说，将科技知识与内容“黑箱化”，也就是“空心化”——暂时不讨论科技专业知识本身。

这种方法是沿袭物理学中的“隔离体”方法，即暂时割断一些联系，把研究对象“隔离”起来，以便于另行处理。

采用这种方法，在STS研究的初期是有贡献的，可以避免为技术细节纠缠，而去集中探讨宏观大略。

但是，随着现代社会问题，特别是军事问题的复杂化，“黑箱”方法已经越来越不适应时代了。因为，很难有什么问题可以不结合科技真相而能研究清楚其影响的。

这也正像物理学一样，“隔离体”的方法只适于简单的对象，如果是复杂对象，那非但不能“隔离”，而且需要“复原”所有的联系了。

所以，当前最需要的，则是：打开黑箱，深入内涵，结合科技知识，了解事实真相，探索其奥秘，具体问题具体分析，才能促进科技与军事的真正融合——不懂科技就不懂战争。

十一、“商（Q）”法

1. 智商IQ（Intelligence Quotient）

智商=智力年龄/实际年龄，是判断人聪明与否的指标。

2. 情商EQ（Emotion Quotient）

指人的情绪商，是人的第二种智慧。

耶鲁大学的心理学家彼特·赛罗维及新罕布什大学的约翰·梅耶提出“感情智力”（Emotional Intelligence）的概念，与IQ不同，EQ不能用简单的数据来衡量，它是一个综合的，多方面的体系，包含有许多捉摸不定的因素，如自我意识、移情作用、耐久力及社会适应性等。有人戏称IQ决定一个人是否会被录用，而EQ则决定了是否有提升的机会。尽管EQ很难测试，但有些方面还是能被确定的。如乐观程度、对挫折或不利情况的态度等。

美国一篇很有名的文章，用数学方法分析那些最成功的人，结果发现在任何工作领域，情商的重要性都是智商的2倍。在更高的职位上，例如管理层，情商的重要性比智商高9倍。

微软高级研究员黄学东："智商达到120以上的人，都是一样的，差别主要在情商。"

3. 创造商CQ（Creation Quotient）

指人的创造能力、创造力，其对人生前途"起死回生"的影响，不下于EQ。

4. 魅力商CQ（Charisma Quotient）

任何一个社会都免不了"以貌取人"，此所谓的"貌"，包括穿着打扮、谈吐、仪态……所以鼓励大家多由内而外充实自己的各种面貌。

5. 爱商LQ（Love Quotient）

指人的爱的商，能和人相亲相爱，对大自然、创作、哲学、运动……各种角色、职业人的扮演，都能保持着热情和执着的一种能力。

6. 笑商SQ（Smile Quotient）

指人的微笑商。善意的微笑，是人交际的润滑剂，经常乐观大笑，更使人易于亲近。这样的人，当然比经常苦瓜脸的人容易成功或出头。

7. 势商NQ（ Networking Quotient）

又称：环境商、网络商，是对所有人相处的能力。

8. 逆商AQ（Adversity Quotient）

指人的逆境商，即人们将不利局面转化为有利条件的能力，面对困难的适应力。据一项研究调查发现，面对同样程度的打击，逆商高的人产生的挫折感低，逆商低的人则会产生强烈的挫折感。90%的失败者通常都不是被别人打败，而是被自己所打败的。也就是说低逆商者通常都是因为自己首先选择了退缩和放弃，才导致最后失败（《哈佛逆商课》）。斯托茨博士发明了这一指标，他说：“应对逆境的能力可以分界为四个关键因素——控制、归属、延伸和忍耐。”控制就是认清自己改变局面的能力；归属是指承担后果的能力；延伸是对问题大小及其对工作生活其他方面影响的评估；忍耐是指认识到问题的持久性，以及它对你的影响会持续多长时间。

9. 媒商 MQ（Media Quotient）

指人的媒介素养。学会和媒体，包括新媒体打交道，是现代社会公民素质的一部分，更是官员能力素养构成的重要部分。

10. 美商 BQ（Beauty Quotient）

全称为美丽商数，并不是指一个人的漂亮程度，而是一个人对自身形象的关注程度，对美学和美感的理解力，甚至包括一个人在社交中对声音、仪态、言行、礼节等一切涉及个人外在形象的因素的控制能力。最先提出美商概念的英国美学家娜奥米·尔夫认为，与以前相比，妇女已有着更多的职业选择、更多的受教育机会，因而追求那种先前看来几乎完全不可能的身体完美也成为一种可能。与天生的智商、情商不同，美商作为一种程度、一种标准，被认为可以从后天获得，可以被模仿，近几年，在西方逐步升温的美商热潮，反映了21世纪妇女追求美的这种新时尚。

11. 财商 FQ（Financial Quotient）

理财能力。《第一次上街买东西》是日本一家电视台从1991年开始不定期播放的一组关于孩子理财教育的节目。提倡父母不应该当孩子的提款机，而是要当孩子的财务顾问。

12. 健商 HQ（Health Quotient）

代表一个人的健康智慧及其对健康的态度。它包含 5 大要素：

①自我保健——不把自己的健康都交给医生，通过健康的生活方式、乐观的生活态度控制健康。

②健康知识——一个人对健康知识掌握得越多，就越能对自己的健康做出明智的选择。

③生活方式——作息、饮食、价值观等生活习惯和方式，对健康的作用举足轻重。

④精神健康——克服焦虑、愤怒和压抑，对健康至关重要。精神上感到满足的人，常能健康长寿。

⑤生活技能——通过重新评估环境，包括工作和人际关系来改善生活，掌握健康的秘诀和方法。

13. 福商 WQ（Well-being Quotient）

是衡量人幸福的一种指标，是人格不断整合、完善的过程。

物质是幸福的基础，但需要积极的认知。

幸福是一种乐观的情绪，需要积极心态的调整。

追求是幸福的不竭动力，需要坚强的意志品质。

主要参考文献

1　周一良．世界通史．北京：人民出版社，1973
2　范文澜．中国通史简编．北京：人民出版社，1964
3　斯蒂芬·F. 梅森．自然科学史．上海：上海人民出版社，1977
4　龚鹏程．国学入门．北京：北京大学出版社，2007
5　时殷弘．战略二十讲．天津：天津人民出版社，2008
6　王逸舟．全球政治与国际关系经典导读．北京：北京大学出版社，2009
7　袁明．国际关系史．北京：北京大学出版社，2010
8　马树德．世界文化通论．北京：商务印书馆，2010
9　倪世雄．当代西方国际关系理论．上海：复旦大学出版社，2001
10　王建伟．国际关系学．北京：中国人民大学出版社，2009
11　黎鸣．老不死的传统——中国文化在世界中的真实位置．北京：华龄出版社，2010
12　柏杨．中国人史纲．太原：山西出版集团，2008
13　王志伟．现代西方经济学主要思潮及流派．北京：高等教育出版社，2004
14　周予同．开明本国史．北京：中国国际广播出版社，2012
15　罗伯特·杰克逊．国际关系学理论与方法．北京：中国人民大学出版社，2012
16　方福前．西方经济学新进展．北京：中国人民大学出版社，2010
17　罗伯特·杰克逊，乔格·索伦森．国际关系学理论与方法．北京：中国人民大学出版社，2012
18　时殷弘．意志力的较量：若干历史范例透视．现代国际关系，2010（8）
19　王逸舟．西方国际政治学：历史与理论．北京：中国社会科学出版社，2007
20　秦亚青．权力、制度、文化．北京：北京大学出版社，2005

21　杨辛．美学原理新编．北京：北京大学出版社，2008
22　叶朗．美在意象．北京：北京大学学报（哲学社会科学版），2009（3）
23　王峰．美学是一门错误的学科？．清华大学学报（哲学社会科学版），2009（4）
24　陈君惠．话说美学．北京：北京燕山出版社，2009
25　季水河．美学理论纲要．长沙：湖南人民出版社，2011
26　王一川．新编美学教程．上海：复旦大学出版社，2011
27　李建中．科普指南．北京：科学普及出版社，2008
28　叶秀山．美的哲学．北京：世界图书出版公司，2010
29　朱光潜．谈美．北京：中华书局，2011
30　宗白华．美学散步．上海：上海人民出版社，1997
31　罗曼·罗兰．最伟大的三大艺术巨人．哈尔滨：哈尔滨出版社，2004
32　叶朗．现代美学体系．北京：北京大学出版社，1999
33　胡先祥．美学基础与艺术欣赏．武汉：华中科技大学出版社，2009
34　孟唐琳．美学基础．北京：化学工业出版社，2010
35　迟轲．西方美术史话．北京：中国青年出版社，2010
36　李春．西方美术史教程．北京：人民美术出版社，2008
37　梁燕．外国美术史．郑州：河南美术出版社，2011
38　翟宗祝．外国美术史．合肥：安徽美术出版社，2011
39　李倍雷．西方美术史．重庆：重庆大学出版社，2010
40　朱伯雄．世界经典美术鉴赏辞典．北京：中国青年出版社，2001
41　汤麟．西方名画和它的故事．武汉：湖北美术出版社，2010
42　《中国画图鉴》编辑部．中国画图鉴．西安：陕西师范大学出版社，2009
43　陈佐湟．听音乐．北京：世界图书出版公司，2008
44　伍湘涛．交响音乐赏析教程．北京：航空工业出版社，1998
45　葛承雍．书法与文化十讲．北京：文物出版社，2007
46　杨维．中国美术史．哈尔滨：哈尔滨工业大学出版社，2003
47　傅雷．傅雷谈美术．长沙：湖南文艺出版社，2002
48　巫鸿．美术史十议．北京：三联书店，2008
49　文聘元．你不可不读的西方艺术故事．长春：吉林出版集团，2009
50　范明华．美学与艺术研究．武汉：武汉大学出版社，2010

51　耿聪．美学教程．北京：北京工艺美术出版社，2009
52　彭明强．实用美学．重庆：重庆大学出版社，2010
53　张法．中西美学与文化精神．北京：中国人民大学出版社，2010
54　范曾．范曾谈美．天津：南开大学出版社，2009
55　张法．美学导论．北京：中国人民大学出版社，2011
56　李予心．见证伟大艺术背后的真相．北京：求真出版社，2011
57　邱德华．建筑艺术赏析．苏州：苏州大学出版社，2009
58　常怀生．哈尔滨建筑艺术．哈尔滨：黑龙江科学技术出版社，2010
59　丰子恺．向善的艺术．上海：上海人民美术出版社，2013
60　葛路．中国绘画美学范畴体系．北京：北京大学出版社，2009
61　陈大柔．美的张力．北京：商务印书馆，2009
62　李建盛．艺术 科学 真理．北京：北京大学出版社，2009
63　戴吾三．艺术与科学读本．上海：上海交通大学出版社，2008
64　任意成．北大赛先生讲坛．上海：上海科技大学出版社，2005
65　李宗荣．科学与人文．第四辑．北京：社会科学出版社，2010
66　罗长青．数学文化．重庆：重庆大学出版社，2010
67　科学在这里——科普论坛报告选集．北京：科学出版社，2011
68　赵宪章．语图互仿的顺势与逆势．中国社会科学，2011（3）
69　严全成．文以载道．北京：中国文联出版社，2009
70　王存臻．宇宙全息统一论．济南：山东人民大学出版社，1995
71　张光鉴．相似论：相似、同构、认知．南京：江苏人民出版社，2009
72　孟凯韬．哲理数学概论．北京：科学出版社，2008
73　郝柏林．从若干自然规律看某些社会现象．科学在这里——科普论坛报告选集．北京：科学出版社，2011
74　鲍建强．科学方法论．杭州：浙江人民出版社，2011
75　邱仁宗．科学方法和科学动力学．北京：高等教育出版社，2006
76　林振武．中国传统方法论探究．北京：科学出版社，2009
77　张维明．体系工程理论与方法．北京：科学出版社，2010
78　刘晓君．走进实验的殿堂．上海：上海交通大学出版社，2006
79　羊歌乐．科学大领悟．西安：陕西科学技术出版社，2007
80　靳会永．大国智慧．北京：新世界出版社，2009
81　周裕锴．“六根互用”与宋代文人的生活、审美及文学表现．中国社会科学，2011（6）

82　林颖．略论毛泽东方法论体系的构成．东南学术，2011（6）
83　苏芯．思想实验．南京：江苏人民出版社，2012
84　陈建国．科学方法是什么．南昌：江西高校出版社，2003
85　张庆熊．社会科学的哲学．上海：复旦大学出版社，2010
86　徐勇凌．表演中的飞行美学．中国空军，2014（7）